Das Grundgesetz entsteht

Aus den stenographischen Berichten über die Plenarsitzungen des Parlamentarischen Rates

Herausgegeben von Ralf Floehr

la fleur

CIP-Kurztitelaufnahme der Deutschen Bibliothek

Das Grundgesetz entsteht: aus d. stenograph. Berichten über d. Plenarsitzungen d. Parlamentar. Rates / hrsg. von Ralf Floehr. — 1. Aufl. — Krefeld: Fleur, 1985.
ISBN 3-89105-013-5

NE: Floehr, Ralf (Hrsg.); Deutschland ⟨Gebiet unter Alliierter Besatzung⟩ / Parlamentarischer Rat

1. Auflage 1985

Umschlaggestaltung: Helmut Sieben
Abdruck der Fotos mit freundlicher Genehmigung des Mahnert-Lueg Verlags, München
Gesamtherstellung: Stammes KG, Tönisvorst
ISBN 3-89105-013-5

Inhalt

Vorwort des Herausgebers

1. *Kurze historische Einführung*

Eine Bemerkung vorweg: Das vorliegende Buch ist ein Quellenband, der die grundsätzlichen, in den Plenarsitzungen des Parlamentarischen Rates gehaltenen Reden der „Väter des Grundgesetzes" einer breiteren Öffentlichkeit zugänglich machen möchte. Die politischen Standpunkte, die in diesen Reden zum Ausdruck kommen — z. B. zur Deutschlandfrage —, aus heutiger Sicht zu kommentieren, ist also nicht Anliegen dieses Bandes. Dementsprechend will auch diese kurze historische Einführung verstanden werden: Sie will nicht mehr sein als eine Chronologie der wichtigsten Ereignisse im Zusammenhang mit der Gründung und der Arbeit des Parlamentarischen Rates. Auf eine Darstellung der zum Teil sehr komplizierten politischen Hintergründe — z. B. des auch die Arbeit des Parlamentarischen Rates überschattenden Ost-West-Konfliktes — wird und muß hier verzichtet werden. Wer sich näher über die deutsche Nachkriegsgeschichte und das Wirken des Parlamentarischen Rates informieren möchte, der sei hier auf die am Ende dieses Buches abgedruckte Literaturliste verwiesen.

In der Zeit vom 20. 4. bis zum 2. 6. 1948 trafen sich in London die Vertreter der drei westlichen Besatzungsmächte sowie der Benelux-Staaten zur 2. Runde der „Londoner Sechsmächtekonferenz", deren Ergebnis die sogenannten „Londoner Empfehlungen" waren. Die für die Entstehung des Parlamentarischen Rates entscheidende Empfehlung war die, daß die Militärgouverneure die deutschen Ministerpräsidenten ermächtigen sollten, eine Konstituante, also eine grundlegende verfassunggebende Versammlung (als ersten Schritt der Staatsgründung), einzuberufen. Am 1. 7. 1948, also einen Monat nach Beendigung der „Londoner Sechsmächtekonferenz", wurde den elf westdeutschen Ministerpräsidenten durch die drei Militärgouverneure der Westzonen der Inhalt der Londoner Beschlüsse in Frankfurt offiziell übermittelt. Dies geschah in Form der Übergabe der sogenannten „Frankfurter Dokumente". Das Dokument I enthielt „Verfassungsrechtliche Bestimmungen", das Dokument II den Auftrag, Vorschläge zur Länderneugliederung zu machen, und das Dokument III „Grundzüge eines Besatzungsstatuts".

Diese „Frankfurter Dokumente" fanden allerdings nicht die ungeteilte Zustimmung der westdeutschen Ministerpräsidenten. Man konferierte über diese in der Zeit vom 8. bis zum 10. 7. 1948 in Koblenz (Hotel Rittersturz) und dann noch einmal am 21. und 22. 7. 1948 im Jagdschloß Niederwald bei Rüdesheim mit dem Ziel, Kompromißformeln zur Annahme der „Frankfurter Dokumente" zu erarbeiten.

Auf einer abschließenden Konferenz am 26. 7. 1948 in Frankfurt einigte man sich schließlich mit den Militärgouverneuren, und es erging der Beschluß, den Parlamentarischen Rat am 1. 9. 1948 „zu Beratungen über die vorläufige Verfassung" zusammentreten zu lassen. Grundlage der Arbeit des Parlamentarischen Rates und seiner Ausschüsse sollte dann der Entwurf eines Grundgesetzes werden, den der sogenannte „Herrenchiemseer Verfassungskonvent" in der Zeit vom 10. bis zum 23. 8. 1948 im Auftrag der Ministerpräsidenten erarbeitete.

Am 1. 9. 1948 erfolgte dann die konstituierende Sitzung des Parlamentarischen Rates in Bonn. Er bestand aus 65 voll stimmberechtigten Abgeordneten (1 Abg. pro 750000 Einwohner), die von den elf westdeutschen Länderparlamenten im Laufe des Monats August gewählt worden waren, sowie 5 Vertretern Berlins, die mit beratender Stimme teilnahmen. Die 65 stimmberechtigten Abgeordneten verteilten sich wie folgt auf die einzelnen Parteien: 27 SPD,

19 CDU, 8 CSU, 5 FDP, 2 DP, 2 Zentrum und 2 KPD.

Am 8. 5. 1949, vier Jahre nach der deutschen Kapitulation und in der 10. Sitzung des Parlamentarischen Rates, wurde das Grundgesetz mit 53 gegen 12 Stimmen angenommen. Dagegen stimmten 6 von 8 Abgeordneten der CSU sowie die 6 Abgeordneten der kleinen Parteien DP, Zentrum und KPD. Am 18., 20. und 21. 5. 1949 billigten die westdeutschen Landtage mit Ausnahme des Bayerischen Landtages das Grundgesetz. Der Bayerische Landtag stimmte allerdings dafür, das Grundgesetz als rechtsverbindlich für Bayern anzuerkennen, wenn es von zwei Dritteln der übrigen Länder angenommen sei.

Am 23. 5. 1949 wurde das Grundgesetz dann in der Schlußsitzung des Parlamentarischen Rates feierlich verkündet und trat mit Beginn des 24. 5. 1949 in Kraft.

2. *Zur Auswahl der Texte*

Wie für jedes Parlament, so gilt auch für den Parlamentarischen Rat, daß die eigentliche Arbeit, nämlich das Feilen an den Details der dann vom Plenum des Parlaments zu verabschiedenden Vorlagen, nicht im Plenum, sondern in den Ausschüssen geschieht. Dennoch sind natürlich die Debatten, die sich im Plenum des Parlamentarischen Rates abspielten, sehr interessant, weil sich in den dort gehaltenen Reden die grundsätzlichen Vorstellungen und Meinungsverschiedenheiten der beteiligten Parteien manifestierten.

Bei der Auswahl der Reden ging es dem Herausgeber vor allen Dingen darum, die Beiträge der wichtigsten Vertreter der für die Arbeit am Grundgesetz maßgeblichen Parteien, also SPD, CDU, CSU und FDP, zu erfassen. Redebeiträge von Vertretern der DP und des Zentrums wurden nicht ausgewählt, Redebeiträge der KPD-Vertreter nur deshalb, weil diese durch ihren Totaloppositionskurs immer wieder dementsprechende Reaktionen der ,,Großen" provozierten.

Außerdem wird das Protokoll der 1. Sitzung leicht gekürzt sowie das Protokoll der letzten Sitzung zur Gänze wiedergegeben, da diese einen atmosphärischen Einblick gewähren.

Die Anordnung der Texte erfolgte chronologisch.

Als Letztes sei noch darauf verwiesen, daß in dem vorliegenden Band wie in den Originalprotokollen des Parlamentarischen Rates die wichtigsten Stichworte innerhalb der Reden durch fetten Druck hervorgehoben sind, wodurch eine inhaltliche Orientierung erleichtert wird.

Der Herausgeber

Krefeld, im Juni 1985

Verzeichnis der Mitglieder des Parlamentarischen Rates

Adenauer, Dr. Konrad,
Oberbürgermeister a. D. und Präsident des Parlamentarischen Rates
(CDU-Nordrhein-Westfalen)

Bauer, Hans-Heinz,
Angestellter bei der Stadtverwaltung Würzburg
(SPD-Bayern)

Becker, Dr. Max,
Rechtsanwalt und Notar, Mitglied des Hess. Landtages
(FDP-Hessen)

Bergstraesser, Dr. Ludwig,
Professor, Reg.-Präs. a. D.
(SPD-Hessen)

Binder, Dr. Paul,
Staatssekretär a. D.
(CDU-Württ.-Hohenzollern)

Blomeyer, Adolf,
Landwirt
(CDU-Nordrhein-Westfalen)

von Brentano, Dr. Heinrich,
Rechtsanwalt und Notar
(CDU-Hessen)

Brockmann, Johannes,
Generalreferent für Kultus beim Oberpräsidenten Westfalen
(Zentrum-Nordrhein-Westfalen)

de Chapeaurouge, Dr. Paul,
Senator a. D., Notar
(CDU-Hamburg)

Dehler, Dr. Thomas,
Oberlandesgerichtspräsident, Mitglied des Bayerischen Landtages
(FDP-Bayern)

Diederichs, Dr. Georg,
Landrat a. D., Volkswirt und Apotheker, Mitgl. des Niedersächsischen Landtages
(SPD-Niedersachsen)

Eberhard, Dr. Fritz,
Staatssekretär, Leiter des Deutschen Büros für Friedensfragen
(SPD-Württ.-Baden)

Ehlers, Adolf,
Senator
(SPD-Bremen)

Fecht, Dr. Hermann,
Justizminister
(CDU-Südbaden)

Finck, Dr. Albert,
Studienrat
(CDU-Südbaden)

Gayk, Andreas,
Oberbürgermeister
(SPD-Schleswig-Holstein)

Greve, Dr. Otto Heinrich,
Rechtsanwalt
(SPD-Niedersachsen)

Heiland, Rudolf,
Bürgermeister
(SPD-Nordrhein-Westfalen)

Heile, Wilhelm,
Landrat und Minister a. D.
(DP-Niedersachsen)

Heuss, Dr. Theodor,
Professor, Staatsminister a. D., M. d. L.
(FDP-Württ.-Baden)

Hoch, Dr. Fritz,
Regierungspräsident
(SPD-Hessen)

Höpker-Aschoff, Dr. Hermann,
Staatsminister a. D.
(FDP-Nordrhein-Westfalen)

Kaiser, Jakob,
(CDU-Berlin), *nur mit beratender Stimme*

Katz, Dr. Rudolf,
Justizminister und Kultusminister
(SPD-Schleswig-Holstein)

Kaufmann, Theophil,
Bürgermeister a. D., Schriftsteller, Mitglied des Wirtschaftsrates
(CDU-Württ.-Baden)

Kleindienst, Dr. Ferdinand,
Stadtrechtsrat, Regierungsrat a. D.
(CSU-Bayern)

K r o l l , Dr. Gerhard,
Landrat a. D.
(CSU-Bayern)

K u h n , Karl,
Abteilungsleiter
(SPD-Rheinland-Pfalz)

L a f o r e t , Dr. Wilhelm,
Geheimrat und Universitätsprofessor
(CSU-Bayern)

L e h r , Dr. Dr. h. c. Robert,
Oberpräsident a. D.
(CDU-Nordrhein-Westfalen)

L e n s i n g , Lambert,
Verleger
(CDU-Nordrhein-Westfalen)

L ö b e , Paul,
Reichstagspräsident a. D.
(SPD-Berlin), *nur mit beratender Stimme*

L ö w e n t h a l , Dr. Fritz,
Ministerialdirektor a. D., Schriftsteller
(SPD-Nordrhein-Westfalen)

M a i e r , Friedrich,
Ministerialrat
(SPD-Südbaden)

von M a n g o l d t , Dr. Hermann,
Staatsminister a. D., Professor
(CDU-Schleswig-Holstein)

M a y r , Karl-Sigmund,
Diplom-Volkswirt, Steuerberater,
Wirtschaftsprüfer
(CSU-Bayern)

M ü c k e , Dr. Willibald,
Rechtsanwalt
(SPD-Bayern)

N a d i g , Friederike
Bezirkssekretärin der Arbeiterwohlfahrt
(SPD-Nordrhein-Westfalen)

P a u l , Hugo,
Minister a. D.
(KPD-Nordrhein-Westfalen)

P f e i f f e r , Dr. Anton,
Professor, Staatsminister, Leiter der
Bayerischen Staatskanzlei
(CSU-Bayern)

R e i f , Dr. Hans,
Stadtverordneter, Dozent für
Nationalökonomie
(FDP-Berlin), *nur mit beratender Stimme*

R e i m a n n , Max,
Bergmann
(KPD-Nordrhein-Westfalen)

R e u t e r , Ernst,
Professor, Stadtrat, Oberbürgermeister
(SPD-Berlin), *nur mit beratender Stimme*

R ö n n e b u r g , Heinrich,
Staatsminister a. D.
(CDU-Niedersachsen)

R u n g e , Hermann,
Bezirkssekretär der SPD
(SPD-Nordrhein-Westfalen)

S c h ä f e r , Dr. Hermann,
II. Vizepräsident des Parlamentarischen
Rates, Leiter der Hanseatischen von
1826 und Merkur-Ersatz-Krankenkasse
(FDP-Niedersachsen)

S c h l ö r , Kaspar Gottfried,
Oberregierungsrat
(CSU-Bayern)

S c h m i d , Dr. Carlo,
Professor, Staatsrat, Justizminister
und stellvertretender Staatspräsident
(SPD-Württ.-Hohenzollern)

S c h ö n f e l d e r , Adolf,
Präsident der Hamburger Bürgerschaft,
I. Vizepräsident des Parlamentarischen
Rates
(SPD-Hamburg)

S c h r a g e , Josef,
Landrat
(CDU-Nordrhein-Westfalen)

S c h r ö t e r , Carl,
Studienrat i. R.
(CDU-Schleswig-Holstein)

S c h w a l b e r, Dr. Josef,
Staatssekretär
(CSU-Bayern)

S e e b o h m , Dr. Ing. Hans-Cristoph,
Minister a. D., Bergassessor
(DP-Niedersachsen)

S e i b o l d , Dr. Caspar,
Diplom-Landwirt
(CSU-Bayern)

S e i f r i e d , Josef,
Staatsminister a. D.
(SPD-Bayern)

S e l b e r t , Dr. Elisabeth,
Rechtsanwältin und Notarin
(SPD-Niedersachsen)

S t o c k , Jean,
Buchdruckereibesitzer, Regierungspräsident a. D.
(SPD-Bayern)

S t r a u s s , Dr. Walter,
Staatssekretär, Leiter des Rechtsamts der Verwaltung des Vereinigten Wirtschaftsgebiets
(CDU-Hessen)

S u h r , Dr. Otto,
Stadtverordnetenvorsteher
(SPD-Berlin), *nur mit beratender Stimme*

S ü s t e r h e n n , Dr. Adolf,
Justiz- und Kulturminister
(CDU-Rheinland-Pfalz)

W a g n e r , Friedrich-Wilhelm,
Justizrat
(SPD-Rheinland-Pfalz)

W a l t e r , Felix,
Ministerialrat
(CDU-Württ.-Baden)

W e b e r , Dr. h. c. Helene,
Ministerialrätin a. D.
(CDU-Nordrhein-Westfalen)

W e s s e l , Helene,
Fürsorgerin
(Zentrum-Nordrhein-Westfalen)

W i r m e r , Ernst,
Oberregierungsrat
(CDU-Niedersachsen)

W o l f f , Dr. Friedrich,
Stadtdirektor
(SPD-Nordrhein-Westfalen)

W u n d e r l i c h , Hans,
Redakteur und Lizenzträger Norddeutsche Rundschau
(SPD-Niedersachsen)

Z i m m e r m a n n , Gustav,
Landesdirektor
(SPD-Württ.-Baden)

Z i n n , August,
Minister der Justiz und Direktor des Landespersonalamtes Hessen
(SPD-Hessen)

Zusatzliste 1: Ausgeschiedene Abgeordnete (Tod, Mandatsniederlegung)

F e c h t , Dr. Hermann,
Justizminister
(CDU-Südbaden)

G r e v e , Dr. Otto Heinrich,
Rechtsanwalt
(SPD-Niedersachsen)

P a u l , Hugo,
Minister a. D.
(KPD-Nordrhein-Westfalen)

R ö n n e b u r g , Heinrich,
Staatsminister a. D.
(CDU-Niedersachsen)

S e i f r i e d , Josef,
Staatsminister a. D.
(SPD-Bayern)

S ü s t e r h e n n , Dr. Adolf,
Justiz- und Kultusminister
(CDU-Rheinland-Pfalz)

W a l t e r , Felix,
Ministerialrat
(CDU-Württ.-Baden)

Zusatzliste 2: Nachträglich eingetretene Abgeordnete

Hermanns, Hubert,
Ministerialrat
(CDU-Rheinland-Pfalz)

Hilbert, Anton,
Bürgermeister
(CDU-Südbaden)

Hofmeister, Dr. jur. Werner,
Justizminister und Minister für die Entnazifizierung, Rechtsanwalt und Notar
(CDU-Niedersachsen)

Kühn, Adolf,
Regierungsdirektor, M. d. L.
(CDU-Württ.-Baden)

Ollenhauer, Erich,
Parteivorsitzender
(SPD-Niedersachsen)

Renner, Heinz,
Minister a. D., Journalist
(KPD-Nordrhein-Westfalen)

Rosshaupter, Albert,
Staatsminister a. D.
(SPD-Bayern)

Verzeichnis der Parteien und ihrer Abkürzungen

CDU Christlich-Demokratische Union Deutschlands
CSU Christlich-Soziale Union Bayern
DP Deutsche Partei
FDP Freie Demokratische Partei Deutschlands
KPD Kommunistische Partei Deutschlands
SPD Sozialdemokratische Partei Deutschlands
Zentrum (keine Abkürzung)

Politischer Wegweiser am Rande der Autobahn von Köln nach Frankfurt im Herbst 1948.

I. Aus der 1. Sitzung des Parlamentarischen Rates vom 1. September 1948

Zwar kommt es in der 1. Sitzung des Parlamentarischen Rates vom 1. September 1948 noch nicht zu wichtigen Reden, aber dennoch haben wir uns zu einem — allerdings leicht gekürzten — Abdruck des Protokolls dieser 1. Sitzung entschlossen, um damit einen ersten atmosphärischen Eindruck von der Arbeit des Parlamentarischen Rates zu geben.

Wie in ersten Parlamentssitzungen üblich, so richtet auch im Parlamentarischen Rat zunächst der Alterspräsident eine Begrüßungsansprache an die versammelten Mitglieder.

ALTERSPRÄSIDENT SCHÖNFELDER: Meine sehr geehrten Damen und Herren! Es ist mir mitgeteilt worden, daß ich der älteste der erwählten Ratsmitglieder bin. Außerdem liegt es auch noch schriftlich hier auf dem Tische, ich muß es also wohl glauben. Wenn ich darüber auch nicht froh bin, schon so alt zu sein, so bin ich doch glücklich über die Ehre, die mir dadurch zuteil wird, daß ich als erster für den Parlamentarischen Rat das Wort ergreifen darf.

Meine Damen und Herren! Ich erfülle zunächst eine Pflicht, die mir auch eine große Ehre und Freude ist, indem ich allen Erschienenen für ihr Erscheinen hier herzlich zu danken habe. Ich begrüße in erster Linie die Vertreter der Militärregierungen, deren Vollmachten uns in den Stand gesetzt haben, hier als Parlamentarischer Rat zu tagen.

Ich begrüße weiter hohe Würdenträger der Kirche. Ich begrüße die Vertreter der Regierungen und Verwaltungen. Ich begrüße insbesondere die Herren Ministerpräsidenten, die in monatelangen Verhandlungen die Mittler zwischen dem deutschen Volke und den Militärregierungen gewesen sind und die auch diese Tagung vorbereitet haben.

Ich begrüße dann die Vertreter der Presse und hoffe, daß sie unseren Verhandlungen mit liebevollem Verständnis folgen werden. Und so sei auch allen anderen Gästen, die das Interesse hierher geführt hat, um an diesem für Deutschland bedeutungsvollen Ereignis teilzunehmen, für ihr Erscheinen herzlichst gedankt.

Wenn ich nun meinen Blick auf den Parlamentarischen Rat selbst richte, dann darf ich wohl feststellen, daß diese Körperschaft in ihrer Eigenart kein Beispiel und kein Vorbild in der Geschichte hat. Wir sind weder nach der Art unserer Wahl noch nach der uns gestellten Aufgabe ein Parlament im üblichen Sinne. Wir sind von den Landtagen der Länder gewählt, aber, wie ich meine, nicht als Vertreter der Länder und ihrer Interessen, sondern als Vertreter des ganzen deutschen Volkes, wenigstens des Teiles, der in der Trizone lebt, und wir werden uns bei unserer Arbeit dem ganzen deutschen Volke verantwortlich fühlen.

(Bravo!)

Meine Damen und Herren! Es ist in den Festreden vorhin schon darauf hingewiesen worden, aber ich glaube doch etwas zu versäumen, wenn ich nicht auch im Namen des Parlamentarischen Rates in diesem Augenblick dem Bedauern Ausdruck gebe, daß es uns nicht vergönnt ist, hier in unserem Kreise **frei gewählte Vertreter** des **ganzen deutschen Volkes** versammelt zu sehen.

(Zustimmung.)

Aber ich möchte doch die Hoffnung nicht verlieren, daß auch ich trotz meines Alters den Tag noch erlebe, da dieses Ereignis eintritt.

(Bravo!)

In unserem **Bekenntnis** zur **Einheit Deutschlands** sind wir in den Westzonen unerschüttert. Wir lassen uns in dem heißen Willen, diese Einheit zu errichten, von niemand übertreffen, und von diesem Willen werden wir uns auch bei unserer Arbeit leiten lassen.

Meine Damen und Herren! Unsere Aufgabe soll es sein, ein Gesetz zu schaffen, in dem uns durch Besatzungsstatut gezogenen Grenzen in den Gebieten eine Ordnung für eine Hoheitsverwaltung zu schaffen, die es ermöglicht, deutsches Eigenleben zu entfalten. Ich hoffe ja, daß unsere Arbeit so ausfallen wird — diese Hoffnung möchte ich gleich am Anfang ausdrücken —, daß sie dem ganzen deutschen Volke einmal zum Segen gereichen wird. Damit möchte ich meine allgemeinen Bemerkungen schließen.

Wenn ich auch vorhin sagte, daß wir kein Parlament im üblichen Sinne sind, so glaube ich doch, daß der Parlamentarische Rat die Absicht hat, seine Arbeit nach alten parlamentarischen Gebräuchen durchzuführen. Daher schlage ich dem Parlamentarischen Rat vor, sich nunmehr zu konstituieren.

(...)

ALTERSPRÄSIDENT SCHÖNFELDER: Wir kommen jetzt zur **Wahl eines Präsidenten.** Ich bitte um Vorschläge. — Herr Dr. Pfeiffer!
Dr. PFEIFFER (CSU): Im Namen der Fraktion CDU/CSU schlage ich dem Hohen Haus zur Wahl als Präsidenten des Parlamentarischen Rates den Abg. Dr. Konrad **Adenauer** vor.
ALTERSPRÄSIDENT SCHÖNFELDER: Werden weitere Vorschläge gemacht? — Herr Abg. Schmid!
Dr. SCHMID (SPD): Als 1. stellvertretenden Vorsitzenden schlage ich namens der sozialdemokratischen Fraktion den Herrn Abg. **Schönfelder** vor.
ALTERSPRÄSIDENT SCHÖNFELDER: Werden weitere Vorschläge gemacht? — Herr Abg. Heuss!
Dr. HEUSS (FDP): Als 2. Stellvertreter schlage ich den Herrn Abg. Dr. **Schäfer** vor.
ALTERSPRÄSIDENT SCHÖNFELDER: Ich habe den Eindruck, daß der Parlamentarische Rat diese Wahl vereinfachen und nicht, wie es in dem überreichten provisorischen Schriftsatz, der eine Geschäftsordnung darstellen soll, vorgeschrieben ist, mit verdeckten Stimmzetteln wählen will. Wenn das Verfahren nach den Vorschlägen vereinfacht werden soll, dann könnten wir, so meine ich, geschlossen durch Akklamation abstimmen. Ist das die Meinung des Rates?
(Zustimmung.)
Wenn das der Fall ist, lasse ich durch Akklamation abstimmen. Wer für den Vorschlag ist, der eben laut wurde — ich brauche die Anträge kaum zu wiederholen —, den bitte ich, eine Hand zu erheben. — Ich bitte um die Gegenprobe. — Ich stelle die einstimmige Annahme fest.
(Reimann (KPD): Zwei Stimmen Enthaltung!)
— Zwei Stimmen Enthaltung!

(...)

(Dr. Schmid (SPD): Ich bitte ums Wort!)
ALTERSPRÄSIDENT SCHÖNFELDER: Herr Abg. Schmid!
Dr. SCHMID (SPD): Meine Damen und Herren! Ein Parlament, das den Auftrag hat, in dem Teil Deutschlands, in dem das deutsche Volk in wenigstens relativer Freiheit und Selbstbestimmung von dem Rechte Gebrauch machen kann, die Ausübung seiner Hoheitsbefugnisse selbst zu organisieren, wäre unvollständig, wenn darin nicht **Berlin** vertreten wäre.

Wir haben hier miteinander ein gesamtdeutsches Anliegen zu erfüllen, wenngleich vorläufig auf beschränktem Raum und mit beschränkter sachlicher Reichweite. Darum sollte hier das **gesamte deutsche Volk** vertreten sein, soweit es die Möglichkeit hat, Vertreter aufzustellen und hierher zu senden. Umstände, die zu ändern außerhalb unseres Vermögens steht, machen es heute noch unmöglich, andere als die hier vertretenen deutschen Länder und Berlin mit vollberechtigten Vertretern an unseren Arbeiten zu beteiligen. Uns aber von den Berlinern wenigstens beraten zu lassen, von diesem Teil des deutschen Volkes, der mehr als irgendein anderer gezeigt hat, daß man für die Freiheit Opfer bringen muß, wenn man sie verdienen will, wird uns niemand verwehren können. Ich bitte Sie daher namens der Fraktion der Sozialdemokratischen Partei Deutschlands, folgendem Antrag Ihre Zustimmung zu geben:

> Der Parlamentarische Rat wolle beschließen, die Delegierten Berlins, nämlich die Herren Jakob Kaiser, Paul Löbe, Ernst Reuter, Hans Reif, Otto Suhr einzuladen, an den Arbeiten des Parlamentarischen Rates als Gäste mit beratender Stimme teilzunehmen.

(Bravo! — Reimann (KPD): Ich bitte ums Wort!)

ALTERSPRÄSIDENT SCHÖNFELDER: Herr Abg. Reimann!

REIMANN (KPD): Meine Damen und Herren! Der Antrag der sozialdemokratischen Fraktion und meine Rede stießen tief in die Problematik dieses Parlamentarischen Rates hinein. Der Parlamentarische Rat ist auf Grund der Londoner Empfehlungen zusammengesetzt worden, um einen westdeutschen Staat zu schaffen und diesem westdeutschen Staat eine Verfassung zu geben. Somit wird Deutschland gespalten. Wir sind der Auffassung, daß gerade was die Stadt Berlin anbelangt, wir in der jetzigen Situation äußerste Vorsicht beobachten müssen. Es hat keinen Zweck, wenn wir als Deutsche die sich anbahnenden Verhandlungen der alliierten Großmächte durch einen solchen Akt stören. Die Uneinigkeit der alliierten Großmächte wird letzten Endes auf dem Rücken des deutschen Volkes ausgetragen, und wir haben als Deutsche allen Grund, jedes Moment der Störung zu beseitigen.

(Zuruf: Das haben Sie schon drei Jahre versäumt!)

Ich stelle daher folgenden Antrag:

> Der Parlamentarische Rat stellt seine Beratungen über eine separate westdeutsche Verfassung ein.

(Heiterkeit.)

Begründung:

1. Die Bildung des Parlamentarischen Rates erfolgte auf der Grundlage der Londoner Empfehlungen. Diese aber verstoßen gegen die völkerrechtlich bindenden Verträge von Jalta und Potsdam.

(Zurufe und Heiterkeit.)

In diesen Verträgen haben die vier Großmächte die Ausübung der staatsrechtlichen Souveränität in Deutschland mit der Verpflichtung übernommen, für die Errichtung eines einheitlichen demokratischen Deutschlands zu sorgen und dann die Souveränität an das deutsche Volk zurückzugeben. Bis zu diesem Zeitpunkt könnten staatsrechtliche Veränderungen nur durch alle vier Großmächte gemeinsam vorgenommen werden.

2. Der Parlamentarische Rat hat kein Mandat vom deutschen Volk. Er ist sogar gegen den Willen der Mehrheit aller Deutschen errichtet worden.

(Heiterkeit.)

Das deutsche Volk will eine einheitliche demokratische Republik mit einer Verfassung, die von einer durch das ganze deutsche Volk gewählten Nationalversammlung ausgearbeitet und dann dem Volke zur Abstimmung vorgelegt wird.

In **Moskau** bemühen sich die Vertreter der vier Großmächte, eine gemeinsame Lösung für ganz Deutschland zu finden. Die Einigung der Alliierten liegt im Interesse des deutschen Volkes. Uneinigkeit wird auf dem Rücken des deutschen Volkes, besonders der Werktätigen, ausgetragen. Daher sollten die deutschen Politiker es vermeiden, Handlungen zu begehen, die diese Einigung stören. Die gemeinsamen Verhandlungen der Alliierten über Deutschland werden durch die Schaffung einer separaten Verfassung, die das sogenannte Grundgesetz darstellt, torpediert. Es sollen dadurch fertige Tatsachen geschaffen werden.

Aus diesen Gründen beantragt die Kommunistische Partei Deutschlands, die Beratungen des Parlamentarischen Rates über eine westdeutsche Verfassung wie ebenso über eine westdeutsche Regierung sofort einzustellen. Diesem Parlamentarischen Rat gegenüber schlagen wir vor, daß Verhandlungen aufgenommen werden, daß die Vertreter aller demokratischen deutschen Parteien in Verbindung mit dem deutschen Volksrat den Alliierten einen einheitlichen deutschen Vorschlag über die Bildung einer einheitlichen deutschen demokratischen Republik vorlegen.

ALTERSPRÄSIDENT SCHÖNFELDER: Das Wort hat Herr Dr. Pfeiffer.

Dr. PFEIFFER (CSU): Hohes Haus! Als heute um die Mittagsstunde der Herr Vorsitzende der sozialdemokratischen Fraktion den von ihm vor einigen Minuten vorgelegten und begründeten Antrag in einer interfraktionellen Besprechung vortrug, da stellte sich heraus, daß zur gleichen Stunde, in der seine Fraktion hierüber beraten hatte, diese Frage auch in anderen Fraktionen erörtert worden war. Es wurde dabei mitgeteilt, daß die Fraktion der CDU/CSU zum gleichen Ergebnis gekommen war, einen Antrag in gleicher Richtung formuliert hatte. So hat es sich ergeben, daß nicht nur eine Fraktion dem vorliegenden Antrag zustimmt, sondern daß er eigentlich das gemeinsame Geistesgut sämtlicher Fraktionen dieses Hohen Hauses ist, mit Ausnahme der Fraktion meines unmittelbaren Herrn Vorredners. Ich habe den Auftrag, im Namen der Fraktionen der CDU/CSU, der FDP, des Zentrums und der Deutschen Partei die Zustimmung zu diesem Antrag auszusprechen.

Gestatten Sie mir nun aber darüber hinaus noch eine geschäftsordnungsmäßige Bemerkung, die dahin geht: Der Antrag, den der Herr Vorsitzende der Fraktion der SPD vorhin eingebracht hat und der mit unserer Zustimmung rechnen kann, sollte die Konstituierung des Parlamentarischen Rates abschließen. Wir haben zunächst durch den Namensaufruf festgestellt, wer dem Hohen Haus auf Grund des in den Ländern der Westzonen angenommenen Modellgesetzes und des Auftrags, der im Dokument I vom 1. Juli des Jahres enthalten ist, angehört. Dann sind wir zur Wahl des Präsidiums geschritten. Wir haben festgestellt, daß die Ergänzung des Präsidiums durch die Wahl der Schriftführer in der nächsten Sitzung stattfinden soll. Und nun war der Augenblick gekommen, wo den anwesenden Gästen, die als Vertreter der Stadt **Berlin** von den Ministerpräsidenten hierher eingeladen wurden, um einer Eröffnungsfeier beizuwohnen, der Wille des Hauses bekundet werden sollte, daß wir sie sehr gern, als die, fast möchte ich sagen, **symbolischen Vertreter aller Deutschen,** die nicht ihre Vertreter auf Grund der Wahlgesetze zu uns senden können, bei uns sehen, daß sie bei uns weilen und mit uns tagen und beraten sollen.

Damit ist die Konstituierung des Parlamentarischen Rates abgeschlossen. Und nun wäre es an der Zeit, daß die Geschäftsführung an den gewählten Präsidenten dieses Hauses übergeht. Infolgedessen beantrage ich, daß der Antrag, der uns von der kommunistischen Fraktion unterbreitet wurde, dem ordnungsgemäß gewählten Präsidenten zur Behandlung überwiesen wird.

Grundsätzlich habe ich dazu ein paar Worte in der Richtung zu bemerken: Wir sind zum ersten Mal eine Volksvertretung, die immerhin 46 Millionen Menschen vertritt. Wir haben die Aufgabe, ein Grundgesetz zu schaffen, auf dem in dem Teil Deutschlands, der durch den Parlamentarischen Rat vertreten wird, die ganze staatliche, die moralische Ordnung, die ganze Wirtschaftspolitik und Sozialpolitik aufbauen muß, einen Boden zu legen, der uns gestattet, aus eigener Kraft alles zu tun, was wir für den Wiederaufbau Deutschlands leisten können, und der auch für Deutschland wieder den Weg in die große europäische Völkerfamilie hinein öffnet. In dieser Stunde uns zuzumuten, gewissenlos genug zu sein, diese Möglichkeit, die in unsere Hand, die uns aufs Gewissen gelegt ist, beiseite zu schieben, finde ich geradezu unerhört. Es liegt auf uns die Pflicht, zu tun, was uns möglich ist, um unser Volk im Bereich der drei Westzonen, da wir leider die vierte Zone nicht einschließen können, voranzubringen, zu stärken und ihm die Anfänge eines wirklich rechtlichen, demokratischen staatlichen Lebens zu bauen.

Und noch ein weiteres Wort dazu! Ich glaube, wir sind verpflichtet, hier im Namen des deutschen Volkes zu sprechen und seine Stimme durch die ganze Welt erklingen zu lassen. Wir sind berufen, ein deutsches Staatsgrundgesetz zu schaffen, und wir sind die Wortführer gesamtdeutscher Interessen. Nun von der Erfüllung unserer Pflicht deswegen abzusehen, weil vielleicht im Gefüge der internationalen Politik da und dort ein Stirnrunzeln entstehen könnte, dazu halte ich uns nicht für berechtigt. Ich bin der Meinung: Als Deutsche müssen wir erst recht zeigen, daß wir eine deutsche Arbeit für unser Volk leisten wollen und daß wir nicht schauen nach einem fremden Gängelband oder nach dem Reflex fremder Interessen und fremder internationaler Politik auf unser Volk.

(Reimann (KPD): Zur Geschäftsordnung!)

ALTERSPRÄSIDENT SCHÖNFELDER: Meine Damen und Herren, gestatten Sie mir dazu ein Wort! Ich bin mit dem Herrn Vorredner der Meinung, daß nach der Entscheidung über den Antrag des Herrn Abg. Dr. Schmid über die Zulassung der Berliner Vertreter die Konstituierung vollzogen ist.

(Reimann (KPD): Zur Geschäftsordnung!)

— Bitte schön! Ich frage den Parlamentarischen Rat,

(Reimann (KPD): Ich bitte ums Wort zur Geschäftsordnung!)

ob er die Debatte fortsetzen will. Ich bitte, über die Anträge — —

(Reimann (KPD): Zur Geschäftsordnung! Ich habe mich vor der Abstimmung zur Geschäftsordnung gemeldet! — Unruhe.)

— Ich gebe Ihnen das Wort zur Geschäftsordnung jetzt nicht.

REIMANN (KPD) *[tritt ans Rednerpult heran]:* Zur Geschäftsordnung, Herr Präsident! Wir stehen noch nicht in der Abstimmung.

(Laute Zurufe: Unerhört!)

Ich habe mich zum Wort gemeldet, bevor der Herr Präsident in die Abstimmung eintrat.

(Steigende Erregung und Zurufe: Unverschämt!)

Ich werde gegen diese Vergewaltigung ankämpfen. Ich habe mich zum Wort gemeldet, bevor der Präsident in der Abstimmung stand, und ich werde hier sprechen!

(Erregte Zurufe: Schluß damit! Raus!)

Ich stelle zunächst fest, daß der Vorredner sich selbst widersprochen, daß er durch den letzten Teil seiner Ausführungen den ersten Teil und damit sich selbst ad absurdum geführt hat.

(Fortdauernde Unruhe. Viele Abgeordnete erheben sich von den Plätzen.)

Es liegen zwei Anträge vor; über sie muß nach der Geschäftsordnung und parlamentarischem Brauch abgestimmt werden, und zwar über beide Anträge, nicht nur über einen, und in diesem Gang. In diesem Abstimmungsgang wird darüber abgestimmt; und nicht anders.

(Wachsende Erregung im ganzen Hause.)

ALTERSPRÄSIDENT SCHÖNFELDER: Meine Damen und Herren, ich bitte Sie, die Ruhe zu behalten. Dem Redner kann Genüge geschehen.

REIMANN (KPD): Verfassungsfragen sind Kampffragen!

ALTERSPRÄSIDENT SCHÖNFELDER: Ich schlage Ihnen vor, daß wir nunmehr ohne weitere Debatte über beide Anträge abstimmen. Der Antrag der Kommunisten ist zweifellos der weitergehende. Herr Abg. Reimann, Sie werden sich über das Schicksal Ihres Antrags wohl im klaren sein.

(Reimann (KPD): Wir wollen nur Ihre Stellungnahme wissen.)

— Gut. Ich bitte Sie aber, die einfachsten parlamentarischen Regeln zu beachten. Wir haben noch keine Geschäftsordnung, und der Parlamentarische Rat ist in jedem Augenblick Herr seiner Entscheidungen.

Ich schlage also vor, nunmehr über beide Anträge abzustimmen und damit die Konstitutierung des Parlamentarischen Rates als vollendet anzusehen. Ist jemand anderer Meinung?

(Reimann (KPD): Zuerst wird also über die Anträge abgestimmt?)

— Herr Reimann, Sie haben nicht zugehört. Ich lasse zunächst über den kommunistischen Antrag abstimmen, der der weitergehende ist. Wer diesem Antrag zustimmen will, den bitte ich, die Hand zu erheben. — Ich bitte um die Gegenprobe. — Der Antrag der KPD ist mit allen gegen zwei Stimmen abgelehnt.

Ich lasse nunmehr über den Antrag des Herrn Abg. Dr. Schmid abstimmen. Wer diesem Antrag seine Zustimmung geben will, den bitte ich, seine Hand zu heben. — Ich danke. Die Gegenprobe! — Gegen zwei Stimmen angenommen.

Damit ist der Parlamentarische Rat konstituiert. Ich bitte nunmehr das gewählte Präsidium, die Geschäfte zu übernehmen.

(Lebhafter Beifall.)

PRÄSIDENT Dr. ADENAUER: Meine Damen und Herren! Ich denke, daß wir nach diesem Intermezzo jetzt schnell zu Ende kommen, damit wir an die praktische Arbeit herangehen können.

Ich danke Ihnen zunächst auch namens meiner beiden Stellvertreter für das Vertrauen, das Sie uns durch Ihre Wahl bekundet haben. Seien Sie überzeugt, daß wir unser Amt völlig unparteiisch und objektiv wahrnehmen werden! Ich danke dann dem Alterspräsidenten Herrn Schönfelder, der in jugendlicher Frische und Stärke soeben hier seines Amtes gewaltet hat.

Ich danke auch dem Gremium der Ministerpräsidenten für die Vorarbeiten, die es geleistet hat und die uns sicher bei der Erfüllung unserer Aufgabe sehr wertvoll sein werden. Lassen Sie mich weiter danken dem Ministerpräsidenten von Nordrhein-Westfalen, da das Land Nordrhein-Westfalen die technischen Vorbereitungen dieser unserer Tagung übernommen und in ausgezeichneter Weise durchgeführt hat. Ein besonderes herzliches Willkommen an die Herren aus Berlin! Ich nehme an, daß die Herren jetzt schon hier Platz genommen haben. Noch nicht? Dann bitte ich, rücken Sie in die Reihen herein. Es sind noch einige Sessel frei.

(Die Vertreter Berlins nehmen unter lebhaften Beifallskundgebungen ihre Sitze ein.)

Meine Damen und Herren! Sie selbst haben ein herzliches Willkommen ausgesprochen. Wir würden uns alle freuen, wenn wir aus den Ländern der Ostzone ebenfalls freigewählte Vertreter hier begrüßen könnten.

Und nun lassen Sie mich einige Worte über **Wirken** und **Aufgabe** des **Parlamentarischen Rates** sagen. Er ist ins Leben gerufen durch einen Akt der Militär-Gouverneure der drei Westzonen, durch einen Akt, wie er in dem Dokument niedergelegt ist, das den Ministerpräsidenten der drei Westzonen am 1. Juli dieses Jahres übergeben wurde. Nachdem er aber nunmehr sich konstituiert hat, ist er im Rahmen der ihm gestellten Aufgaben völlig frei und völlig selbständig. Es wird meines Erachtens die vornehmste Pflicht des Rates, aber auch des Präsidenten und seiner Stellvertreter sein, diese völlige Freiheit und Unabhängigkeit ständig zu wahren und sicherzustellen.

Der Parlamentarische Rat beginnt seine Tätigkeit — wir haben es heute morgen bei der Feier im Museum König gehört, und wir wissen es ja alle — in einer Zeit der völligen Ungewißheit über Deutschlands Zukunft. Ja, auch die Zukunft Europas und der Welt ist dunkel und unsicher, und Deutschland selbst ist politisch ohnmächtig. Es ist in zwei Teile geteilt. Wir Vertreter des Parlamentarischen Rates hier in diesem Saale — ich möchte das auch gegenüber den Ausführungen des Herrn Kollegen Reimann nachdrücklich unterstreichen — vertreten 46 Millionen Deutsche.

Meine Damen und Herren! Das Dasein des Parlamentarischen Rates selbst ist, wie ich eingangs sagte, zurückzuführen auf einen Entschluß eines Teiles der Siegermächte. Für jeden von uns war es eine schwere Entscheidung, ob er sich bei dem heutigen Zustand Deutschlands, bei der mangelnden Souveränität auch dieses Teiles Deutschlands zur Mitarbeit zur Verfügung stellen dürfe und solle. Ich glaube, verehrte Anwesende, eine richtige Entscheidung auf diese Frage kann man nur dann finden, wenn man sich klar macht, was denn sein würde, welche Folgen für Deutschland und für das deutsche Volk eintreten würden, wenn dieser Rat nicht ins Leben träte. Die drei Mächte, die sich entschlossen haben, diesen Rat ins Leben zu rufen, ließen sich dabei von der Absicht leiten, daß dem politisch völlig auseinandergebrochenen deutschen Volke eine **neue politische Struktur** gegeben werde, in seinem Interesse, aber auch im Interesse Europas und der gesamten Welt. Das muß auch unser Ziel sein, und darum müssen wir die uns gebotene Möglichkeit nutzen, um den jetzigen unmöglichen politischen Zuständen in Deutschland ein Ende zu bereiten. Wir müssen das tun, auch wenn unsere Arbeit vorerst nur einem Teil Deutschlands zugute kommt. Denn, meine Damen und Herren, einmal muß ein Anfang gemacht werden, und einmal muß Schluß sein mit dem ewigen Weiterwursteln und Auseinanderfallen.

Wir gehen an unsere Arbeit in der festen und unerschütterlichen Absicht, auf diesem Wege wieder zur **Einheit** von **ganz Deutschland,** der Einheit, die unser Ziel ist und unser Ziel bleibt, zu gelangen. Welche Ergebnisse unsere Arbeit für ganz Deutschland haben wird, das hängt von Faktoren ab, auf die wir nicht einwirken können. Trotzdem wollen wir die historische Aufgabe, die uns gestellt ist — und es ist in Wahrheit nach diesem Zusammenbruch des Jahres 1945 eine historische Stunde und eine historische Aufgabe —, unter Gottes Schutz mit dem ganzen Ernst und mit dem ganzen Pflichtgefühl zu lösen versuchen, die die Größe dieser Aufgabe von uns verlangt.

(Bravorufe.)

Meine Damen und Herren! Wir fahren in der Tagesordnung fort.

(Paul (KPD): Ich bitte ums Wort zu einer Erklärung!)

— Ich bedaure. Wollen Sie zur Geschäftsordnung das Wort?

(Paul (KPD): Ich möchte eine Erklärung im Namen der Kommunistischen Partei abgeben.)

— Wir müssen jetzt die Tagesordnung erledigen. Ich stelle Ihnen anheim, am Schluß der Tagesordnung eine Erklärung abzugeben.

(Paul (KPD): Einverstanden!)

Meine Damen und Herren! Wir müssen zunächst nach einer interfraktionellen Vereinbarung einen Ältestenrat wählen, damit wir uns über den Fortgang der Arbeiten, über die Einsetzung der nötigen Kommissionen schlüssig werden können. Es ist weiter nötig, daß wir sobald wie möglich einen Geschäftsordnungsausschuß wählen. In diesem Geschäftsordnungsausschuß sollen nach der Meinung, die innerhalb der interfraktionellen Besprechungen laut geworden ist, alle politischen Parteien wenigstens mit einem Mitglied vertreten sein, die größten Fraktionen natürlich entsprechend stärker. Ich glaube, wir sollten es bei unserer ersten Sitzung, damit das Schiff in Fahrt kommt, mit den Formalitäten nicht so genau nehmen.

(Reimann (KPD): Es hat aber einen verflucht schlechten Steuermann!)

— Warten Sie mal ab, Herr Reimann!

(...)

LÖBE (SPD) *[mit Beifall begrüßt]:* Sehr geehrte Abgeordnete! In diesem Augenblick will ich die Verhandlungen des Parlamentarischen Rates nicht aufhalten. Aber es drängt mich doch, Ihnen **Dank** zu sagen für den Entschluß, den Sie mit Annahme des Antrags Schmid bekundet haben, und dem Herrn Präsidenten Dank zu sagen, daß er uns aufforderte, in Ihren Reihen Platz zu nehmen. Ich darf diesen Dank aussprechen im Namen der hier anwesenden Delegation, die die drei demokratischen Parteien der Berliner Stadtverordnetenversammlung umfaßt, eine Delegation, die nicht ohne Mühe zustande gekommen ist, wovon Sie vielleicht Kenntnis erlangt haben. Ich darf ihn aber auch aussprechen im Namen einer ganz **erdrückenden Mehrheit** der **Berliner Bevölkerung.**
(Lebhafter Beifall und Händeklatschen.)
Seien Sie versichert: Wenn dieser Ihr Bechluß heute abend in Tausenden von Radios in Berlin gehört wird, so werden es wenige sein, die daraus ein Recht auf die Beschuldigung der Spaltung herleiten werden. Im Gegenteil, sie werden es als eine Bekundung der **Solidarität** des **westlichen Deutschlands** mit dem **Osten** ansehen. Wenn wir nunmehr Gelegenheit haben, Ihre Ansichten zu erfahren, unsere Wünsche und unsere Kenntnis Ihnen zu übermitteln, dann werden Sie bald die Überzeugung gewinnen, wir Berliner Delegierten werden nichts anderes tun als die Stimmen derjenigen ihrer Landsleute zu erheben, die heute nicht die Freiheit haben, es selber zu tun. Das sehen wir als unsere Aufgabe an. Wir danken Ihnen, daß Sie es uns ermöglichen wollen.
(Lebhafter Beifall.)
PRÄSIDENT Dr. ADENAUER: Das Wort zu einer Erklärung hat der Herr Abg. Paul.
PAUL (KPD): Meine Damen und Herren! Sie haben beschlossen, daß hier Vertreter Berlins, und zwar der drei demokratischen Parteien Berlins, CDU, SPD und LDP, aufgenommen werden sollen. Sie haben damit einen Akt vollzogen, der sich nicht günstig für die Regelung der Berliner und auch der Deutschlandfrage auswirken wird.
(Zuruf: Woher wissen Sie das, Herr Paul?)
— Die Entwicklung wird das beweisen. Sie haben sich damit eindeutig und klar für die Bildung eines **westdeutschen Staates** und nicht für die Einigung über ein einheitliches Deutschland ausgesprochen.
(Lebhafter Widerspruch und Zuruf: Welche Logik!)
Im Namen der Kommunistischen Partei möchte ich in Anbetracht dieser Lage folgende Erklärung abgeben: Nachdem Sie, meine Damen und Herren, gegen unsere Stimmen unseren Antrag auf Einstellung der Beratungen über eine westdeutsche Verfassung abgelehnt haben und damit dokumentieren, daß Sie die Verhandlungen der vier Besatzungsmächte über eine einheitliche deutsche demokratische Republik stören, für die Bildung eines westdeutschen Staates eintreten und somit unsere deutsche Heimat zerreißen, erklären wir Vertreter der Kommunistischen Partei: Die Kommunistische Partei Deutschlands wird in diesem Gremium in Verbindung mit der gesamten deutschen werktätigen Bevölkerung für die **Einheit** unseres **Vaterlandes** und für eine einheitliche demokratische deutsche Republik weiterkämpfen.
(Unruhe und Lachen.)
Unsere Grundlage in diesem Kampf bilden die Richtlinien einer gesamtdeutschen Verfassung, wie sie der Verfassungsausschuß des Deutschen Volksrates ausgearbeitet hat.
(Zuruf: Oho!)
In dieser für unsere Nation so schicksalsschweren Stunde rufen wir der gesamten werktätigen Bevölkerung in Stadt und Land zu, sich zu einer einheitlichen nationalen Front für eine ein-

heitliche deutsche demokratische Republik und gegen die Spalter Deutschlands zusammenzuschließen.
(Zurufe und Lachen.)

(...)

Max Reimann (KPD) am Rednerpult des Parlamentarischen Rates. Im Hintergrund: Konrad Adenauer.

II. Aus der 2. Sitzung des Parlamentarischen Rates vom 8. September 1948

1. *Berichte über die dem Parlamentarischen Rat gestellte Aufgabe an Hand der Vorarbeiten und Entwürfe*

1.1. **Dr. Schmid (SPD)**

Dr. SCHMID (SPD): Meine Damen und Herren! Gestatten Sie mir vor dem Eintreten in die eigentlichen Ausführungen, die ich Ihnen zu unterbreiten habe, einige wenige Worte zur **Methode** meiner Darlegungen. Sie sind nötig, weil vielleicht ein Teil der Zuhörer finden möchte, daß meine Ausführungen, zu Beginn wenigstens, lediglich die Ausführung von Theorien darstellen. Es handelt sich hier nicht darum zu theoretisieren; aber es handelt sich darum, so wie der Ingenieur, der mit Rechenschieber und Logarithmentafel umzugehen hat, gelegentlich einmal sein Physikbuch hervorholt, um den Ort seines Wirkens im System der Mechanik genau festzustellen, einmal zu sehen, in welchen Bereichen wir uns denn eigentlich zu bewegen haben. Theorie ist ja kein müßiger Zeitvertreib, sondern manchmal der einzige Weg, komplexe Verhältnisse zu klären, und manchmal die einzige Möglichkeit, sicher des Weges zu gehen, die einzige Möglichkeit, die Lage des archimedischen Punktes zu definieren, an dem wir den Hebel unserer politischen Aktivität anzusetzen haben. Nur durch eine klare Erkenntnis dessen, was ist, können wir uns die Rechnungsgrundlagen verschaffen, deren wir bedürfen werden, um richtig zu handeln. Der Versuch, einen Tatbestand in allen seinen Bezügen denkend zu erfassen, ist die einzige Methode, die es einem ermöglicht, sich so zu entscheiden, daß die Entscheidung auch verantwortet werden kann.

Meine Damen und Herren! Worum handelt es sich denn eigentlich bei dem Geschäft, das wir hier zu bewältigen haben? Was heißt denn: „Parlamentarischer Rat"? Was heißt denn „Grundgesetz"? Wenn in einem souveränen Staatswesen das Volk eine verfassunggebende Nationalversammlung einberuft, ist deren Aufgabe klar und braucht nicht weiter diskutiert zu werden: sie hat eine **Verfassung** zu schaffen. Was heißt aber „Verfassung"? Eine Verfassung ist die Gesamtentscheidung eines freien Volkes über die Formen und die Inhalte seiner politischen Existenz. Eine solche Verfassung ist dann die Grundnorm des Staates. Sie bestimmt in letzter Instanz, ohne auf einen Dritten zurückgeführt werden zu brauchen, die Abgrenzung der Hoheitsverhältnisse auf dem Gebiet und dazu bestimmt sie die Rechte der Individuen und die Grenzen der Staatsgewalt. Nichts steht über ihr, niemand kann sie außer Kraft setzen, niemand kann sie ignorieren. Eine Verfassung ist nichts anderes als die in Rechtsform gebrachte Selbstverwirklichung der Freiheit eines Volkes. Darin liegt ihr Pathos, und dafür sind die Völker auf die Barrikaden gegangen.

Wenn wir in solchen Verhältnissen zu wirken hätten, dann brauchten wir die Frage: worum handelt es sich denn eigentlich? nicht zu stellen. Dieser Begriff einer Verfassung gilt in einer Welt, die demokratisch sein will, die also das Pathos der Demokratie als ihr Lebensgesetz anerkennen will, unabdingbar.

Freilich weiß jeder von uns, daß man Ordnungsgesetze anderer Art auch schon Verfassungen genannt hat, zum Beispiel die **oktroyierten „Verfassungen"** der Restaurationszeit, etwa die „Charte" von 1814. Diese oktroyierten Verfassungen waren zweifellos gelegentlich technisch nicht schlecht, und die Fürsten, die sie gegeben haben, mochten dann und wann durchaus gute Absichten gehabt haben; aber das Volk hat diese Dinge nie als Verfassungen betrachtet, und die Revolutionen von 1830 sind nichts anderes gewesen als der Aufstand der Völker Europas gegen die oktroyierten Verfassungen, die nicht im Wege der Selbstbestimmung der Völker entstanden, sondern auferlegt worden sind. Es kam in diesen Revolutionen die

Erkenntnis zum Ausdruck, daß eine Verfassung in einer demokratischen Welt etwas mehr sein muß als ein bloßes Reglement, als ein bloßes Organisationsstatut. Die Ordnung des Behördenaufbaus, die Ordnung der Staatsfunktionen, die Abgrenzung der Rechte der Individuen und der Obrigkeit sind durchaus vorstellbar — und das hat es gegeben — im Bereich der „organischen Artikel" des absolutistischen Obrigkeitsstaates, ja auch im Bereich der Fremdherrschaft. Man wird aber da nicht von Verfassungen sprechen, wenn Worte ihren Sinn behalten sollen; denn es fehlt diesen Gebilden der Charakter des keinem fremden Willen unterworfenen Selbstbestimmtseins. Es handelt sich dabei um **„Organisation"** und nicht um **„Konstitution"**. Ob eine Organisation von den zu Organisierenden selber vorgenommen wird oder ob sie der Ausfluß eines fremden Willens ist, macht keinen prinzipiellen Unterschied; denn bei Organisationen kommt es wesentlich und ausschließlich darauf an, ob sie gut oder schlecht funktionieren. Bei einer Konstitution aber ist das anders. Dort macht es einen Wesensunterschied, ob sie eigenständig geschehen ist oder ob sie der Ausfluß fremden Willens ist; denn „Konstitution" ist nichts anderes als das Ins-Leben-treten eines Volkes als politischer Schicksalsträger aus eigenem Willen.

Dies alles gilt auch von der **Schaffung** eines **Staates.** Sicher, Staaten können auf die verschiedenste Weise entstehen. Sie können sogar durch äußeren Zwang geschaffen werden. Staat ist aber dann nichts anderes als ein Ausdruck für **„Herrschaftsapparat"**, so wie etwa die Staatstheoretiker der Frührenaissance von il stato sprachen. Il stato, das ist einfach der Herrschaftsapparat gewesen, der in organisierter Weise Gewalt über ein Gebiet ausgeübt hat. Aber es ist ja gerade der große Fortschritt auf den Menschen hin gewesen, den die Demokratie getan hat, daß sie im Staat etwas mehr zu sehen begann als einen bloßen Herrschaftsapparat. Staat ist für sie immer gewesen das In-die-eigene-Hand-nehmen des Schicksals eines Volkes, Ausdruck der Entscheidung eines Volkes zu sich selbst.

Man muß wissen, was man will, wenn man von Staat spricht, ob den bloßen Herrschaftsapparat, der auch einem fremden Gebieter zur Verfügung stehen kann, oder eine lebendige Volkswirklichkeit, eine aus eigenem Willen in sich selber gefügte Demokratie. Ich glaube, daß man in einem demokratischen Zeitalter von einem Staat im legitimen Sinne des Wortes nur sprechen sollte, wo es sich um das Produkt eines frei erfolgten konstitutiven Gesamtaktes eines souveränen Volkes handelt. Wo das nicht der Fall ist, wo ein Volk sich unter Fremdherrschaft und unter deren Anerkennung zu organisieren hat, konstituiert es sich nicht — es sei denn gegen die Fremdherrschaft selbst —, sondern es organisiert sich lediglich, vielleicht sehr staatsähnlich, aber nicht als Staat im demokratischen Sinn. Es ist, wenn Sie mir ein Bild aus dem römischen Recht gestatten wollen, so: wie man dort den Freien und den Sklaven und den Freigelassenen kannte, wäre ein in dieser Weise organisiertes Gemeinwesen nicht ein Staat, sondern stünde dem Staat im selben Verhältnis gegenüber wie der Freigelassene dem Freien.

Diese **Organisation** als **staatsähnliches Wesen** kann freilich sehr weit gehen. Was aber das Gebilde von echter demokratisch legitimierter Staatlichkeit unterscheidet, ist, daß es im Grunde nichts anderes ist als die Organisationsform einer Modalität der Fremdherrschaft; denn die trotz mangelnder voller Freiheit erfolgende Selbstorganisation setzt die Anerkennung der fremden Gewalt als übergeordneter und legitimierter Gewalt voraus. Nur wo der Wille des Volkes aus sich selber fließt, nur wo dieser Wille nicht durch Auflagen eingeengt ist, durch einen fremden Willen, der Gehorsam fordert und dem Gehorsam geleistet wird, wird Staat im echten demokratischen Sinne des Wortes geboren. Wo das nicht der Fall ist, wo das Volk sich lediglich in Funktion des Willens einer fremden übergeordneten Gewalt organisiert, sogar unter dem Zwang, gewisse Direktiven dabei befolgen zu müssen, und mit der Auflage, sich sein Werk genehmigen zu lassen, entsteht lediglich ein Organismus mehr oder weniger administrativen Gepräges. Dieser Organismus mag alle normalen, ich möchte sagen, „inneren" Staatsfunktionen haben; wenn ihm die Möglichkeit genommen ist, sich die Formen seiner Wirksamkeit und die Grenzen seiner Entscheidungsgewalt selber zu bestimmen, fehlt ihm, was den Staat ausmacht, nämlich die Kompetenz der Kompetenzen im tieferen Sinne des Wortes, das heißt die letzte Hoheit über sich selbst und damit die Möglichkeit zu letzter Verantwortung. Das alles hindert nicht, daß dieser Organismus nach innen in höchst wirksamer Weise obrigkeitliche Gewalt auszuüben vermag.

Was ist nun die **Lage Deutschlands** heute? Am 8. Mai 1945 hat die deutsche Wehrmacht bedingungslos kapituliert. An diesen Akt werden von den verschiedensten Seiten die verschiedensten Wirkungen geknüpft. Wie steht es damit? Die **bedingungslose Kapitulation** hatte Rechtswirkungen ausschließlich auf militärischem Gebiet. Die Kapitulationsurkunde, die damals unterzeichnet wurde, hat nicht etwa bedeutet, daß damit das deutsche Volk durch legitimierte Vertreter zum Ausdruck bringen wollte, daß es als Staat nicht mehr existiert, sondern hatte lediglich die Bedeutung, daß den Alliierten das Recht nicht bestritten werden sollte, mit der deutschen Wehrmacht nach Gutdünken zu verfahren. Das ist der Sinn der bedingungslosen Kapitulation und kein anderer.
(Sehr richtig!)

Manche haben daran andere Rechtsfolgen geknüpft. Sie haben gesagt, auf Grund dieser bedingungslosen Kapitulation sei Deutschland als staatliches Gebilde untergegangen. Sie argumentieren dabei mit dem völkerrechtlichen Begriff der **debellatio,** der kriegerischen Niederwerfung eines Gegners. Diese Ansicht ist schlechterdings falsch.
(Sehr richtig!)
Nach Völkerrecht wird ein Staat nicht vernichtet, wenn seine Streitkräfte und er selbst militärisch niedergeworfen sind. Die debellatio vernichtet für sich allein die Staatlichkeit nicht, sie gibt lediglich dem Sieger einen Rechtstitel auf Vernichtung der Staatlichkeit des Niedergeworfenen durch nachträgliche Akte. Der Sieger muß also von dem Zustand der debellatio Gebrauch machen, wenn die Staatlichkeit des Besiegten vernichtet werden soll. Hier gibt es nach Völkerrecht nur zwei praktische Möglichkeiten. Die eine ist die Annexion. Der Sieger muß das Gebiet des Besiegten annektieren, seinem Gebiet einstücken. Geschieht dies, dann allerdings ist die Staatlichkeit vernichtet. Oder er muß zur sogenannten Subjugation schreiten, der Verknechtung des besiegten Volkes. Aber die Sieger haben nichts von dem getan. Sie haben in Potsdam ausdrücklich erklärt, erstens, daß kein deutsches Gebiet im Wege der Annexion weggenommen werden soll, und zweitens, daß das deutsche Volk nicht versklavt werden soll. Daraus ergibt sich, daß zum mindesten aus den Ereignissen von 1945 nicht der Schluß gezogen werden kann, daß Deutschland als staatliches Gebilde zu existieren aufgehört hat.
(Sehr richtig!)

Aber es ist ja 1945 etwas geschehen, was ganz wesentlich in unsere staatlichen und politischen Verhältnisse eingegriffen hat. Es ist etwas geschehen, aber eben nicht die Vernichtung der deutschen Staatlichkeit. Aber was ist denn nun geschehen? Erstens: Der Machtapparat der Diktatur wurde zerschlagen. Da dieser Machtapparat der Diktatur durch die Identität von Partei und Staat mit dem Staatsapparat identisch gewesen ist, ist der deutsche Staat durch die Zerschlagung dieses Herrschaftsapparats desorganisiert worden. **Desorganisation** des **Staatsapparats** ist aber nicht die Vernichtung des Staates der Substanz nach. Wir dürfen nicht vergessen, daß in den ersten Monaten nach der Kapitulation im Sommer 1945, als keinerlei Zentralgewalt zu sehen war, sondern als die Bürgermeister der Gemeinden als kleine Könige regierten — die Landräte auch und die ersten gebildeten Landesverwaltungen erst recht —, alle diese Leute und alle diese Stellen ihre Befugnisse nicht für sich ausübten, nicht für die Gemein-

den und für das Land, sondern fast überall für das Deutsche Reich.
(Sehr richtig!)
Es war eine Art von Treuhänderschaft von unten, die sich dort geltend machte. Ich erinnere mich noch genau, wie es in diesen Monaten war, wie die Landräte die Steuern einzogen, nicht etwa, weil sie geglaubt hätten, sie stünden ihnen zu, sondern sie zogen sie ein, weil jemand dieses Geschäft stellvertretend für das Ganze besorgen mußte. Ähnlich machten es die Bürgermeister und machten es auch die Landesverwaltungen. Als man z. B. in der französischen Zone die Länder veranlassen wollte, einen Vertrag zu schließen, in dem ihnen zugestanden war, das deutsche Eisenbahnvermögen auf sich selber zu übertragen, da haben diese Länder sich geweigert, dies zu tun, und haben gesagt: Aus technischen Gründen mag der Vertrag nötig sein, wir übernehmen aber das Reichsbahnvermögen nur treuhänderisch für Deutschland!
(Sehr gut!)

Diese Auffassung, daß die **Existenz Deutschlands** als **Staat** nicht vernichtet und daß es als Rechtssubjekt erhalten worden ist, ist heute weitgehend Gemeingut der Rechtswissenschaft, auch im Ausland. Deutschland existiert als staatliches Gebilde weiter. Es ist rechtsfähig, es ist aber nicht mehr geschäftsfähig, noch nicht geschäftsfähig. Die Gesamtstaatsgewalt wird zum mindesten auf bestimmten Sachgebieten durch die Besatzungsmächte, durch den Kontrollrat im ganzen und durch die Militärbefehlshaber in den einzelnen Zonen ausgeübt. Durch diese Treuhänderschaft von oben wird der Zusammenhang aufrechterhalten. Die Hoheitsgewalt in Deutschland ist also nicht untergegangen; sie hat lediglich den Träger gewechselt, indem sie in Treuhänderschaft übergegangen ist. Das Gebiet Deutschlands ist zwar weitgehend versehrt, aber der Substanz nach ist es erhalten geblieben, und auch das deutsche Volk ist — und zwar als Staatsvolk — erhalten geblieben.

Gestatten Sie mir hier ein Wort zum **„Staatsvolk"**. Es hat sich in dieser Hälfte Deutschlands ungemein vermehrt durch die **Flüchtlinge**, durch Millionen Menschen, die ausgetrieben wurden aus Heimaten, in denen ihre Vorfahren schon seit Jahrhunderten ansässig gewesen sind. Man sollte in der Welt nicht so rasch vergessen, was damit geschehen ist!
(Sehr richtig!)
Denn wenn wir hier es zu schnell vergessen sollten, wenn wir dieses Wissen aus unserem Bewußtsein verdrängen sollten, könnte es geschehen, daß einige Generationen später das Verdrängte in böser Gestalt wieder aus dem Dunkel des Vergessens emporsteigen könnte!
(Sehr gut!)
Man sollte gerade im Zeitalter der Nürnberger Prozesse von diesen Dingen sprechen!
(Sehr richtig!)
Freilich wissen wir genau, daß die Austreibung von Bevölkerungen nicht von den Siegern dieses Krieges, sondern von den Nationalsozialisten erfunden worden ist
(Sehr richtig!)
und das, was bei uns geschah, lediglich das Zurückkommen des Bumerangs ist, der einst von hier ausgeworfen wurde. Trotzdem aber bleibt bestehen, daß, was nach dem Kriege geschehen ist, auch Unrecht ist!
(Sehr gut!)
Es gibt ein französisches Sprichwort: „On n'excuse pas le mal par le pire" — „Man rechtfertigt das Böse nicht durch den Hinweis auf ein noch Böseres."
(Sehr richtig!)

Damit, daß die drei Staatselemente erhalten geblieben sind, ist **Deutschland** als **staatliche Wirklichkeit** erhalten geblieben. Deutschland braucht nicht neu geschaffen zu werden. Es muß aber neu organisiert werden. Diese Feststellung ist von einer rechtlichen Betrachtung aus unausweichlich. Es ist aber an dieser Stelle noch kurz darauf einzugehen, ob nicht vielleicht durch politische Akte, die nach dem Mai 1945 in Deutschland selbst sich ereignet haben könnten, doch eine Auflösung Deutschlands als eines staatlichen Gebildes erfolgt ist. Ich glaube aber, daß nichts von dem, was seit drei Jahren geschehen ist, uns berechtigt, anzunehmen, daß das deutsche Volk oder erhebliche Teile des deutschen Volkes sich entschlossen hätten, Deutschland aufzulösen. Wenn wir uns ein Ereignis als Beispiel vorhalten, wo so etwas in der Tat geschehen ist, dann sehen wir am besten, daß es falsch ist, in bezug auf Deutschland von so etwas zu sprechen: Österreich-Ungarn! Dieses ist nach 1918 nicht „juristisch" zerfallen, sondern durch den Entschluß der Völkerschaften, die es einmal ausmachten, als staatliches Gebilde aufgelöst worden. An seine Stelle sind neue Staaten getreten, die sich nicht als Rechtsnachfolger der alten Doppelmonarchie zu betrachten brauchten. So etwas ist in Deutschland nicht geschehen.

Nun ist die Frage, ob vielleicht da und dort in Deutschland einzelne Teile Deutschlands vom Ganzen abgefallen sind und sich separieren wollten. Kann man ein solches Vorhaben aus gewissen Ereignissen schließen, die sich seit dem Sommer 45 bei uns begeben haben? Manche mögen dabei auf diese oder jene Bestimmung dieser oder jener Länderverfassung hinweisen, in denen es etwa heißt, daß das Land bereit ist, „einem neuen deutschen Bundesstaat" oder „einem neuen Deutschland" beizutreten. Ich glaube, man sollte aus solchen Sätzen keine allzu weitgehenden Folgerungen ziehen. Ich jedenfalls glaube nicht, daß die Landtage und die Bevölkerungen der Länder, in deren Verfassung dieser Satz steht, doch ihre Zustimmung dazu erklären wollten, daß sich das Land von Deutschland separieren wollte.
(Sehr richtig!)
Es handelt sich bei diesen Verfassungsartikeln um die Kodifikation eines Rechtsirrtums, der damals, als die Verfassung beraten wurde, entschuldbar und verständlich gewesen sein mag, aber nicht um mehr.

Nun könnte man weiter die Frage aufwerfen, ob hier vielleicht nicht noch eine andere Betrachtung angefügt werden müßte. Erik Reger, dessen gallige Artikel zu lesen sich auch dann lohnt, wenn man sie nicht für der jeweiligen Situation voll angepaßt hält, hat jüngst geschrieben, daß es sich hier nicht um eine Rechtsfrage handle, sondern um die Bekundung des politischen Willens, die **Zäsur** in der **politischen Kontinuität** deutlich zu markieren. Nun, ich bin völlig damit einverstanden, daß man eine Zäsur zwischen gestern und heute und noch mehr zwischen gestern und morgen markiert. Aber bedingt denn der Wechsel in einem politischen System notwendig die Vernichtung des Staatswesens? Haben denn zum Beispiel die Franzosen, als sie 1870 vom zweiten Kaiserreich zur Dritten Republik übergingen, vorher den französischen Staat als staatliches Gebilde aufgelöst?

Der Rechtszustand, in dem Deutschland sich befindet, wird aber noch durch folgendes charakterisiert: Die Alliierten halten Deutschland nicht nur auf Grund der Haager Landkriegsordnung besetzt. Darüber hinaus trägt die Besetzung Deutschlands interventionistischen Charakter. Was heißt denn **Intervention?** Es bedeutet, daß fremde Mächte innerdeutsche Verhältnisse, um die sich zu kümmern ihnen das Völkerrecht eigentlich verwehrt, auf deutschem Boden nach ihrem Willen gestalten wollen. Es hat keinen Sinn, darüber zu jammern, daß es so ist. Daß es dazu kommen konnte, hat seine guten Gründe: man kann verstehen, daß unsere Nachbarn sich nach dem, was im deutschen Namen in der Welt angerichtet worden ist, ihre Sicherheit selber verschaffen wollen! Ob sie sich dabei immer klug angestellt haben oder nicht, soll hier nicht diskutiert werden; das ist eine andere Geschichte.

Aber Intervention vermag lediglich Tatsächlichkeiten zu schaffen: sie vermag nicht, Rechtswirkungen herbeizuführen. Völkerrechtlich muß eine interventionistische Maßnahme entweder durch einen vorher geschlossenen Vertrag oder durch eine nachträgliche Vereinbarung legitimiert sein, um dauernde Rechtswirkungen herbeizuführen. Ein vorher geschlossener Vertrag liegt nun nicht vor: die Haager Landkriegsordnung verbietet ja geradezu interventionistische Maßnamen als Dauererscheinungen. So wird man für die Frage, ob interventionistische Maßnahmen von uns als ,,Recht" anerkannt werden müssen, spätere Vereinbarungen abzuwarten haben. Aber kein Zweifel kann darüber bestehen, daß diese interventionistischen Maßnahmen der Besatzungsmächte vorläufig legal sind aus dem einen Grunde, daß das deutsche Volk diesen Maßnahmen allgemein Gehorsam leistet. Es liegt hier ein Akt der Unterwerfung vor — drücken wir es doch aus, wie es ist —, eine Art von negativem Plebiszit, durch das das deutsche Volk zum Ausdruck bringt, daß es für Zeit auf die Geltendmachung seiner Volkssouveränität zu verzichten bereit ist. Man sollte sich doch darüber klar sein, was Volkssouveränität heißt: nicht jede Möglichkeit, sich nach seinem Willen in mehr oder weniger Beschränkung einzurichten, sondern zur Volkssouveränität gehört, wenn das Wort einen Sinn haben soll, auch die Entschlossenheit, sie zu verteidigen und sich zu widersetzen, wenn sie angegriffen wird!

(Sehr richtig!)

Solange das nicht geschieht — und es hat sehr gute Gründe, daß es nicht geschieht —, werden wir die Legalität der interventionistischen Maßnahmen zum mindesten für Zeit anerkennen müssen. Das ist ja gerade die juristische Bedeutung der Résistance in Frankreich gewesen, daß infolge des Sich-nicht-Unterwerfens die Maßnahmen der ,,Zwischenregierung" nicht als legal zu gelten brauchten.

Zu den interventionistischen Maßnahmen, die die Besatzungsmächte in Deutschland vorgenommen haben, gehört unter anderem, daß sie die **Ausübung** der **deutschen Volkssouveränität blockiert** haben. An und für sich ist die Volkssouveränität, in einem demokratischen Zeitalter zum mindesten, der Substanz nach unvernichtbar und unverzichtbar. Ich glaube, sagen zu können, daß dies auch heute der Standpunkt der offiziellen amerikanischen Stellen ist. Aber man kann die Ausübung der Volkssouveränität ganz oder teilweise sperren. Das ist bei uns 1945 geschehen. Sie wurde ursprünglich völlig gesperrt. Dann wurde diese Sperrung stückweise von den Besatzungsmächten zurückgezogen. Immer weitere Schichten der deutschen Volkssouveränität wurden zur Betätigung freigegeben. Zuerst die Schicht, aus der heraus die Selbstkonstituierung und Selbstverwaltung der Gemeinden erfolgte, dann die Schicht, aus der heraus die politische und administrative Organisation von Gebietsteilen etwa in der Gestalt unserer Länder erfolgte. Die ,,regionale" Schicht der deutschen Volkssouveränität wurde hier unter Vorbehalt des Ganzen freigelegt. Aber geben wir uns keinem Irrtum hin: auch bei diesen konstitutiven Akten handelte es sich nicht um freie Ausübungen der Volkssouveränität. Denn auch da war immer die Entscheidung weithin vorgegeben, am weitestgehenden dadurch, daß ja die Besatzungsmächte selber es gewesen sind, die den größten Teil dieser Länder abgezirkelt und damit bestimmt haben. In der britischen Zone hatten die Länder bis heute noch keine Möglichkeit, sich auch nur formell selbst zu konstituieren. Dort wird am besten deutlich, in welchem Umfang Existenz und Konfiguration unserer Länder im wesentlichen Ausfluß des Willens der Besatzungsmächte sind.

Nunmehr hat man uns eine weitere Schicht der Volkssouveränität freigegeben. Wir müssen uns fragen: Ist das, was uns nunmehr freigegeben worden ist, der ganze verbliebene Rest der bisher gesperrten Volkssouveränität? Manche wollen die Frage bejahen; ich möchte sie energisch verneinen. Es ist nicht der ganze Rest freigegeben worden, sondern ein Teil dieses Restes.

Zuerst räumlich betrachtet: Die **Volkssouveränität** ist, wo man von ihrer Fülle spricht, **unteilbar.** Sie ist auch räumlich nicht teilbar. Sollte man sie bei uns für räumlich teilbar halten,

dann würde das bedeuten, daß man hier im Westen den Zwang zur Schaffung eines separaten Staatsvolks setzt. Das will das deutsche Volk in den drei Westzonen aber nicht sein!
(Lebhafte Zustimmung.)
Es gibt kein westdeutsches Staatsvolk und wird keines geben!
(Erneute Zustimmung.)
Das französische Verfassungswort: La Nation une et indivisible: die eine und unteilbare Nation bedeutet nichts anderes, als daß die Volkssouveränität auch räumlich nicht teilbar ist. Nur das gesamte deutsche Volk kann „volkssouverän" handeln, und nicht eine Partikel davon. Ein Teil von ihm könnte es nur dann, wenn er legitimiert wäre, als Repräsentant der Gesamtnation zu handeln, oder wenn ein Teil des deutschen Volkes durch äußeren Zwang endgültig verhindert worden wäre, seine Freiheitsrechte auszuüben. Dann wäre ja nur noch der Rest, der bleibt, ein freies deutsches Volk, das deutsche Volkssouveränität ausüben könnte.

Ist dieser Zustand heute schon eingetreten? Manche behaupten: Ja! Aber man sollte nicht vergessen: Noch wird verhandelt; noch ist man sich, zumindest offiziell, darüber einig, in der Verschiedenheit der Zonenherrschaft ein Provisorium zu sehen, etwas, das nach dem Willen aller, auch der Besatzungsmächte, vorübergehen soll. Es scheint mir nicht unser Interesse zu sein, einer Besatzungsmacht durch ein Tun unsererseits einen Vorwand für die Verwandlung des heutigen Provisoriums der Separation der einzelnen Zonen in das Definitivum der Separation Ost-Deutschlands zu liefern.
(Sehr richtig! in der Mitte.)
Aber das ist eine politische Entscheidung. Können wir sie treffen? Können wir sie treffen in einem Zustand, in dem uns die Möglichkeit genommen ist, den Umfang des Risikos zu bestimmen, das Deutschland dabei treffen müßte?

Eine **gesamtdeutsche konstitutionelle Lösung** wird erst möglich sein, wenn eines Tages eine **deutsche Nationalversammlung** in voller Freiheit wird gewählt werden können. Das setzt aber voraus entweder die Einigung der vier Besatzungsmächte über eine gemeinsame Deutschland-Politik oder einen Akt der Gewalt nach der einen oder anderen Seite. Mag sein, daß mancher Mann mit diesem Gedanken spielt; es lohnt sich aber vielleicht, diesen Gedanken einmal zu meditieren. Was bedeutet denn „Gewalt" in diesem Zusammenhang? Entweder die Vertreibung einer Besatzungsmacht, die einer gesamtdeutschen demokratischen Einigung widerstrebt. Könnte daraus etwas anderes werden als eine Katastrophe für die ganze Welt?
(Sehr wahr! links.)
Oder aber es bedeutet endgültige Abtrennung einer Zone durch Gewaltanwendung einer Besatzungsmacht mit gleichzeitiger politischer Entmannung des deutschen Volkes in dieser Zone und damit die endgültige Verminderung Deutschlands auf den Teil, der über sich noch in Freiheit bestimmen könnte. Auch das wäre eine Katastrophe; auch eine Weltkatastrophe, nicht nur eine deutsche.
(Erneute Zustimmung.)
Man sollte daher nichts tun, was dazu beitragen könnte, eine solche Katastrophe wahrscheinlicher zu machen, als sie aus sich selber heraus vielleicht heute schon ist.

Zu dieser räumlichen Einschränkung der Möglichkeit, **Volkssouveränität** auszuüben, kommt noch eine **substanzielle Einschränkung.** Wenn man die Dokumente Nr. I und III liest, die die Militärbefehlshaber den Ministerpräsidenten übergeben haben, dann erkennt man, daß die Besatzungsmächte sich eine ganze Reihe von Sachgebieten und Befugnissen in eigener oder in konkurrierender Zuständigkeit vorbehalten haben. Es gibt fast mehr Einschränkungen der deutschen Befugnisse in diesem Dokument Nr. I als Freigaben deutscher Befugnisse!

Die erste Einschränkung ist, daß uns für das Grundgesetz bestimmte Inhalte auferlegt worden sind; weiter, daß wir das Grundgesetz, nachdem wir es hier beraten und beschlossen haben, den Besatzungsmächten zur Genehmigung werden vorlegen müssen. Dazu möchte ich sagen: Eine Verfassung, die ein anderer zu genehmigen hat, ist ein Stück Politik des Genehmigungsberechtigten, aber kein reiner Ausfluß der Volkssouveränität des Genehmigungspflichtigen!

(Sehr wahr!)

Die zweite Einschränkung ist, daß uns entscheidende Staatsfunktionen versagt sind: Auswärtige Beziehungen, freie Ausübung der Wirtschaftspolitik; eine Reihe anderer Sachgebiete sind vorbehalten. Legislative, Exekutive und sogar die Gerichtsbarkeit sind gewissen Einschränkungen unterworfen.

Die dritte Einschränkung: Die Besatzungsmächte haben sich das Recht vorbehalten, im Falle von Notständen die Fülle der Gewalt wieder an sich zu nehmen. Die Autonomie, die uns gewährt ist, soll also eine Autonomie auf Widerruf sein, wobei nach den bisherigen Texten die Besatzungsmächte es sind, die zu bestimmen haben, ob der Notstand eingetreten ist oder nicht.

Vierte Einschränkung: Verfassungsänderungen müssen genehmigt werden.

Also: Auch die jetzt freigegebene Schicht der ursprünglich voll gesperrten deutschen Volkssouveränität ist nicht das Ganze, sondern nur ein Fragment. Daraus ergibt sich folgende praktische Konsequenz: Um einen Staat im Vollsinne zu organisieren, muß die Volkssouveränität sich in ihrer ganzen Fülle auswirken können. Wo nur eine fragmentarische Ausübung möglich ist, kann auch nur ein **Staatsfragment** organisiert werden. Mehr können wir nicht zuwege bringen, es sei denn, daß wir den Besatzungsmächten gegenüber — was aber eine ernste politische Entscheidung voraussetzen würde — Rechte geltend machen, die sie uns heute noch nicht einräumen wollen. Das müßte dann ihnen gegenüber eben durchgekämpft werden. Solange das nicht geschehen ist, können wir, wenn Worte überhaupt einen Sinn haben sollen, keine Verfassung machen, auch keine vorläufige Verfassung, wenn „vorläufig" lediglich eine zeitliche Bestimmung sein soll. Sondern was wir machen können, ist ausschließlich das Grundgesetz für ein Staatsfragment. Die **eigentliche Verfassung,** die wir haben, ist auch heute noch das geschriebene oder ungeschriebene **Besatzungsstatut.** Die Art und Weise, wie die Besatzungsmächte die Besatzungshoheit ausüben, bestimmt darüber, wie die Hoheitsbefugnisse auf deutschem Boden verteilt sein sollen. Sie bestimmt auch darüber, was an den Grundrechten unserer Länderverfassungen effektiv und was nur Literatur ist. Diesem Besatzungsstatut gegenüber ist alles andere sekundär, solange man in Anerkennung seiner Wirklichkeit handelt. Nichts ist für diesen Zustand kennzeichnender als der Schlußsatz in Dokument Nr. III, worin ausdrücklich gesagt ist, daß nach dem Beschluß des Parlamentarischen Rates und vor der Ratifikation dieses Beschlusses in den Ländern die Besatzungsmächte das Besatzungsstatut verkünden werden, damit das deutsche Volk weiß, in welchem Rahmen seine „Verfassung" gilt. Wenn man einen solchen Zustand nicht will, dann muß man dagegen handeln wollen. Aber das wäre dann Sache des deutschen Volkes selbst und nicht Sache staatlicher Organe, die ihre Akte jeweils vorher genehmigen lassen müssen.

Damit glaube ich die Frage beantwortet zu haben, worum es sich bei unserem Tun denn eigentlich handelt. Wir haben unter Bestätigung der alliierten Vorbehalte das **Grundgesetz** zur **Organisation** der heute **freigegebenen Hoheitsbefugnisse** des deutschen Volkes in einem Teile Deutschlands zu beraten und zu beschließen. Wir haben nicht die Verfassung Deutschlands oder Westdeutschlands zu machen. Wir haben keinen Staat zu errichten.

Wir haben etwas zu schaffen, das uns die Möglichkeit gibt, gewisser Verhältnisse Herr zu werden, besser Herr zu werden, als wir das bisher konnten. Auch ein Staatsfragment muß eine Organisation haben, die geeignet ist, den praktischen Bedürfnissen der inneren Ordnung eines Gebietes gerecht zu werden. Auch ein Staatsfragment braucht eine Legislative, braucht eine Exekutive und braucht eine Gerichtsbarkeit.

Wenn man nun fragt, wo dann die Grenze gegenüber dem Voll-Staat, gegenüber der Vollverfassung liege: Nun, das ist eine Frage der praktischen Beurteilung im Einzelfall. Über folgende Gesichtspunkte aber sollte Einigkeit erzielt werden können:

Erstens: Das **Grundgesetz** für das **Staatsfragment** muß gerade aus diesem seinen inneren Wesen heraus seine **zeitliche Begrenzung** in sich tragen. Die künftige Vollverfassung Deutschlands darf nicht durch Abänderung des Grundgesetzes dieses Staatsfragments entstehen müssen, sondern muß originär entstehen können. Aber das setzt voraus, daß das Grundgesetz eine Bestimmung enthält, wonach es automatisch außer Kraft tritt, wenn ein bestimmtes Ereignis eintreten wird. Nun, ich glaube, über diesen Zeitpunkt kann kein Zweifel bestehen: „an dem Tage, an dem eine vom deutschen Volke in freier Selbstbestimmung beschlossene Verfassung in Kraft tritt."

(Sehr richtig!)

Zweitens: Für das Gebiet eines echten, vollen Staates ist charakteristisch, daß es geschlossen ist, daß also nichts hineinragen und nichts über seine Grenzen hinausragen kann. Bei einem Staatsfragment kann dies anders sein. Hier ist **räumliches Offensein** möglich. Das wird sich in unserer Arbeit in einem doppelten Sinne niederschlagen können und, wie ich glaube, auch müssen. Dieses Grundgesetz muß eine Bestimmung enthalten, auf Grund derer jeder Teil deutschen Staatsgebietes, der die Aufnahme wünscht, auch aufgenommen werden muß; wobei die Frage noch zu klären sein wird, wie dies geschehen soll und ob Bedingungen aufgestellt werden sollen. Ich glaube, man sollte die Aufnahme so wenig als möglich erschweren.

Schließlich bleibt die Frage, ob nicht die Teile Deutschlands, die außerhalb des Anwendungsgebiets des Grundgesetzes verbleiben müssen, die Möglichkeit sollen erhalten können, an den gesetzgebenden Organen sich zu beteiligen, die das Grundgesetz schaffen werden. Über das Wie und die Frage, ob sie es allgemein sollen tun können, wird hier noch zu sprechen sein. Aber eine Voraussetzung scheint mir dafür vorliegen zu müssen: Es müssen freie Wahlen möglich sein; es muß die Möglichkeit bestehen, Vertreter hierher zu entsenden. Dies trifft heute schon auf Berlin zu, und deshalb sollte das Grundgesetz die Bestimmung vorsehen, daß **Vertreter Berlins** in die gesetzgebenden Körperschaften zu berufen sind.

(Lebhafte Zustimmung.)

Ich weiß, man kann sagen, das sei nicht logisch, denn es sei nicht logisch, Vertreter von Gebieten an der Gesetzgebung zu beteiligen, auf die von ihnen mitbeschlossene Gesetze keine Anwendung fänden. Ich gebe zu, daß es in der Tat nicht sehr logisch ist. Aber hier handelt es sich nicht so sehr darum, Logik zu treiben, als politisch zu sein.

(Sehr richtig!)

Ich meine, man könnte das nicht auf wirksamere Weise tun, als durch das Sichtbarmachen der Tatsache, daß nur äußere Gewalt verhindert, daß hier alle Deutschen vertreten sind!

(Erneute lebhafte Zustimmung!)

Das Dritte, in dem das Fragmentarische zum Ausdruck kommen muß, ist die innere **Begrenzung** der **Organe** auf die durch äußeren Zwang heute noch eingeschränkten Möglichkeiten. Da stellt sich, um nur ein Beispiel zu nennen, das Problem des Aufbaus der Organe, z. B. die Frage: Soll ein „Oberhaupt", ein **Bundespräsident** vorgesehen werden? Braucht man in einem Staatsfragment — in Anbetracht der erforderlichen Dignität einer solchen Funktion — diese Funktion heute schon ins Leben zu rufen? Ist es nicht besser, statt des Präsidenten ein bescheideneres Organ mit den Aufgaben zu betrauen, die vernünftigerweise sonst ein Präsident zu erledigen hat? Soll das Amt nur ruhen? All das sind Fragen, die sich von einer grundsätzlichen Betrachtung aus stellen müssen.

Aber wenn auch die Ordnung, die wir gestalten sollen, nur die Ordnung eines Staatsfragmentes ist, so kann und sollte sie unserer Meinung nach doch so ausgestaltet werden, daß bei Ausweitung der heute gewährten Freiheitssphäre die geschaffene Organisation fähig ist, sie voll auszufüllen. Und darüber hinaus möchte ich noch sagen: Man sollte diese Organisation so stark und vollständig machen, daß sie fähig werden kann, durch ihr Wirken eine solche Ausweitung in Fluß zu bringen und durchzusetzen.

(Sehr gut!)

Nun ergeben sich aus dem Wesen des Provisoriums eine Reihe praktischer Fragen für das Grundgesetz. Da ist zunächst das Problem, ob darin der **Weimarer Verfassung** Erwähnung getan werden soll oder nicht. Sicher besteht die Weimarer Verfassung — das ist meine persönliche Meinung — als Ganzes nicht mehr. Die Desorganisation Deutschlands durch die Nazi-Herrschaft und durch die Besetzung hat ihr zum mindesten auf weiten Strecken den Garaus gemacht. Auf der anderen Seite ist durch die bisherige Rechtsprechung herausgestellt worden, daß sie, wenigstens zum Teil, noch weiter gilt. Es besteht also auf diesem Gebiet zum mindesten eine Rechtsunsicherheit. Es ist die Frage, ob man dieser Rechtsunsicherheit nicht dadurch abhelfen sollte, daß das Grundgesetz der Weimarer Verfassung Erwähnung tut, etwa so, daß es ausspricht, daß sie, soweit ihre Bestimmungen in Widerspruch zu diesem Grundgesetz stehen, ruht.

Weiter werden Bestimmungen in das Grundgesetz aufgenommen werden müssen, die die Frage der **Weitergeltung** von **Gesetzen** und Verordnungen betreffen, welche vor dem Inkrafttreten des Grundgesetzes erlassen wurden, sei es von den Ländern aus Sachgebieten, die künftig nicht mehr den Ländern zustehen sollen, sei es von Zonenorganen, sei es vom Wirtschaftsrat. Schließlich werden wir noch Bestimmungen für die Überleitung gewisser Kompetenzen auf etwa neu zu schaffende Organe vorsehen müssen.

Und nun, meine Damen und Herren, komme ich zu einem weiteren grundsätzlichen Kapitel: Wo liegen die **Hoheitsbefugnisse,** auf Grund derer wir dieses Grundgesetz beraten und beschließen? Wer wird dabei durch uns tätig? Wird durch uns tätig das deutsche Volk? Oder werden durch uns tätig die Länder als in sich geschlossene Gebietskörperschaften? Diese Frage zu beantworten ist nicht müßig. Ich glaube vielmehr, daß der Umstand, **wie** wir sie beantworten, entscheidend für das ganze Werk ist.

(Sehr richtig!)

Deutschland ist, das glaube ich bewiesen zu haben, als staatliches Gebilde nicht untergegangen. Damit, daß Deutschland weiterbesteht, gibt es auch heute noch ein **deutsches Staatsvolk.** Es ist also auf dem Gebiet, das heute durch die drei Westzonen umschrieben wird, ein Gesamtakt dieses deutschen Staatsvolkes noch möglich. Ein solcher Gesamtakt kann auch durch Länderverfassungen nicht verboten werden.

(Sehr richtig! bei der SPD.)

Das deutsche Volk ist aber keine amorphe Masse; es ist in Länder gegliedert, und es ist in seiner Geschichte bisher noch immer in dieser Gliederung in Länder politisch aufgetreten. Das deutsche Volk handelt auch, wenn es als das deutsche Volk in den Ländern Baden, Bayern, Hessen usw. auftritt, als deutsches Gesamtvolk. Darum ist es sicher, daß das Grundgesetz unseres Staatsfragments nicht auf Grund einer Vereinbarung der deutschen Länder zu entstehen braucht, weil die Quelle der Hoheitsgewalt nicht bei den Ländern liegt, sondern beim deutschen Volk.

(Lebhafte Zustimmung.)

Von dieser Auffassung scheinen auch die Besatzungsmächte auszugehen. Die Dokumente Nr. I und II sind in diesem Punkt ganz deutlich. Nach Dokument Nr. II sollen die deutschen Ministerpräsidenten Vorschläge über die **Änderung** von **Ländergrenzen** machen; wohlgemerkt: alle Ministerpräsidenten für jeden beliebigen Teil des deutschen Staatsgebiets. Das ist nur möglich, wenn man als Auffassung der Besatzungsmächte annimmt, daß die Ministerpräsidenten treuhänderisch in Wahrung gesamtdeutscher Interessen handeln sollen.
(Sehr richtig!)
Denn wie käme sonst etwa der Ministerpräsident von Württemberg-Baden dazu, zu erklären, er sei nicht damit einverstanden, daß die Grenzen zum Beispiel Schleswig-Holsteins so und nicht anders verlaufen. Dazu ermächtigt ihn doch seine Landesverfassung nicht; dazu ist er doch nur ermächtigt, wenn man davon ausgeht, daß eine Möglichkeit besteht, gesamtdeutsche Interessen heute schon unmittelbar zu repräsentieren.

Weiter: Der **Parlamentarische Rat** ist fraglos ein **gesamtdeutsches Organ.** Wir hier, meine Damen und Herren, vertreten nicht bestimmte Länder, sondern wir vertreten die Gesamtheit des deutschen Volkes, soweit es sich vertreten lassen kann.

Der Umstand, daß das deutsche Volk in der Gliederung in Länder auftritt, kommt dadurch zum Ausdruck, daß die Wahl der Abgeordneten für dieses Hohe Haus durch die Landtage erfolgte, und darin, daß der Beschluß, zu dem wir kommen werden, in den Ländern zu ratifizieren ist. Notabene: Nur zu ratifizieren, und nicht etwa als Gesetz zu verkünden.

Schließlich — und das scheint mir jeden Zweifel auszuschließen — weise ich auf die Bestimmung hin, daß das Grundgesetz für das ganze Gebiet der elf Länder auch dann gelten wird, wenn nur zwei Drittel der Länder zustimmen. Wie sollte es die Möglichkeit geben, daß zwei Drittel ein Drittel majorisieren, wenn man nicht von vornherein davon ausgeht, daß ein deutsches Staatsvolk, eine deutsche Staatswirklichkeit schon besteht und nicht erst entsteht, eine Staatswirklichkeit, die imstande ist, eine volonté générale herzustellen auch dort, wo eine volonté de tous nicht gegeben ist?

Das alles ist nicht müßige Theorie, sondern eine Feststellung, die mir notwendig scheint. Denn wir müssen wissen, bei wem der Anspruch ruht; ob Deutschland unter Ländern ausgehandelt werden muß oder ob das deutsche Volk sich selbst sein Haus zu bauen hat.

Noch eine weitere Frage: Soll das Gebilde, dessen Organisation wir hier zu schaffen haben, einen Namen erhalten oder nicht? Die Frage ist von höchster Bedeutung. Nomina sunt omina. Namen bringen zum Ausdruck, was denn eigentlich entsteht oder entstehen soll.

Nun ist die Frage die, ob sich ein **Name** überhaupt mit einem **Provisorium** verträgt, ob hier nicht statt eines Namens eine bloße „Bezeichnung" das Bessere wäre. Es wird hier von diesem Hohen Hause eine sehr politische Entscheidung getroffen werden müssen. Ich glaube nicht, daß es möglich ist, von irgendeiner Seite her den Beweis zu führen, daß diese oder daß jene Antwort auf die gestellte Frage die richtige ist. Man muß sich da eben entscheiden. Aber welcher Name auch immer gegeben werden mag und ob ein Name gegeben wird oder nicht: in dem Gebiet, für das das Grundgesetz gilt, wird nicht eine separate „westdeutsche" Gebietshoheit ausgeübt, sondern gesamtdeutsche Hoheitsgewalt in Westdeutschland. Das sollte bei der Bezeichnung der Organe zum Ausdruck kommen. Denn was hier geschieht, ist zwar räumlich auf einen Teil Deutschlands beschränkt, aber wir sollten nie vergessen, daß es sich ableitet aus dem Rechte des gesamten deutschen Volkes!

Wir werden uns überlegen müssen, ob wir dieses **Grundgesetz** mit einer **Präambel** einleiten sollen. Ich für meinen Teil halte es für notwendig; denn die Präambel charakterisiert das Wesen des Grundgesetzes. Sie sagt aus, was sein soll, und sie wird insbesondere aussagen müssen, was das Grundgesetz nicht sein soll. Die Präambel wird gewissermaßen die Tonart des

Stückes angeben und sie wird darum alle konstitutiven Merkmale kennzeichnen und in sich enthalten müssen.

Weitere Frage: Soll dieses Staatsfragment **Symbole** erhalten, **Farben** und **Flaggen**; sollen es allgemeine Symbole sein, die dem ganzen Volke eigen sind, oder soll man sich mit Zwecksymbolen begnügen; etwa für die Schiffahrt, für Auslandsvertretungen usw.; oder soll man in das Grundgesetz überhaupt nichts über Symbole schreiben? Soll man sich auf ein künftiges Flaggengesetz verlassen, oder wie soll man sich sonst verhalten? Auch das wird eine politische Entscheidung erfordern. Aber eines scheint mir sicher zu sein: wenn sich dieses Hohe Haus für ein Symbol entscheiden sollte, dann kann es nur ein gemeindeutsches Symbol sein, und ich glaube, daß hierfür nichts anderes in Betracht kommen kann als die schönen Farben der deutschen Einheits- und Freiheitsbewegung, die Farben Schwarz-Rot-Gold!

(Bravo!)

Meine Damen und Herren! Es ist uns aufgegeben worden, ein **Grundgesetz** zu machen, das **demokratisch** ist und ein Gemeinwesen des föderalistischen Typs errichtet. Was bedeutet das? Welche allgemeinen Inhalte muß danach das Grundgesetz haben, wenn diesen Auflagen Gerechtigkeit erwiesen werden soll? Was heißt denn eigentlich bei Verfassungen „demokratisch"? Gerade heute gefällt man sich darin, die Demokratie „weiterzuentwickeln", indem man „progressistische" Demokratien erfindet.

(Zurufe von der SPD: „Volks"demokratie!)

— Lucus a non lucendo. — Mir persönlich liegt es, wenn von Demokratie gesprochen wird, eher dabei an die klassische Demokratie zu denken, für die bisher die Völker Europas gekämpft haben. Wenn wir das so Erkämpfte betrachten, dann finden wir, daß offenbar einige Merkmale erfüllt sein müssen, wenn von einer demokratischen Verfassung soll gesprochen werden können.

Das Erste ist, daß das Gemeinwesen auf die allgemeine **Gleichheit** und **Freiheit** der **Bürger** gestellt und gegründet sein muß, was in zwei Dingen zum Ausdruck kommt. Einmal im rechtsstaatlichen Postulat, daß jedes Gebot und jedes Verbot eines Gesetzes bedarf und daß dieses Gesetz für alle gleich sein muß; und zweitens durch das volksstaatliche Postulat, das verlangt, daß jeder Bürger in gleicher Weise an dem Zustandekommen des Gesetzes teilhaben muß. Ob das in der Form der plebiszitären unmittelbaren Demokratie erfolgt oder in der Form der repräsentativen Demokratie, wird im allgemeinen eine Zweckmäßigkeitsfrage sein, bei der das quantitative Element den Ausschlag wird geben müssen. Das Entscheidende ist, daß jeder Hoheitsträger mittelbar oder unmittelbar auf einen Wahlakt muß zurückgeführt werden können. Der Beamte zum Beispiel muß durch einen Minister ernannt sein, der selber durch ein allgemein gewähltes Parlament bestätigt und eingesetzt worden ist.

Nun erhebt sich die Frage: Soll diese Gleichheit und Freiheit völlig uneingeschränkt und absolut sein, soll sie auch denen eingeräumt werden, deren Streben ausschließlich darauf ausgeht, nach der Ergreifung der Macht die Freiheit selbst auszurotten? Also: Soll man sich auch künftig so verhalten, wie man sich zur Zeit der Weimarer Republik zum Beispiel den Nationalsozialisten gegenüber verhalten hat? Auch diese Frage wird in diesem Hohen Hause beraten und entschieden werden müssen. Ich für meinen Teil bin der Meinung, daß es nicht zum Begriff der Demokratie gehört, daß sie selber die Voraussetzungen für ihre Beseitigung schafft.

(Zurufe: Sehr richtig! von der SPD.)

Ja, ich möchte weiter gehen. Ich möchte sagen: Demokratie ist nur dort mehr als ein Produkt einer bloßen Zweckmäßigkeitsentscheidung, wo man den Mut hat, an sie als etwas für die Würde des Menschen Notwendiges zu glauben. Wenn man aber diesen Mut hat, dann muß man auch den Mut zur Intoleranz denen gegenüber aufbringen, die die Demokratie gebrau-

chen wollen, um sie umzubringen.
(Lebhafte Zurufe: Sehr richtig!)

Das Zweite, was verwirklicht sein muß, wenn man von demokratischer Verfassung im klassischen Sinne des Wortes sprechen will, ist das Prinzip der **Teilung** der **Gewalten.** Sie wissen, daß die Verfassung von 1792 den Satz enthielt, daß ein Staat, der nicht auf dem Prinzip der Teilung der Gewalten aufgebaut sei, überhaupt keine Verfassung habe.

Was bedeutet dieses Prinzip? Es bedeutet, daß die drei Staatsfunktionen, Gesetzgebung, ausführende Gewalt und Rechtsprechung, in den Händen gleichgeordneter, in sich verschiedener Organe liegen, und zwar deswegen in den Händen verschiedener Organe liegen müßten, damit sie sich gegenseitig kontrollieren und die Waage halten können. Diese Lehre hat ihren Ursprung in der Erfahrung, daß, wo auch immer die gesamte Staatsgewalt sich in den Händen eines Organes nur vereinigt, dieses Organ die Macht mißbrauchen wird. Freilich besteht auch die Möglichkeit, daß die einzelnen Gewalten oder daß eine von ihnen die Macht, die in ihrer Unabhängigkeit liegt, mißbrauchen. Sie wissen um die harte Kritik, die man während der Zeit der Weimarer Republik an der richterlichen Gewalt geübt hat, und, wie ich glaube, nicht immer mit Unrecht. Vielleicht wird es mit zu unseren Aufgaben gehören müssen, in dem Grundgesetz Vorsorge dafür zu treffen, daß die notwendige richterliche Unabhängigkeit nicht gegen die Demokratie mißbraucht werden kann.
(Zuruf von der SPD: Bestimmt!)

Heute ist es wieder nötig, von diesen alten Dingen zu sprechen, denn gerade die „Demokratie", die sich als „progressistisch" bezeichnet, will die Teilung der Gewalten aufgeben. In den Richtlinien für eine deutsche Verfassung, die der Deutsche Volksrat ausgearbeitet hat, finden sich zum Beispiel eine Reihe von Bestimmungen, die nichts anderes sind als der Ausdruck dafür, daß das Prinzip der Teilung der Gewalten zugunsten der Allmacht des Parlaments nicht mehr gelten soll. Wenn man so vorgeht, dann hat man alle Voraussetzungen für die Installierung einer Diktatur verwirklicht, und darum sollte man in dem Grundgesetz, das wir zu beschließen haben, klar zum Ausdruck bringen, daß das Prinzip der Teilung der Gewalten realisiert werden muß.

Als drittes Erfordernis für das Bestehen einer demokratischen Verfassung gilt im allgemeinen die **Garantie** der **Grundrechte.** In den modernen Verfassungen finden wir überall Kataloge von Grundrechten, in denen das Recht der Personen, der Individuen, gegen die Ansprüche der Staatsraison geschützt wird. Der Staat soll nicht alles tun können, was ihm gerade bequem ist, wenn er nur einen willfährigen Gesetzgeber findet, sondern der Mensch soll Rechte haben, über die auch der Staat nicht soll verfügen können. Die Grundrechte müssen das Grundgesetz regieren; sie dürfen nicht nur ein Anhängsel des Grundgesetzes sein, wie der Grundrechtskatalog von Weimar ein Anhängsel der Verfassung gewesen ist. Diese Grundrechte sollen nicht bloße Deklamationen, Deklarationen oder Direktiven sein, nicht nur Anforderungen an die Länderverfassungen, nicht nur eine Garantie der Länder-Grundrechte, sondern unmittelbar geltendes Bundesrecht, auf Grund dessen jeder einzelne Deutsche, jeder einzelne Bewohner unseres Landes vor den Gerichten soll Klage erheben können.

Nun wird die Frage sein, wieweit man den Umfang dieses **Grundrechtskatalogs** ziehen will. Sollen lediglich die sogenannten Grundrechte aufgenommen werden, also die Rechte der Individualperson, oder auch die Rechtsbestimmungen über die sogenannten Lebensordnungen, die so zahlreich über unsere neuen Länderverfassungen hin verstreut sind: Wirtschaft, Kultur, Familie usw.? Vielleicht wird es sich bei einem Provisorium empfehlen, keine endgültige Gestaltung der Lebensordnungen zu versuchen und sich statt dessen zu begnügen, einen recht klaren und wirksamen Katalog von Individual-Grundrechten aufzustellen, so wie in den klassischen Bills of Rights der angelsächsischen Länder verfahren worden ist. Aber auf der anderen Seite sollte das Grundgesetz die Länder nicht daran hindern, von ihren weitergehenden Grundrechten und Ordnungsbestimmungen Gebrauch zu machen.

Die Frage wird auch sein, ob diese Grundrechte betrachtet werden als Rechte, die der Staat verliehen hat, oder als verstaatlichte Rechte, als Rechte, die der Staat schon antrifft, wenn er entsteht, und die er lediglich zu gewährleisten und zu beachten hat. Auch das ist nicht nur von theoretischer, sondern von eminent praktischer Bedeutung, insbesondere für die Entscheidung der Frage, ob diese **Grundrechte** auch sollen auf **Schranken** stoßen können: Sollen sie schlechthin absolut unberührbar sein? Ich glaube, daß man bei den Grundrechten eine immanente Schranke wird anerkennen müssen: es soll sich jener nicht auf die Grundrechte berufen dürfen, der von ihnen Gebrauch machen will zum Kampf gegen die Demokratie und die freiheitliche Grundordnung.
(Lebhafte Zurufe: Sehr richtig!)
Wir wollen nicht mehr, daß man sich auf das Grundrecht der Pressefreiheit berufen kann nur zu dem einen Zweck, die Republik zu beseitigen, um an ihre Stelle eine Diktatur zu setzen, die keine Pressefreiheit mehr kennen wird!
(Lebhafte Zustimmung.)
Wir wollen auch nicht haben, daß man diese Grundrechte mit einem allgemeinen Gesetzesvorbehalt versieht, wie das etwa in den Verfassungsrichtlinien des Volksrats und in einigen Verfassungen der Länder der Ostzone der Fall ist. Wenn ich jedes Grundrecht durch Gesetz einschränken kann, dann ist es sinnlos, es durch die Verfassung zu garantieren,
(Erneute lebhafte Zustimmung.)
dann ist es eine bloße Deklamation und keine effektive Wirklichkeit. Der allgemeine Gesetzesvorbehalt entwertet das Grundrecht, reduziert es auf Null.

Man wird aber bei einigen Grundrechten ohne einen **beschränkten Gesetzesvorbehalt** nicht auskommen können. Ich erinnere nur an alles, was sich aus der Notwendigkeit zum Beispiel der Wohnungsbewirtschaftung ergibt, der Einquartierungen und anderem mehr. Aber man sollte von diesen beschränkten Vorbehalten nur einen äußerst sparsamen Gebrauch machen, und keinesfalls sollen die Möglichkeiten des Gesetzgebers so weit gehen, daß er das Grundrecht in seiner Substanz kränken kann.

Und nun das Entscheidende: soll der Staat den **Grundrechten** gegenüber vom **Staatsnotstandsrecht** Gebrauch machen können, so daß er, wenn er mit den ordentlichen Mitteln nicht fertig werden kann, die Grundrechte aufhebt, um Ruhe und Ordnung und Sicherheit wieder herzustellen? Man wird sich diese Frage sehr genau überlegen müssen. Man wird sich fragen müssen, ob die Tatsache der Unberührbarkeit der Grundrechte in sich selber nicht ein so hohes Gut ist, daß der Staat auch in Zeiten des Notstands vor ihnen soll zurücktreten müssen. Vielleicht kann eine Untersuchung der möglichen Tatbestände zeigen, daß bei Notständen, wie sie bei uns denkbar sind, der Staat im allgemeinen mit den gewöhnlichen polizeilichen Mitteln wird fertigwerden können. Vielleicht aber wird man auch zur Erkenntnis kommen, daß diese Mittel nicht genügen könnten und daß dann das Individuum vor dem Notstand des Staates zurückstehen muß. Sollte man zu dieser Überzeugung kommen, wird man aber darauf bedacht sein müssen, daß auch im Fall des Notstands nur bestimmte Grundrechte sollen suspendiert werden dürfen, und auch dann nur für Zeit und nur unter der Kontrolle demokratischer Institutionen.

Meine Damen und Herren! Jede Verfassungswirklichkeit hängt letzten Endes von dem **Wahlrecht** ab, das in einem bestimmten Raume gilt. Ich glaube, daß man sich auch in diesem Hause mit dieser Frage des Wahlrechts wird beschäftigen müssen, und sei es nur, um sich darüber schlüssig zu werden, ob Bestimmungen über die Modalitäten eines Wahlgesetzes in dieses Grundgesetz aufgenommen werden sollen oder nicht. Notabene: bis heute scheint mir noch keine Klarheit darüber zu bestehen, wer das Wahlgesetz zur Wahl der ersten parlamentarischen Vertretung des deutschen Volkes erlassen soll, ob es von den Militärbefehlshabern erlassen werden soll oder von den Ministerpräsidenten. Bisher scheint mir nur das eine festzustehen, daß es nicht der Parlamentarische Rat erlassen soll.

Die Frage ist nun, ob nicht durch uns allgemeine Bestimmungen für ein solches Wahlgesetz in das Grundgesetz aufgenommen werden sollten. Ich für meinen Teil würde darin einen Nachteil sehen. Man soll Wahlgesetze nicht allzusehr unter Verfassungsschutz stellen.
(Dr. Heuss (FDP): Sehr richtig!)
Man sollte Wahlgesetze beweglich lassen, damit sich bestimmte Erfahrungen auswirken können und damit sich auch ein Stilwandel im politischen Leben konkret auswirken kann.
(Zuruf von der SPD: Das haben wir nötig!)

Aber ich glaube, daß etwas anderes in den Kreis unserer Erwägungen mit einbezogen werden sollte, nämlich das Phänomen der **politischen Partei.** Ich habe es immer seltsam gefunden, daß auch die modernsten Verfassungen bis auf wenige unter ihnen von der Existenz der politischen Parteien keine Notiz nehmen. Freilich ist es sicher: die politischen Parteien sind keine Staatsorgane; sie sind aber entscheidende Faktoren unseres staatlichen Lebens, und je nachdem, ob sie so oder anders organisiert sind, haben unsere Staatsorgane diesen oder einen anderen politischen Wert. Nun scheint es mir richtig zu sein, daß man sehr bald ein **Parteiengesetz** erläßt, und mir scheint weiter richtig zu sein, daß man in dieses Grundgesetz Mindestbestimmungen für ein solches Parteiengesetz aufnimmt, Bestimmungen, die für die politischen Parteien einen gewissen demokratischen Mindeststandard vorsehen. Ich denke dabei nicht an Lizenzzwang. Ich halte es für eine schlechte Sache, politische Parteien unter Lizenzzwang zu stellen.
(Zurufe: Sehr richtig!)
Aber ich denke, man könnte vielleicht vorsehen, daß die politischen Parteien über die Mittel, die ihnen zufließen, periodisch Rechnung legen müssen oder daß sie ihre Kandidaten in Urwahlen aufstellen müssen oder daß sie einmal im Jahr in Mitgliederversammlungen über ihr Tun Rechnung legen müssen, und Ähnliches. Ich könnte mir vorstellen, daß sich auf diese Weise bei uns einiges zum Nutzen einer echten Demokratie ändern könnte! Vielleicht könnte man sogar daran denken, ob nicht in diesem Grundgesetz eine Bestimmung vorgesehen werden soll, die, wie ich glaube, voreilig in die Länderverfassungen aufgenommene Bestimmungen über das jeweilige Wahlsystem gegenstandslos macht. Aber das ist nur ein Gedanke, den ich zur Erwägung geben möchte.

Meine Damen und Herren! Zur Demokratie gehört weiter die Anerkennung des Satzes, daß **Recht vor Macht** geht, und ich glaube und möchte behaupten, daß ein Staat sich heute nur dann als volldemokratisch bezeichnen kann, wenn er diesem Prinzip im Verhältnis zu den anderen Staaten Ausdruck gibt. Ich brauche hier nicht an die großartigen Gedanken Immanuel Kants zu erinnern, dort in seiner Schrift „Vom Ewigen Frieden", wo er sagt, daß der Staat selber den Menschen nur dann ins Recht einzubetten vermöge, wenn er selber im Verhältnis zu den anderen Staaten in das Recht eingebettet sei. Ich glaube darum, daß das Grundgesetz eine Bestimmung enthalten sollte, die besagt, daß die allgemeinen **Regeln** des **Völkerrechts** unmittelbar geltendes Recht in diesem Lande sind, daß also das Völkerrecht von uns nicht ausschließlich als eine Rechtsordnung, die sich an die Staaten wendet, betrachtet wird, sondern auch als eine Rechtsordnung, die unmittelbar für das Individuum Rechte und Pflichten begründet.

(Löbe (SPD): Sehr gut!)

Weiter sollte man eine Bestimmung vorsehen, die es erlaubt, im Wege der Gesetzgebung **Hoheitsbefugnisse** auf **internationale Organisationen** zu **übertragen.** Ich glaube, daß dieses Grundgesetz durch eine solche Bestimmung lebendig zum Ausdruck bringen würde, daß das deutsche Volk zum mindesten entschlossen ist, aus der nationalstaatlichen Phase seiner Geschichte in die übernationalstaatliche Phase einzutreten.
(Sehr richtig! bei der SPD.)
Wenn wir eine solche Bestimmung nicht aufnehmen, dann wird in jedem einzelnen Falle ein verfassungänderndes Gesetz erforderlich sein, und was das bedeutet, brauche ich hier wohl nicht zu sagen. Wir sollten uns statt dessen selber die Tore in eine neugegliederte überstaatliche politische Welt weit öffnen. Wir wollen uns doch nichts vormachen: in dieser Zeit gibt es kein Problem mehr, das ausschließlich mit nationalen Mitteln gelöst werden könnte.
(Lebhafte Zurufe: Sehr gut!)
So wie die Ursache aller unserer Nöte eine übernationale Grundlage hat, so können wir auch die Mittel, dieser Nöte Herr zu werden, nur auf übernationaler Grundlage finden. Freilich sollen die Internationalisierungen, die geschehen, echte Internationalisierungen werden und nicht einseitige Hypotheken zu Lasten des deutschen Volkes.
(Sehr richtig!)

Und dann stellt sich ein weiteres Problem, das Problem der **Sicherheit** dieses **Gebietes.** Wir werden keine Wehrmacht mehr haben. Ich für meinen Teil begrüße es, daß das Zeitalter der nationalen Wehrmachten zu Ende zu gehen scheint und daß die Wehrhoheit mehr und mehr auf übernationale Instanzen überzugehen scheint. Das setzt aber voraus, daß sich die Staaten in einem System kollektiver Sicherheit zusammenschließen, wo die Sicherheit nicht mehr ausschließlich durch das nationale militärische und industrielle Machtpotential garantiert wird. Ich glaube darum, daß das Grundgesetz eine Bestimmung enthalten sollte, die es möglich macht, auf einfache Weise einem solchen System **kollektiver Sicherheit** auf der Grundlage der Gegenseitigkeit beizutreten.

Manche meinen, es genüge, daß sich ein Staat durch seine Verfassung neutralisiert. Dieser Wunsch ist verständlich. Jeder blickt gern nach der Schweiz hinüber. Aber so einfach geht es nicht. Es gibt keine Institution **„Neutralisierung"**, die man einseitig schaffen könnte, es gibt nur Gebiete, die durch internationale Verträge neutralisiert sind. Und wenn ich eine Reihe von Nachbarstaaten sich verpflichten lasse, die Neutralität dieses Gebietes zu garantieren, dann muß ich ihnen auch das Recht geben, sich um die Politik dieses Gebietes zu kümmern; denn wenn hier falsche Politik gemacht wird, engagiert das ja ihre Verpflichtungen.
(Sehr gut!)
Man kann niemandem zumuten, Verpflichtungen zu übernehmen, ohne korrespondierende Rechte zu übertragen.
(Sehr richtig!)
Aus diesem Grunde sollte man nicht so leichtfertig nach Neutralisierung rufen!

Ich glaube, daß das Grundgesetz weiter eine Bestimmung enthalten sollte, die jeden unter Strafe stellt, der das friedliche Zusammenleben der Völker stört und **Handlungen** in der Absicht vornimmt, die **Führung** eines **Krieges vorzubereiten.** Ich denke dabei nicht nur an die Fabrikation und den Handel mit Waffen, sondern auch an den Turnverein, in dem Wehrsport getrieben wird. Wohin diese Dinge uns geführt haben, wissen wir jetzt, und wir bezahlen heute die Rechnung für einen Unfug, den wir einmal leichtfertig duldeten.

Ich glaube, daß das Grundgesetz weiter eine Bestimmung enthalten sollten, daß wir die **Abtretung deutschen Gebietes** ohne die Zustimmung der auf diesem Gebiet wohnenden Bevölke-

rung nicht anerkennen.
(Zustimmung.)
Vielleicht können wir gezwungen werden, zu erleiden und zu ertragen, was uns bisher hier angetan worden ist. Aber man wird uns niemals zwingen können, es als Recht anzuerkennen!
(Sehr gut!)
Weder im Westen noch im Osten! Das gehört zur Ehre eines Volkes und damit a u c h zur Demokratie. Eine Tyrannis kann es sich leisten, Menschen preiszugeben, eine Demokratie aber nicht!
(Beifall.)
Wir lesen gegenwärtig wieder in den Zeitungen viel von **Gebietsforderungen,** die man auch im Westen an uns stellt. Wir müssen anerkennen, daß es überall an den Grenzen Probleme gibt, die gelöst werden müssen. Wir glauben aber nicht, daß man heute in der Mitte des 20. Jahrhunderts solche Probleme unbedingt mit Methoden lösen muß, die 1814 vielleicht modern gewesen sind.
(Sehr gut!)
Diese Probleme können nur auf internationaler Grundlage richtig gelöst werden. Man kann sich von Staat zu Staat über die Lösung der Schwierigkeiten einigen, die da und dort durch den Lauf der Grenzen begründet sein mögen, und braucht da nicht gleich Gebietsforderungen zu erheben. Wenn man entschlossen ist, sich in seinem eigenen Lande nationalistischen Regungen entgegenzustellen, dann ist man auch verpflichtet, ein nationalistisches Verhalten auch dann Nationalismus zu heißen, wenn es anderswo geschieht.
(Sehr wahr!)

Wir müssen dieses Grundgesetz so gestalten, daß ein **Gebilde föderalistischen Typs** entsteht. Man hat uns das offensichtlich im Rahmen der „Sicherheitspolitik" auferlegt. Während überall sonst in der Welt Föderalismus Vereinigung von Getrenntem bedeutet, will man ihn bei uns offenbar einführen, um schon Geeintes wieder zu dissoziieren! Ich glaube, es lohnt sich, darüber einige Worte zu verlieren. Glaubt man denn wirklich im Ernst, daß die Sicherheit unserer Nachbarn durch verfassungstechnische Kunststücke garantiert werden kann?
(Sehr gut!)
Ich glaube nicht, daß die Föderalisierung Deutschlands als solche eine Sicherheitsgarantie für unsere Nachbarn ist. Ich glaube aber, daß Demokratisierung Deutschlands eine Sicherheit für unsere Nachbarn abgeben könnte.
(Sehr wahr!)
Hätten wir 1914 eine unter parlamentarischer Kontrolle stehende Regierung gehabt, dann wäre der Friede gesicherter gewesen, als er es in dem sehr föderalistisch aufgebauten Deutschland von damals gewesen ist.
(Sehr wahr! bei den Sozialdemokraten.)
Der föderalistische Bundesrat hat den Krieg nicht verhindert, ein mächtiges Zentralparlament aber hätte ihn wahrscheinlich verhindert.

Was zur Frage des Föderalismus zu sagen ist, darüber nur einige Worte. Was heißt denn **„föderalistische Ordnung"**? Ich glaube, daß sich darauf so viele Antworten geben lassen wie auf die Frage: Was heißt Demokratie? Es gibt eine Reihe von historischen Verfassungsmodellen, die man übereingekommen ist, föderalistisch zu nennen. Sie differieren außerordentlich untereinander. Ich glaube aber doch, daß einige Charakteristika festzustellen sind, die realisiert sein müssen, wenn einer Verfassung das Prädikat „föderalistisch" gegeben werden soll.

Das erste scheint mir zu sein, daß das Staatsgebiet in einer Reihe differenzierter Gebietskörperschaften eigener Ordnung gegliedert sein muß; zweitens, daß eine Bundesgewalt bestehen muß, die innerhalb ihrer Zuständigkeit der Gewalt der Glieder vorgeht; drittens, daß auf bestimmten Sachgebieten eine eigenständige ausschließliche oder konkurrierende Zuständigkeit der Glieder bestehen muß; viertens, daß die Glieder an den Organen zu beteiligen sind, die den gesetzgeberischen Willen des Bundes bilden; und schließlich fünftens, daß ein qualifizierter Schutz gegen Änderungen der föderalistischen Struktur der Verfassung vorhanden ist.

Es ist für uns kein Zweifel, daß die **deutschen Länder** die **Grundlage** des **Gebietes** sein müssen, das wir jetzt organisieren, und daß sie eigene Verfassungshoheit und Organisationshoheit haben müssen, eigene Gesetzgebung, Verwaltung und Rechtsprechung und eine vom Bunde getrennte Finanzwirtschaft — alles dies im Rahmen der Bestimmungen des Grundgesetzes. Weiter ist es für uns kein Zweifel, daß eine **Bundesgewalt** geschaffen werden muß, die nicht die Summe der Ländergewalten ist, sondern eine eigenständige Gewalt, die im Rahmen des Grundgesetzes den Vorrang vor den Ländergewalten haben muß. Bundesrecht soll Landesrecht brechen. Schwieriger wird es sein, das Verhältnis zu bestimmen, in dem auf beiden Stufen die ausführenden Gewalten zueinander stehen sollen. Ich will hier aber nichts vorwegnehmen, was morgen aus berufenerem Munde dazu ausgeführt werden soll.

Lassen Sie mich hier nur noch einiges Grundsätzliche andeuten. Es wird nötig sein, daß wir die **Gesetzgebungskompetenz** nach **Sachgebieten abgrenzen.** Die Frage ist, wie wir dabei verfahren sollen. Ich würde es bedauern, wenn man dabei auf Grund irgendwelcher formalistischer Standpunkte — auf Grund eines formalistischen Föderalismus oder eines formalistischen Unitarismus — verfahren würde. Wir sollten überhaupt bei diesen Dingen nicht deduktiv, sondern induktiv verfahren, d. h. nach dem Prinzip der sachlichen Zweckmäßigkeit. Ich glaube, daß es dafür zwei Grundsätze gibt, über die wir uns sollten einigen können. Der erste ist: Die Lebensinteressen des Ganzen dürfen nicht durch partikulare Egoismen gefährdet werden. Der zweite Satz lautet: Was das Land ohne Schädigung des Ganzen tun kann, das soll es auch allein tun; denn es hat den Vorteil der Sachnähe. Aufbau von unten, aber Planung von oben! Nur wenn dieser zweite Satz auch mit ausgesprochen wird, ist der erste richtig.

Zu der Frage, wie die Länder an der Bildung des Bundes zu beteiligen sind, wird wohl morgen referiert werden, wenn über den Aufbau der Organe gesprochen werden wird. Ich will hier nur noch über einen Sonderfall sprechen: die Frage der **territorialen Gliederung** des **Bundesgebietes.** Soll die Gliederung des Bundesgebietes unverrückbar so bleiben, wie sie heute ist? Soll das geschichtlich Gewordene als letztes Kriterium gelten, oder sollen rationelle Gesichtspunkte bei der Entscheidung dieser Frage walten? Ich bin der Meinung — und mit mir meine Freunde —, daß ein gesunder Föderalismus nur möglich ist, wenn gegeneinander vernünftig ausgewogene Länder vorhanden sind

(Sehr richtig!)

und nicht pure Zufallsgebilde, die großenteils nicht älter sind als drei Jahre

(Sehr richtig!)

und ihre Entstehung dem Zufall der Demarkationslinie zwischen zwei Infanteriedivisionen verdanken.

(Sehr richtig! und Zuruf: Die jetzt ihre Tradition verteidigen!)

Jetzt sollen die Herren Ministerpräsidenten dieses Problem regeln.

(Zuruf: Hoffnungslos!)

Sie wollen, bevor unsere Arbeiten abgeschlossen sind, die Neugliederung Deutschlands im Wege einer Änderung der Ländergrenzen vorgenommen haben. Werden sie Erfolg haben oder nicht?

(Zuruf: Nein!)

Wir können es nur ahnen,

(Heiterkeit.)

aber nicht wissen. Nehmen wir an, es würde ihnen nicht gelingen, sollen wir uns dann endgültig mit dem Zustand begnügen, mit dem die Ministerpräsidenten nicht fertig werden konnten?

(Heuss (FDP): Nein, das sollen wir nicht!)

Wir werden uns schlüssig werden müssen: Soll das Grundgesetz die Möglichkeit vorsehen, eine Neugliederung des Bundesgebietes vom Bunde her zu schaffen? Soll diese Neugliederung durch die Länder selbst vorgenommen werden, etwa im Wege gegenseitiger Verträge und Vereinbarungen? Bei den bisher mit diesem System gemachten Erfahrungen werden, glaube ich, alle am bisherigen Zustand Interessierten ihren Schlaf weiter in Ruhe genießen können. Soll, wenn die Neugliederung durch Bundesgesetz vorgenommen werden soll, der Wille der beteiligten Bevölkerungen mit in Betracht gezogen werden? So oder anders? Alles das werden Fragen sein, um die man sich hier wird bemühen müssen. Ich glaube jedenfalls nicht, daß wir um diese Fragen herumkommen werden. Aber eines möchte ich sagen: Sollte es je einmal gelingen, die Gliederung Deutschlands nach vernünftigen Gesichtspunkten durchzuführen, dann sollte man es bei dem geschaffenen Zustand sein Bewenden haben lassen. Dann sollte man ruhig konservativ verfahren.

Meine Damen und Herren! Damit bin ich am Ende meiner Ausführungen angelangt. Sie sind Ihnen vielleicht gelegentlich ein wenig theoretisch vorgekommen. Aber glauben Sie mir, es ist mir nicht um Spekulationen gegangen! Ich habe versucht, eine klare **Definition** der **Wirklichkeit** zu geben und sonst nichts. Denn nur auf einer klar definierten Wirklichkeit kann man eine Politik aufbauen, die ihren Namen verdient. Mit Illusionen und mit Fiktionen kann man sich etwas vormachen, eine Zeitlang vielleicht auch anderen. Man kann sich ihrer vielleicht eine Zeitlang sogar als Instrumente einer Politik bedienen, aber man kann Fiktionen nicht zu Fundamenten einer Politik machen, nicht einmal zu Ansatzpunkten für den Hebel einzelner politischer Aktionen. Mein Anliegen ist gewesen, klare Einsicht zu vermitteln und dabei nüchtern zu verfahren. Klare Einsicht, und Nüchternheit und leidenschaftliche Liebe zum deutschen Volke und brennende Sorge um den Frieden Europas werden die Sozialdemokratische Partei bei ihrer Arbeit im Parlamentarischen Rate leiten. Einsicht und Nüchternheit gebieten, die Begrenzungen zu erkennen, denen unsere Möglichkeiten unterworfen sind. Je mehr wir bei voller Ausschöpfung dieser Möglichkeit dieser Realität Rechnung tragen, desto wirksamer wird das Instrument sein, das wir zu schmieden haben. Wofür schmieden wir dieses Instrument? Schmieden wir es, um Deutschland zu spalten? Wir schmieden es, weil wir es brauchen, um die erste Etappe auf dem Wege zur staatlichen Einigung aller Deutschen zurückzulegen! Noch liegen die weiteren Etappen außerhalb unseres Vermögens. Möchten die Besatzungsmächte sich der Verantwortung bewußt sein, die sie übernommen haben, als sie sich zu Herren unseres Schicksals aufwarfen. Diese Verantwortung schließt die Pflicht ein, um des Friedens Europas willen Deutschland endlich den Frieden zurückzugeben und damit dem deutschen Volk die Möglichkeit, von seinem unvernichtbaren Recht auf eigene Gestaltung der Formen und Inhalte seiner politischen Existenz Gebrauch zu machen. Ein geeintes demokratisches Deutschland, das seinen Sitz im Rate der Völker hat, wird ein besserer Garant des Friedens und der Wohlfahrt Europas sein als ein Deutschland, das man angeschmiedet hält wie einen bissigen Kettenhund!

(Beifall.)

1.2 Dr. Süsterhenn (CDU)

Dr. SÜSTERHENN (CDU): Meine sehr verehrten Damen und Herren! Den ersten äußeren Anstoß zur Bildung dieses Parlamentarischen Rates haben in Ausführung der Beschlüsse der **Londoner Konferenz** die Militärgouverneure der amerikanischen, britischen und französischen Besatzungszone gegeben, indem sie durch das Dokument Nr. I vom 1. Juli 1948 die Ministerpräsidenten ihrer Zone nicht beauftragten, sondern ermächtigten, eine verfassunggebende Versammlung einzuberufen, die spätestens am 1. September 1948 zusammentreten sollte. Die Ministerpräsidenten haben von dieser Ermächtigung Gebrauch gemacht und gemäß den in Dokument Nr. I niedergelegten Richtlinien die Mitglieder des Parlamentarischen Rates durch die Landtage der elf Länder wählen lassen.

Wenn also der äußere Anstoß zur Bildung dieses parlamentarischen Rates, dem die Aufgabe gestellt ist, eine vorläufige Verfassung bzw. ein Grundgesetz für die politische Zusammenfassung der Länder der Westzonen auszuarbeiten, von den Vertretern der Besatzungsmächte ausgeht, so bedeutet das nicht, daß wir hier unser Mandat letztlich von der Besatzungsmacht herzuleiten und uns als ausführendes Organ eines fremden Willens zu betrachten haben. Schon die Ministerpräsidenten waren nicht Befehlsempfänger, sondern vor die freie Wahl gestellt, ob sie von der seitens der Besatzungsmacht gewährten Autorisation Gebrauch machen wollten oder nicht. Als die von ihren Landtagen gewählten demokratischen Repräsentanten ihrer Länder, die auch der dauernden Kontrolle ihrer Landtage unterworfen sind, haben sie sich im allgemeinen gesamtdeutschen Interesse gegenüber den Militärgouverneuren bereit erklärt, von der ihnen gebotenen Ermächtigung Gebrauch zu machen und die Vorbereitungen für die Bildung der politischen Organisation der Trizone in die Wege zu leiten.

Die Entscheidung der Ministerpräsidenten beruht also auf einem **freien deutschen Willensentschluß.** Damit ist eine neue selbständige Kausalkette in die politische Entwicklung eingefügt worden, die zu unserem Zusammentritt hier geführt hat. Im Rahmen dieses deutsch bestimmten Kausalzusammenhangs haben die Landtage der elf Länder uns gewählt und uns den Auftrag erteilt, ein Staatsgrundgesetz für die politische und wirtschaftliche Zusammenfassung der Länder der drei Westzonen auszuarbeiten. Wir stehen also nicht hier in einem fremden Auftrag, sondern handeln auf Grund eines **deutschen Auftrags,** der uns von den elf Landtagen gemeinsam erteilt worden ist, also den bis zu unserem Zusammentritt einzigen Repräsentanten deutschen demokratischen Wollens.

Diese deutsche demokratische Legitimation unserer politischen Arbeit müssen wir deutlich herausstellen einerseits gegenüber den Kräften unseres Volkes, die, ohne selbst eine solche deutsche demokratische Legitimation zu besitzen, uns als Söldlinge des amerikanischen Kapitals verdächtigen, andererseits gegenüber den Besatzungsmächten, auch den westlichen Besatzungsmächten, denen gegenüber wir die Interessen des deutschen Volkes zu vertreten haben.

Der vom Abgeordneten Schmid vertretenen Auffassung, daß auch die Tätigkeit dieser Versammlung in Funktion der obersten Gewalt geschehe, die die Besatzungsmacht in Anspruch nimmt, und nicht etwa Ausdruck deutscher Volkssouveränität sei, vermögen wir uns nicht anzuschließen. Wir bekennen uns vielmehr zu dem schon von der christlichen Staatslehre des Mittelalters ausgesprochenen Grundsatz, daß jedes Volk einen von Gott gegebenen **Anspruch** auf **politische Selbstorganisation** und eigene **politische Repräsentation** besitzt. Schon der große europäische Staatsphilosoph Thomas von Aquin, der wirklich ein Europäer war, der in Italien geboren, in Köln studiert, in Paris gelehrt hat, bekennt sich zu dem Grundsatz, daß das Volk der naturrechtliche Träger der Staatsgewalt ist, daß diese Staatsgewalt also wesenhaft beim Volke liegt.

Auch das deutsche Volk hat nach unserer Auffassung seinen naturrechtlichen Anspruch auf politische Selbstbestimmung und Selbstdarstellung durch eine eigene Staatsgewalt nicht eingebüßt, auch nicht durch die sogenannte bedingungslose Kapitulation, die im übrigen der Herr Abgeordnete Schmid ihrem juristischen Wesen nach heute morgen durchaus zutreffend gekennzeichnet hat. Die deutsche **Staatsgewalt** ist potentiell **beim deutschen Volk** verblieben, und unsere Aufgabe ist es nunmehr, diese Staatsgewalt wieder zu aktualisieren. Durch unsere gesetzgeberische Arbeit, die eine der wichtigsten demokratischen Befugnisse eines Volkes überhaupt darstellt, tritt zum erstenmal wieder der Ansatz einer über die Länder- und Zonenebene hinausreichenden deutschen politischen Gewalt in die Erscheinung.

Als Repräsentanten dieser in Wiedererstehung begriffenen deutschen Staatsgewalt fühlen wir uns in der Erfüllung unserer Aufgabe völlig frei und nur verantwortlich dem deutschen Volk und unserem Herrgott. Man könnte zwar einwenden, diese unsere Freiheit sei nur eine Fiktion, weil in Dokument Nr. I seitens der Militärbefehlshaber gewisse Mindestanforderungen an die von uns zu erarbeitende Verfassung gestellt sind, nämlich eine demokratische Verfassung auszuarbeiten, die für die beteiligten Länder eine **Regierungsform** des **föderalistischen Typs** schafft, die die Rechte der beteiligten Länder schützt, eine angemessene **Zentralinstanz** schafft und schließlich **Garantien** der **individuellen Rechte** und **Freiheiten** enthält. Die Militärgouverneure können, wie aus dem Dokument Nr. I hervorgeht, ihre Zustimmung zu der kommenden Verfassung davon abhängig machen, daß sie mit diesen allgemeinen Grundsätzen nicht im Widerspruch steht. Die Fraktion der CDU/CSU erblickt in diesen von den Militärgouverneuren aufgestellten Grundsätzen und Mindestforderungen keinerlei Beschränkung ihrer politischen Willensfreiheit; denn diese Grundsätze entsprechen vielmehr dem, was meine Fraktion von sich aus auch ohne Existenz einer Militärregierung und ohne eine Forderung der Besatzungsmacht von der künftigen deutschen Verfassung verlangt.

Diese Verfassung muß zunächst **demokratisch** sein, d. h. das **Volk** muß als **Träger** der **Staatsgewalt** im Rahmen der durch Ethik und Naturrecht gezogenen Grenzen die **politische Kompetenzenfülle** in sich vereinen.

Die deutsche Verfassung muß ferner **föderalistisch** sein. Wir sind nicht der Auffassung, daß der Föderalismus aus dem Grund zu rechtfertigen ist, weil er etwa von auswärtigen Mächten als ein größerer Sicherheitsfaktor angesehen wird. Wir wollen unseren Föderalismus nicht auf außenpolitische Erwägungen gründen; aber wir sind auch nicht der Meinung, daß man etwa dem Föderalismus als Negativposten ankreiden könnte, daß etwa im Jahre 1914 der Bundesrat in Deutschland versagt hätte. Denn neben dem Bundesrat hatten wir auch den Reichstag, der zweifellos ein demokratisches Element darstellte, der aber hinsichtlich der Kriegsverhütung ebenso versagte, wie auch die Parlamente in England und Frankreich versagt haben.
(Sehr richtig! bei der CDU.)

Das Dokument Nr. I umschreibt den föderalistischen Verfassungstyp dahin, daß er die **Rechte** der **beteiligten Länder** schützt und eine angemessene **Zentralinstanz** schafft. Mit diesen beiden Forderungen allein: Schutz der Länderrechte und Schaffung einer angemessenen Zentralinstanz, ist allerdings unserer Meinung nach das Wesen eines echten Föderativstaates keineswegs erschöpfend umschrieben. Ich werde darauf noch in einem anderen Zusammenhang zu sprechen kommen. Aber jedenfalls werden auch diese beiden Forderungen von uns durchaus bejaht.

Wenn schließlich in dem Dokument Nr. I von der Verfassung verlangt wird, daß sie Garantien der individuellen Rechte und Freiheiten enthalte, so findet auch das unsere volle Zustimmung. Insoweit decken sich also die Anforderungen, die wir an eine zukünftige deutsche

Verfassung stellen, durchaus mit den Grundsätzen, die die Alliierten in Dokument Nr. I aufgestellt haben.

In diesem Zusammenhang darf ich auf eine immerhin recht interessante Erklärung hinweisen, die Professor **Friedrich** von der OMGUS[1] bei einer Besprechung anläßlich der Tagung des Verfassungskonvents auf Herrenchiemsee abgegeben hat. Er erklärte dort, die Verfassungsrichtlinien, die in Dokument Nr. I enthalten seien, seien keine Zwangsauflage der Alliierten für das deutsche Volk, sondern nur deshalb in die Proklamation Nr. I mit aufgenommen, weil die beiden größten Parteien des deutschen Volkes, die CDU und die SPD, sich wiederholt von sich aus zu diesen Grundsätzen bekannt hätten.

Andererseits würden wir uns allerdings einer verhängnisvollen Selbsttäuschung hingeben, wenn wir die in der Natur der Sache liegenden **Beschränkungen** unserer Arbeitsmöglichkeit nicht erkennen würden. Unser aller Wille ist darauf gerichtet, die staatliche Einheit wiederherzustellen und **Deutschland** als **voll souveränen Staat** in die europäische Völkergemeinschaft und in die Gemeinschaft der freien demokratischen Organisationen der Welt wieder einzuordnen.

Die Verwirklichung dieses Vorhabens ist zur Zeit noch nicht möglich, und zwar, wie wir ausdrücklich feststellen möchten, nicht durch unsere Schuld. Wir haben von jeher die Aufspaltung Deutschlands in Zonen abgelehnt. Soweit es in unserer Kraft lag, haben wir uns bemüht, die Zonengrenzen zu überwinden und wenigstens im Wege der Koordination dem Gedanken der deutschen Einheit zu dienen. Wir freuen uns, daß es durch unsere Arbeit hier im Parlamentarischen Rat nunmehr ermöglicht werden soll, die politische und wirtschaftliche Einheit wenigstens der drei Westzonen wiederherzustellen. Wir würden es von ganzem Herzen begrüßen, wenn auch die gesamte **Ostzone** durch freigewählte Vertreter hier vollberechtigt vertreten wäre, um Gesamtdeutschland mit uns gemeinsam aufzubauen. Die Konfliktsituation zwischen den Alliierten, der verhängnisvolle Riß zwischen Ost und West, der quer durch Deutschland und Europa geht, hindert uns an der Durchführung unseres Vorhabens. Als Realpolitiker wollen wir im Interesse des deutschen Volkes das Bestmögliche zu erreichen versuchen. Wir betrachten die politische und wirtschaftliche Zusammenfassung der drei westlichen Zonen als einen wesentlichen Fortschritt gegenüber dem bisherigen Zustand, wo die beiden angelsächsischen Zonen nur wirtschaftsorganisatorisch vereinigt sind und die französische Zone noch politisch und wirtschaftlich völlig unverbunden neben den anderen Zonen steht. Unser Ziel ist, die deutsche Einheit auf der jeweils erreichbaren höchsten Ebene zu verwirklichen. *(Sehr gut! bei der CDU.)*

Wenn wir diese Einheit nunmehr für die drei Westzonen herstellen, sind wir uns bewußt, daß unser Werk gebietsmäßig solange ein Torso bleibt, bis die Gebiete des deutschen Ostens den Zusammenschluß mit den deutschen Westgebieten vollzogen haben werden. Wir nehmen aber den **fragmentarischen Charakter** unseres **Reiches** in gebietsmäßiger Hinsicht bewußt in Kauf. Denn es erscheint uns im Interesse Gesamtdeutschlands einschließlich des deutschen Ostens, aber auch im Interesse Europas unabweislich notwendig, die politische **Konsolidierung** der drei **Westzonen** zu bewirken, weil sie die Voraussetzung auch für die wirtschaftliche Gesundung der Lebensverhältnisse unseres gesamten Volkes darstellt. Eine Fortdauer des gegenwärtigen politischen und wirtschaftlichen Chaos würde nicht nur eine Gefährdung der Existenz unseres deutschen Volkes bedeuten, sondern ganz Europa, das sich bereits am Rande des Abgrundes befindet, mit in unser Verderben hineinziehen. Nur die sofortige und effektive Konsolidierung Westeuropas und die Schaffung einer politischen Ordnungs- und einer wirtschaftlichen Wohlstandssphäre in Westdeutschland wird in der Lage sein, auf die auch dem abendländischen Kulturbereich angehörenden Völker Ostmittel- und Südeuropas soviel

1: Office of Military Government for Germany U. S.

Anziehungskraft auszuüben, daß ihre demnächstige Wiedereingliederung in die europäische Konföderation ermöglicht wird.
(Sehr gut! bei der CDU.)
Wir gehen unseren politischen Weg bei der Zusammenfassung der drei Westzonen ohne Rücksicht auf einen etwaigen Vorwurf des **Separatismus,** von welcher Seite er auch erhoben werden mag. Die Schuldfrage, wen die Verantwortung für die bisher weithin bereits vollzogene Aufspaltung Deutschlands trifft, ist durch die über **Berlin** verhängte **Hungerblockade** gegen Frauen und Kinder auch dem primitivsten Beurteiler klar geworden, und zwar so plastisch und eindringlich, daß keine Vernebelungspropaganda daran mehr etwas verwischen kann.

Im übrigen werden wir unsere Arbeit so gestalten, daß bei einer Veränderung der politischen Verhältnisse die **Länder** der **Ostzone** mit gleichen Rechten und Pflichten die Mitgliedschaft in dem von uns zu schaffenden Bundesstaat erwerben können, wobei wir allerdings zur Bedingung machen, daß nicht nur die Verfassung, sondern auch die realen politischen Verhältnisse der Länder der Ostzone freiheitlichen, demokratischen und rechtsstaatlichen Grundsätzen entsprechen.
(Sehr gut! bei der CDU.)

Aber unsere Arbeit wird nicht nur gebietsmäßig fragmentarisch sein, sondern auch in hoheitsrechtlicher Beziehung noch nicht den Endpunkt dessen darstellen, was wir wünschen. Das Dokument Nr. I, das den Anstoß zu unserer gegenwärtigen Arbeit gegeben hat, steht in einem wesentlichen Zusammenhang mit dem Dokument Nr. III, das die Frage des **Besatzungsstatuts** behandelt. Das neue politische Gebilde, das wir schaffen wollen, muß wenigstens in einem gewissen Rahmen eine **echte politische Handlungsfreiheit** besitzen. Wir haben realpolitisches Verständnis dafür, daß dem im Werden begriffenen deutschen Staatswesen seitens der Alliierten noch nicht die volle Souveränität eingeräumt wird. Das ist eine unvermeidliche Folge des totalen Krieges, der mit einer totalen Niederlage Deutschlands geendet hat. Aber den Organen des im Werden begriffenen deutschen Staatswesens müssen wenigstens bestimmte, klar abgegrenzte Befugnisse garantiert werden, die sie auf Grund eigenen Rechtes und in eigener Verantwortung ausüben können. Sofern dies nicht der Fall wäre, würde durch eine Verfassung oder ein Staatsgrundgesetz lediglich ein Zustand von **Scheindemokratie** und **fiktiver Souveränität** geschaffen werden. Ein verantwortungsbewußter deutscher Politiker muß aber seine Mitwirkung zur Herbeiführung eines derartigen zwielichtigen Zustandes ablehnen. Den bisher in den Ländern vielfach bestehenden Zustand, wo zwar Verfassungen formal in Kraft getreten sind, in Wirklichkeit aber infolge von Eingriffen der Militärregierung weithin in der Praxis nicht existieren und keine Geltung besitzen, diesen Zustand auch auf die Bundesstaatsebene zu übertragen, liegt weder im Interesse des deutschen Volkes noch auch im wohlverstandenen Interesse der Besatzungsmächte.
(Sehr wahr!)
Die Bereitschaft des deutschen Volkes in den drei Westzonen, an der Bildung eines deutschen Bundesstaates mitzuwirken, muß daher davon abhängig gemacht werden, daß keine bloße **Verfassungskulisse** errichtet wird,
(Lebhafte Zustimmung.)
sondern daß den künftigen deutschen Bundesorganen **echte Hoheitsbefugnisse** eingeräumt werden, die diese Bezeichnung auch politisch und juristisch verdienen.

Die Ministerpräsidenten haben auf der Koblenzer Konferenz **Leitsätze** für ein **Besatzungsstatut** entworfen, die in einem gewissen Rahmen eine eigenständige deutsche Staatshoheit trotz des Besatzungsregimes sicherzustellen geeignet ist. Diese Leitsätze sind den Militärgouverneuren überreicht worden, die eine im Prinzip positive und wohlwollende Haltung zu ihnen

eingenommen haben. Wir erwarten von den Ministerpräsidenten, daß sie sich nicht mit dieser freundlichen Bescheidung ihrer Vorschläge durch die Militärgouverneure begnügen, sondern daß sie in ihren Verhandlungen die noch sehr allgemein gefaßten Leitsätze konkretisieren und möglichst kasuistisch ausbauen, damit es auch den untergeordneten Organen der Besatzungsmächte nicht mehr möglich sein wird, in Gebiete einzugreifen, die in Zukunft der deutschen Zuständigkeit vorbehalten bleiben sollen.
(Sehr gut!)
Wir erwarten, daß auch der Parlamentarische Rat in diese Verhandlungen eingeschaltet wird und Gelegenheit zur Darstellung seines Standpunktes und zur eigenen Stellungnahme erhält.

In diesem Zusammenhang möchte ich namens meiner Fraktion zwei Forderungen zum Besatzungsstatut anmelden, die uns auch eine wesentliche Voraussetzung für ein Funktionieren des politischen Gebildes zu sein scheinen, das wir hier schaffen wollen. Die eine Forderung richtet sich auf die **Wiederherstellung** eines freien deutschen **Außenhandels** und auf die Beseitigung der bisherigen **bürokratischen Hemmnisse** auf diesem Gebiet, die geradezu zu einer Strangulierung der deutschen Wirtschaft führen.
(Sehr richtig! bei der CDU.)

Unsere zweite Forderung erstreckt sich auf die **Wiederherstellung** der vollen deutschen **Kulturhoheit.** Die Gestaltung der Kultur- und Schulpolitik ist nach Natur- und Völkerrecht die ureigenste Angelegenheit eines jeden Volkes selbst. Auch das Fehlen eines gewaltsamen Widerstandes gegen interventionistische Maßnahmen der Alliierten auf dem Gebiet der Kultur vermag diese Interventionen in keiner Weise zu legalisieren. Vor der höchsten Norm des Naturrechts bleiben solche Interventionen Unrecht.
(Lebhafte Zustimmung.)
Wir bestreiten nicht das Recht der Besatzungsmacht, darüber zu wachen, daß in unserem Kulturleben und Schulwesen keine nazistischen, nationalistischen, militaristischen oder sozialreaktionären Ideen vertreten werden. Das wollen wir Deutsche selbst nicht und wir haben deshalb gegen eine Überwachung in dieser Hinsicht nicht das Geringste einzuwenden. Aber z. B. die Bestimmung der Rechtstellung der Kirchen und Religionsgemeinschaften, die Frage der religiös-weltanschaulichen, der pädagogischen und organisatorischen Gestaltung des Schulwesens sind nach unserer Auffassung ausschließlich deutsche Angelegenheiten,
(Sehr richtig! bei der CDU.)
die die politischen Kräfte in Deutschland trotz aller etwa bestehenden Meinungsverschiedenheiten ohne Eingriffe der Besatzungsmacht unter sich zu regeln haben.
(Zuruf: Das Umgekehrte ist auch schon dagewesen.)
— Das Umgekehrte ist niemals der Fall gewesen! Es handelt sich dabei höchstens um die Wiedergutmachung nationalsozialistischen Unrechts, und diese Wiedergutmachung wollen wir allerdings auch auf das Gebiet der Kultur- und Schulpolitik ausgedehnt wissen.
(Zuruf: Sie hätten auch nichts gegen Konfessionsschulen von Gnaden der Besatzungsmacht einzuwenden!)
Wir sind liberal und freiheitlich genug, daß wir jeden nach seiner Fasson selig werden lassen. Wir halten aber grundsätzlich fest an dem **natürlichen Recht** der **Eltern,** über die religiös-sittliche und sonstige Erziehung ihrer Kinder zu bestimmen. Das ist für uns ein **Naturrecht,** das wir uns durch keine Parlamentsmehrheit und durch keine Besatzungsmacht nehmen lassen werden!
(Laute Zustimmung bei der CDU.)

Wenn wir auf anderen Gebieten, insbesondere auf dem Gebiet der **Außenpolitik,** zunächst noch eine gewisse Beschränkung deutscher Souveränitätsrechte zwangsläufig in Kauf nehmen,

so kann es sich hier, wie wir ausdrücklich betonen möchten, nur um einen vorübergehenden Zustand handeln. Auf die Dauer kann ein **friedliches Zusammenarbeiten** der **Völker** nur auf der **Basis** der **Gleichberechtigung** erfolgen. Wir sind gern bereit, die Souveränitätsrechte auf den verschiedensten Gebieten an eine höhere, übernationale politische Einheit abzutreten. Wir halten das sogar für notwendig, insbesondere auf dem Gebiet der internationalen Friedenssicherung und der wirtschaftlichen Zusammenarbeit. Aber die Abtretung solcher Souveränitätsrechte darf nicht nur einseitig vom deutschen Volk verlangt werden, wie es z. B. hinsichtlich der zukünftigen Organisation des Ruhrgebiets geplant ist. Wenn wir schon bereit sind, die Wirtschaftskraft des Ruhrgebiets in eine planwirtschaftliche Wiederaufbauarbeit Europas einzubringen, muß das gleiche auch für die Wirtschaftszentren anderer Länder gelten.
(Sehr gut!)
Gleichberechtigung und **Gegenseitigkeit** sind die Grundvoraussetzungen für die Begründung einer europäischen Friedensordnung und Wirtschaftsgemeinschaft. Wenn wir uns also entschließen, für die Länder der drei Westzonen eine neue politische Form und staatliche Ordnung zu schaffen, so wollen wir diese, um die Worte des Herrn Abgeordneten Schmid mir zu eigen zu machen, so gestalten, „daß bei einer Ausweitung der heute gewährten Freiheitssphäre die geschaffene Organisation fähig ist, sie voll auszufüllen und gegebenenfalls diese Ausweitung in Fluß zu bringen und durchzusetzen". Ich betrachte also die von uns zu schaffende vorläufige Verfassung lediglich als eine **Etappe** in der staatsrechtlichen Entwicklung des deutschen Volkes zu einem vollwertigen deutschen Bundesstaat.

Wenn wir nunmehr an die Gestaltung und Schaffung eines Grundgesetzes, einer vorläufigen Verfassung herangehen, so möchte ich betonen, daß diese Aufgabe für uns mehr ist als ein bloßes Problem der politischen Organisationstechnik. Ein **Staatsgrundgesetz** bestimmt letztlich die **politische Lebensform** eines Volkes und soll zugleich sein Wesen, seine geistige Struktur und sein ganzes Gefüge widerspiegeln. Es geht hier also um mehr als um bloße formale Vorschriften, um mehr als um eine Art Geschäftsordnung oder Dienstreglement.

Die uns aufgetragene Arbeit erfordert von uns auch eine letzte **geistige Entscheidung.** Der politische Alpdruck, der seit der Machtergreifung Mussolinis 1922 über Italien und seit der Machtergreifung Hitlers 1933 über Deutschland, seit der deutschen Aggression 1939 über ganz Europa lag, ist auch im gegenwärtigen Augenblick noch nicht geschwunden. Nicht nur die Staaten Ostmittel- und Südosteuropas, nicht nur die deutsche Ostzone und Berlin, sondern ganz Europa steht im gegenwärtigen Augenblick noch unter der Bedrohung eines **totalitären zentralistischen Zwangssystems,** für das persönliche Freiheit und Menschenwürde keinen ethischen oder zumindst keinen politischen Wert besitzen. Wir müssen aber nicht nur diese politisch-ideologische Bedrohung aus dem Osten ins Auge fassen, sondern dürfen auch die totalitär-zentralistischen Tendenzen nicht übersehen, die, sei es bewußt oder unbewußt, sich auch in den drei **Westzonen** noch breitmachen. Zwölf Jahre staatsabsolutistischer Verwaltungspraxis in der Kriegswirtschaft und in der Nachkriegswirtschaft und die weitere Anwendung totalitärer Methoden insbesondere auf den Gebieten der Wirtschaft und der Ernährung haben in weitesten Kreisen unserer Staatsexekutive dazu geführt, eine zentralistische Reglementierung geradezu als Normalzustand zu betrachten. Der Sinn für die **Freiheit** als **Höchstwert** im menschlichen Leben droht auch in den Kreisen verloren zu gehen, die sich ehrlich bemühen, gute Demokraten zu sein.
(Reimann (KPD): Sie haben ja in Frankfurt das Heft in der Hand.)

Wir haben auch schon für eine entsprechende Auflockerung und Bekämpfung dieses **Wirtschafts**zentralismus Sorge getragen. Es erscheint uns daher unbedingt notwendig, aus Anlaß der nunmehr beginnenden Arbeit an der Verfassung den Gedanken der **Staatsallmacht** und des **Staatszwangs** unseren entschiedenen Kampf anzusagen. Das Werk, das wir jetzt zu schaffen haben, muß von dem Geist echter Freiheit getragen sein. Das ist aber nur möglich, wenn wir uns in dem kommenden Grundgesetz ausdrücklich zu dem Prinzip bekennen, daß der Staat nicht den höchsten Wert des Menschen darstellt.

(Sehr richtig! bei der CDU.)

Wir müssen wieder zurück zu der Erkenntnis, daß der Mensch nicht für den Staat, sondern der **Staat** für den **Menschen** da ist.

(Lebhafte Zustimmung.)

Höchstwert ist für uns die **Freiheit** und die **Würde** der **menschlichen Persönlichkeit.** Ihnen hat der Staat zu dienen, indem er die äußeren Voraussetzungen und Einrichtungen schafft, die es dem Menschen ermöglichen, seine körperlichen und geistigen Anlagen zu entwickeln, seine Persönlichkeit innerhalb der durch die natürlichen Sittengesetze gegebenen Schranken frei zu entfalten. Der Staat hat die Aufgabe, die persönliche Freiheit und Selbständigkeit des einzelnen Menschen zu schützen sowie das Wohlergehen des Einzelnen und der innerstaatlichen Gemeinschaften durch die Verwirklichung des Gemeinwohls zu fördern. Der Staat darf nicht Selbstzweck sein, sondern muß sich seiner subsidiären Funktion gegenüber dem Einzelmenschen und den verschiedenen innerstaatlichen Gemeinschaften stets bewußt bleiben. Das ist aber nur möglich, wenn wir uns endgültig von dem Geiste des **Rechtspositivismus** abwenden, wonach der in ordnungsmäßiger Form zustandegekommene staatliche Gesetzesbefehl immer Recht schafft ohne Rücksicht auf seinen sittlichen Inhalt. Der Staat ist für uns nicht die Quelle allen Rechts, sondern selbst dem Recht unterworfen. Es gibt, wie auch der Herr Kollege Schmid heute vormittag hervorhob, vor- und überstaatliche Rechte, die sich aus der **Natur** und dem **Wesen** des **Menschen** und der verschiedenen menschlichen Lebensgemeinschaften ergeben, die der Staat zu respektieren hat. Jede Staatsgewalt findet ihre Begrenzung an diesen natürlichen, gottgewollten Rechten des Einzelnen, der Familien, der Gemeinden, der Heimatlandschaften und der beruflichen Leistungsgemeinschaften. Es ist die Aufgabe des Staates, diese Rechte zu schützen und zu wahren. Nur wenn der Staat und wenn auch sein Grundgesetz und seine Verfassungswirklichkeit sich zu diesen Grundsätzen bekennen und sie befolgen, erscheint uns die Freiheit des Menschen im Staate gesichert.

Die Demokratie als Herrschaft der Mehrheit, zu der wir uns unbedingt bekennen, ist allein noch nicht geeignet, die menschliche Freiheit zu sichern. Hat doch die geschichtliche Erfahrung bewiesen, daß auch **parlamentarische Diktaturen,** insbesondere auf religiösem, kirchlichem und schulpolitischem Gebiet die Gewissensfreiheit nicht weniger vergewaltigt haben als Einmanndiktaturen. Wir fordern daher eine Verfassung, in der die natürlichen Lebensrechte des Einzelmenschen und der innerstaatlichen menschlichen Lebensgemeinschaften ausdrücklich als vorstaatliche und unabdingbare Rechte anerkannt werden, wie dies etwa in den bekannten Deklarationen von 1776 und 1789 erfolgt ist. Auch diese Errungenschaften der französischen Revolution und der amerikanischen Staatsgründung, von denen her unsere ganze moderne demokratische Auffassung resultiert, gehen aus von natürlichen, unveräußerlichen, geheiligten **Menschenrechten,** deren Erhaltung ausdrücklich als der Endzweck aller staatlichen Organisation bezeichnet wird. Die Existenz vorstaatlicher natürlicher Menschenrechte ist keine Erfindung des 18. Jahrhunderts, sondern dieser Gedanke durchzieht die gesamte Kulturgeschichte der Menschheit seit der Antike, und weil im Zeitalter des fürstlichen Absolutismus diese Menschenrechte in der politischen Praxis mit Füßen getreten wurden, hielt man es beim revolutionären Umbruch in Amerika und in Frankreich für notwendig, diese Menschenrechte in Form von ausdrücklichen Deklarationen zum Staatsgrundgesetz zu erheben, in die Verfassungen aufzunehmen oder sie den Verfassungen voranzustellen. Weil wir uns in einer ähnlichen Situation der Gefährdung der menschlichen Freiheit befinden, deshalb erheben wir auch heute die Forderung, daß die Grundrechte in ihrer natürlichen Verankerung und vorstaatlichen Geltung ausdrücklich in dem kommenden Grundgesetz ihre Anerkennung finden.

Auch die Weimarer Verfassung kennt einen Grundrechtskatalog, der aber weitgehend durch den sogenannten Gesetzesvorbehalt seines prinzipiellen Wertes entkleidet war, weil er im Wege der einfachen Gesetzgebung verändert werden konnte. Wir fordern daher für die neue Verfassung stabile, im Naturrecht und nicht bloß im wechselnden Mehrheitswillen verankerte **Grundrechte.** Die von den **Vereinten Nationen** eingesetzte **Kommission** für die Menschenrechte hat ihre **Erklärung für die Menschenrechte** fertiggestellt und dem Wirtschafts- und Sozialrat der Vereinten Nationen überwiesen. In der Präambel zu dieser Erklärung ist ausdrücklich gesagt worden, daß diese Menschenrechte für alle Völker und Nationen verbindlich sein sollen, daß sie nicht nur in den Gebieten der Mitgliedstaaten zu gelten haben, sondern auch in den Gebieten, die unter der Verwaltung der Mitgliedstaaten stehen. Ich glaube, daß, wenn man auch bei dieser Formulierung wohl zunächst nur an Kolonien und Mandate, die in der Verwaltung der Mitgliedstaaten der UNO stehen, gedacht hat, wir auch als deutsches Volk in dem neuzugründenden Staatsgebilde dieselben Ansprüche erheben werden, wie sie in dieser Erklärung der Menschenrechte für Kolonien und Mandate festgelegt sind, daß also diese Menschenrechte für unsere Gebiete, die unter der Verwaltung von Mitgliedstaaten der Vereinten Nationen stehen, gelten müssen. Es scheint mir eine der wesentlichsten Aufgaben bei der Verhandlung über das Besatzungsstatut zu sein, gerade darauf zu dringen, daß die Garantierung der Individualrechte und Freiheiten, die nach dem Wunsch der Militärgouverneure ja einen Bestandteil unseres Grundgesetzes bilden sollen, nicht nur im deutschen Sektor ihre Verwirklichung finden, sondern auch von den Militärgouverneuren, die sich für diese Grundsätze einsetzen, in vollem Umfang respektiert werden muß.

(Sehr gut! bei der CDU.)

Über die Statuierung der Menschen- und Grundrechte hinaus fordern wir zwecks Sicherung der menschlichen Freiheit bewußt eine **pluralistische Gestaltung** von **Staat** und **Gesellschaft,** die jede Machtzusammenballung an einer Stelle verhindert. Nach unserer Auffassung war es das historische Verdienst Montesquieus, erkannt und verkündet zu haben, daß jede **Macht** der **Gefahr** des **Mißbrauchs** ausgesetzt ist, weil jeder Mensch geneigt ist, wie Montesquieu sagt, „die Gewalt, die er hat, zu mißbrauchen, bis er Schranken findet".

Aus dieser Erkenntnis heraus fordert Montesquieu die **Teilung** der **Staatsgewalt** in Gesetzgebung, ausführende Gewalt und Rechtsprechung und ihre Übertragung auf verschiedene, einander gleichgeordnete Träger. Diese Auffassung, die auch heute morgen hier vertreten worden ist, wird von uns in vollem Umfang als richtig anerkannt, wobei wir den besonderen Nachdruck auf die Selbständigkeit und **Unabhängigkeit** der **Justiz** legen und den Vorschlag der Verfassungsrichtlinien des sogenannten Volksrates schärfstens ablehnen, die höchste Gerichtsbarkeit in Verfassungsfragen einem Parlamentsausschuß zu übertragen.

Wir fordern aber über die traditionelle Gewaltenteilung im Sinne Montesquieus hinaus auch die **Gewaltenteilung** zwischen **Bund** und **Ländern,** nicht nur durch eine Kompetenzabgrenzung auf den Gebieten von Gesetzgebung, Rechtsprechung und Verwaltung, sondern auch durch die gleichberechtigte Mitwirkung der Länder bei der Bildung des politischen Gesamtwillens im Bunde.

(Lebhafte Zustimmung bei der CDU.)

Wir lehnen daher die Form des **zentralistischen Einheitsstaates** ebenso ab, wie dies etwa in der Verfassungsdenkschrift des Zonenbeirats für die Britische Zone erfolgt ist, weil, wie es dort richtig heißt, „der Unitarismus und Zentralismus weder der Geschichte wie den Anlagen und

Neigungen des deutschen Volkes, noch der politischen Situation der Gegenwart entspricht, dafür aber die Gefahr des Absolutismus im Sinne einer Staatsallmacht und totalitärer Bestrebungen in sich birgt, mindestens aber der Neigung der Deutschen zur Verabsolutierung politischer Ideologien und zur Schaffung eines parlamentarischen Absolutismus entgegenkommt." Diesen Ausführungen der verfassungspolitischen Richtlinien der britischen Zone schließen wir uns in vollem Umfange an.

Mit der Parole „zentrale Lenkung und Dezentralisation der Verwaltung" allein kann das System eines echten Föderativstaates unseres Erachtens nicht verwirklicht werden.
(Sehr richtig! bei der CDU.)
Wir wollen im zukünftigen deutschen Bundesstaat keine bloßen Verwaltungsbezirke, die von oben aus gebildet sind, die dezentralisiert sind, die ihre ganzen Befugnisse lediglich von der Zentrale herleiten und deren Befugnisse daher auch jederzeit von der Zentrale wieder zurückgenommen werden können, sondern wir wollen **echte Gliedstaaten,** die aus eigenem Recht existieren und sich in die Staatsgewalt mit dem Gesamtstaat teilen. Dabei sind wir uns vollkommen darüber im klaren, daß die heute bestehenden deutschen Länder zum großen Teil solchen Anforderungen, wirklich für die Erfüllung ihrer Funktionen geeignete und fähige Gliedstaaten zu sein, noch nicht entsprechen.

Wir bejahen durchaus die Notwendigkeit einer **territorialen Neugliederung,** aber einer territorialen Neugliederung, die lediglich von gesamtdeutschen Interessen diktiert sein darf und die frei und unbeeinflußt vom Willen der Besatzungsmächte als gesamtdeutsche Angelegenheit unter Berücksichtigung des Willens der betroffenen Bevölkerung durchzuführen ist.
(Lebhafte Zustimmung bei der CDU.)
Deshalb halten wir eine Regelung dieses Problems durch eine entsprechende Bestimmung in der Verfassung für unbedingt notwendig, gerade weil wir ein Interesse daran haben, **echte** und **leistungsfähige Länder** zu schaffen, die als die wirksamen Tragpfeiler eines Gesamtdeutschlands in Funktion zu treten haben.

Für uns ist der Staat überhaupt nicht ein mechanisches Gebilde, nicht bloß additive Summe von losgelöst nebeneinanderlebenden Einzelnen, über die sich dann unvermittelt die Staatsgewalt erhebt. Zwischen dem Einzelmenschen und dem Staat, insbesondere dem Zentralstaat, dem Oberstaat, besteht ein vielfältig gegliederter Organismus, eine Fülle von menschlichen Lebensgemeinschaften eigenen Rechts, die in den Staat als den Hüter des Rechts und den Wahrer des Gesamtwohls eingeordnet sind. Daher sind wir der Meinung, daß **politische Willensbildung** im Staate grundsätzlich **zweigleisig** erfolgen müßte. Der eine Weg ist der, daß der einzelne Staatsbürger in der Isolierung der Wahlzelle seinen Willen kundtut; der andere Weg ist der, daß die Länder als politische Gebietskörperschaften, in denen die vielfältigen Kräfte der verschiedenen Heimatlandschaften ihre politische Repräsentation finden, als in sich geschlossene Einheiten an der Bildung des Gesamtwillens im Bundesstaate mitwirken.

Dieser Gedanke findet nach meinem Dafürhalten auch einen glücklichen Ausdruck in der von der Mehrheit angenommenen Präambel von Herrenchiemsee, in der das deutsche Volk, wie auch der Herr Kollege Schmid heute morgen mit Recht sagte, nicht als „amorphe Masse", sondern gegliedert in Länder handelnd in Erscheinung tritt.

Da ich an dieser Stelle zum erstenmal auf den Entwurf von **Herrenchiemsee** Bezug nehme, möchte ich hier die Einstellung meiner Fraktion zu diesem Entwurf und den ihm beigegebenen Erläuterungen folgen lassen. Es ist kein Zweifel, daß der Parlamentarische Rat in seinen Entscheidungen völlig frei ist. Wir sind aber andererseits der Auffassung, daß in Herrenchiemsee im Auftrag der Ministerpräsidenten **wertvolle Vorarbeiten** geleistet worden sind, die die Arbeit des Parlamentarischen Rates allein schon dadurch wesentlich erleichtern können, daß die

Problemstellungen klar aufgerissen wurden und im übrigen auch zum Teil bereits gesetzestechnisch einwandfreie Formulierungen gefunden worden sind. Wir sind deshalb der Auffassung, daß wir diese Arbeitsergebnisse, selbstverständlich ohne jede Bindung, zur Grundlage unserer Arbeit machen sollten, wobei wir selbstverständlich auch andere Vorarbeiten, darunter die Verfassungsrichtlinien des Volksrates, gern heranziehen und im übrigen nach dem alten biblischen Grundsatz handeln wollen: Prüfet alles und behaltet das Beste.

Hinsichtlich der **Organisation** des künftigen **Bundesstaates** möchte ich folgendes bemerken. Da wir uns zu dem Grundsatz bekennen, daß das Volk der naturrechtliche Träger des Staatsgedankens ist, entscheiden wir uns für das **parlamentarische Regierungssystem,** d. h. für die Selbstregierung des Volkes durch seine gewählten Vertreter. Es kann kein Zweifel daran bestehen, daß das parlamentarische Regierungssystem der **Weimarer Republik** infolge mangelnder Verantwortungsfreudigkeit der Parteien weithin versagt hat, und wenn wir unseren Blick in die parlamentarische Geschichte **Frankreichs** und insbesondere in die jüngste Parlamentsgeschichte Frankreichs gerade der letzten Tage richten, so wirken diese Beobachtungen keinesfalls besonders ermutigend für die Anhänger des parlamentarischen Systems. Auf der anderen Seite sehen wir aber in **Großbritannien** ein parlamentarisches System, das sich bewährt und ein stabiles Regierungssystem sichert. Die Fraktion der CDU/CSU ist der Überzeugung, daß sich die Wiedereinführung des parlamentarischen Regierungssystems in Deutschland nur dann verantworten läßt, wenn nach angelsächsischem Beispiel ohne sklavische Nachahmung irgendein Wahlsystem geschaffen wird, das unter Zurückdrängung des Parteiapparates die politische Persönlichkeit wieder stärker in den Vordergrund rückt und klare Mehrheitsbildungen ermöglicht.
(Sehr richtig! bei der CDU.)

Dieser Erfolg kann aber nur durch das Mehrheitswahlrecht in dieser oder jener Modifikation erreicht werden.
(Erneute Zustimmung bei der CDU.)
Es wird daher nach unserem Dafürhalten eine der Hauptaufgaben des Parlamentarischen Rates sein, ein **Wahlrecht** zu erarbeiten und eventuell sogar, wenn seine Kompetenz sich als gegeben herausstellen sollte, zu beschließen, das uns einen funktionsfähigen Parlamentarismus sichert. Dabei möchte ich allerdings nicht verhehlen, daß ein **Mehrheitswahlrecht** und ein darauf gegründetes, durch das Wechselspiel zwischen der Regierung und Opposition gekennzeichnetes Regierungssystem nur dann tragbar ist, wenn der Wille zu einer fairen Gestaltung des parlamentarischen Lebens auf allen Seiten vorhanden ist und die **Regierung** sich nicht nur als **Exponent** ihrer **Partei,** sondern zugleich als **Treuhänder** der **Opposition** fühlt, wie auch die Opposition zwar nicht staatsrechtlich, aber doch moralisch als Mitträger der politischen Verantwortung auftreten muß.

Abgesehen von der Gestaltung des Wahlrechts scheint uns aber auch sonst notwendig zu sein, **Sicherungen** für ein Funktionieren des parlamentarischen Systems in die Verfassung einzubauen. Wir halten in dieser Hinsicht die beiden Vorschläge des Herrenchiemseer Entwurfs für durchaus glücklich, daß nämlich beim Versagen des Parlaments bei der Regierungsbildung innerhalb einer bestimmten Frist das Recht zur **Regierungsbildung** auf die zweite Kammer im Zusammenwirken mit dem Bundespräsidenten übergeht. So ist, wie mit Recht in dem Bericht von Herrenchiemsee hervorgehoben wird, eine echte Legalitätsreserve geschaffen. Im übrigen wird durch die Gefahr, das höchste Recht, die Regierungsbildung, unter Umständen zu verlieren, das Parlament unter allen Umständen gezwungen, alle Kräfte für eine Mehrheitsbildung aufzubringen, wenn es sich nicht durch den Verlust dieses Rechtes vor der Öffentlichkeit seine politische Unfähigkeit bescheinigen lassen will.

Ebenso sind wir der Auffassung, daß der im Herrenchiemseer Entwurf enthaltene Gedanke richtig ist, daß unter allen Umständen die Bildung von **negativen** und **destruktiven Mehrheiten** für ein **Mißtrauensvotum** nicht ausreicht, sondern daß eine Opposition, welche die Regierung stürzt, auch bereit und in der Lage sein muß, selbst die Regierungsverantwortung zu übernehmen.
(Lebhafte Zustimmung.)

Als zweites Organ muß neben das vom Volke in direkter Wahl gewählte Parlament eine auf dem Gebiete der Gesetzgebung gleichberechtigte, auch bei der Bundesaufsicht, Bundesexekution und beim Erlaß von Ausführungsvorschriften und allgemeinen organisatorischen Anordnungen mitwirkende **zweite Kammer** treten.

Die Bildung dieser zweiten Kammer kann nach verschiedenen Gesichtspunkten erfolgen. In dem Herrenchiemseer Entwurf sind zwei Möglichkeiten als Modelle entwickelt, einmal ein aus Mitgliedern der Länderregierungen gebildeter **Bundesrat,** zum andern ein von den Landtagen zu wählender **Senat.** Diese beiden Modelle stellen jedoch nicht die einzige Möglichkeit für die Bildung einer zweiten Kammer dar. Ein zum Beispiel von einem Verfassungsausschuß der CDU/CSU erarbeiteter Entwurf, der keinerlei offiziellen Charakter hat, sieht eine Kombination dieser beiden Systeme vor in der Weise, daß die Mitglieder des Bundesrats zum einen Teil von den Länderregierungen gestellt, zum anderen Teil von den Landtagen gewählt werden.

Eine weitere Möglichkeit zur Bildung einer zweiten Kammer bestände darin, daß etwa entsprechend dem Bayerischen Senat das **ständische Element** zur Geltung gebracht, oder aber daß schließlich das ständische mit dem regionalen Gebilde bei der Bildung einer zweiten Kammer kombiniert wird.

Nach meiner persönlichen Auffassung verdient das **reine Bundesratsprinzip** aus folgenden Gründen den Vorzug. Eine bundesstaatliche Ordnung beruht auf der Verbindung von Ländern zu einem Gesamtstaat, wobei die Staatsgewalt zwischen Bund und Ländern verteilt ist. Dazu gehört auch, daß die Länder, wie ich bereits ausführte, bei der Bildung des politischen Gesamtwillens im Bunde gleichberechtigt mitwirken. Die Länder sind aber selbständige Organismen, in sich geschlossene politische Einheiten mit eigener körperschaftlicher Organisation und bilden als solche wesentliche Bestandteile des Gesamtstaates. Deshalb müssen sie meines Erachtens auch als solche, als Länder, als Organismen, als Einheiten an der Bildung des politischen Gesamtwillens im Bunde beteiligt sein.

Jede Körperschaft des privaten oder öffentlichen Rechts handelt durch ihre vertretungsberechtigten satzungsmäßigen Organe. Vertretungsberechtigtes Organ der Länder auf den Gebieten der Regierung und Verwaltung ist gemäß den Landesverfassungen die jeweilige Landesregierung. Es entspricht daher nach meiner Überzeugung der immanenten Logik einer bundesstaatlichen Ordnung, daß die **Länder** im Bundesrat durch **Mitglieder** ihrer **Regierungen** vertreten werden. Die Vertretung der Länder durch Mitglieder der Landesregierungen ist auch in keiner Weise undemokratisch, da die Regierung aus der vom Volke gewählten Volksvertretung hervorgegangen ist und ständiger Kontrolle der Volksvertreter unterliegt.

Ein solcher aus Mitgliedern der Länderregierungen zusammengesetzter Bundesrat entspricht auch der deutschen verfassungsrechtlichen Tradition. Anschütz hat in seinem Kommentar zur Weimarer Verfassung ausgeführt: Eine gerade Entwicklungslinie, eine „Generationenfolge“ (Hugo Preuß), geht vom Reichstage des ersten deutschen Reiches in der Gestalt, welche dieser seit dem 17. Jahrhundert eingenommen hatte, über den Frankfurter Bundestag 1866 zum Bundesrat des Norddeutschen Bundes, der Reichsverfassung von 1871, dem Staatenausschuß der Übergangszeit von 1919 und schließlich zum Reichsrat der Weimarer Verfassung.

Der Gedanke der Frankfurter Nationalversammlung, der Ländervertretung den Charakter eines Staatenhauses, das heißt eines Senats zu geben, der aus frei abstimmungsberechtigten, von den Landtagen oder vom Volke in den Ländern gewählten Mitgliedern besteht, dieser Gedanke wurde in der Weimarer Verfassung ausdrücklich abgelehnt, und zwar, wie Anschütz sagt, deshalb, „weil das von den Landtagen, das heißt vom Volke, wenngleich nur indirekt gewählte Staatenhaus eine Vertretung weniger der Länder als der Parteien geworden wäre".

Dieser für die Weimarer Nationalversammlung gegen die Bildung eines Senats maßgebend gewesene Gesichtspunkt hat nach meinem Dafürhalten auch heute noch seine Gültigkeit. Die frei abstimmungsberechtigten Mitglieder des Senats, die nach parteipolitischen Gesichtspunkten gewählt werden, schließen sich zweifellos auch in einem Senat wieder zu parteipolitischen Fraktionen zusammen. Infolgedessen würde ein solcher aus **Parteifraktionen** bestehender Senat praktisch nichts anderes darstellen als ein verkleinertes, mehr oder minder naturgetreues Abbild des Bundesparlaments.

(Dr. Seebohm (DP): Sehr richtig!)

Angesichts der Tatsache, daß fast sämtliche deutschen Parteien in der gesamtdeutschen Ebene zentral organisiert sind, würde der Einfluß der zentralen Parteiinstanzen auf die Fraktionen beider Häuser in gleicher Richtung wirken. Damit wäre aber der eigentliche **Zweck** des **Zweikammersystems,** daß die beiden Häuser verschieden zusammengesetzt sind, daß sie von verschiedenen Gesichtspunkten aus an ihre gesetzgeberischen Aufgaben herantreten, daß sie sich gegenseitig kontrollieren und ergänzen, verfehlt. Der Einwand, daß eine solche unerwünschte parteipolitische Gleichschaltung beider Häuser dadurch vermieden werden könnte, daß in den Senat nur besonders verdiente ältere Staatsmänner, die einen echten **senatorischen Typ** verkörpern und über die erforderliche geistige Selbständigkeit und Unabhängigkeit gegenüber den Parteiinstanzen verfügen, entsandt werden dürften, würde für die Gegenwart und nächste Zukunft noch keine unbedingte Durchschlagskraft besitzen. Die Entwicklung eines solchen senatorischen Typs setzt wie in Amerika und in der Schweiz eine langjährige und im Volke verwurzelte demokratische Tradition voraus und überdies bei uns nicht nur eine Änderung des Wahlrechts, sondern vor allen Dingen eine völlige geistige Erneuerung und organisatorische Umbildung unseres gesamten deutschen Parteiwesens. Für das gegenwärtige Grundgesetz, das ja nur einen vorläufigen Charakter auch in zeitlicher Hinsicht haben soll, das nur eine Etappe auf dem Wege der deutschen Staatsgestaltung darstellt, müssen daher meines Erachtens die jetzt bestehenden Verhältnisse und nicht Zukunftswünsche, an deren Verwirklichung wir alle gemeinsam miteinander arbeiten wollen, zugrunde gelegt werden.

Bei einem aus Mitgliedern der Landesregierungen gebildeten Bundesrat scheint mir die notwendige und erwünschte **Polarität** zwischen den beiden gesetzgebenden Körperschaften gesichert zu sein. Die Länderregierungen pflegen auch an alle Aufgaben viel weniger prinzipiell, viel weniger problematisch, sondern vielmehr von dem Gesichtspunkt der sachlichen Notwendigkeiten und der Bedürfnisse des täglichen Lebens aus heranzugehen als vielleicht die Parlamentsfraktionen, bei denen natürlicherweise — ich nehme da keine Fraktion aus — parteiideologische, parteitaktische und parteidisziplinäre Bindungen einen starken Einfluß ausüben können.

(Reimann (KPD): Und bei den Ministern nicht?)

— Bei den Ministern ist das längst nicht in diesem Umfange der Fall, weil jeweils die praktische Aufgabe, die zu lösen ist, von vornherein jeden Kabinettsbeschluß zu einem Kompromiß der Parteien zwingt und formt, weil eben die parteipolitischen Tendenzen und Ideologien geradezu durch den Filter der sachlichen Notwendigkeiten hindurchgehen müssen.

(Lebhafte Zustimmung bei der CDU.)

Sie werden es vielleicht erlebt oder auch nicht erlebt haben, daß vielfach ein großer Unter-

schied festzustellen ist zwischen der Rede eines Parteiführers, dem Antrag eines Fraktionsführers im Parlament, und dem, was dann ein derselben Fraktion angehöriger Minister im Kabinett angesichts der ganzen Konsequenzen eines eventuell gestellten Antrages praktisch nur tun kann und praktisch entscheiden muß.
(Lebhafte Zustimmung bei der CDU.)
Ich will hier gar nicht den Eindruck erwecken, als ob ich der Auffassung wäre, daß die persönliche Qualität eines Ministers eine höhere wäre als die eines sonstigen Parlamentariers. Sind doch die meisten Minister selbst Parlamentarier! Aber es ist der härtere Zwang, der denjenigen, der in der unmittelbaren Verantwortung sitzt, dazu bringt, realpolitischer zu denken und zu handeln als derjenige, der das Gesetz nicht in der Praxis durchzuführen braucht und nicht unmittelbar an der Front der praktischen Verwaltung die Konsequenz einer falschen Gesetzgebung fühlt.

Ein aus Mitgliedern von Landesregierungen gebildeter Bundesrat scheint mir auch noch folgenden Vorzug zu haben: In diesem Bundesrat haben die Mitglieder die **volle Unterstützung** ihres **bürokratischen Apparats** zur Verfügung. Wir sehen es doch und erleben es schon in unseren Landtagen, wie unendlich schwer es auch für den einzelnen Abgeordneten ist, die Gesamtheit der zu behandelnden Materien intensiv durchzuarbeiten und sich persönlich bis zum letzten Rechenschaft über jede einzelne Entscheidung zu geben. In einem Landtag, wo große Fraktionen sind, kann im Wege der Arbeitsteilung, durch Bestellung von Sachverständigen immerhin noch erreicht werden, daß sich wenigstens die Fachkräfte der einzelnen Fraktionen über die einzelnen Fachgebiete orientieren. In einem relativ kleinen Senat, der zwangsläufig klein sein muß, ist diese Schwierigkeit aber viel, viel mehr gegeben. Wenn dort Mitglieder der Landesregierungen sitzen, die auf die Unterlagen zurückgreifen können, die ihnen aus ihren Ministerien und aus ihren Landesverwaltungsstellen zugetragen werden, werden sie viel eher die Möglichkeit haben, die Arbeit zu bewältigen, als der lediglich auf sich selbst gestellte Senator.

Wir haben es bereits beim **Weimarer Reichsrat** erlebt. Dort waren bekanntlich die Hälfte der Vertreter des Landes Preußen Provinzialvertreter, die vollständig frei auf sich selbst gestellt, nicht weisungsgebunden waren und auch keinerlei Bindung an die jeweilige preußische Provinzialregierung besaßen. Sie waren also echte Senatoren. Aber in der Praxis waren sie, weil sie des Arbeitspensums im Reichsrat weitgehend gar nicht Herr werden konnten, gezwungen, sich auf Grund persönlicher oder parteipolitischer Beziehungen an Vertreter der Länder zu wenden, um von ihnen die entsprechenden Unterlagen und das für die Fällung ihrer Entscheidungen notwendige sachliche Material zu erhalten.

Wenn wir einen echten Senatorentyp, der auch die Fülle der von ihm zu erledigenden Aufgaben beherrscht, heranbilden wollen, dann müssen wir diesem Senatorentyp auch eine derartige Aufwandsentschädigung zahlen, daß er in der Lage ist, sich einen Stab von Mitarbeitern oder Gehilfen heranzuziehen, die die Arbeit mit ihm teilen. Wir haben nicht die wirtschaftlich unabhängigen und selbständigen Personen, die sich einen derartigen Stab auf Grund ihrer eigenen Vermögenssituation leisten können, wie dies etwa in den Vereinigten Staaten von Amerika der Fall ist, und ich weiß auch nicht, ob solche Typen für uns, für die Entwicklung einer wahren Demokratie besonders erwünscht wären.
(Sehr richtig!)

Meine Damen und Herren! Ich gebe zu, daß sich manche Gesichtspunkte für, aber auch manche Gesichtspunkte gegen einen so strukturierten Bundesrat herausstellen lassen. Aber es scheint mir notwendig zu sein, noch auf folgendes hinzuweisen: In einem **Bundesstaat** sind die **Länder** nun einmal **reale Machtfaktoren!** Sie sind Machtfaktoren als weitgehende Träger der

Gesetzgebung und sie sind Machtfaktoren als die vorwiegenden **Träger** der **Verwaltung.** Und wenn man, was ja in einem Bundesstaat notwendig ist, eine **Koordination,** ein Ineinanderspielen, ein freudiges Miteinanderarbeiten von Bund und Ländern auf allen Gebieten erreichen will, erscheint es mir richtig und notwendig zu sein, diese Länder bereits von vornherein an der **Mitverantwortung** zu beteiligen, damit das, was von der Bundeszentralinstanz kommt und von den Ländern weitgehend auszuführen ist, nicht als ein Fremdkörper, als ein Befehl vom grünen Tisch irgendeiner Zentrale aus empfunden wird, sondern als etwas, an dem man selbst im Wege der Gesetzgebung und im Wege der Zustimmung zu den allgemeinen Verwaltungsanweisungen mitgearbeitet hat. Und wenn einmal der Ernstfall einer Bundesexekution kommen sollte, so glaube ich bestimmt, daß derartige Bundesexekutionsmaßnahmen ein viel stärkeres moralisches Gewicht haben werden, wenn sie von einer Ländervertretung mitbeschlossen worden sind, als wenn sie von Gremien beschlossen worden sind, auf die die Länder überhaupt keinerlei Einfluß gehabt haben.
(Sehr richtig!)

Wir dürfen auch die historischen Erfahrungen in dieser Hinsicht nicht ganz aus dem Auge lassen. Daß der **Bundesrat** eine qualitativ anständige Arbeit geleistet hat, daran besteht kein Zweifel. Und auch der **Reichsrat** der Weimarer Republik hat eine ebensolche qualitativ hochwertige Arbeit geleistet, wenn er auch nicht von der politischen Dynamik erfüllt gewesen ist wie etwa der Reichstag. Aber dafür hatte er den Vorzug, daß er zu einer Zeit, als der Reichstag bereits völlig funktionsunfähig geworden war, als er weder imstande war, eine parlamentarische Regierung zu bilden, noch imstande war, seine legislativen Funktionen zu erfüllen, noch vollkommen funktionsfähig gewesen und es auch geblieben ist, bis er im Jahre 1933 aufgelöst worden ist. Und ich glaube, auch die jüngsten Erfahrungen sowohl im Stuttgarter wie im Frankfurter Länderrat sprechen zum mindesten nicht gegen dieses Länderratsprinzip. Ich bin ein Angehöriger der französischen Zone und kann deshalb aus eigener unmittelbarster Erfahrung über die Frankfurter Institutionen nicht allzuviel sagen. Aber eins scheint mir doch immerhin überzeugend zu sein. Es ist mir mitgeteilt worden, daß im Länderrat die Ministerpräsidenten sich meist zu sehr großen Mehrheiten zusammengefunden haben, daß die Mehrheits- und Minderheitsbildungen quer durch die verschiedenen Parteien gingen, daß in sehr vielen Fällen sogar einstimmige Voten zustande gekommen sind, während wir demgegenüber im Wirtschaftsrat, der ja nach dem Senatsprinzip auf dem Wege der indirekten Wahl gebildet ist, den scharfen politischen Trennungsstrich zwischen CDU und SPD sehen, obwohl die parteipolitischen Kräfteverhältnisse im Wirtschaftsrat und Länderrat im großen und ganzen dieselben sind. Vielleicht ist das Zurücktreten des parteipolitischen und partei-ideologischen Moments im Länderrat gerade ein Beweis dafür, daß die Ministerpräsidenten, denen die Verantwortung unmittelbar auf den Fingernägeln brennt, weniger ideologisch denken als vielleicht manche Mitglieder des Wirtschaftsrats, die der Überzeugung sind, sie müßten hier als Repräsentanten dieses oder jenes prinzipiellen Wirtschaftssystems auftreten und sich entsprechend exponieren.
(Sehr richtig!)

Ich verkenne, wie gesagt, in keiner Weise, daß man auch Gründe für eine andere Gestaltung des Bundesrats anführen kann. Man kann mit Recht auf das Beispiel der **Vereinigten Staaten von Nordamerika** und der **Schweiz** hinweisen, wo föderative Staatswesen ohne Bundesrat lediglich mit einem auf der Länderebene gewählten Senat bestehen. Ich bin aber der Meinung, daß es richtiger wäre, wenn wir Deutschen an unsere eigene nationale Tradition anknüpfen und uns für das System entscheiden würden, das in der deutschen Verfassungsgeschichte nun einmal Wurzeln geschlagen und sich unstreitig bewährt hat. Jedenfalls bildet die Frage: Bundesrat, Senat oder vielleicht auch Ständekammer eines der entscheidendsten Probleme für die föderative Struktur des zukünftigen deutschen Staatswesens. Darum hielt ich es für angezeigt, dieses Problem in dieser Breite hier zu entwickeln und in dieser Entwicklung auch meine persönliche Auffassung auseinanderzusetzen.

Neben Bundesparlament und Bundesrat tritt als weiteres Organ die **Bundesregierung,** deren Stellung durch unser grundsätzliches Bekenntnis zum parlamentarischen System genügend umrissen ist, so daß ich hierauf im einzelnen nicht weiter einzugehen brauche. Nach unserer Auffassung bedarf ein gut funktionierender Bundesstaat grundsätzlich auch eines **Bundespräsidenten,** wobei ich, ebenso wie der Herr Kollege Schmid, die Frage offenlasse, ob es unter den gegenwärtigen Verhältnissen des Besatzungsregimes mit der Dignität der deutschen Staatshoheit zu vereinbaren ist, jetzt schon einen Bundespräsidenten zu wählen und ihn mit der Repräsentanz des deutschen Staatslebens zu betreuen.

Man könnte allerdings auch den entgegengesetzten Standpunkt vertreten und sagen: Gerade wenn wir uns einmal ein deutsches Staatsoberhaupt geben, so schafft das gewisse Tatsachen und zwingt auch die anderen Mächte der Erde, dieses Staatsoberhaupt in dieser Funktion und auch in seiner Dignität anzuerkennen. Man kann diese Frage also durchaus von zwei Seiten sehen. Aber grundsätzlich halten wir das Institut eines Bundespräsidenten für eine Definitivlösung, insbesondere wenn die Fragen der Besatzungsverhältnisse eine größere Klarheit gewonnen haben, für durchaus erwünscht. Es gibt manche Leute, die in einem Bundespräsidenten entweder eine rein dekorative und deshalb im Grunde überflüssige und unter dem Gesichtspunkt der Kosten vielleicht sogar unerwünschte Figur erblicken, während andere in ihm bereits wieder das **Präludium** einer **neuen Diktatur** ahnen. Wir sind der Meinung, daß neben den politischen auch die sogenannten **dekorativen Funktionen** eines Bundespräsidenten eine wichtige **volkspsychologische Bedeutung** haben. Es ist durchaus gut und notwendig, daß der Staat nicht nur in der Gestalt des Polizisten, des Gerichtsvollziehers oder des Steuereinnehmers gegenüber seinen Bürgern in die Erscheinung tritt, sondern bei feierlichen Anlässen auch einmal in würdiger und sympathischer Form repräsentiert wird. Gerade in den alten Demokratien wie England, Frankreich und den Vereinigten Staaten erachtet man eine solche Repräsentation des Staates als unerläßlich. Darüber hinaus erscheint uns aber ein Bundespräsident auch als Exponent der pouvoir neutre, der die verschiedenen Organe im Staate koordiniert, der überhaupt der moralische Repräsentant der Volkseinheit ist, politisch durchaus erwünscht.

Hinsichtlich der **Wahl** des Bundespräsidenten ist das System der **direkten Volkswahl,** das in der Weimarer Republik herrscht, abzulehnen. Die Präsidentenwahlen von 1925 und 1932 haben bewiesen, daß diese Form der Wahl für das deutsche Volk jedenfalls nicht die geeignete Form ist. Im Jahre 1925 wurde der Kandidat der Reaktion gewählt, und im Jahre 1932 haben auch die demokratischen Kräfte durch ihren damaligen Wahlakt geradezu aus Angst vor dem Tode Selbstmord begangen. Infolgedessen dürfte es sich für die Zukunft empfehlen, nach dem Beispiel **Frankreichs** den Bundespräsidenten von den **beiden gesetzgebenden Körperschaften** wählen zu lassen. Durch diesen Wahlmodus würde die Gefahr vermindert, daß ein Agitator unter Ausnutzung der Not und Mißbrauch der emotionalen Kräfte des Volkes auf dem Wege des Plebiszits noch einmal nach der Macht zu greifen versucht.

Eines der wichtigsten Organe in einem auf föderativer Basis aufgebauten Rechtsstaat scheint uns der **Staats-** oder **Verfassungsgerichtshof** zu sein. Die föderative Struktur eines Staatswesens birgt in sich immer die Möglichkeit von Meinungsverschiedenheiten zwischen der Bundeszentralgewalt und den Ländergewalten. Unser Fraktionsmitglied Dr. **Adenauer** hat bei den verfassungspolitischen Vorarbeiten des Zonenbeirates mit Recht einen Staatsgerichtshof gefordert, dem er die Aufgabe beimessen will, einmal die Zentralgewalt vor Ungehorsam oder Übergriffen der Länder, umgekehrt aber auch die Länder gegen Übergriffe seitens der Zentralgewalt zu schützen. Und weiter will er diesem Staatsgerichtshof die Aufgabe zuerkennen, einem jeden Einwohner Deutschlands den nötigen Schutz gegen Beeinträchtigungen der ihm verfassungsmäßig zugesicherten Grundrechte zu gewähren. Denn er fügt zur Begründung hinzu: „Es gibt nicht nur eine Diktatur des einzelnen, es kann auch eine Diktatur einer parlamentarischen Mehrheit geben. Und davor wollen wir einen Schutz haben in der Form des Staatsgerichtshofes". Wir wollen einen Staatsgerichtshof, dem nicht nur ein Prüfungsrecht darüber zusteht, ob ein Gesetz in der vorgeschriebenen Form erlassen ist oder ob es mit dem Buchstaben und dem Wortlaut der Verfassung in Einklang steht. Der von uns geforderte Verfassungsgerichtshof soll auch das Recht haben zu prüfen, ob ein Gesetz seinem Inhalt nach dem Geist und den naturrechtlichen, menschenrechtlichen Grundlagen der Verfassung entspricht, wie dies z. B. beim Bundesgerichtshof der Vereinigten Staaten der Fall ist, welcher über den Willen des Gesetzgebers hinaus zum Hüter der Verfassung, zum Wahrer des Naturrechts und zum verkörperten Gewissen der Volksgesamtheit geworden ist. Wir haben keine Angst vor der von dem mit zwei „t" geschriebenen Namensvetter des Herrn Kollegen Carlo Schmid an die Wand gemalten Gefahr einer sogenannten justizförmigen Politik. Es geht uns hier in dieser Frage um die Fundamente des Staates. Entweder wird das Recht tatsächlich als die Grundlage der menschlichen Gesellschaft anerkannt und dann auch mit den notwendigen Garantien zu seiner Verwirklichung ausgestattet. Oder aber die politische Zweckmäßigkeit wird zum höchsten Prinzip erhoben, was dann wieder zu den gefährlichen Grunddogmen einer vergangenen Epoche hinführen würde, wonach eben Recht ist, was dem Volke oder der Regierung oder dem Staate nutzt.

Wenn wir hier im Parlamentarischen Rat mit unserer Arbeit den Versuch machen, im Geiste der sozialen Gerechtigkeit eine neue Lebensordnung für das deutsche Volk aufzubauen oder wenigstens den Kern dazu zu schaffen, so müssen wir uns darüber im klaren sein, daß wir letztlich nur eine **Form** setzen können. Ob und wie es uns gelingt, diese Form mit Geist und Leben auszufüllen, wird nach der Beendigung unserer Arbeit die entscheidende politische Frage sein. Wir dürfen uns nicht etwa mit der Vorstellung schmeicheln, als wenn unsere Arbeiten, die wir hier vollziehen, in der breitesten Öffentlichkeit des deutschen Volkes auf ein übermäßiges politisches Interesse stoßen würden. Wenn man einmal in das Volk hineinhört und wenn man auch einmal hier in Bonn umhört, was man über den Parlamentarischen Rat sagt, dann kann man so den sogenannten Mann auf der Straße sogar schon sagen hören, diese oder jene Zufuhr von Lebensmitteln oder diese oder jene Verringerung der Rationen, die in Bonn durch irgendeinen unglücklichen Umstand vielleicht eingetreten ist, sei auf den hier tagenden Parlamentarischen Rat zurückzuführen.

Sie sehen also die Grundhaltung, aus der heraus unsere Arbeit vom Volke kritisch beleuchtet wird. Es ist daher notwendig, daß wir in voller Würdigung dieser Verhältnisse, selbst auf die Gefahr hin, durch ewige Wiederholungen banal zu wirken, trotzdem auch an dieser Stelle bei der Eröffnung unserer Arbeit gegenüber der Weltöffentlichkeit mit aller Deutlichkeit klarstellen, daß eine **demokratische Erneuerung** unseres Volks- und Staatslebens nur dann möglich sein wird, wenn man uns die **Grundlagen** unserer **wirtschaftlichen Existenz** beläßt. Ein hungerndes und wirtschaftlich verelendetes Volk kann unmöglich der Träger einer demokratischen Entwicklung sein und kann sich unmöglich für neue politische, demokratische Ideen innerlich öffnen.

(Sehr richtig!)

Die zur Zeit in den verschiedensten Zonen in der Durchführung begriffenen **Demontagen** wichtigster industrieller Betriebe stellen unseres Erachtens eine wenig ermutigende Begleitmusik zu der von uns in Angriff zu nehmenden Arbeit der politischen Neuorganisation Deutschlands dar. Wir richten daher auch von dieser Stelle aus den Ruf an die Welt, die **natürlichen Lebensrechte** unseres Volkes zu achten und nicht durch eine **überlebte Morgenthau-Politik** den Glauben an die demokratische Gerechtigkeit in unserem Volk zu zerstören.

(Sehr gut!)

Jede Verfassung, auch die beste, wird sinnlos, wenn die wirtschaftliche Not ein Volk zur politischen Verzweiflung treibt. Unser Volk will auch eine Verfassung, aber es will vor allem ein Leben in Freiheit, ohne Not.

(Beifall.)

III. Aus der 3. Sitzung des Parlamentarischen Rates vom 9. September 1948

1. *Allgemeine Aussprache über die Berichte über die dem Parlamentarischen Rat gestellte Aufgabe an Hand der Vorarbeiten und Entwürfe*

1.1. **Dr. Heuss (FDP)**

Dr. HEUSS (FDP): Meine Damen und Herren! Als vorige Woche der Kollege Reimann eine, wie ich glaube, noch bescheidene Vorprobe seines Temperaments und seiner Begabung für das Emotionelle gegeben hat, warf er in die Versammlung die Sentenz: Verfassungsfragen sind Machtfragen. Ich bin nicht ganz sicher, ob es als Sentenz oder als Parole gedacht war. Das Wort stammt, wie Sie wissen, von Ferdinand Lasalle. Er sprach es aus, als er im Jahre 1862 in den preußischen Verfassungskampf eingriff. Es könnte für uns die Lockung vorliegen, nun, da wir hier zusammen sind, um eine Verfassung zu machen, die wir doch nicht ganz eine Verfassung nennen wollen, das Problem **Macht** und **Verfassung** zu untersuchen und zu prüfen: Haben wir eigentlich den Auftrag, einen Machtkampf aufzuführen, oder den Auftrag, das Problem der Verfassung als Rechtsfrage zu sehen und zu formen? Damit Recht nicht bloß Recht sei, sondern damit Recht Recht werde, muß das Recht in Macht eingebettet sein. Es war ganz schön, gestern an Thomas von Aquino erinnert zu werden. Ein sehr weiser Mann! Und vom Naturrecht her uns irgendwie anregen zu lassen für die Überprüfung rechtlicher Normen, ist gewiß eh und je notwendig. Aber auch Thomas von Aquin wußte davon, daß Recht in Macht eingebettet sein muß; wir dürfen nicht vergessen: Er ist der Exponent einer Zeit des Lehensrechts, wo die Abstufung der Lebensordnung von oben nach unten ging und noch keine Demokratie der Masse vorhanden war. Ich werde darauf noch zurückkommen. Wir wollen also, so interessant es ist, mit solchen geistesgeschichtlichen Parallelen etwas vorsichtig sein. Wir sind vor die Situation gestellt, das Problem Recht und Macht in Paragraphen sauber auseinanderzugliedern. Dies ist auch in den Ausführungen des Kollegen Schmid durchgeklungen. Aber geht denn das? Das geht nicht, weil das Verhältnis von Recht und Macht ein ewiges geschichtliches **Spannungsverhältnis** ist.

Wir müssen trachten, die Rechtsformen so zu schaffen, daß sie in sich die moralisch-sachliche Qualität gegenüber der Macht besitzen und, wenn diese dem Mißbrauch ausgesetzt ist, ihre eigene innere Kraft wahren.

Es ist das Problem, das auch in der Diskussion des Weimarer Ergebnisses vorliegt. Die Rechtsordnung von Weimar war nicht schlecht. Heute ist modern geworden, und das ist auch hier ein bißchen durchgeklungen, von der **Weimarer Verfassung** gering zu reden. Das ist so ein bißchen noch die Suggestion der Hitlerpropaganda,
(Lebhafte Zurufe: Sehr richtig!)
in der auch sehr viele von uns noch befangen sind. Die deutschnationale Opposition vom Jahre 1919 ab und dann die Nazipropaganda haben von vornherein jene Atmosphäre geschaffen, in der die junge Verfassung moralisch fast nicht leben konnte. Heute hat man die Angewohnheit, zu sagen: Weil der Hitler an die Reihe gekommen ist und von den Paragraphen der Weimarer Verfassung nicht daran gehindert werden konnte, ist die Verfassung schlecht gewesen. So primitiv ist die Motivenreihe des Geschichtsprozesses nicht!

Für uns ist es lehrreich genug, einen Augenblick — auch wenn das als eine politische Debatte erscheint — den Rückblick zu vollziehen, weil uns dann bestimmte Parallelen der heutigen Situation gegenwärtig werden. Die **Demokratie** der **Weimarer Verfassung** ist dadurch so schwer in Gang gekommen und konnte nicht recht in Gang kommen, weil die Demokratie in Deutschland nicht erobert worden ist.

(Lebhafte Zurufe: Sehr richtig!)
Sie ist nach Deutschland gekommen im Augenblick — und das ist ja nun eine Banalität — der Niederlage. Aber indem sie nicht erobert wurde, hatte sie sich keine eigene Legende, keine Geschäftserfahrung geschaffen. Man soll sich doch den Reichstag von 1914 ansehen: der hatte Angst vor der möglichen eigenen Macht, der fühlte sich ganz gut dabei, im Vorhof der Macht seinen Daueraufenthalt zu nehmen, und nur ein paar Leute haben etwas davon gespürt, daß die **Mitverantwortung** des Parlaments die Voraussetzung zur Schulung eines politischen Typs in Deutschland sei, der neben der Bürokratie eine Leistungskraft in sich selber entwickele.

Nun ist unstreitig die Weimarer Verfassung das Opfer eines grandiosen Irrtums geworden. Sie glaubte nämlich, wie junge Demokratien ihrer Natur nach optimistisch sein müssen, an die Fairneß der Deutschen. Es kennzeichnet die sehr tragische Lage für unser Volk, daß wir für diesen Begriff Fairneß in Deutschland selber kein eigenes Wort besitzen; so geschah, daß der Entwicklungsweg der Demokratie von der Atmosphäre der nationalistischen Romantik, der monarchischen Restauration und dem elenden Verbrechen der Dolchstoßlegende begleitet wurde. Diese Dinge sind für das Funktionieren der Weimarer Verfassung viel, viel entscheidender gewesen als diese oder jene von uns heute nicht als ganz richtig empfundene technische Paragraphenformulierung.

Wenn wir an diese vergiftete politische Atmosphäre denken, in der Weimar gestartet wurde, wie ist dann unsere Lage heute? Wir sollen einem gemeinsamen Recht für das deutsche Volk die Stütze der Macht geben. Aber wo ist die Macht? Wir wandern im Tal der Ohnmacht. Wieder ist die Demokratie in Deutschland nicht erobert worden; sie ist von den Besatzungsmächten angeordnet, anempfohlen, zugelassen, zugemessen, lizenziert, limitiert, kontingentiert. Ist denn das die Situation, in der etwas Rechtes, Kräftiges und Gesundes überhaupt entstehen kann? Das ist die Frage, vor der wir als Gruppen und als Einzelne stehen. Die Antwort lautet ganz verschieden. Sie ist bei den einen die müde Resignation: Da kann ja nichts werden! Oder bei den anderen eine ziellose Proteststimmung gegen die Besatzungsmächte. Oder bei den ganz Gescheiten ein sehr wirkungsloses Buchstabieren der Landkriegsordnung und solcher Geschichten. Das ist nicht die Stimmung und die Gesinnung, in der wir hier beginnen können.

In welcher können wir denn beginnen? Verzeihung, ich komme aus Württemberg; infolgedessen darf ich aus unserem großen Vorrat an Dichtern einen kurz zitieren und sagen: Wir wollen beginnen in der Gesinung, die Hölderlin mit dem Wort „heilige Nüchternheit" bezeichnet. Ein sehr merkwürdiges und tiefes Wort, die Nüchternheit „heilig" zu nennen, als sei diese etwas Sakrales. Wenn ich das auf uns beziehe: wir sind gegenüber der Wirklichkeit illusionslos geworden, wir alle, diese Generationen, sind durch die Schule der Skepsis hindurchgegangen. Aber wenn wir nur illusionslos sind und wenn wir nicht ein Stück Glauben auch für diesen unseren Beruf mitbringen, dann verliert unser Handwerk von seinem Beginn an die innere Würde.

Wer hat uns denn die **Legitimation** gegeben, hier etwas zu beginnen? Das Dokument I ist ein technischer Vorgang, der seine Rechtfertigung aus der Gesamtentwicklung der politischen Situation bezieht. Wir sind dann von den Landtagen gewählt, Landtagen, von denen wir eben gehört haben, daß sie der Ausdruck originärer Staaten seien. Ich will niemand zu nahe treten, aber manche dieser Staaten sind weniger originär als originell
(Heiterkeit.)
in der Art, wie sie geworden sind. Nun den Status einer richtigen Staatlichkeit in diesen, bald hätte ich gesagt, Sauzustand der deutschen Länderverordnung hineinzulegen, bitte, das wollen wir uns eigentlich schenken. Wenn wir hier von den Landtagen gewählt worden sind, so sind die Landtage im Augenblick Behelfsheime der deutschen Existenz überhaupt.

(Lebhafte Zurufe: Sehr gut! und Heiterkeit.)
— Gut, sie haben im ganzen anständig gearbeitet. Aber wir sind doch nicht als Vertreter von Württemberg oder Bayern oder sonst einem Land hier, auch wenn deren Parlamente uns gewählt haben, weil man in diesem August, wo die Menschen unter den größten Sorgen lebten, Währungsfolgen usw., keine Volksmeinung über staatspolitische Dinge herausholen konnte. Darüber sind wir uns ganz klar: es ist eine Behelfskonstruktion, die uns hierher entsandt hat. Mir scheint, wir könnten das vorwegnehmen, was zu beschließen wir offenbar gemeinsam entschlossen sind, nämlich den Satz: Der **Abgeordnete** ist **Vertreter des ganzen Volkes.** Wenn wir das für uns selber jetzt schon maßgebend sein lassen, dann ist unsere Legitimation sachlich geklärt.

Aber beschließen denn wir hier oder beschlossen die Ministerpräsidenten, wenn sie im Auftrag zusammen waren, einen **Bund?** Nein, das Deutsche Reich, auch wenn es desorganisiert ist, ist rechtlich und politisch eine Geschichtstatsache geblieben.
(Lebhafte Zustimmung.)
Die Novemberverträge des Jahres 1870, auf die Herr Dr. Hoegner in München sich einmal berufen hat und von denen er gemeint hat, sie seien jetzt außer Kraft, sind, verzeihen Sie, durch 80 Jahre gemeinsamer politischer Volksgeschichte als Rechtsvorgang konsumiert, die interessieren uns nicht mehr,
(Lebhafte Zurufe: Sehr richtig!)
sondern was uns interessiert, ist das Problem: Kann man sich überhaupt seelisch vorstellen, daß man einen „Bund“ auf Anweisung fremder Mächte schließt oder erneuert? Der Bund setzt als neuer Rechts- und politischer Vorgang ja doch die Freiheit voraus.

Wir sind also dabei, uns Gedanken zu machen, eine Neuordnung, eine Rückordnung des deutschen Gemeinschaftslebens mit den Tatbeständen der Länder vorzunehmen. Wir weichen dabei dem Wort „Verfassung“ aus und wir sagen sehr oft zu dem, was wir machen wollen, **„provisorisch“**, weil wir spüren, zum einen, daß uns das Pathos der freien Entscheidung mangelt, und weil wir zum anderen nur ein Teil-Deutschland personell in unseren Reihen, an unseren Verantwortungen beteiligt fühlen. Aber ein bißchen habe ich die Sorge, daß wir uns — aus Gründen, die ich politisch durchaus verstehe, die aber auf unsere eigene Arbeit zurückwirken können und auf das immerhin von uns noch zu erstrebende Gefühl des Mitdenkens des deutschen Volkes — angewöhnen, das Wort „provisorisch“ etwas zu oft auszusprechen.

Wir begreifen dieses Wort „provisorisch“ natürlich vor allem im geographischen Sinne, da wir uns unserer Teilsituation völlig bewußt sind, geographisch und volkspolitisch. Aber strukturell wollen wir etwas machen, was nicht provisorisch ist und gleich wieder in die Situation gerät: heute machen wir etwas, und morgen kann man es wieder ändern, und übermorgen wird eine neue Auseinandersetzung kommen. Wir müssen vielmehr strukturell schon etwas Stabileres hier fertigzubringen versuchen,
(Zustimmung.)
auch etwas, was eine gewisse Symbolwirkung hat, und wenn auch bloß in der Abschattierung, so daß wir den Besatzungsmächten, daß wir auch den Leuten im deutschen Osten sagen: Wir sind nun eben auf einem Wege begriffen, dessen Ende noch nicht erreicht ist.

Ich bin in Sorge, ob nicht das, was in Herrenchiemsee vorgeschlagen wurde, dieses Gebilde aus diesen politisch-psychologischen Gründen „Bund deutscher Länder“ zu nennen, etwas sehr Zufälliges hat. Wir sollen keine Angst haben vor der Magie des Wortes. Ich würde bitten, in die Diskussion hereinzunehmen, daß wir uns heute einfach **„Bundesrepublik Deutschland“** nennen, weil damit schon eine starke moralische Attraktion für die jungen Menschen mit drinsteckt, die in diesem „Bund Deutscher Länder“ ja nur ein Ausweichen vor sich sehen. Das wird auch im deutschen Osten verstanden werden.

Es ist uns der Auftrag gegeben, eine, wie es heißt, Verfassung des „föderativen Typs" zu machen. Nun ist ja von dem Problem des **Föderalismus** und **Zentralismus** allerhand gesagt worden. Ich will auch etwas dazu bemerken. Zunächst rein als Geschichtsvorgang: Katastrophen der Welt, die ein Volk erschüttern, haben zunächst die seltsame Wirkung der Dezentralisation der seelischen Empfindung. Nach 1918, nach 1945 wurde auf einmal die Nähe das Wesentliche, was die Menschen suchten, und zwar nicht bloß deshalb, weil Telefonleitungen zerstört waren und keine Bahnen gingen, sondern es entsteht die Flucht dorthin, wo die große weltpolitische Erschütterung in ihrer Gewalt nicht so unmittelbar gespürt wird.

(Sehr gut!)

Aber die zweite Wirkung ist dann die, daß hinter solchen Ereignissen die große zentralistische Bewegung hereindrängt. 1789, überhaupt große Revolutionen wirken absolut zentralisierend, um eine Machtsituation zu sichern und auszudehnen. Wir hatten im Jahre 1918/19 keine Revolution in diesem Sinne. Wir hatten sie 1933 und mit ihr die Zentralisierungstendenz. Wir hatten aber auch schon im Jahre 1920 eine der Konsequenzen dieser Entwicklung in der großen Erzberger'schen Gesetzgebung, die in vielen Dingen eine Rettungsaktion gegenüber den dezentralisierenden Kräften bedeutet hat, die sich damals geschichtlich gemeldet haben.

(Zustimmung.)

Und heute? Wir wollen, wenn wir nach einem „föderativen Typ" zu suchen haben, keinen Wortfetischismus treiben, sondern wir sollen uns sogar selber aus einer gewissen Reinlichkeit heraus davon freimachen. Die Deutschen sind ein merkwürdiges Volk. Ich habe im vorigen Jahr eine sehr große Diskussion mitgemacht, wo einer sich kolossal gescheit vorkam, als er darstellte: föderalistisch, das ist der Ruin, föderativ, das ist das Gesunde. So argumentiert diese simpelhafte Wortgläubigkeit der Deutschen, die sich um derlei herumstreiten.

Wir wollen nun einen Augenblick sehen — es ist schon erwähnt worden —, in welches Mißverständnis man kommt, wenn man sich über den Begriff des Föderalismus, ich will einmal sagen, mit einem Amerikaner austauscht. Im Beginn der amerikanischen politischen Geschichte steht Alexander Hamilton, der Führer der „Federalists", und der war für die Stärkung der Zentrale, während es bei uns Denkgewohnheit geworden ist, daß Föderalismus Stärkung der Glieder auf Kosten der Zentrale bedeutet. Das ist bei uns nach Weimar vorbelastet worden nicht mit der ungenügenden Lösung der Zuständigkeiten, sondern damit, daß auf einmal Herr Zeigner in Dresden und das andere Mal Herr Kahr in München ihre Interpretation von Zusammengehörigkeit eines deutschen Gliedstaates mit dem Gesamtschicksal eines Volkes in furchtbarer Zeit so gegeben haben, wie es weder ein gesunder noch ein ungesunder Föderalismus, um diesen Begriff aufzunehmen, je hätte erlauben dürfen.

Ich glaube, die Situation bei den Deutschen ist vielfach so gewesen: von 1924/25 ab — darüber ist schon geredet worden — hat man bei uns Überlegungen angestellt, ob die Weimarer Verfassung durch eine „Reichsreform" anders gemodelt werden könnte. Im Jahre 1919 hat Naumann den sehr klugen Vorschlag gemacht, man solle nach fünf Jahren die Verfassung einmal sachlich überprüfen, ohne daß dabei eine verfassungändernde Mehrheit nötig wäre. Nun ist dies nicht eingetreten; man hat sich mit der Entwicklung des Kompetenzkatalogs begnügt. Ein solcher wurde in Weimar durchgeführt. Er ist dann von den Nazis sehr eindeutig interpretiert worden. Daß die Nationalsozialisten nach dem Gesetz der Revolution Zentralisten wurden und zugleich Nivellierungsfanatiker, das hat eine unitarische Richtung bei sehr vielen Leuten innerlich erschüttert, sie seelisch umgestimmt. Ich bin weit davon entfernt, hier eine zentralisitische Propagandarede zu halten, aber ich sage: Der Ausschuß, der die Fragen der Kompetenzen durchzugehen hat, wird auf einmal merken, daß das eigentlich nur eine philologische

Spielerei ist, wenn man nicht dahinter spürt: der große Zentralisator des deutschen Schicksals ist die deutsche Not und die deutsche Armut.
(Lebhafte Zustimmung.)
Dann werden auf einmal die Leute, die heute so selig über ihr staatliches Eigenleben scheinen, dankbar sein, wenn ihnen aus der Gemeinschaft, aus der Gemeinverantwortung jene Hilfe und Kräftigung zufließt, die sie für sich gar nicht schaffen könnten.

Wir wollen dabei auch keine zusätzliche **heimatliche Geschichtsromantik** haben, wie sie im Nordwesten oder im Südosten Gesamtdeutschlands heute noch gepflegt wird. Denn bei aller Anerkennung dessen, was Geschichte im Bewußtsein heimatgebundener Menschen ausmacht, sind doch alle diese Dinge, etwa die Beamtentradition, die ich nicht gering ansehe, heute fragwürdig geworden durch den einfachen Vorgang, von dem ich nachher an anderer Stelle etwas zu sagen habe, daß nämlich die Flüchtlingstatsache als Massenproblem eine soziologisch-psychologische Umwandlung all der Heimaten herbeiführen wird, ob sich einer dagegen sträubt oder nicht, und wenn er sich dagegen sträubt, begeht er ein Unrecht an der deutschen Entwicklung, die diese größte Geschichtsaufgabe, vor der wir stehen, bewußt mit anfassen muß.

Wir wollen die Frage der Entscheidung im Organaufbau nun in den Ausschüssen pfleglich überlegt wissen. Wir halten dafür, daß die Person, die Amtsfunktion des **Bundespräsidenten** nicht in die ungewisse Geschichte abgeschoben werden soll, weil die Zeit noch nichts Rechtes für ihn zu tun gibt. Verkennen Sie nicht die Symbolkraft, die davon ausgeht, und vermeiden Sie das Provisorium eines Direktoriums, was dann in der Bevölkerung gleich wieder so ausgedeutet wird: man will also die verschiedenen Leute und Parteien mit daran beteiligt haben. Man muß schon den Mut haben, in das Strukturelle das Feste einzubauen.

Parlamentarisches oder Schweizer System? Ich brauche es nicht durchzugehen. Das **parlamentarische System** ist durch die Entwicklung in Weimar, durch die Ereignisse der französischen Regierungskrisen disqualifiziert. Gibt es denn eine Regierungsform, wie naive Menschen oder Staatshandbücher das glauben, die dem Gemäßen entsprechen? Nein, das gibt es nicht, sondern es gibt immer nur Annäherungswerte, um Schwierigeres zu verhindern, zu lindern. Ich für meine Person bin der Meinung, daß wir am parlamentarischen System festhalten sollen, obwohl ich die Einwendungen dagegen kenne, rein aus dem Grunde, weil in dem parlamentarischen System für Regierungen und für Parteien gerade in Deutschland die Erziehungsschule der politischen Verantwortung liegt, die hinweggegeben wird in dem Schweizer System, wenn ich es einmal so nennen soll; die eidgenössische Entwicklung hat ihren eigenen festen Rhythmus begründen können.

Es ist nun gesagt worden, daß das parlamentarische System ein anderes **Wahlrecht** voraussetzt, daß diese Wahlrechtsfrage vorher entschieden werden muß. Nun halte ich dafür, daß wir die Probleme sehr gut und sehr genau untersuchen müssen. Aber man soll nicht das Opfer von Schlagworten werden, die jetzt so laufen, daß das Wahlrechtsproblem isoliert eine politisch-funktionelle Entscheidung herbeiführen könne. Es wird dann so dargestellt, daß die politische Erbweisheit der Engländer sie zum relativen Wahlrecht und dadurch zum Zweiparteiensystem gebracht habe und daß die Amerikaner das von den Engländern gelernt und ihnen dann nachgemacht hätten. So ist das nicht. Das klassische **englische Zweiparteiensystem** ist vor über zweieinhalb Jahrhunderten ganz ohne Wahlrechtsprobleme entstanden aus dem Zwiespalt der aristokratischen gentry, als die einen für das Haus Stuart und die anderen dagegen waren. Und das **Zweiparteiensystem in Amerika** ist geworden, weil die einen für die Stärkung des Bundes und die anderen für die Stärkung oder für die Selbständigkeit der Glieder gewesen sind. Beide sind konservative Völker in diesem Sinne. Ich erinnere an diesen Vorgang nur deshalb, weil es eine etwas zu primitive Vorstellung ist, daß Wahlrechttechnik als solche die politischen Entscheidungen bestimme.

Man soll dann auch mit dem Hinweis auf Frankreich brav zu Hause bleiben. Bei den Franzosen spielt sich das ab, ganz wurst, ob sie einmal das Proportionalwahlrecht oder das andere Mal das Mehrheitswahlrecht gehabt haben. Wenn Sie sich die Geschichte der französischen Republik in den letzten vierzig Jahren vorstellen, so ist zwei- oder dreimal die Technik des Wahlrechts geändert worden, aber die parlamentarische Gesamtsituation als solche ist geblieben. Wir sind uns alle jedenfalls darüber klar, daß wir die **unechten Mehrheiten,** wenn ich sie einmal so nennen darf, oder die destruktiven, wie sie hier genannt worden sind, als Möglichkeit durch das Grundgesetz in ihrer Wirkungskraft begrenzen.

Ob die föderative Gestaltung der **zweiten Kammer** dem Senatstyp, um mich hier auf Formungen des Herrenchiemseer Entwurfs einzulassen, oder dem Bundesratstyp entsprechen wird, auch das ist der Einzeldiskussion, die ich mir bei der Kürze der Zeit ja doch nicht gestatten kann, bedürftig. Es ist gegenüber der Senatsformung nun das berechtigte Gefühl vorhanden: wird sie nicht nur eine verkleinerte Spiegelung dessen sein, was der Bundestag schon darstellt, und wird nicht infolgedessen die Gefahr der Repetition sich ergeben? Ich will jetzt nicht auf die fürsorglichen Meinungen eingehen, daß man diesen armen Senatoren doch nicht den ganzen Apparat beischaffen könnte, den sie vielleicht brauchen, wenn sie für ,,Verordnungen" mit zuständig werden sollen undsofort. Von uns aus gesehen wünschen wir auf der einen Seite, daß nicht eine bürokratische Behörde als solche entsteht, weil ihr das Dynamische fehlt, weil sie das Mitschwingen der demokratischen Verantwortungen entbehrt. Aber auf der anderen Seite glaubt man wohl nicht ohne Grund, das, was an Sachverstand und Erfahrung in den alten Vertretungskörpern vorhanden war, in der Gänze jetzt nicht einfach auf die Seite schieben zu können.

Wir haben in der deutschen Geschichte einen Vorgang als Möglichkeit, der nicht exerziert wurde, nämlich im Jahre 1848/49, wo man sich über diese Dinge auch Gedanken machte. Das hat im Winter 1848/49 in der Spielart gewechselt. Da hat man eine Zeitlang das Staatenhaus entworfen gehabt und in diesem Staatenhaus Vertreter der Landtage, Vertreter der Regierungen. Man hat in der zweiten Lesung sogar einen Reichsrat gemacht, in dem die einzelnen Länder bei der Bundeszentrale mit einem Gesandten vertreten sein sollten. In der dritten Lesung ist dieser sogenannte Reichsrat wieder gefallen. Aber daß die Kombination von Länderregierungsvertretern und Landtagsvertretern an sich gangbar ist und versucht werden könnte, legt sich mir sehr nahe. Das ist nicht rational brav ausgedacht. Aber es kommt ja auch nicht so darauf an, daß die Dinge rational ganz genau ausgemessen sind, wenn in sie eine Chance gelegt wird, daß eine Tradition sich daraus entwickelt, und gerade diese Kombination von Regierungsvertretern und Freigewählten kann vielleicht eine neue Tradition mit schaffen.

Aber falls der **Bundesrat,** um das Wort zu übernehmen, genommen werden sollte, dann müßte er dies an Selbstverständlichkeit haben, daß echte politische Verantwortungen sichtbar mit von denen getragen werden, die dort als Ländervertreter die Entscheidung haben. Dann kommt der zuständige Ausschuß freilich vor eine sehr schwierige Aufgabe, und ich rate den Herren, die da hineingehen, jetzt schon ein sehr schwer auszusprechendes Wort zu üben, damit sie nicht darüber stolpern. Es heißt Inkompatibilität. Das ist sehr schwer auszusprechen.

(Heiterkeit.)

Aber nicht bloß dies. Dahinter steht die Frage, ob und inwieweit Kabinettsmitglieder der einzelnen Länder in die Situation kommen können, die ihnen nicht verwehrt werden kann, auch Mitglieder des Bundestages zu sein. Ich will nur darauf aufmerksam machen, daß hier ein offenes Problem steckt — es ist in der Frage des Aufbaus der Gesetzgebung angedeutet —,

das wir vielleicht auch wieder hereinnehmen könnten, wo Herrenchiemsee mit staatsmännischer Weisheit geschwiegen hat. Nur bin ich nicht so unhöflich zu sagen, daß Herr Kollege Menzel nicht auch staatsmännische Weisheit besäße. Aber er hat das Problem Volksinitiative und **Volksbegehren** angeschnitten. Ich meine: Cave canem, ich warne davor, mit dieser Geschichte die künftige Demokratie zu belasten. Warum denn? In die Weimarer Verfassung ist das Volksbegehren aus einer gewissen Verliebtheit meines Freundes Konrad Hausmann in die Schweiz hineingekommen, weil Württemberg in der Nähe der Schweiz liegt und weil die Schweiz es hat. Das ist von ihm als eine konservative Angelegenheit begriffen worden, wie es ja vielfach in der Schweiz gewirkt hat. Das Volksbegehren, die Volksinitiative, in den übersehbaren Dingen mit einer staatsbürgerlichen Tradition wohltätig, ist in der Zeit der Vermassung und Entwurzelung, in der großräumigen Demokratie die Prämie für jeden Demagogen
(Sehr richtig!)
und die dauernde Erschütterung des mühsamen Ansehens, worum sich die Gesetzgebungskörper, die vom Volk gewählt sind, noch werden bemühen müssen, um es zu gewinnen. Ich möchte also bitten, daß die Leute, die in den Ausschüssen damit zu tun haben werden, diesen Gedanken abstreichen, der in der ersten Weimarer Anlage als Volksentscheid sinnvoll gewesen ist, daß der Reichspräsident eine Entscheidung herbeiführen konnte. Denn damit sollte sich erst — nicht aus den Paragraphen, sondern aus der Geschichtswirklichkeit — ergeben, wer denn eigentlich in diesem Kampf um Verantwortung vor der deutschen Geschichte stärker wurde, der Reichspräsident oder das Reichsparlament. An dieser Stelle wirkt die Weimarer Verfassung fast grotesk, und ich glaube, die Staatsrechtler haben in ihren Vorlesungen zwei bis drei Stunden dazu gebraucht, um klarzumachen, wer und unter welchen Voraussetzungen — Reichsrat, Reichstag, Reichspräsident — in diese Problematik der unmittelbaren Volksgesetzgebung hineinsteigen konnte.

Wir stehen bei dieser Frage deutscher Föderalismus nun auch vor dem Problem, ihn mit einem europäischen Föderalismus im Zusammenhang zu sehen. Manche tun das publizistisch bei uns, auch draußen in der Welt, und fragen, ob dieser Föderalismus in Deutschland Teilproblem eines **europäischen Föderalismus** sei. Ich spreche deshalb davon, weil hier leicht sentimentale Mißverständnisse entstehen. Wir sind stark davon beeindruckt, daß in der französischen Kammer die Regierung jetzt den Vorschlag gemacht hat, einmal das Problem einer europäischen Konföderation aus der rein theoretischen Deklamation herauszunehmen. Wir würden sehr wünschen, daß ein solches Gespräch in Gang kommt, weil damit vielleicht auch das heute vollkommen verwirrte und undurchsichtige staatsrechtliche Problem des Saargebietes eine Entlastung erfahren könnte.
(Sehr richtig!)
Wir sind durchaus bereit, den Gedanken mitzugehen, auf Gegenseitigkeit Teile der deutschen Hoheit in einen größeren Verband der Gesamtverantwortung hineinzugeben. Aber ich warne vor jenen Stimmen, die sagen, daß die „deutsche Konföderation“ das Kernstück einer „europäischen Konföderation“ sein werde. Warum denn? Weil dahinter die Vorstellung steht — nach dem, was wir vorhin davon gehört haben, als davon gesprochen wurde, ist sie ganz gewiß nicht beabsichtigt gewesen —, daß die Einzelstaaten auch bei der Außenpolitik mitzuwirken hätten. Wenn die Deutschen heute schon jubiläumsfröhlich sind, dann könnten sie auch an 1648 denken, als den Deutschen die „teutsche Libertät“ geschenkt worden ist.
(Sehr richtig! — Dr. Schmid (SPD): Nichtsnutzig eine deutsche Libertät, die prahlerisch im Feindeslager steht!)
— Die wollen wir nicht wieder haben. Es ist uns ganz klar, daß die Voraussetzung unserer europäischen Existenz im größeren Verbande die Gesichertheit unserer deutschen staatlichen

Existenz ist, daß nicht ein Teil in Europa operieren kann, sondern nur das Gesamt.
(Sehr richtig!)
Die deutsche föderale Vorstellung unserer Generation ist an die hegemoniale geschichtliche Lösung von 1866, 1870 gebunden. Und dann die Sorge: Soll ein **Hegemonialstaat** wieder kommen, darf er wieder kommen? Preußen ist nicht mehr, und sehr viele Deutsche haben davon innerlich noch nicht recht Kenntnis genommen, obwohl der Kontrollrat es merkwürdigerweise für notwendig gehalten hat, darüber sogar noch ein Gesetzlein herauszugeben, in dem er diesen Geschichtsvorgang feststellte. Wir stehen in einer totalen Verschiebung der Voraussetzungen. Nun gibt es ein paar Länder, die gern ein bißchen das Erbe von Preußen antreten möchten.
(Heiterkeit.)
Sie sollen es lieber nicht tun, denn sie bringen es nicht fertig, da sie keine Staatsgeschichte von irgendwelchem Rang hätten, die ihnen sachlich und geschichtlich diesen großen, diesen zweifelhaften, diesen gefährlichen Geschichtsauftrag zuwenden würde.

Nun haben wir aber in der letzten Woche etwas sehr Merkwürdiges erlebt. Die Militärgouverneure hatten in dem Dokument II den Deutschen eine Chance gegeben mit dem Anerbieten, das Problem der deutschen **regionalen Gestaltung** einmal neu anzusehen. Das war eigentlich ein sehr wichtiger Vorgang. Denn dahinter steckte die Einsicht, daß die relativen Zufälligkeiten der Zonenbegrenzungen für „originäre" Staaten, von denen wir vorhin gehört haben, nicht eigentlich die gegebene Voraussetzung darstellen. Ich muß schon sagen, ich war sehr betrübt, vor ein paar Tagen zu lesen, daß von diesen Ministerpräsidenten der Auftrag — nachdem man vorher noch um Verlängerung des Termins gebeten hat, welche Blamage! — durch die Ranküne des Freiburger Herrn Wohleb mit 6:5 Stimmen in den Abgrund geworfen wurde. Verzeihen Sie, wir sollten ja zu den Herren Ministerpräsidenten, die nicht gerade Auftraggeber für uns, aber doch Briefträger unserer Aufgaben gewesen sind, sehr höflich sein, aber das war ein blamables Versagen gegenüber einer geschichtlichen Aufgabe.
(Lebhafte Zustimmung.)
Wir kommen nicht darum herum, dieses Gefühl auszudrücken.

Nun sagt irgendein Pressereferent von Nordrhein-Westfalen: Man kann nicht daran gehen, die Besatzungsmächte haben das so und nicht so haben wollen; kein Staat darf so oder so groß werden. Derlei kennen wir ausgezeichnet. Wenn man in irgendeiner Geschichte bei uns, in allen Zonen, nicht weiterkommt, sagt man: Die Besatzungsmächte wollen das nicht. Verzeihen Sie, es ist unsere Aufgabe, diese Dinge aus der deutschen Rationalität und Verantwortung durchzudenken und vorzuschlagen, und dann kommt es eben auf die Antwort an, während wir jetzt eine deutsche Aufgabe verschoben sehen doch nur wegen Hausmächtlein,
(Sehr gut!)
die gesichert werden sollen, die einmal parteipolitisch so und das andere Mal so aussehen. Das ist das einzig Versöhnende an dem Vorgang, daß Sünder allzumal auf allen Seiten sitzen.

Uns enthebt das, glaube ich, nicht der Verantwortung, deutlich zu sprechen. Wir können den Auftrag, weil er auf die Seite geschmissen ist, jetzt nicht aus dem Papierkorb herausfischen. Aber wir müssen uns selber doch ein Bild davon machen, ob wir hier nicht einen Geschichtsauftrag haben. Und wenn wir ihn jetzt nicht lösen können, dann müssen wir in die Verfassung, oder was wir so nennen, die Bestimmung hereinbekommen, daß im Laufe, wir wollen einmal sagen, von zwei Jahren diese Dinge noch aus dem Zustand der „originären" Staaten in den Zustand von lebendigen Staaten geführt werden können.
(Sehr richtig!)

Und nun noch einige Bemerkungen zu den **Grundrechtsfragen.** Da ist das Problem erörtert

worden, ob die Grundrechte deklaratorischen Charakter besitzen oder den Charakter der Rechtsverbindlichkeit, der Rechtsvorschrift, des Rechtsanspruches. Auch hier eine kleine geschichtliche Erinnerung. 1918/19 wollte Hugo Preuß keine Grundrechte. Ebert hat ihm gesagt, sie müssen herein. Preuß stammte, wenn Sie so wollen, aus der Bismarckschen Tradition. Und dann kam Friedrich Naumann mit seinem Entwurf sogenannter volksverständlicher Grundrechte, der aus der Empfindung entstand: der Katalog der klassischen Grundrechte reicht nicht für die neue sozialwirtschaftliche, seelische Gesamtstruktur. Seine Grundrechte hatten wesentlich die moralische Aufgabe der Integration dieses neuen Staates im Volksbewußtsein. Dann sind aber die Juristen darüber gekommen, und da passiert meist ein Unglück.
(Heiterkeit.)
Natürlich passiert auch etwas Gutes dabei. Aber auf jeden Fall ist eine Deformation dieser Grundidee entstanden, und die Systematik der Weimarer Grundrechte ist auf diese Weise zerbrochen. Was haben wir jetzt dazu zu sagen?

Wir müssen uns einen Augenblick über das Problem des Staates in diesen Dingen noch unterhalten. Haben Sie keine Sorge, ich will jetzt keine große Staatstheorie vortragen. Aber soviel will ich sagen: Jeder Staat, auch der demokratische Staat, ruht auf Befehlsgewalt und Gehorsamsanspruch, und der demokratische Staat hat darin sein Wesenhaftes, daß er einen Herrschaftsauftrag auf Frist, also auch kündbar, enthält.

Wenn wir nun die Grundrechte ansehen und das Problem, das auch Kollege Schmid miterwähnt hat, untersuchen wollen, nämlich Recht — Macht, so hat Jacob Burckhardt gern das Wort des katholischen Sozialdenkers von Lassaulx zitiert, daß „die Macht an sich böse“ sei. Ich will das einmal offenlassen. Was die Grundrechte betrifft, so sind sie ein Stück des Staates; aber sie sind gleichzeitig Mißtrauensaktionen gegen den Mißbrauch der staatlichen Macht. Da muß ich nun ein Wort sagen, mit dem ich vielleicht dem einen oder anderen weh tue.

Als ich diese **Grundrechte** von **Herrenchiemsee** in dem Entwurf las, da fangen diese mit einem Satz an, der so heißt: Der Staat ist um des Menschen willen da, nicht der Mensch um des Staates willen. Ich nehme an, daß der Verfasser sehr stolz darauf ist, diesen Satz geformt zu haben, und war betrübt, in den Zeitungen zu lesen, daß die Versammlung in Herrenchiemsee begeistert war, eine solche Präambel zu bekommen. Meine Herren, was für ein Deutsch! Der Staat ist ... da ...! Was ist denn das nun? Eine deklamatorische Sentenz oder ein einklagbares Recht, ist das ein Rechtssatz oder was eigentlich? Verzeihen Sie, wenn ich etwas grob bin. In diesem Satz steckt eine heimliche Polemik gegen den schief verstandenen, vor 117 Jahren verstorbenen Hegel drin. Und weil man gegen diesen Hegel, der wehrlos ist, irgendeine Polemik unterbringen muß, wird sie zu den banalsten Dingen, die wir der Welt nachreden, daß der Hegel unser Staatsdenken versaut hätte.

Bitte, wie sind denn die Dinge? Wir dürfen, wenn wir ein Staatsgrundgesetz machen, nicht damit beginnen, die innere Würde des Staates zu kränken, indem wir ihn nur als eine subsidiäre Angelegenheit für den Menschen — wer ist denn der Mensch? — unterbringen wollen. Weil wir erlebt haben, daß Staatssinn und Menschentum in der Zeit, wo der Hitler die Geschichten bestimmt hat, als Gegensätze behandelt und empfunden wurden, wo der Staat ein Ruinierer des Menschentums wurde, deshalb dürfen wir meiner Meinung nach nun nicht mit einer so negativen Deklaration beginnen. Der Staat ist nicht nur eine Apparatur, sondern er ist auch ein Träger eingeborener Würde, und als Träger der ordnenden Gemeinschaft ist er für den Menschen und ist der Mensch für ihn keine Abstraktion. Streichen sie diese banale Staatsphilosophie weg und gehen Sie dorthin, wo man praktisch auch Rechtsverbindlichkeiten machen kann.

Und dann noch zu dem Katalog: Verzicht auf den Gedanken der **sozialwirtschaftlichen**

Ordnung. Damit bin ich sehr einverstanden. Die Landtage haben zum Teil die Vermessenheit oder den Mut besessen, in ihre Verfassungen hineinzuschreiben, wie die sozialwirtschaftliche Struktur der kommenden Zeit sein wird. Sie wird nicht so sein, wie sie in den Paragraphen drinsteht. Es ist leichtfertig, es ist hoffärtig, es ist ich weiß nicht was, zu glauben, daß aus der gegenwärtigen undurchsichtigen Situation überhaupt ein Mensch sagen könne: s o wird die sozialwirtschaftliche Struktur der kommenden Zeit sein. Das schaffen wir nicht. Wir bengügen uns, in diesen Dingen die Bundeskompetenz auszusprechen.

Aber wir stehen vor einer anderen, sehr ernsten Überlegung, wenn wir an den Grundrechtekatalog kommen. Das Problem ist schon angedeutet —, nämlich, ob wir ganz darum herumkommen, von den **Kulturfragen** etwas zu sagen. Haben Sie keine Sorge, ich werde keine Schulartikel für die Grundrechte jetzt vorschlagen wollen, weil ich etwas zu sehr erlebt habe, was dabei nach Weimar herausgekommen ist. Denn dort hatte man 1919 das berühmte „Schulkompromiß" fertiggebracht. Nachher hatte sich die Mehrheit geändert. Als man später dieses Schulkompromiß in ein Gesetz übertragen wollte, haben sich fast alle Partner in der Erinnerung 1918/19 etwas anderes unter den Formeln gedacht gehabt. Und aus dieser verschiedenen Interpretation eines Geschichtsvorganges ist die Sache in die Lähmung geraten.

Aber, meine Damen und Herren, das Problem hat heute einen viel, viel ernsteren Akzent bekommen als es im Jahre 1918/19 hatte, wo man den Versuch meinethalben als eine Liebhaberei von zentralistischen Schulmeistern ansehen konnte. Heute ist die Sache aus zwei Gründen in eine ganze andere Ebene gehoben. Wir haben nämlich praktisch im Laufe der letzten drei Jahre schon etwas erlebt wie das Auseinandergleiten, Auseinanderleben des deutschen geistigen Seins. Ohne daß der einzelne es weiß oder wahr haben will, wirkt die Auffassung der Besatzungsmacht in diese Dinge mit herein. Sie haben ihre Auffassungen, sie haben die Meinung, ihre Auffassung sei die bessere. Wir müßten uns ja selber immer überprüfen: Fangen wir an, geistig amerikanisch oder französisch zu reden? Als ich vor zwei Jahren einmal in Berlin gewesen bin — ich war damals in Württemberg-Baden Kultusminister —, da habe ich mit einem der leitenden Herren der Zentralverwaltung in Berlin über die Schulprogrammatik in der Ostzone gesprochen, mit einem Herrn, den ich von vielen Jahren her aus gemeinsamem Antinazitum kannte. Bei dieser Unterhaltung merkte ich auf einmal, wir sprechen ja verschiedene Sprachen; denn den interessierte nur der Schulaufbau unter dem Gesichtspunkt der zweckhaften Verwendungsfähigkeit der Kinder, die dort sind. Die wurden als Rohstoff für diesen Beruf, für dieses Fach, für diese Ausbildung begriffen. Da ich selber ein altmodischer Mensch bin, habe ich die Meinung gehabt, die Schulerziehung sei dazu vorhanden, die jungen Menschen zu Menschen zu erziehen und ein gemeinverbindliches **deutsches Bildungsideal** in ihnen lebendig zu halten. Das ist heute bereits auf dem Weg, für uns kaputt zu gehen. Wir haben hier Englisch, hier Französisch, dort Russisch als Grundsprache. Wir verlieren vielleicht im Augenblick die Voraussetzungen, Latein als grundständig zu nehmen. Geht diesen Saal die Frage der humanistischen Bildung etwas an? Meine Herren, das geht uns sehr viel an. Denn wir stehen vor der Frage, eine deutsche Zusammenarbeit zu formen, die uns noch oder wieder in die Lage setzt, das geistige Gespräch mit der Welt gemeinsam von Deutschland aus zu führen. Die Welt wartet mit darauf, und in der Welt selber sind in diesen Dingen Kräfte der humanistischen Besinnung unterwegs, die bei uns schier verloren gingen.

Und ein zweites! Wir haben die Schulfragen in den Länderverfassungen geregelt. In unserer Verfassung steht wohl als einziger das **Elternrecht** nicht. Verzeihen Sie, ich bin fast stolz darauf, daß es nicht darin steht. Nicht, als ob ich von den Eltern und ihrem Recht gering denke. Aber die Situation der Schulpolitik hat sich vollkommen einfach durch folgenden Vorgang verschoben, daß mit der großen Flüchtlingsinfiltration das alte „cujus regio, ejus religio" in den letzten zwei, drei Jahren überschwemmt ist. Sie haben überall konfessionelle Minderheiten. Es soll niemand die Meinung haben, daß ich von der Kraft und der Notwendigkeit der religiösen, auch der konfessionellen Unterweisung irgendwie gering denke. Ich denke sehr hoch davon. Aber ich sehe die Gefahr, daß wir nun überall konfessionelle **Minderheits-Zwergschulen** bekommen. Das wäre erträglich, wenn nicht dahinter folgendes stünde. Da sind die Kinder dann nicht katholische oder evangelische Minderheit, sondern sie gehen in ihre Zwergschule als Sudetenleute, als Schlesier, als Ungarländer. Was heißt das? Das heißt, daß diese Generation nicht um ihres Glaubens willen, sondern um ihrer Herkunft willen in diesem und jenem Dorf die Kinder isoliert, wo es das größte nationalpolitische Anliegen ist, das Zusammenwachsen dieser Altersklassen nicht zu erschweren. Ich bitte Sie, diesen Gedanken, der mir sehr am Herzen liegt, nicht als eine Schwierigkeitenmacherei ansehen zu wollen. Wir dürfen diesem Problem nicht ausweichen.

Ich sehe, ich habe mein Versprechen von der Dreiviertelstundenrede schon überschritten. Es wäre natürlich manches zu dem Problem des **Besatzungsstatuts**, der auswärtigen Politik zu sagen. Manchmal habe ich das Gefühl, daß hier Leute in Illusionen leben. Wissen Sie, so sehr viele von den früheren Angehörigen des Auswärtigen Amtes, die glücklich als Mitläufer herausgekommen sind, stehen jetzt schon wieder an, um diese oder jene Position draußen auf Grund ihrer Kenntnisse und Erfahrungen zu erhalten. Schön, gut und brav! Man soll sich doch über die Enge der Möglichkeiten nicht täuschen. Was wir in der Auseinandersetzung mit den Mächten in dem Besatzungsstatut brauchen, ist, daß diese Geschichte in dem ersten Entwurf — die die Einklammerung des deutschen Atems in die Bürokratie der fremden Mächte bedeutete — wegfällt, und zwar nicht bloß um unseretwillen, sondern um des Begreifens der anderen willen, daß die Wirtschaftsbürokratisierung der Welt auch von den anderen her für sie selber eine gefährliche Geschichte wird. Was wir brauchen, ist, daß wir Deutsche wieder draußen Konsuln haben können, daß eine Gesamtvertretung auf diesen nüchternen, aber sehr notwendigen Gebieten wieder möglich ist, aber freilich dann auch nicht bloß im Wirtschaftlichen, sondern vielleicht auch im Geistigen. Einstweilen ist es den fremden Mächten nach meiner Meinung noch nicht recht gelungen, uns zu zeigen, daß sie ihrerseits uns einen neuen Stil des politischen überstaatlichen, übernationalen Lebens vorleben konnten, der für uns etwas Vorbildhaftes werden konnte. Aber immerhin verfolgen wir mit Interesse, ja, nicht bloß mit Interesse, sondern mit dem Wissen, daß unser Schicksal daran gebunden ist, daß diese Formen eines überstaatlichen, eines Gemeinschaftslebens möglich werden.

Die Deutschen müssen hier auch wieder geistig mit ins Spiel kommen. Wir sind als Nation und als einzelne ärmer geworden in der Zeit, da der Hitler uns von der Welt abschloß und buchstabierte: deutsch, deutscher, am deutschesten, und nur die Deutschen die Spitze hielten. Wir sind ärmer geworden, wir sind arm geworden. Aber auch die Welt würde ohne den **deutschen Beitrag** ärmer sein. Das ist nicht so zu verstehen, als ob wir aus der Mottenkiste des neunzehnten Jahrhunderts den unglücklichen Spruch des biederen Geibel herausholen wollten, daß an dem deutschen Wesen die Welt genesen solle. Mit derartigem Arznei-Angebot haben wir wenig Glück gehabt. Das hat nie gestimmt. Wir wollen uns nicht in solche Hybris hineinsteigern. Aber wir wollen auch genügend Selbstgefühl und geschichtliches Wissen besitzen, daß die Welt auch von uns noch manches zu erwarten hat. Vor zwei Jahren waren bei mir in Stuttgart Amerikaner, eine amtliche Kommission von bedeutenden, wesentlichen Menschen, die ausgesucht waren, um das deutsche Bildungswesen zu studieren, um einen Eindruck zu gewinnen. Die haben dann einen Bericht darüber gemacht. In diesem amtlichen Bericht — ein Jahr nach Kriegsende — stand zu Anfang drin, daß neben den Griechen und den Römern die Deutschen von ihren Gaben an die Welt am meisten befruchtend verschwendet hätten. Ich muß sagen, es hat mich damals stark beeindruckt, daß in einem amtlichen Dokument ein solches Wort gesprochen war.

Das hieß aber doch gleichzeitig für uns soviel, daß in dieser möglichen Beurteilung der Deutschen auch eine Verpflichtung liegt. Sie liegt für uns auch in der Aufgabenstellung, vor der wir hier stehen. Wir wollen etwas schaffen, damit das deutsche Volk in Ordnung und Freiheit leben kann. Unsere Arbeit bekommt ihre Legitimation nicht aus dem Dokument II und nicht aus dem Auftrag der Ministerpräsidenten, sondern bekommt ihre geschichtliche Legitimation aus der Leistung, die wir fertigbringen. Ich glaube, daß, wenn wir etwas fertigbringen, wir auch einen Beitrag — das klingt pathetisch — für das Weltenschicksal geben. Denn die deutsche Situation ist heute und sie wird immer ein Kernproblem der Welt, vorab der europäischen Dinge bleiben.

(Beifall.)

IV. Aus der 4. Sitzung des Parlamentarischen Rates vom 15. September 1948

1. *Verlesung der Entschließung des Parlamentarischen Rates zu den Urteilen des russischen Militärgerichts in Berlin und zur Lage in der Ostzone durch* **Präsident Dr. Adenauer**

PRÄSIDENT Dr. ADENAUER: *(...)* Ich komme zur Verlesung der **Entschließung** der Fraktionen dieses Hauses, mit Ausnahme der kommunistischen Fraktion:

Der Parlamentarische Rat hat den Auftrag, dem deutschen Volke ein **Grundgesetz** zu schaffen, in dem die Gedanken der **Freiheit** und der **Gerechtigkeit** wieder ihren gemäßen Ausdruck finden sollen. Der Parlamentarische Rat fühlt sich innerlich berechtigt und dazu berufen, auch schon bevor er sein eigentliches Werk hat vollziehen können, in den Lebensfragen des deutschen Volkes seine Stimme zu erheben, da er das einzige Organ ist, das Recht und Beruf hat, in Freiheit für das gesamte deutsche Volk zu sprechen.

Zu einer Zeit, da wir im Westen die Grundlagen einer neuen demokratischen und rechtsstaatlichen Ordnung schaffen, werden in **Berlin und** in der **Ostzone** dem Volke die **elementarsten Lebensrechte verweigert.** Die Diktatur, die mit dem Siege der alliierten Mächte endgültig gestürzt schien, erschien unter neuen Zeichen. Mit Bestürzung hat das deutsche Volk vernommen, daß ein **russisches Militärgericht** fünf Teilnehmer an der **Freiheitsdemonstration der Berliner Bevölkerung** je zu 25 Jahren Zwangsarbeit verurteilt hat. Weiteren droht dasselbe Schicksal. Ganz offensichtlich haben diese Urteile den einzigen Zweck, durch in Rechtsform gekleideten Terror das Berliner Volk in Furcht und Schrecken zu setzen, um seinen Widerstand zu lähmen. Diese Maßnahme ist nur ein Glied in der langen Kette planvoll erdachter und unbarmherzig durchgeführter Unterdrückungshandlungen.

Wir wissen, daß alle diese Maßnahmen gegenüber dem Freiheitswillen des deutschen Volkes im Osten und in Berlin zuschanden werden müssen. Wir würden aber unsere Menschenpflicht versäumen, wenn wir nicht im Angesicht der ganzen Welt darauf hinwiesen, daß in einem Teile Deutschlands keine der **vier Freiheiten,** um derentwillen der Krieg geführt wurde, ihre Stätte hat. Besonders die Freiheit vor Furcht, ohne die eine Demokratie undenkbar ist, wird dort der Gesamtheit und dem Einzelnen vorenthalten. Die Menschheit möge erkennen, daß der Kampf, der heute im Osten Deutschlands geführt wird, ein Kampf für alle Menschen ist und daß in ihm das Volk von Berlin und Ostdeutschland für die ganze Menschheit stellvertretend steht, für die ein Leben ohne Freiheit kein Leben ist.

Der Parlamentarische Rat bringt seine **unlösbare und unerschütterliche Verbundenheit mit der Bevölkerung Berlins und** dem gesamten deutschen **Osten** und mit ihrer beispielhaften tapferen Haltung zum Ausdruck. Dem deutschen Volke in Berlin und in der Ostzone rufen wir zu: Kämpft diesen Menschheitskampf für Freiheit und Recht so unerschrocken weiter, wie ihr ihn bisher geführt habt! Die Welt wird es euch danken.

(Lebhafter Beifall.)

2. *Aussprache über die genannte Entschließung*

2.1. **Dr. Pfeiffer (CSU)**

Dr. PFEIFFER (CSU): Hohes Haus! Wir alle haben in den letzten Monaten, manchmal in atemloser Spannung, die Entwicklung der Dinge in der **Ostzone** und insbesondere in **Berlin** verfolgt. In den letzten Tagen hat nun die Entwicklung eine geradezu dramatische Steigerung erfahren, und wohl selten ist der Rundfunkapparat so viel aufgedreht worden wie in den allerletzten Tagen. Wohin man kam, hörte man die Menschen von dem sprechen, was in Berlin in diesen Tagen vor sich geht. Überall waren Stimmen lebendigsten Mitgefühls zu hören, aber auch die Stimme des Stolzes darauf, wie tapfer unsere Brüder im Osten ihr Schicksal tragen und wie sie Vorposten sind für den Gedanken des Rechts und der politischen Freiheit.
(Bravo!)

Wir alle, die wir hier versammelt sind, um ein Grundgesetz für einen staatlichen Aufbau zu schaffen, haben uns geistig auf diese Aufgabe vorbereitet. Das ist auch in der Aussprache der letzten Woche zum Ausdruck gekommen. Wir haben uns innerlich darauf vorbereitet, indem wir uns aufs tiefste in das hineinversenkt haben, was der Begriff eines **Rechtsstaates,** was insbesondere **Grundrechte** und **Menschenrechte** in unserer Zeit bedeuten. Wir haben in den letzten 15 Jahren eine schwere Schule durchschritten und wissen alle das Gut eines Rechtsstaates aufs höchste zu schätzen. Noch mehr aber haben wir aus unseren eigenen Schicksalen — es ist eine ganze Reihe von Mitgliedern in diesem Hohen Haus, die selbst im Gefängnis oder im KZ gesessen sind und in Verteidigung der Freiheit des Gewissens Opfer gebracht haben — in diesen 15 Jahren gelernt, daß die Menschenrechte, die Grundrechte, daß die politische Freiheit, die Freiheit der Überzeugung die höchsten unserer menschlichen Güter sind. Wie könnten wir, die wir mitleben und mitempfinden, was unsere Freunde in Berlin und in der Ostzone durchzustehen haben, schweigen und nicht Bekenntnis und Zeugnis für die Zusammengehörigkeit des ganzen deutschen Volkes ablegen?

Wir wollen ein Grundgesetz schaffen, das der Vorläufer einer künftigen Verfassung sein soll. Wir wollen einer Verfassung den Weg bereiten, welche in unserem deutschen Volke in höchsten Ehren stehen soll. Die Treue und das Bekenntnis zu ihr soll die höchste unserer Bürgertugenden sein. Wenn wir eine Verfassung schaffen wollen, die Bekennermut zu ihr als dem großen Gesetz unseres staatlichen Lebens fordert, dann müssen auch wir selber, mag die Aufgabe des Parlamentarischen Rates auch enger umrissen sein, Bekenntnismut haben zu unseren Brüdern im Osten, in Berlin. Denn was heute im Osten, was in Berlin geschieht, macht unsere Berliner Freunde und unsere Freunde im Osten zu Bekennern der Gedanken, die wir in unserem Grundgesetz und in der künftigen Verfassung niederlegen wollen. Darum neigen wir uns in Achtung und Ehrfurcht vor diesen unseren Freunden, die auf Vorposten für die großen Güter der Menschheit, den Rechtsstaat und die Grundrechte, kämpfen. Wenn gerade ich, der ich aus dem Südosten komme, aus einem Lande, wo man sich manchmal scherzhaft mit den Berlinern auseinandersetzt und wo manches Histörchen umläuft, das ausspreche, dann wollen Sie daraus ersehen, welch völlige Einmütigkeit uns alle erfüllt. Diese Einmütigkeit geht über alle Unterschiede der Zonen und Parteien hinweg und läßt uns stolz sein auf die Brüder im Osten, die einen so heldenhaften Kampf um Recht und Freiheit führen. So entspricht die Entschließung, die der Herr Präsident soeben vorgetragen hat, nicht nur einer Vereinbarung der Fraktionen, sondern sie ist das geformte Bekenntnis von Empfindungen des Stolzes, von Empfindungen der Treue, die uns alle miteinander erfüllen.
(Lebhafter Beifall.)

2.2. Dr. Schmid (SPD)

Dr. SCHMID (SPD): Meine Damen und Herren! Gestern erreichte uns die Schreckensnachricht, daß ein **russisches Militärgericht in Berlin** fünf junge Deutsche im Alter von 16 bis 25 Jahren zu je 25 Jahren Zwangsarbeit verurteilt hat. 25 Jahre Zwangsarbeit bedeutet Deportation nach Sibirien, und Deportation nach Sibirien, meine Damen und Herren, bedeutet Mord. Und wenige Tage vorher hat die Polizei des sowjetischen Sektors in Berlin — die Polizei jenes Ritterkreuzträgers Markgraf — auf das Volk von Berlin geschossen. Diese Urteile und diese Schüsse haben Vorläufer: nicht nur in den Urteilen der Sondergerichte und des Volksgerichtshofs der nazistischen Terrorherrschaft, sondern auch in den Urteilen der Kriegsgerichte, deren Gerichtsherr vor 100 Jahren der preußische Kartätschenprinz war, in den Galeerenedikten der Bourbonen in Neapel gegen die Gefährten Garibaldis und Mazzinis, in den administrativen Verbannungsdekreten der Polizei des Zaren und in den Schüssen auf die Demonstranten des Januar 1905 auf dem Platz vor dem Winterpalais in St. Petersburg. Der Zweck war immer der gleiche. Diese Maßnahmen sollten den **Freiheitswillen** der **unterdrückten Völker** lähmen und die Mutigen schrecken, diesem Freiheitswillen Ausdruck zu verleihen. Dies hat zu allen Zeiten zur Technik der Gewaltherrschaft gehört.

Wir würden, meine Damen und Herren, unsere Pflicht versäumen, wenn wir zu diesen Dingen schwiegen. Hier ist es nicht genug, mit zu leiden; hier gilt es, sich am Kampfe zu beteiligen und das seinige zu tun, daß er siegreich zu Ende geführt wird.
(Sehr gut! bei der SPD.)
Niemand kann frei sein, wenn nicht alle frei sind! Darum haben an den Freiheitskämpfen eines Volkes immer auch die freiheitliebenden Menschen aller Völker teilgenommen — ohne zu fragen, ob sie dazu durch irgendwelche Texte ermächtigt sind. Auf der Herzseite der Menschheit gibt es keine Kompetenzprobleme! Wir sind kein allgemeines Parlament, das ist wahr. Wir sind aber die einzige Stelle in Deutschland, deren Abgeordnete für eine **gesamtdeutsche Aufgabe** gewählt worden sind, zwar nur mit den Stimmen der Deutschen, die ihre Stimme in Freiheit abgeben konnten, aber dazuhin legitimiert durch die Zustimmung der überwältigenden Mehrheit der Deutschen in Berlin und der Ostzone.
(Löbe (SPD): Sehr richtig!)
Wenn ein solches Gremium angesichts der Ungeheuerlichkeiten dieser Tage schwiege und sich auf sein technisches Aufgabengebiet beschränkte, würde es mit Recht von den Deutschen mitsamt seinem Werke verworfen werden!
(Sehr gut! bei der SPD.)
Denn woher bekommt ein Gesetz, das die Lebensordnung eines Volkes aufstellt, seine innere Legitimität, wenn nicht davon, daß jene, die es schaffen, je und je beweisen, daß sie bereit sind, den Werten, auf denen diese Lebensordnung ruhen soll, überall Geltung zu verschaffen?
(Bravo!)
Wenn Gewalt sie gefährdet und zerbricht — sei es, wo es wolle —, gilt es, aufzustehen und die Menschen aufzurufen — seien sie, wo auch immer sie wollen —, Front zu machen und dem Übel zu widerstehen.

Man hat uns die Kompetenz dafür bestritten. Man hat uns gesagt, wir hätten keine andere Aufgabe als die, das Grundgesetz zu beraten und zu beschließen. Aus diesem Zirkel herauszutreten, sei uns verwehrt. Nun, wenn wir ein Grundgesetz machen sollen, das nicht nur ein Stück Literatur sein soll, dann müssen wir die Möglichkeit haben, über die Wirklichkeit zu reden, in die hinein wir das Grundgesetz bauen sollen.
(Sehr gut! bei der SPD.)

Ein solches Verhalten — in dieser Zeit und innerhalb der Umstände, unter denen Europa heute zu leben hat — mag gewiß zu den Schwierigkeiten, unter denen gewisse Verhandlungen leiden, noch eine weitere hinzufügen. Wir verstehen, daß jene, die für das Gelingen dieser Verhandlungen verantwortlich sind, über unseren Schritt vielleicht ungehalten sein werden. Wir meinen aber, daß wir dem Frieden einen besseren Dienst erweisen, wenn wir **Verbrechen gegen die Freiheit der Menschen,** die bei uns verübt werden, anklagen, als wenn wir es dem Vogel Strauß gleichtun. 1938 und 1939 hat man es dem Vogel Strauß gleichgetan. Die Folgen waren: immer ruchlosere Unterdrückung freier Völker und ein Weltkrieg. Das hätte vermieden werden können, wenn man damals, statt opportunistisch zu schweigen, die Gefahr laut in die Welt hinausgerufen hätte. Man muß es manchmal laut sagen, daß die Drei Gewaltigen vor der Türe stehen.

Das Ereignis, das uns hier zusammengerufen hat, ist nur ein Glied in einer langen Kette von Schändungen der Freiheit und von Verbrechen gegen die Menschlichkeit. Seit drei Jahren sind Tausende von Menschen in Berlin und in der Ostzone verschwunden. Niemand weiß, was ihnen vorgeworfen wird, es sei denn, daß sie sich nicht entschließen konnten, auf ein Leben in der Freiheit zu verzichten. Tausende sind in die alten Konzentrationslager geworfen worden, die nun statt des Hakenkreuzes ein anderes Zeichen tragen. Tausende sind mit unbekanntem Ziele deportiert worden. Von Hunderten weiß man, daß sie verdorben und gestorben sind, darunter Kinder.

In der **Ostzone** hindert ein **allgemeiner Terror** und das dichte Netz einer Partei, die sich zum billigen Werkzeug einer politischen Polizei hat machen lassen, die Bevölkerung an wirksamer Verteidigung. Jenen, die sich nicht unterwerfen wollen, bleibt nur die Flucht. In **Berlin** aber, wo, bisher wenigstens, eine Viermächteverwaltung es der Masse der Bürger erlaubt, ihren Willen zu äußern, hat das Volk gezeigt, daß die Deutschen bereit und fähig sind, für die Freiheit zu kämpfen, zu kämpfen unter schwersten Opfern, waffenlos, ganz auf sich selbst gestellt und ohne das anfeuernde Pathos eines Bastillesturms. Es gehört schon etwas dazu, wenn die Leute aus dem Ostsektor vor den Reichstag ziehen und dort mit ihren Brüdern aus den anderen Sektoren zu Hunderttausenden demonstrieren, um der Gewaltherrschaft Kampf anzusagen und an das Gewissen der freien Welt zu appellieren. Und es ist schon ein blutiger Hohn, daß eine Polizei, die Leuten untersteht, die früher — ehe sie an der Macht waren — nicht genug über das Blutregiment der Polizei der Republik von Weimar donnern konnten, heute nicht nur mit Knüppeln auf wehrlose Menschen losdrischt, sondern auch mit Karabinern in die heimwärts flutende Menge schießt, dabei Menschen verletzt und einen 15 1/2jährigen Knaben ermordet, der sich schützend vor eine angegriffene Krankenschwester gestellt hatte.

Aber die Urheber dieser Greuel haben die Rechnung ohne das deutsche Volk gemacht. Dieses Volk weiß jetzt nach zwölf Jahren Unterdrückung durch den Hitler-Terror, was es heißt, die **Freiheit** zu verlieren. Es weiß, daß ein Leben ohne Freiheit sich zu leben nicht verlohnt und daß es besser ist, für die Freiheit kämpfend unterzugehen, als den Nacken unter die Schande und die Schmach politischer Polizeien und des Machtapparates totalitärer Parteien zu beugen.

In Berlin geben die Deutschen heute der Welt Gelegenheit, sich von ihrer demokratischen Entschlossenheit zu überzeugen. Wer so kämpft, wie die Berliner, beweist, daß **Demokratie** ihm nicht Lippenbekenntnis, sondern Lebenselement ist. Wir im Westen aber sollten den Berlinern nicht nachstehen; wir müssen so demokratisch sein wie sie, das heißt, so bereit wie sie, jedes Opfer für die Freiheit und das Recht der Selbstbestimmung zu bringen, das sie gebracht haben. Wir müssen darüber hinaus ihnen jede Hilfe bringen, deren sie bedürfen, materielle Hilfe im allerweitesten Sinne des Wortes, und möge sie auch noch so große Opfer kosten; vor allem aber die moralische Hilfe, die das Bewußtsein verleiht, daß man im Kampf um ein hohes

Gut nicht allein steht und daß die Freunde der Freiheit in der ganzen Welt den Ruf jener hören, die für sie auf die Barrikaden gestiegen sind. Wir müssen endlich überall in der Welt begreifen, worum es geht. N o c h ist es Zeit!
(Lebhafter Beifall.)

2.3. **Dr. Heuss (FDP)**

Dr. HEUSS (FDP): Meine Damen und Herren! Es wird einmal in der Distanz der Zeit irgendein Balladendichter das, was wir in diesen Monaten erlebt haben und erleben, zu formen verstehen, jene sehr merkwürdige Begegnung der Dämonie der Technik, die vernichtet, mit der Hilfskraft der Technik, die retten kann. Aber eine solche ästhetisch-historische Betrachtung dessen, was wir erleben, steht uns nicht an, die wir selber in diese Gegenwart gestellt sind und nun überfallen werden, eh und je, von dem Schmerz, von der Angst für das Schicksal derjenigen unter den vielen, die wir kennen.

Und so ist es ganz natürlich — das andere wäre unnatürlich —, daß gerade die Alarmnachrichten dieser letzten Tage an unsere Seele rührten, und zwar so, daß uns die politische Frage dabei ganz gleichgültig ist, nämlich jene politische Frage der abtastenden Klugheit, die etwa in den Worten des Herrn Paul einen vorsichtigen Ausdruck suchte, daß unser Wort hier eine Störung werden könne, die wir doch nicht verantworten könnten, eine Störung zwischen den Bemühungen der Besatzungsmächte, über **Berlin** zu einem Verträgnis zu kommen. Wenn wir den Mund zu dem aufmachen, was dort geschehen ist, so versündigten wir uns an den Berlinern. Herr Paul wird es uns nachher gleich näher erzählen.

So ist es nicht. In der Erklärung, die der Herr Präsident soeben vorgetragen hat, steht ein kleines, scheinbar nebensächliches Wort, aber vielleicht das entscheidende in einem doppelten Sinne. Es ist darin davon die Rede, daß das, was in Berlin geschieht, was dort gelitten und gekämpft wird, „stellvertretend" sei. Das stellvertretende Opfer einer Massenbevölkerung ist ein unerhörter geschichtlicher Vorgang, dessen Zeugen wir in Bewunderung sind.

Sehr merkwürdig ist die Nebenwirkung, die auch schon durch die Worte des Kollegen Dr. Pfeiffer durchgeklungen ist, und es war sehr schön, daß diese Worte von Bayern kamen: Dieses Berlin hat sich in den letzten Wochen in die Seelen der Deutschen hineingekämpft und hat sie gewonnen. Das wollen wir bei all dem Leid, das die Bevölkerung dort erlebt, doch auch als ein geschichtliches Plus im Hinblick auf unsere Aufgabe hier ansehen. Denn im deutschen Westen und Südwesten war es eine Zeitlang Mode, von dieser Stadt gering zu reden. Sie ist an die Grenze gerückt. Sie ist ein neues Babel, und was man sonst noch gesprochen haben mag. Heute spüren im Respekt auch jene, die sich nicht gern daran erinnern, was sie ehedem von Berlin gesprochen haben, was diese Stadt im deutschen Schicksal bedeutet hat und immer bedeuten wird.

Um was es sich bei der Auseinandersetzung handelt, ist ja nicht bloß Berlin. Vielleicht könnten die Berliner manchmal der Meinung sein, man sollte nicht zuviel von ihnen reden. Man vergißt dabei vielleicht zu sehr, was in anderen Städten, Orten, Gemeinden, Dörfern, Weilern im Osten sonst geschieht. Aber es ist nicht nur ein geographisch umschriebenes Stück deutschen Schicksals, was wir vor uns sehen, sondern hier steht **Deutschland** stellvertretend. Deshalb ist unsere Reaktion nicht nur eine deutsche Reaktion. Hier wächst das primitive Problem auf vom **Menschenrecht.** Ich sage: primitiv; denn wir müssen die Sache zunächst rein gefühlsmäßig sehen. Es wird unerträglich, daß Menschen, deutsche Menschen, zum Rohstoff der Gewaltmethoden und des Machtkampfes der anderen geworden sind und weiter bleiben sollen.

Man hat davon gesprochen, unsere Unterhaltung an diesem Nachmittag, unsere Stellungnahme, unser Ruf an den Osten möchten als taktisch nicht ganz klug erscheinen; wir seien hierher gekommen, wir setzten uns in Ausschüssen zusammen, um Paragraphen zu machen. Aber was hat das ganze Paragraphengespinst für einen Sinn, wenn es nicht mit dem verbunden bleibt, was wir erleben? Deshalb auch in der Erklärung das Wort: Es ist nicht bloß eine deutsche, nicht bloß eine Berliner, sondern es ist eine **Menschheitsfrage.** Das Wort klingt pathetisch; aber denen, die den Weg, den wir heute gehen, mit Mißbehagen ansehen, die raten: „Bleiben wir doch in dem Paragraphengehege; wir haben keine Politik zu betreiben!“, erklären wir: allein die Tatsache, daß wir hier sind, ist ein Stück Politik. Wir sind hier das Stück Deutschland, das sprechen kann. Und wir sagen den andern: tua res agitur! Es handelt sich nicht nur um uns, sondern darum, ob hinter all den Bekundungen und Bekenntnissen, mit denen wir überschüttet worden sind, auch die Bereitschaft steht, das ernst zu nehmen, was w i r ernst nehmen und was, wenn die Welt es nicht ernst nimmt, den Zusammenbruch der humanen, der abendländischen, der uns gemeinsamen Gesinnung überhaupt bedeutet.
(Sehr wahr!)
Wir haben den seelischen Zusammenhang noch nicht; wir kämpfen um ihn. Wir geben selber unseren Beitrag. Mag die Welt an dem mäkeln, was wir reden, wir werden uns dadurch nicht stören lassen. Aber die Welt soll dann selber spüren, die Welt der Sieger, daß sie an ihrem eigenen Auftrag schuldhaft geworden ist.
(Lebhafter Beifall.)

2.4. **Paul (KPD)**

PAUL (KPD): Meine Damen und Herren! Wie schon in den letzten Sitzungen, so maßen sich auch heute Vertreter der verschiedensten Parteien das Recht an, im Namen des gesamten deutschen Volkes zu sprechen. In Wirklichkeit reichen ihre Befugnisse aber nicht weiter, als die Grenzen dieser Parteien reichen. Deutschland kommt hier nur in einem sehr beschränkten Umfang zu Worte. Nicht in eigener deutscher Zuständigkeit wurde dieses Gremium berufen, sondern durch das Diktat der westlichen Besatzungsmächte.
(Schmid (SPD): Warum sind Sie dann da? — Heiterkeit.)
Die Zuspitzung der Verhältnisse in **Berlin,** die man hier offen oder versteckt zum Anlaß nimmt, eine kriegstreiberische Propaganda vom Stapel zu lassen, ist gerade von jenen Parteien organisiert und gefördert worden, die hier das Wort Freiheit so oft in den Mund nehmen.
(Lauter Widerspruch. — Zurufe: Was machen Sie?)
— Ich sage Ihnen: Sie haben die Menschen in Berlin aufgeputscht und zu der Kundgebung vor dem Reichstag zusammengerufen. Vorher schon hatte man wochenlang jene schwarze Industriepolizei, bestehend aus SA- und SS-Leuten, organisiert.
(Zuruf: Markgraf! — Heiterkeit.)
Sie wurden in diese Demonstration getrieben.
(Zuruf: SA und SS sind doch bei Ihnen, Herr Paul! — Sehr richtig!)
PRÄSIDENT Dr. ADENAUER: Einen Augenblick, Herr Paul!

Meine Herren, ich bitte doch, die 10 Minuten Redezeit des Herrn Paul nicht mit Zwischenrufe zu verkürzen, oder machen Sie gute Zwischenrufe!

(Heiterkeit.)

PAUL (KPD): Ihre Vertreter haben durch hetzerische Redensarten versucht, in Berlin **Zusammenstöße mit den Vertretern des demokratischen Berlin** zu provozieren.

(Dr. Schmid (SPD): Das war Herr Markgraf!)

Selbst die britische Militärzeitung „Die Welt" muß zugeben, daß die Polizei der sowjetischen Besatzungszone Berlins von aufgehetzten Jugendlichen mit Steinen beworfen wurde, daß aus der Menge heraus Schüsse auf die sowjetische Besatzungsarmee abgegeben wurden.

(Dr. Schmid (SPD): Haben Sie so auch 1932 gesprochen?)

Sie haben von Schüssen in Berlin gesprochen. Nun, wir sind dessen eingedenk, daß am 1. Mai 1929 unter der Führung Ihres Parteigenossen Zörgiebel Dutzende Berliner Arbeiter zusammengeschossen wurden.

(Dr. Schmid (SPD): Was haben Sie damals gesagt?)

— Ich sage Ihnen: Weil wir die Lehre aus der Vergangenheit gezogen haben, wollen wir nicht wieder, daß jene faschistischen Mordbuben gegen demokratische Arbeiter aufmarschieren. Die Parteien des Bürgertums und auch die Sozialdemokratische Partei Berlins bedienten sich dieser Provokateure, um Zusammenstöße zu organisieren, weil diese Parteiführer kein Interesse haben an einer Verständigung über Berlin und an einer Verständigung unter den Alliierten über das gesamtdeutsche Problem.

(Dr. Schmid (SPD): Arme Unschuld!)

— Ich sage Ihnen: Ich möchte gern einmal sehen, wenn hier im Westen Deutschlands Demonstranten Schüsse gegen die Militärpolizei der Besatzungsmächte abgäben, wie diese Militärpolizei dann antworten würde!

Aber alles hat in der Geschichte schon eine Parallele. Das sind dieselben Provokationsstückchen reaktionärer, chauvinistischer Elemente, wie wir sie im Jahre 1923 bei der Firma Krupp gesehen haben, wo man ebenfalls die Massen aufwiegelte gegen die Besatzungsmacht, wo die Drahtzieher sich dann zurückzogen und die Arbeiter von den französischen Besatzungstruppen aufs Pflaster geworfen wurden. Genau so sind es diese intellektuellen Drahtzieher aus den bürgerlichen Parteien und der Sozialdemokratischen Partei, die jetzt wiederum versuchen, dieses Feuerchen anzustecken.

Man redet hier soviel von Menschenrechten und von Freiheit und sagt: hier kann man frei und offen seine Meinung sagen.

(Zuruf von den Sozialdemokraten: Sie tun es doch, Sie sind doch das beste Beispiel, Herr Paul!)

Hier im **Westen Deutschlands** ist die **Reaktion** wieder erstarkt, und Sie wollen jetzt eine westdeutsche Verfassung für diesen Teil Deutschlands schaffen und damit die wiedererstarkte Kapitalsdiktatur sanktionieren. Es ist ganz klar, daß die demokratischen Kräfte in der sowjetischen Besatzungszone und in Berlin diesen Kurs, den Sie hier vorschlagen, nicht mitmachen dürfen und nicht mitmachen können;

(Zuruf: „Dürfen", das mag stimmen!)

sonst würden sie gegen die Interessen der deutschen Arbeiterbewegung handeln. Sie aber wollen hier durch diese Demonstration ablenken von jener Tatsache, daß Sie sich zur **Aufspaltung Deutschlands** mißbrauchen lassen.

(Schmid (SPD): Sie machen ja mit!)

Sie tragen zu einem Teil selbst dazu bei, die Verhältnisse für die deutsche Bevölkerung schwer und schwerer zu gestalten, und es ist besonders bedauerlich, daß ausgerechnet Vertreter der Sozialdemokratischen Partei jetzt bürgerlichen **Kriegshetzern** den Rang ablaufen,

(Lebhafte Zurufe: Unerhört!)

wer wohl am lautesten schreien kann, wer wohl am lautesten ins Horn stoßen kann zu einem neuen Kriege gegen die demokratischen Kräfte des Ostens.
(Heiterkeit.)
Eine solche Hetze, weiter fortgeführt, dient nicht den Interessen des deutschen Volkes,
(Zuruf von den Sozialdemokraten: Aber Unterwerfung?!)
sondern führt das deutsche Volk in ein neues kriegerisches Abenteuer und damit endgültig in die Katastrophe.

Ich sage Ihnen ganz offen: die Interessen des deutschen Volkes erfordern einen andern Weg, fordern den Weg des Kampfes gegen die Kriegshetzer in Deutschland selbst, fordern den entschlossenen Kampf gegen die Überreste des Nationalsozialismus, die in solchen Kundgebungen erkennbar werden, erfordern den Kampf zur Entmachtung der Monopolkapitalisten und der Junker, um dann auf dem Boden einer neuen demokratischen Ordnung auch die Freiheit der Werktätigen zu garantieren.
(Lebhafte Zurufe.)
— Ich sage Ihnen: die Arbeiterschaft in Deutschland hat aus der Vergangenheit gelernt und ist nicht bereit, sich erneut im Interesse der deutschen Monopolkapitalisten, der Junker und einiger spekulierender Politiker der Besatzungsmächte in einen neuen Krieg treiben zu lassen. Wir werden das deutsche Volk mobilisieren zum Kampfe gegen die Spaltungsabsichten in Deutschland.
(Zurufe: Für die Russen!)
Wir werden das deutsche Volk mobilisieren
(Zuruf: Für die Zwangsarbeit!)
für die Einheit Deutschlands, für die Ausrottung des Militarismus und des Faschismus. Wir werden das Volk aufrufen, sich zusammenzuschließen und seine Interessen gegen jegliche neuen imperialistischen und reaktionären Kräfte zu verteidigen.
(Schmid (SPD): Heil Seydlitz!)
— Ich sage Ihnen, Herr Schmid: Auch wenn Sie heute hier noch so sehr vom Stapel ziehen, in die Posaune des vergangenen Nazismus stoßen,
(Schallende Heiterkeit.)
so werden Tausende sozialdemokratischer Arbeiter diese Kriegshetze nicht mitmachen, sondern diese Zehntausende sozialdemokratischer Arbeiter werden erkennen, daß es nur einen Weg gibt, der aus dieser Misere herausführt, das ist der gemeinsame Weg zur Niederwerfung der Reaktion und zur Aufrichtung eines wirklich fortschrittlichen Deutschland.

Ich möchte im Namen der Kommunistischen Partei hier folgende **Erklärung** abgeben:

„Die von dem Herrn Präsidenten verlesene Erklärung der bürgerlichen Parteien und der SPD dient nicht den Interessen des deutschen Volkes. Sie ist die Fortführung der Politik durch eine provokatorische Hetze gegen die sowjetische Besatzungsmacht und durch unverhüllte Aufforderung zu illegalen Handlungen und Sabotage in der Ostzone, die Gegensätze unter den Großmächten zu verschärfen und einen Konflikt heraufzubeschwören, dessen Folgen für das deutsche Volk unabsehbar wären. Im Namen aller friedliebenden Menschen protestiert die Kommunistische Partei gegen die Verhetzung der Berliner Bevölkerung und vor allem der deutschen Jugend durch die Parteiführer der SPD, der CDU und der LDP. Die gewissenlose Hetze dieser Führer fand ihren Höhepunkt anläßlich der Kundgebung in Berlin auf dem Platz der Republik am 9. September 1948, auf der die Redner der SPD, CDU und LDP offene Kriegsreden gegen die sowjetische Besatzungsmacht führten mit dem Ergebnis, daß irregeleitete Jugendliche die Staatsflagge der Sowjetunion schändeten, Soldaten und Offiziere der sowjetischen Besatzungsmacht sowie diensttuende deutsche Polizeibeamten mit Steinen bewarfen und Schüsse auf sie abgaben. Allein der Ruhe und Besonnenheit der Soldaten und Offiziere der sowjetischen Besatzungsarmee ist es zu danken, daß diese offenen Provokationen nicht zu größerem Blutvergießen geführt haben. Was würde geschehen, wenn chauvinistisch verhetzte Deutsche in den Westzonen die Staatsflagge der Besatzungsmächte schänden, Angriffe auf die Angehörigen der Besatzungstruppen unternehmen und die Ehrenmale der Besatzungsmächte beschmutzen wollten? Die Alliierten haben den ihnen vom Hitler-Imperialismus aufgezwungenen Krieg durchgeführt, um Nazismus und Militarismus in Deutschand auszurotten. Jeder verantwortungsbewußte Deutsche wird ihnen das Recht zuerkennen, sich gegen chauvinistische Provokationen zu schützen. Die Verantwortung aber für die Verurteilung der verhetzten Jugendlichen, die sich zu diesen herausfordernden Handlungen gegen die sowjetische Besatzungsmacht hinreißen ließen, tragen allein die Berliner Westpolitiker aus der CDU, der SPD und der LDP. Sie setzen alles daran, um die alliierten Verhandlungen zu durchkreuzen, und zu diesem Zweck sind ihnen auch die provokatorischen Mittel recht. Die Kommunistische Partei macht sie vor aller Welt und vor dem ganzen deutschen Volk für das Blutvergießen und für die Urteile in Berlin verantwortlich. Noch sind die Tränen von Millionen Witwen und Waisen nicht getrocknet, noch sind die Wunden der Opfer des zweiten Weltkrieges nicht geheilt, und schon beginnen gewissenlose Hetzer erneut, mit dem Leben unseres Volkes zu spielen. Wir warnen das deutsche Volk und insbesondere die deutsche Jugend vor diesen Kriegshetzern, die es in eine neue Katastrophe führen wollen, eine Katastrophe, die nur mit dem Untergang des deutschen Volkes und der deutschen Nation enden könnte. Wir fordern alle friedliebenden Deutschen auf, sich zu einer einheitlichen Abwehrfront gegen jede neue Kriegshetze und gegen die Spaltung Deutschlands zusammenzufinden. Der Aufbau eines friedlichen, einigen, demokratischen Deutschlands erfordert die Verständigung der Großmächte über den baldigen Abschluß eines Friedensvertrages und den Abzug aller Besatzungstruppen."

Für die in dieser Erklärung niedergelegten Grundsätze werden wir das deutsche Volk mobilisieren und werden in diesem Sinne auch den Kampf aufnehmen gegen alle diejenigen, die Deutschland in einen neuen Krieg verwickeln wollen.

V. Aus der 6. Sitzung des Parlamentarischen Rates vom 20. Oktober 1948

1. *Aussprache über die Präambel*

1.1. **Dr. Schmid (SPD)**

Dr. SCHMID (SPD): Meine Damen und Herren! Meine Fraktion hat gebeten, diese Vollsitzung einzuberufen, weil wir davon überzeugt sind, daß ohne eine sehr weite Beteiligung der deutschen Öffentlichkeit an unseren Beratungen unser Volk an unserem Werk nicht das Interesse nehmen wird, das ihm gebührt. **Parlamentarische Demokratie** bedeutet ja nicht nur Abstimmung zur Feststellung von Majoritäten, sondern bedeutet **Diskussion** und **Öffentlichkeit,** und zwar auch heute noch, trotz der gelegentlich laut werdenden Skeptiker, die glauben, daß in einem Jahrhundert der Massendemokratie diese alten Kennzeichnungen für die parlamentarische Demokratie nicht mehr gälten. Diesem Erfordernis wird man nicht gerecht, wenn die Parteien ihre Diskussionen hinter den verschlossenen Türen der Ausschüsse führen. Ohne Öffentlichkeit fehlt der besten sachlichen Arbeit die Weihe und die Legitimität demokratischer Geburt. Auch Kabinettspolitik kann zu guten sachlichen Ergebnissen führen, nur ist sie eben keine Demokratie. Wir wollen aber Demokratie, nicht nur für später, wenn das Grundgesetz in Kraft sein wird, sondern — und zwar im vollen Sinne — schon heute, da wir dieses Grundgesetz schaffen.

Wohlmeindende Kritiker unseres Antrages haben geglaubt, warnen zu müssen. Ich bin überzeugt, daß es aus lauteren Beweggründen geschah, denn auch diese Kritiker dachten bei ihrer Warnung an einen wesentlichen Faktor der Demokratie, nämlich an die Notwendigkeit, verschiedene und oft gegensätzliche Standpunkte auf einer mittleren Linie zu versöhnen oder ihre Verschiedenheit auf einer höheren Ebene gegenstandslos zu machen. Sie fürchten, daß durch öffentliche Diskussion zur Unzeit notwendige Kompromisse unmöglich gemacht werden könnten.

Gewiß, zur Technik der Demokratie gehört überall dort, wo nicht eine allgemeine Übereinstimmung besteht, notwendig der **Kompromiß,** es sei denn, daß eine Gruppe sichtbar Träger des Vertrauens der überwältigenden Mehrheit des Volkes ist. Dann hat diese Gruppe das Mandat, ihren Standpunkt rein durchzusetzen. Aber sie wird dies nur tun dürfen unter Achtung der Minorität und unter Wahrung ihrer Chance, ihrerseits morgen Majorität zu werden. Der Kompromiß darf aber nicht am Anfang der Diskussion stehen, sondern er muß ihr Ergebnis sein. In die Diskussion hat man mit einem klaren Standpunkt zu gehen, um mit einem sauberen und ehrenhaften Kompromiß herauskommen zu können. Das Volk muß diese Standpunkte und ihre Gründe kennen, und das Volk muß auch Zeuge sein, wie sich aus zwei ursprünglich verschiedenen oder gar entgegengesetzten Standpunkten aus der Logik der Situation heraus ein dritter, beiden Teilen gemeinsamer Standpunkt bildet. Sonst wird das Volk von Kuhhandel sprechen.

Freilich, es ist nicht jeder Kompromiß möglich. Das Gebot der Selbstachtung und das Lebensinteresse des deutschen Volkes ziehen klare Grenzen. Diese muß man verteidigen — auf Biegen oder Brechen —, und diese Verteidigung wird den politischen Gegner auf die Dauer immer überzeugen oder bezwingen. Ich glaube nicht, daß die öffentliche Darlegung der Standpunkte gerade in ihrer Verschiedenheit und Gegensätzlichkeit die endgültige Einigung auf einer mittleren Linie oder einer höheren Ebene unmöglich machen oder erschweren könnte. Ich glaube das Gegenteil. Trauen wir uns doch etwas zu! Zur Demokratie gehört Mut verschiedenerlei Art, einmal der Mut, zu seiner Überzeugung zu stehen, dann aber auch der Mut, sich zu den Gesetzmäßigkeiten des demokratischen Prozesses zu bekennen, also auch zu alledem, ohne das Einheit im Verschiedenartigen nicht möglich ist — damit also auch der Mut, gegebenenfalls zu bekennen, daß man einen Kompromiß eingegangen ist, oder daß man der überlegenen Argumentation des Gegners wich.

Ich für meinen Teil glaube nicht, mir etwas zu vergeben — wenn ich einmal dazu Veranlassung haben sollte —, in aller Öffentlichkeit zu sagen: Ich war nicht vermögend, meine Gegner für meinen Standpunkt zu gewinnen oder sie zu zwingen, sich mit ihm abzufinden. Sie vermochten nicht, es mit mir zu tun. Die Not der Stunde gebietet eine praktische Lösung. Wir haben sie gefunden, zusammen gefunden, indem wir beide unseren Ausgangspunkt verließen und aufeinander zugingen. — Wenn wir mit dieser Gesinnung heute in aller Öffentlichkeit sagen, wo wir stehen und warum wir, die einzelnen Parteien, dort stehen, dann wird der Umstand, daß wir dies öffentlich tun, nicht nur der künftigen, zu erhoffenden Einigung nichts schaden, sondern, wie ich glaube, unser Vorhaben fördern.

Ich habe den Auftrag meiner Fraktion, deren Standpunkt zum Problem der **Präambel** vorzutragen. Wir sehen in der Präambel nicht einen rhetorischen Vorspruch, den man aus Gründen der Dekoration und der Feierlichkeit dem ,,eigentlichen" Text voranstellt. Wir sehen darin ein wesentliches Element des Grundgesetzes. Von ihr aus erhält es seine eigentliche politische und juristische Qualifikation. Darum muß unserer Meinung nach die Präambel alles enthalten, was zu einer ausreichenden Kennzeichnung unseres Werkes erforderlich ist.

Sie muß das ,,Warum" unserer Tätigkeit enthalten. Der Leser des Grundgesetzes muß wissen, warum es zu diesem Grundgesetz kommen mußte und warum nicht etwas anderes, vielleicht ,,Normaleres" als dieses Grundgesetz geschaffen werden konnte.

Die Präambel muß weiter die Quellen der Gewalt und des Rechtes nennen, die bei der Schaffung des Grundgesetzes wirksam werden. Sie muß sagen, wer der Schöpfer des Grundgesetzes ist und was ihn legitimiert hat.

Sie muß weiter dartun, w a s dieses Grundgesetz sein soll und was es n i c h t sein soll, insbesondere was die räumlichen und zeitlichen Grenzen seiner Wirksamkeit sind.

Schließlich muß in Anbetracht der Ungewöhnlichkeit der Situation zum Ausdruck gebracht werden, was dem deutschen Volk zu tun noch aufgegeben bleibt.

Die Präambel sollte darum die Umstände, die unsere Tätigkeit erforderlich machen und unseren Willen begrenzen, darlegen. Viel zuviel Deutsche sehen diese Umstände ausschließlich in der Tatsache, daß wir ein besetztes Land sind, und sie vergessen völlig, daß diese **Besetzung** nicht von ungefähr gekommen ist und daß ihr einiges, was wir zu verantworten haben, vorausging. Das Gefüge der deutschen Republik, die Demokratie also, ist vor jeder Besetzung schon durch die nationalsozialistische Zwingherrschaft zerstört worden, deren erstes Opfer — vor vielen anderen Opfern, die noch kamen — die Freiheit der Deutschen war. Dann kam der Krieg, den diese Zwingherrschaft im Schutze eines Rückversicherungsvertrages, der eine Teilung der Beute vorsah, über die Welt gebracht hat. Und im Gefolge der Niederlage wurde das staatliche Gefüge der in Weimar geschaffenen Republik zerstört. Deutschland wurde, staatlich gesehen, desorganisiert. Der Substanz nach blieb seine Staatlichkeit erhalten. Das ist ein so hohes Gut, daß es in der Präambel ausgesprochen werden muß.

Deutschland ist von uns also nicht neu zu k o n s t i t u i e r e n , sondern neu zu o r g a n i s i e r e n . Hierauf hat in einer demokratischen Welt jedes Volk ein eigenständiges und unverzichtbares Recht. Man nennt dieses Recht Volkssouveränität, was nichts anderes bedeutet als das Recht auf freie Gestaltung des nationalen Lebens. Dieses Recht steht auch dem deutschen Volke zu und ist weder durch die Kapitulation noch durch die Besetzung untergegangen. Die Besetzung Deutschlands hat aber die Ausübung dieses Rechtes erheblichen Beschränkungen unterworfen. Diese Beschränkungen waren ursprünglich absolut. Sie wurden in der

Folgezeit immer mehr gelockert, bis schließlich die westlichen Besatzungsmächte die Riegel so weit zurückgezogen haben, daß wir heute imstande sind, im Westen Deutschlands eine Organisation zu schaffen, die uns erlauben wird, zum mindesten unsere inneren Angelegenheiten in hoffentlich voller Autonomie selbst und einheitlich zu besorgen und zu verantworten.

Wir können mit der Schaffung höherer Organisationsformen, als die Länder sind, nicht warten, bis die vier Besatzungsmächte sich auf eine gemeinsame Deutschlandpolitik geeinigt haben. Das kann noch lange dauern. Bis dahin könnte das Chaos in Deutschland endgültig geworden sein. Wir müssen auf der jeweils höchsten möglichen territorialen Stufe die deutschen Hoheitsbefugnisse in geordneter Weise in einer Spitze zusammenfassen, die so ausgestaltet ist, daß es möglich wird, gesamtdeutschen Anliegen unter gesamtdeutschen Gesichtspunkten gerecht zu werden. Das muß in der Präambel gesagt werden.

Damit sind aber gleichzeitig andere **Zielsetzungen** zum Ausdruck zu bringen. Durch das Grundgesetz soll ja eine Ordnung geschaffen werden, die jedem einzelnen Deutschen die Freiheitsrechte schützt, ohne die ein Leben in Würde und Selbstachtung nicht möglich ist.

Weiter soll das Grundgesetz ein wesentliches Mittel für die Erhaltung der Einheit der deutschen Nation sein: es wird Mut und Entschlossenheit und Hoffnung und Zuversicht auch dort wecken, wo eine schwere Hand die Deutschen vielleicht schon verzagen und ihnen die deutsche Zukunft ausweglos erscheinen ließ.

Schließlich muß die Präambel deutlich machen, daß dieses Grundgesetz nicht Selbstzweck ist, sondern daß es nichts anderes ist als die heute mögliche Etappe auf dem Wege, der zur Schaffung einer neuen staatlichen Ordnung für die Bundesrepublik Deutschland führt.

Ich glaube, meine Damen und Herren, daß wir uns alle in folgendem einig sind: wir wollen durch dieses Grundgesetz keinen separaten westdeutschen Staat schaffen, sondern wir wollen lediglich die Grundnorm für das Gefüge des **organisatorischen Aufbaus** schaffen, in dem das gesamtdeutsche Staatswesen, das durch Auflagen, die von außen kommen, an der vollen Selbstverwirklichung verhindert ist, heute in Erscheinung zu treten vermag. Es kann dies heute nur als Fragment; denn wesentliche Elemente der Staatlichkeit bleiben ihm auch weiterhin noch versagt. Und dieser organisatorische Aufbau kann nur auf einem Teil des deutschen Staatsgebietes verwirklicht werden. Denn nur auf einem Teil dieses Gebietes wurde dem deutschen Volk erlaubt, in freier Wahl Abgeordnete zu entsenden, um die Formen und Inhalte dieses Notbaues zu bestimmen. Aber wenn auch nur auf ein Teilgebiet Deutschlands beschränkt — was der Parlamentrische Rat schafft, ist eine gesamtdeutsche Angelegenheit

(Bravo!)

und geschieht seiner Legitimität nach auf Grund eines **gesamtdeutschen Mandats,**

(Beifall.)

eines Mandats des deutschen Volkes, das sich in Ländern gliedert, aber nicht auf Grund eines Mandats der deutschen Länder selbst!

Gewiß, die Legalität unseres Mandats beschränkt sich auf die Vollmacht, die uns — in gesamtdeutscher treuhänderischer Funktion handelnd — die Landtage der 11 Länder zu geben vermochten. Wir wissen aber, daß alle Deutschen, auch jene, denen man nicht erlaubt hat, Abgeordnete zu wählen, in uns die Treuhänder auch ihrer Rechte und die Träger auch ihres Willens sehen.

(Zustimmung.)

Darum sind wir legitimiert, auch für sie zu handeln. Weil dem so ist, sitzen — um nur eines zu nennen — die Abgeordneten Berlins in unserer Mitte, wenngleich, wie wir wissen, Berlin nicht Gegenstand der Londoner Empfehlungen war.

Die Folgerung aus all dem ist, daß im Westen Deutschlands durch das Grundgesetz keine partikuläre Hoheitsgewalt, sondern gesamtdeutsche **Hoheitsgewalt** — die heute mögliche Hoheitsgewalt der Bundesrepublik Deutschland — ausgeübt werden wird.

Es haben manche gefragt, warum wir nicht bei dem alten Namen „**Deutsches Reich**" geblieben seien. Wir haben es deswegen nicht getan, weil um diesen Namen Reich gewisse Untertöne schwingen, die seit einer geraumen Zahl von Jahren — entgegen der Tradition des alten Deutschen Reiches — sich verhängisvoll ausgewirkt haben. Wir sollten einmal in Deutschland versuchen, auch einem nüchternen Namen, wie der Name Republik es ist, durch unser gegenwärtiges Tun eine Weihe zu geben, die imstande ist, die Deutschen in seinem Zeichen zu großen Taten des Friedens zu beflügeln.

Freilich wird sich der Legalität nach der **Geltungsbereich** des **Grundgesetzes** nur auf das Gebiet Deutschlands erstrecken können, das durch die 11 Länder, die Abgeordnete entsenden konnten, ausgefüllt wird. Und die Präambel wird klar zum Ausdruck bringen müssen, daß das Grundgesetz an dem Tage automatisch außer Kraft tritt, an dem eine frei gewählte, frei handelnde, von dem ganzen deutschen Volk entsandte **Nationalversammlung** — nicht in Abänderung dieses Grundgesetzes, sondern originär — die endgültige Verfassung, die wirkliche Verfassung Deutschlands geschaffen haben wird.

Dieses Werk zu vollbringen, bleibt das deutsche Volk, auch nachdem wir unser Werk getan haben werden, aufgefordert. Und die Präambel soll dies sagen. Wenn wir auch in Stellvertretung für alle ein Notdach entwerfen und zimmern können — die Formen und Inhalte des nationalen Lebens der Deutschen können in der Fülle und mit dem Anspruch auf Dauer nur von einer Versammlung gestaltet werden, die aus Abgeordneten aller Deutschen besteht, in der also die Ostgebiete nicht nur wie heute symbolisch, sondern leibhaftig vertreten sein werden.

Das wird erst geschehen können, wenn alle Beschränkungen gefallen sind, die die Souveränität des deutschen Volkes heute noch hemmen. Diese Beschränkungen, meine Damen und Herren, werden einmal fallen, und sie müssen einmal fallen. Das deutsche Volk wird dann einen anderen Gebrauch von dieser Souveränität machen, als es die Übung der vergangenen Jahrzehnte gewesen ist. Während man sonst Souveränität wollte, um sie mit Zähnen und Klauen zu verteidigen und sie zum Selbstzweck zu machen, wollen wir heute diese Souveränität haben, um Deutschland in **Europa** aufgehen lassen zu können!

(Bravo!)

So kann aber nur ein Volk handeln, das frei ist; denn um auf Souveränität verzichten zu können, muß man vorher souverän handeln können. Mag man uns wegen dieses Aufrufes schelten. Aber nur der ist ein wahrer Patriot, der durch die Freiheit seines engeren Vaterlandes hindurch das große Vaterland will, das das Vaterland von unser aller Vaterländern ist, der Vaterländer der Sieger und der Besiegten dieses Krieges, und das da heißt: Europa!

(Beifall.)

1.2. **Dr. Süsterhenn (CDU)**

Dr. SÜSTERHENN (CDU): Meine sehr verehrten Damen und Herren! Nach dem **Idealbild des Parlamentarismus,** wie es die Künder und Theoretiker des parlamentarischen Systems in seiner Frühzeit gezeichnet haben, soll die wesentliche Aufgabe des Parlaments bzw. der Parlamentarier darin bestehen, parlando, das heißt durch Rede und Gegenrede die Wahrheit zu ermitteln und sich gegenseitig von der Wahrheit zu überzeugen. Wenn wir aber im Vergleich zu

diesem Idealtyp die reale geschichtliche Entwicklung des Parlamentarismus betrachten, so müssen wir feststellen, daß sich die Praxis in fast allen Parlamenten bei allen Völkern von diesem Idealbild weitgehend entfernt hat. Anstatt daß im Plenum des Parlaments in Rede und Gegenrede um die Wahrheit gerungen wird, anstatt daß in jedem Plenum des Parlaments der eine gewählte Volksvertretrer den anderen von der Richtigkeit seiner Argumente zu überzeugen vermag, haben wir es erlebt, daß in fast allen Parlamenten, und insbesondere in der parlamentarischen Geschichte Deutschlands, festgefügte Parteifronten in festen Schlachtreihen aufmarschiert sind, die ohne Rücksicht auf das, was in der Diskussion vorgebracht wurde, nach ihrer gebundenen Marschroute, nach ihrer vorgefaßten Entscheidung sich bei der Abstimmung ihrer Überzeugung, ihrem Programm oder ihren Interessen entsprechend betätigten. Dadurch ist eine gewisse Starrheit, eine gewisse schemenhafte Unwirklichkeit in unseren parlamentarischen Betrieb hineingekommen, und das Schwergewicht der parlamentarischen Arbeit hat sich in die Ausschüsse oder gar in die interfraktionellen Besprechungen verlegt, wo dann die nun einmal notwendigen Kompromisse, die sowohl im Leben des einzelnen wie auch im Leben eines Volkes unvermeidlich sind, hinter verschlossenen Türen ausgehandelt wurden. Es sollte uns ungeheuer freuen, wenn hier von Bonn aus der Versuch unternommen würde, einen neuen Geist und eine neue Beweglichkeit in unser parlamentarisches System hineinzubringen und unsere parlamentarischen Gebräuche wieder dem Idealtyp anzunähern, wie er den großen Theoretikern des Parlamentarismus vorgeschwebt hat.
(Sehr richtig!)

Wir müssen natürlich dann auch die Konsequenz daraus ziehen, daß wir Volksvertreter als Einzelpersönlichkeiten gegebenenfalls auch wirklich den Mut haben, uns über die Schranken einer Partei und auch über einen Fraktionszwang hinwegzusetzen.
(Sehr gut!)
Denn nur dann ist eine echte Diskussion möglich, nur von Persönlichkeit zu Persönlichkeit kann der geistige Funke zünden. Wenn von Bonn aus ein neuer Stil in unser parlamentarisches Leben hineingebracht werden soll, so begrüßen wir das aus ganzem Herzen, weil wir darin einen Weg erblicken, um die weitgehende Lethargie, die die beiden Schichten unseres Volkes in politischer Hihsicht erfaßt hat, zu überwinden. Wir halten es für ein notwendiges Attribut jeder demokratischen Politik, daß diese Politik irgendwie öffentlich ist, daß sie im besten Sinne des Wortes publizistisch wirkt. Nur durch eine solche **Publizität** werden wir in der Lage sein, diesem Verfassungswerk, diesem Staatsgrundgesetz, um das wir uns hier bemühen, die feste Verankerung im Volk zu verschaffen, deren es bedarf, wenn es überhaupt eine politisch Realität sein und nicht nur ein Fetzen Papier bleiben soll.

Wir sind der Meinung, daß in einem solchen **Staatsgrundgesetz** mehr zum Ausdruck kommen muß als bloß einige Regeln über das technische Funktionieren der Behörden, über eine Abgrenzung der Zuständigkeiten und ähnliches mehr. Wir sind der Meinung, daß auch dieses Staatsgrundgesetz, das wir zu schaffen im Begriff sind, unser Volk zu großen geistigen Entscheidungen aufrufen muß. Dieses Grundgesetz muß daher von einem bestimmten Geiste, von einem bestimmten **Programm** getragen sein, und dieses Programm muß dem Volke vorgestellt werden, damit jeder einzelne Bürger sich für oder gegen dieses Programm entscheide, damit er sich aus seiner Lethargie einmal aufraffe und seine politische Verpflichtung erkenne, die er nicht nur im Interesse der Volksgesamtheit zu erfüllen hat, sondern auch in seinem eigenen Interesse, weil ja auch die Einzelschicksale heute weitgehend von den Entscheidungen abhängen, die im politischen Raum gefällt werden. Auch die innere Freiheit, der innere Wert der Persönlichkeit bleibt nur ein leeres Schemen, wenn die Persönlichkeit und die Menschenwürde sich nicht auch in den politischen Raum hinein auswirken kann.

Wir haben es in den zwölf Jahren totalitären Regimes in Deutschland erlebt und wir erleben es in der Gegenwart noch bei den totalitären Regimen in den östlichen Bereichen, wo zwar die Freiheit auf dem Papier steht, in Wirklichkeit aber überhaupt nicht mehr existiert, weil die Menschenwürde nicht die Möglichkeit hat, sich real in das Leben hinein, auch in das politische Leben hinein auszuwirken und zu entfalten. Deshalb glauben wir, daß es richtig ist, dem kommenden Grundgesetz eine ganz bestimmte geistige Ausrichtung zu geben. Diese geistige Ausrichtung erblicken wir in dem Gedanken der **Freiheit** und der **Menschenwürde.**

Wenn der Herr Kollege Schmid soeben mit Recht das Wesen der Präambel dahin umschrieben hat, daß sie dem Grundgesetz die politische und juristische Qualifikation geben soll, so möchte ich noch einen Schritt weitergehen. Die Präambel müßte meines Erachtens dem Grundgesetz auch diese geistige Ausrichtung, diese letzten Endes sittliche, ethische Qualifikation geben, um damit gerade dem **Geist der Verfassung,** den ich nicht als ein Schlagwort ansehe, sondern durchaus als eine politische Realität betrachte, Ausdruck zu verleihen. Die alten Naturrechtslehrer der Scholastik haben einmal von der sogenannten vis directiva, der Direktionskraft, der sozialpsychologischen und sozialpädagogischen Wirkung eines guten Gesetzes gesprochen. Ich bin der Meinung, wir müssen auch das Verlangen haben, daß eine solche volkspädagogische, sozialpsychologische dirigierende Kraft von dem Gesetz auszugehen hat, das wir hier schaffen wollen. Diese dirigierende Kraft muß auch schon in der Präambel zum Ausdruck gebracht werden, und zwar in der Weise, daß wir auch in der Präambel dieses Grundgesetz bereits so sichern, den zentralen Gedanken dieses Grundgesetzes so unterbauen, daß er nicht einfach durch einen Mehrheitsentscheid wieder weggefegt werden kann, sondern daß er seine fundamentalen Wurzeln letzten Endes auch im Metaphysischen findet. Deshalb sind wir der Meinung, daß sowohl in der Präambel wie auch in dem wesentlich mit der Präambel zusammengehörigen Artikel 1 eine solche metaphysische Verankerung der ewigen menschlichen Freiheitsrechte erfolgen müßte, eine Verankerung, die etwa in der Weise geschehen könnte, daß zu dem Artikel 1 der Grundrechte, wo es heißt: ,,Sie — die Würde des Menschen — ist begründet in ewigen Rechten'', etwa der Zusatz hinzugefügt wird: Die Würde des Menschen ist begründet in ewigen, **von Gott gegebenen Rechten.**

(Sehr richtig!)

Wir sind der Meinung, daß wir eigentlich nicht nur in Deutschland, sondern in der ganzen Welt wieder so weit gekommen sind, daß es möglich ist, überhaupt wieder von Gott zu sprechen.

(Sehr richtig!)

Das ist bei uns bisher mit einer gewissen Zaghaftigkeit geschehen. Es war für uns doch geradezu erstaunlich, als wir während des Krieges bei der Verkündung der Atlantik-Charta hörten, wie die beiden großen angelsächsischen Staatsmänner auch dieses Weltgesetz unter den Segen Gottes gestellt haben. Ich glaube, was große Staatsmänner wie Roosevelt und Churchill zu tun sich nicht scheuten, brauchen auch wir heute nicht abzulehnen.

Meine Damen und Herren! Was nun die **Präambel** im einzelnen angeht, so stimme ich in großen Zügen dem zu, was der Herr Kollege Schmid über Sinn und Zweck der Präambel und auch über den notwendigen Inhalt der Präambel hier ausgeführt hat. Man kann natürlich in Detailfragen — und auch auf solche wenigstens skizzenhaft einzugehen, ist das Wesen und der Zweck einer Diskussion — verschiedener Meinung sein. Man kann zum Beispiel die Frage aufwerfen, ob es gut und notwendig ist, ausgerechnet in dieser Präambel zum deutschen Staatsgrundgesetz dem **Nationalsozialismus** noch ein ewiges Denkmal zu setzen.

(Sehr richtig!)

Man könnte der Überzeugung sein, daß es vielleicht zweckmäßiger ist, diese Periode nicht noch ausdrücklich zur Grundlage, wenn auch nur zur historischen Grundlage dieses Staatsgrundgesetzes zu machen.

(Sehr gut!)

Man könnte auch über manche sonstige Formulierungen noch streiten. Ich stimme dem Herrn Kollegen Schmid durchaus zu, daß es wünschenswert ist, die politische **Kontinuität** und auch die juristische Kontinuität zwischen dem deutschen Staat aus der Zeit vor 1933 und dem jetzt wieder teilweise zu reorganisierenden deutschen Staatswesen irgendwie zum Ausdruck zu bringen. Aber man könnte bei der jetzt vorliegenden Formulierung durchaus die Frage aufwerfen, ob der Satz: „Das staatliche Gefüge der in Weimar geschaffenen Republik wurde zerstört" nicht genau das Gegenteil von dem dartut, was eigentlich offensichtlich gewollt ist. Denn der Begriff „Gefüge" geht doch zweifellos weit über den Begriff eines nur äußeren organisatorischen Rahmens hinaus. Wenn ich von Gefüge spreche, ist doch irgendwie schon das Wesen der Dinge, die Existenz, die Substanz mit angetastet und hier in diesen Zusammenbruch mit hineingerissen. Ich glaube, es könnte schon klarere Formulierungen geben, bei denen jedenfalls auch die Gefahr einer solchen genau umgekehrten Deutung ausgeräumt werden könnte.

Wir sind uns weiter darüber einig und im klaren, daß wir hier als **Sachwalter des deutschen Volkes** und nicht nur als Länderbeauftragte stehen. Wir sind uns aber auch darüber im klaren, daß das deutsche Volk nun keine amorphe, formlose Masse ist, sondern daß das deutsche Volk nun einmal in **Länder** gegliedert ist. Diese Länder sind zweifellos — man mag sie im einzelnen begrüßen oder bedauern oder in dieser oder in jener Abgrenzung für richtig oder falsch halten — zur Zeit irgendwie politische Realitäten. Sie sind bis jetzt, bis zu der Arbeit, die wir hier zu vollenden und ins Werk zu setzen haben, eigentlich sogar die einzigen politischen Realitäten höheren Grades, wenigstens auf den Gebieten der politischen Ebene, auf denen überhaupt eine deutsche Wirkmöglichkeit besteht. Es scheint mir daher notwendig und zweckmäßig zu sein, den Gedanken, daß das deutsche Volk gegliedert in seine Länder zur Geltung kommt und hier handelnd auftritt, vielleicht noch um eine Idee deutlicher in der Präambel zum Ausdruck zu bringen, als es in dem bisher vorliegenden vorläufigen Entwurf der Fall ist.

Ich bin der Meinung, daß wir uns als Sachwalter des deutschen Volkes, als Treuhänder des gesamten deutschen Volkes auch über den Rahmen der elf Länder hinaus fühlen sollten. Aber wenn hier in der Präambel gesagt ist: „bewegt von der Hoffnung aller Deutschen", so möchte ich von Herzen gern wünschen, daß das wirklich wahr wäre und daß das deutsche Volk wirklich so hinter uns stände. Was wir selbst wünschen, sollten wir uns doch nicht selbst in einer derartigen Weise bescheinigen, daß es eventuell nach einer gewissen Anmaßung oder gar Überheblichkeit aussieht. Es scheint mir richtiger, daß wir unsere subjektive Auffassung zum Ausdruck bringen, indem wir sagen: Wir betrachten uns als Treuhänder des deutschen Volkes, wir tragen Verantwortung gegenüber dem ganzen deutschen Volke und handeln aus diesem Verantwortungsgefühl und aus dieser von uns selbst und freiwillig übernommenen Verpflichtung heraus. Ich glaube, in dieser subjektiven Formulierung wäre dieser Satz eher erträglich als in dieser mehr objektiven Form, die angesichts des weitgehenden Desinteressements, das unserer Arbeit in den weitesten Kreisen des Volkes entgegengebracht wird, vielleicht ein klein wenig anspruchsvoll erscheinen könnte.

Außerdem scheint es mir notwendig zu sein, daß wir auch bei der Abfassung der Präambel nicht über die **juristischen Realitäten,** die eigentlich die Basis für unsere Arbeit hier bilden, hinausgehen. Zu diesen juristischen Realitäten gehört zweifellos das **Dokument Nr. I,** auf das sich die ganze Arbeit dieses Parlamentarischen Rates aufbaut, auf Grund dessen er durch die Initiative der Ministerpräsidenten gebildet worden ist. In dem Dokument Nr. I ist klarge-

macht, daß die Verfassung einer Ratifikation durch die Länder bedarf, sei es, daß diese Länder durch ihre Landtage handelnd auftreten, sei es durch die Landesbevölkerung. Auch wenn die Landesbevölkerung im Wege der Volksabstimmung tätig wird, handelt es sich um die Tätigkeit eines Landesorgans, nämlich des gesamten Staatsvolkes dieses Landes. Wenn wir in dem Präambel-Entwurf bereits sagen, die Abgeordneten des Parlamentarischen Rates haben dieses Grundgesetz beschlossen, so geht das nach meinem Dafürhalten über die uns eingeräumten Befugnisse hinaus. Wir können eine Vorlage beschließen, wir können Empfehlungen geben, etwas anzunehmen, aber die letztliche Ratifikation, das rechtliche Pünktchen auf das i wird doch im Wege der **Landtags-** oder **Volksabstimmung** in den Ländern gesetzt. Ich bestreite nicht, daß das, was wir beschließen werden, eine große moralische Wirkung und Bedeutung haben wird, auf Grund des Mandats, das wir juristisch haben, und auch auf Grund des politischen Mandats, das uns zuteil geworden ist. Aber die abschließende juristische Inkraftsetzung, soweit es sich um den deutschen Sektor handelt — ich will von den Prärogativen, die die Militärbefehlshaber sich gegenüber unserem Werk vorbehalten haben, nicht reden —, hat nach dem Dokument Nr. I ganz klar und deutlich in der Länderebene und durch die Zustimmung einer Zweidrittelmehrheit der Länder zu erfolgen.
(Dr. Schmid (SPD): Aber ratifiziert wird der Beschluß!)
— Aber dieser Beschluß ist doch eigentlich nur das Beschließen einer Vorlage und nicht das Beschließen eines Gesetzes. Herr Kollege Schmid, wenn ein Landtag, wenn ein vollberechtigtes Parlament ein Gesetz beschließt, ist damit dieses Gesetz materiell zustande gekommen. Es bedarf dann nur noch formell seiner Verkündung. Dagegen ist dieses Staatsgrundgesetz nicht bereits materiell zustande gekommen, wenn es vom Parlamentarischen Rat beschlossen wird, sondern es wird materiell erst zustande kommen, wenn es gemäß dem Dokument Nr. I auch von zwei Dritteln der Länder seine Ratifikation erfahren hat. Es scheint mir insofern eine ganz grundlegende Verschiedenheit zwischen den normalen Funktionen und Befugnissen eines landläufigen Parlaments und denjenigen dieses Sonderfalles des Parlamentarischen Rates vorzuliegen. Ich glaube aber, daß es durchaus möglich sein wird, diesen möglichen juristischen Bedenken in einer entsprechenden Formulierung Rechnung zu tragen.

Ich darf noch ein Wort zu der Frage des **Namens** sagen. Jedes Kind muß einen Namen haben. Ich glaube, der Herr Kollege Schmid hat in der zweiten Sitzung dieses Hohen Hauses hier gesagt oder er hat das Bonmot in Herrenchiemsee geprägt: Nomen est omen. Daran ist sehr viel wahr. Wir müssen uns meines Erachtens darüber klar werden, ob wir diesen Namen nun nach den Gesetzen der inneren politischen Logik, der rationalen Überlegung oder nach den Gesetzen des nationalen Gefühls wählen wollen. Man kann sich für das eine wie für das andere entscheiden. Man kann sich vielleicht sogar zu der Behauptung versteigen, daß nationales Gefühl, selbst wenn es unlogisch ist, vielleicht mitunter die bessere politische Entscheidung ist als eine aus der politischen Logik gefällte Entscheidung, obwohl ich persönlich große Bedenken habe, mich diesem Satz, den ich irgendwo einmal gehört oder gelesen habe, so ohne weiteres und restlos anzuschließen. Mit Recht ist von allen Parteien dieses Hauses der fragmentarische, der **provisorische Charakter** dieses von uns zu schaffenden Gebildes mit unerhörter Schärfe und Deutlichkeit herausgestellt und betont worden.
(Widerspruch in der Mitte.)
Fragmentarisch ist dieses Gebilde zweifellos, gebietsmäßig sicher — das wird keiner bestreiten können — und hinsichtlich der Hoheitsbefugnisse auch. Denn daß wir kein vollsouveräner Staat werden, das ist bereits im Dokument Nr. I und im Dokument Nr. III gesagt.
(Zuruf: Aber daß wir es werden wollen!)
— Das gehört mehr in das Gebiet der Zukunftsmusik.

(Zuruf: Das ist eine zweite Kapitulation!)
— Nein, wenn man die Tatsachen, so wie sie sind, als Realitäten nimmt und würdigt und mit ihnen rechnet, ist das keine Kapitulation, sondern das ist eine sehr verständnisvolle politische Einstellung.
(Dr. Dehler (FDP): Wir bauen die Verfassung in die Zukunft. Darauf kommt es an.)

Aber diese Verfassung soll ja nicht an irgendeinem Zukunftstage in Kraft treten, sondern diese Verfassung soll vom Tage des Inkrafttretens an, vom 1. Januar oder 1. Februar an — oder welcher Termin es sein wird — geltendes Grundgesetz für uns sein. Sie soll uns für die Gegenwart dienen, aber auch in die Zukunft hineinweisen. In dem letzteren Punkt stimme ich absolut mit Ihnen überein. Da bin ich der Meinung, daß wir doch die Frage aufwerfen müssen, ob es mit den Gesetzen der politischen Logik zu vereinbaren ist, etwas, was wir alle nur in diesem eingeschränkten Sinn als Provisorium betrachten, bereits mit dem Namen des Definitivums auszustatten. Logischer wäre es zweifellos, den provisorischen Charakter des jetzt geschaffenen Gebildes auch in einer provisorischen Bezeichnung zum Ausdruck zu bringen, um das große Endziel, das große Endideal Deutschland und auch die Bezeichnung dafür dem Gebilde vorzubehalten, das tatsächlich alle deutschen Länder umfaßt, auch diejenigen deutschen Länder, die nicht zu den elf Ländern der westlichen Besatzungsgebiete gehören. Ich wollte diese Frage nur aufgeworfen haben.

Wenn wir uns schon einmal dazu entscheiden, diesem neuen Gebilde die Definitivbezeichnung zu geben, müssen wir von der CDU allerdings den Standpunkt vertreten, daß der Name **„Deutsches Reich"** sachlich nicht das deckt, was jetzt hier das Licht der Welt erblicken könnte. Der Begriff des Reiches, wie er 1000 Jahre in der deutschen Geschichte gelebt hat, war der Begriff eines übernationalen, eines europäischen Gebildes. Es war die Bezeichnung für das christliche Abendland. Und wenn ich den Begriff „Reich" einmal in die moderne Sprache der gegenwärtigen Politik übersetzen wollte, müßte ich das, was man damals „Reich" genannt hat, heute europäische Union oder europäische Konföderation nennen. Wir müssen daher Gebilde, die diesen Charakter der übernationalen europäischen Völkergemeinschaft tatsächlich nicht tragen, entsprechend bezeichnen. Für den Historiker ist es eine feststehende Erkenntnis, daß seit dem Jahre 1870 der Reichsbegriff innerlich verengt und auf ein Gebilde angewandt wurde, das eigentlich nur ein deutscher Nationalstaat gewesen ist, und zwar ein recht fragmentarischer deutscher Nationalstaat, der im Gegensatz zu anderen Nationalstaaten der Welt nur einen Teil der deutschen Bevölkerung umfaßt hat. Der historische Begriff „Reich", der vom Bismarck-Reich, von der Weimarer Republik — ich will vom Dritten Reich überhaupt nicht reden — zu Unrecht geführt worden ist, vermag nicht das zu decken, was wir hier sein werden, nämlich die nationalstaatliche Zusammenfassung nur eines begrenzten Teils der in Mitteleuropa gesiedelten Deutschen.

Wir müssen daher zu einem anderen Ausdruck kommen. Jedoch bekennen wir uns nicht zu dem Ausdruck „Republik Deutschland", sondern ausdrücklich zu dem Ausdruck **„Bundesrepublik Deutschland"**. Wir wollen einen föderalen Staat schaffen. Wir wollen deshalb, wie das auch bei den übrigen föderalistischen Staaten in der Welt üblich ist, diese Struktur, diese föderalistische Organisation unseres Staates auch bereits in seiner Namensbezeichnung zum Ausdruck bringen. Wir kennen die Vereinigten Staaten von Amerika; wir kennen die Schweizerische Eidgenossenschaft, wir kennen die Bundesrepublik Österreich, wir kennen die Südafrikanische Union. Da alle bundesstaatlichen Gebilde diesen ihren Charakter in ihre Bezeichnung aufgenommen haben, sollten wir die föderalistische Organisation unseres Staatswesens auch in der Bezeichnung zum Ausdruck bringen, die wir dem neuen deutschen Staatsgebilde oder staatsähnlichen Gebilde geben, indem wir uns grundsätzlich zur „Bundesrepublik

Deutschland" bekennen.

Wir sind uns darüber im klaren, daß wir uns hinsichtlich des deutschen Freiheitsstatus in einer Entwicklung befinden. Der tiefste Punkt dieser Entwicklungslinie ist mit der **Erklärung der Alliierten** vom **15. Juni 1945** umschrieben, worin sie festgestellt haben, daß eine deutsche Regierungsgewalt nicht mehr besteht und daß alle Regierungsbefugnisse in Reich, Ländern und Gemeinden auf den Alliierten Kontrollrat und die Besatzungsmächte übergegangen sind.

Als Endpunkt der politischen Entwicklungslinie steht das Ziel, das in der Potsdamer Erklärung verkündet worden ist, worin die Alliierten Mächte gesagt haben, es sei nicht die Absicht der Alliierten, das deutsche Volk zu vernichten oder zu einem Volk von Sklaven zu machen; es sei vielmehr ihre Absicht, dem deutschen Volke Gelegenheit zu bieten, sich auf eine spätere Erneuerung seines Lebens auf einer friedlichen, demokratischen Grundlage vorzubereiten; falls seine eigenen Bemühungen ständig auf dieses Ziel gerichtet bleiben, werde es dem deutschen Volke nach angemessener Zeit möglich sein, einen Platz unter den freien, friedliebenden Nationen der Erde einzunehmen.

Daß wir dieses Endziel, das die Besatzungsgewalt in der Potsdamer Erklärung sich selbst und uns gesteckt hat, noch nicht erreicht haben, darüber sind wir uns im klaren. Aber daß wir hier in Bonn auf dem Wege zu diesem Ziele begriffen sind, daß wir hier eine weitere Etappe schaffen, um auf dieses Ziel hinzukommen, darüber sind wir uns alle einig. Deshalb haben wir ja auch die Absicht, so schnell wie möglich zu arbeiten, dem deutschen Volk baldigst eine nationale Repräsentanz, ein Sprachrohr seiner Interessen und Ideen zu verleihen. Aber die Schnelligkeit darf nicht erzielt werden auf Kosten der Gründlichkeit. Es ist das Schicksal jedes Provisoriums, daß es die Neigung hat, sich zu einem Definitivum auszuwachsen. Fehler, die auf Grund eines unzulänglichen Provisoriums in ein Definitivum hineinkämen, wären tief bedauerlich und könnten unter Umständen unsere ganze zukünftige politische Entwicklung verhängnisvoll beeinflussen. Es ist schon gut so, daß hier saubere Arbeit geleistet, daß hier ernsthaft um die Probleme gerungen, daß mit voller Sachlichkeit gearbeitet wird und daß man sich auch die notwendige Zeit nimmt, um dem deutschen Volk etwas Positives zu geben, um dem deutschen Volk ein Haus zu bauen, das zwar noch den Charakter des Provisorischen oder des Erweiterungsfähigen an sich trägt, dessen Fundamente aber nach unserer Überzeugung auf dem ewigen Felsgrund des göttlichen Sittengesetzes errichtet werden müssen.
(Beifall bei der CDU.)

1.3. **Dr. Heuss (FDP)**

Dr. HEUSS (FDP): Meine Damen und Herren! Mit einer gewissen Befangenheit spreche ich um deswillen zu dem Thema, weil ich selbst mit in dieser Camera caritatis saß, wo wir um Komma, Imperfektum und ich weiß nicht was noch bei der Formulierung dieser Präambel gestritten haben. Es wäre mir eigentlich lieber gewesen, wenn jemand, der daran vollkommen unbeteiligt war, dazu gesprochen hätte. Es war ganz gut, daß Herr Dr. Süsterhenn gesprochen hat. Denn wenn Herr Schmid vorher sprach und wenn Herr von Mangoldt dagewesen wäre, so wäre das ein bißchen wie eine Augurenbegegnung gewesen.
(Heiterkeit.)
Dabei ist es doch ganz natürlich: Wenn wir uns hier, wo wir nicht um die Kommata und das Imperfektum zu streiten haben, über die Präambel unterhalten, so wollen wir doch einmal den Versuch machen, zu sagen, was wir uns dabei gedacht haben, als wir sie formulierten. Und so

werde ich mir doch in Unbefangenheit gestatten, zu sagen, daß ich mir etwas anderes gedacht hatte, als hier herausgekommen ist. Ich will also meine andere Auffassung über Sinn, Aufgabe und Aufbau der Präambel vortragen, zumal ich von meinen Freunden darum gebeten worden bin, obwohl ich einer der Mitautoren dieser Präambel gewesen bin. Bei meinen Fraktionsfreunden ist unsere Präambel furchtbar durchgefallen; ich fürchte, sie ist auch bei anderen Leuten durchgefallen. Ich habe sie über den Sonntag einigen Leuten gezeigt, und auch bei denen habe ich fast nur Vorwürfe und gar keine Zustimmung gefunden. Vor allem, daß wir gleich am Anfang den Nationalsozialismus genannt haben, so daß der Hitler hereingekommen ist wie Pilatus ins Credo, das schien nicht ganz dem Ausgang unserer Arbeit angemessen, obwohl die Überlegung, den historischen Ort zu finden, in sich etwas Berechtigtes und vielleicht auch Notwendiges hat.

Man hat auch gefragt: Ist eine **Präambel** überhaupt **notwendig?** Wir haben in unserem Kreise darüber gesprochen und festgestellt: Im Jahre 1848, als man allerhand Talent zum Pathos hatte, ist keine Präambel gemacht worden, sondern man hat offenbar geglaubt, das Pathos der Zeit trage den Vorgang als solchen. Und die Geschichte von 1870 kann erst recht nicht als Präambel angesprochen werden; es ist nur eine Floskel, die etwas über den Vertrag zwischen dem Norddeutschen Bund und den süddeutschen Fürsten aussagt. Im Jahre 1919 ist dann eine Präambel geschaffen worden, und ich glaube, sie ist ganz gut geworden.
(Zustimmung.)
Ich stehe auf dem Standpunkt: Wir m ü s s e n in dieses Grundgesetz oder in diese verfassungsmäßige Rechtsordnung eine Präambel hineinbringen, schon um den exzeptionellen Charakter, der diesem Grundgesetz anhaftet, irgendwie sichtbar und deutlich werden zu lassen, im Ablauf der Auseinandersetzung zu zeigen, wie ein Staat zu seiner Ordnung komme.

Aber ich habe etwas das Gefühl — und habe es auch im Ausschuß zum Ausdruck gebracht —, daß wir, wie wir Deutschen nun einmal sind, die Geschichte etwas zu pedantisch und systematisch angefaßt haben. Nachdem wir nämlich eine schöne Generaldebatte gehabt haben, hat man sich im Ausschuß gefragt: Was muß alles in die Präambel hinein? Dann haben wir aufgeschrieben: Das und das und das. Schließlich waren **neun Punkte** beisammen, die in die Präambel aufgenommen werden sollten. Und nun begann die höchst komplizierte Arbeit, diesen Gesichtspunkt und jenen Gesichtspunkt hineinzubringen. An sich war diese Überlegung ganz wohltätig, weil sie eine gewisse gedankliche Disziplinierung voraussetzte. Aber es ist nun jene Überlastung mit Geschichte entstanden, auch wenn eine gewisse Kadenz von der Vergangenheit über die Gegenwart hinein in die Zukunft herausgekommen ist. Und die literarische Formulierung ist dadurch, ich will nicht sagen verunklart, aber doch in eine verschiedene Kraft gebracht worden.

Das liegt mit daran, daß wir uns unbewußt — es ist nicht ausgesprochen worden, aber jeder spürte es — auch schon bei der Aufzählung dieser neun Punkte nicht immer an den gleichen Adressaten gewandt haben. Wir haben uns mit der einen Pointe an das gesamte deutsche Volk, mit der anderen an das westdeutsche, mit der dritten an das ostdeutsche Volk gewandt. Wir haben uns dann irgendwie an die Besatzungsmächte gewandt und denen gegenüber eine bestimmte Haltung markiert. Wir haben ein bißchen auch an die kommenden Rechts- und Verfassungshistoriker gedacht, um denen die Arbeit leichter zu machen, wie sie eigentlich unsere Arbeit nun einzuschätzen hätten. Dadurch ist für mein Gefühl manches nicht richtig geworden; wir kamen in die Gefahr, die ich selber früh genug ausgesprochen habe, daß wir in die historisch-leitartikelmäßige Darstellung einer gegenwärtigen Situation hineingeraten. Durch die Überdeutlichkeit, die wir jetzt hineinlegten, haben wir der Präambel etwas von der Würde des Bleibenden geraubt, die in ihr sein muß. Man kann das romantisch oder anders nennen. In der Theologie gibt es das Wort von dem „Numinosen", von dem, was das Geheimnisvolle, das Zeichenhafte ist. Und etwas Numinoses muß in einer Präambel drin sein; um Gottes willen nicht in der ganzen Verfassung, denn dann verunklart es die Rechtsdinge, aber gehobene Sprache, feierlicher Duktus der Worte, Kadenz der Sätze. Die Präambel muß eine gewisse **Magie des Wortes** besitzen. Man könnte auch von einer profanen Liturgie sprechen, die in einem solchen Staatsgrundgesetz ihren Platz finden will. Das Numinose flieht aber vor einer Ortsbezeichnung wie Bonn, vor einer Datumsbezeichnung wie dem 1. September 1948 und vor der Bezeichnung „Parlamentarischer Rat". „Parlamentarischer Rat" ist eine ganz nette Bezeichnung; aber sie ist doch eigentlich eine historische Notiz und markiert nur die geschichtliche Situation. Das alles ist ohne das Sakrale,

(Dr. Schmid (SPD): So heilig sind wir auch nicht!)

es ist einfach ein technischer Vorgang. Wir fixieren hier einen historischen Augenblick, und mit dieser harten Fixierung verderben wir das Schwebende und Dauernde, das in diesen Dingen mit sein muß.

Man kann also — aber das geht schon ins Politische hinein — dieser schauderhaften „Übergangszeit" — was für ein Wort! — nicht die Ehre antun, sie im Grundgesetz zu erwähnen. Mir ist ganz klar, was damit politisch zum Ausdruck gebracht werden will, daß wir hier und jetzt nicht das Dauernde schaffen wollen, dessen sind wir uns ganz bewußt. Ich habe das Problem schon in der ersten unserer Sitzungen aufgeworfen und gewünscht, daß wir nicht zuviel von diesem **„Provisorischen"**, von dem wir wissen, daß es vorhanden ist, sprechen sollten. Ich glaube, es ist kein Gewinn für die Integrationskraft dieses Grundgesetzes im Bewußtsein des deutschen Volkes, wenn wir zu stark davon reden. Der Schwebezustand muß in den Zwischentönen zum Ausdruck kommen.

Ich bin von meinen Freunden gebeten worden, eine andere Formulierung der Präambel zu versuchen. Ich hoffe nicht zu sehr in den Verdacht der Autoreneitelkeit zu geraten — ein bißchen werde ich von dem Vorwurf ja verfolgt werden —, wenn ich Ihnen kurz die Formulierung vorlese, die ich seinerzeit dem Ausschuß vorgeschlagen habe. In ihr wird der Versuch gemacht, unter Ausscheidung der Aktualität der Zeit- und Ortsbezeichnung die Gesichtspunkte lebendig zu halten, die uns allen gemeinsam waren und um deren Formulierung wir im Ausschuß miteinander gerungen haben — aber „gerungen" ist vielleicht etwas zu pathetisch ausgedrückt; ich möchte sagen: über die wir uns hin und her verständigten, ob wir nun sachlich einverstanden waren oder nicht.

Mein **Entwurf einer Präambel** lautet so:

> „Das Deutsche Volk in den Ländern Baden, Bayern — und so fort — hat in diesem Grundgesetz die verfassungsmäßige Rechtsordnung seines staatlichen Lebens für die Bundesrepublik Deutschland neu geformt.
> Seine berufenen Vertreter, denen beratend die Abgeordneten von Berlin zur Seite standen, sind sich bei dem Werke der von der Machtlage erzwungenen Beschränkung ihrer freien Entscheidung bewußt gewesen. Sie haben bei der Durchführung ihres Auftrags sich als stellvertretend auch für jene Deutschen empfunden, denen die Mitwirkung an dieser Aufgabe versagt war. Mit ihnen gemeinsam halten sie an dem unverzichtbaren Recht fest, dieser Regelung die freie Gestaltung des nationalen Gesamtlebens folgen zu lassen. Das Volk in den anderen deutschen Ländern bleibt aufgefordert, den Beitritt zur Bundesrepublik Deutschland zu vollziehen und in gemeinsamer Entscheidung und Verantwortung die nationale Einheit und Freiheit neu zu gründen.

Ich habe die Worte „neu zu gründen" gerne zurückgezogen zugunsten des Ausdrucks „zu vollenden".

Ich will diesen Entwurf nicht breit kommentieren. Ich habe die Besatzungsmächte mit Bewußtsein draußen gelassen und nur von der „Machtlage" gesprochen. Ich habe mit Absicht neben den Begriff „Grundgesetz" den der „verfassungsmäßigen Rechtsordnung" gestellt, um ein größeres Pathos hereinzubringen. Ich habe mit Absicht den Begriff der Stellvertretung, gegen den man auch den Ausdruck des Treuhänderischen vertauschen kann, mit in diesen Vorschlag hereingenommen.

Heute früh nun hat ein Freund, der früher stark im politischen Leben stand, in einem Brief eine Frage an mich herangetragen, die mich seitdem bewegt. Er meinte: Ihr müßt eigentlich etwas hereinbringen von dem Zustand, in dem dieser Versuch gemacht wird, der so unvergleichbar mit jedem anderen historischen Zustand ist: daß wir das Verfassungswerk schaffen in einem **Zustand der Friedlosigkeit,** daß wir den Frieden noch nicht haben. Das muß man überdenken. Wir sind heute — und da schließe ich mich der Auffassung des Herrn Dr. Süsterhenn durchaus an — von der Rezeption des historischen Begriffs **„Reich"** so weit entfernt, daß wir auf ihn verzichten. Das Reich hat sachlich in seiner seelischen Greifkraft aufgehört im Jahre 1648, nicht 1806 und nicht 1870, wie vorhin gesagt war. In diesen Tagen wird der Versuch gemacht, uns das Jahr 1648 zu vergegenwärtigen. Die Erinnerung daran ist von einer wahnsinnig schmerzhaften Aktualität, Frieden, Frieden, Frieden, danach hat das Volk damals gerufen, wie es heute danach ruft. Das Jahr 1648 ist in der Kriegsgeschichte wichtig genug; viel wichtiger ist es in der deutschen Verfassungsgeschichte. Denn recht eigentlich von diesem Jahre ab beginnt das Ende des Reiches; von diesem Jahre ab beginnt auch das — ich will mich da auf keine politische Auseinandersetzung einlassen —, was man heute in Deutschland „Föderalismus" nennt, mit der Berufung darauf, daß eine besondere deutsche Eigentümlichkeit sei, was im Grunde ein von der Fremde diktiertes Gesetz der Not und der Schwäche gewesen ist. Wir wollen uns den Gedanken durch die Seele und das Hirn gehen lassen, ob wir von dieser Situation der Friedlosigkeit etwas zu sagen haben.

Im ganzen glaube ich, daß unsere gemeinsame Besinnung noch einmal dorthin gehen muß, daß wir den Versuch der Straffung machen und den Versuch, den Akzent des Feierlichen zu sichern. Das muß gelingen, ohne daß wir in die Sprüche und in die Illusionen geraten. Wir dürfen das Werk nicht aufstellen für die Hämischen oder aus Angst vor den Hämischen. Sie sind vorhanden, gleichviel was wir machen. Die werden über das, was wir hier zustande zu bringen versuchen, ja doch ihre bösen, wüsten, absprechenden Bemerkungen machen. Wir müssen an diejenigen denken, die guten Willens sind und die wir irgendwie seelisch ergreifen wollen, ergreifen müssen und ergreifen können. Auf diese kommt es an.

Darüber, ob man eine **theologische Formel** mit hereinnimmt oder nicht, können wir miteinander reden. Aber von dorther kommt auch die Sorge, dabei Gott zu bemühen für die Unzulänglichkeiten, die Torheiten und die Mißverständnisse, die auf Grund eines sehr menschlichen Werkes entstehen. Man muß sehr vorsichtig sein um der theologischen Position willen, diese sehr diesseitigen Werke zu stark im Metaphysischen verankern zu wollen, weil man sich selber dann in eine quasi Nichtverantwortung begibt. Aber darüber wird zu sprechen sein. Mir kommt es darauf an, daß wir die knappe, feierliche und doch sachlich bindende Form in der Präambel schaffen können, die, so mühsam und anständig unser gemeinsames Bemühen gewesen ist, im Ergebnis bis jetzt leider noch nicht vorliegt.
(Lebhafter Beifall bei der FDP.)

1.4. **Reuter (SPD)**

REUTER (SPD): Herr Präsident, meine Damen und Herren! Ich möchte einige kurze Bemerkungen machen und, wie der Herr Präsident schon sagte, als Vertreter Berlins sprechen, und zwar zur Präambel.

Herr Abgeordneter Renner hat die Aktivlegitimation dieses Hauses bestritten und hat gemeint, daß dieses Haus nicht berechtigt sei, ein Grundgesetz zu verabschieden.

(Renner (KPD): Ist die Aktivlegitimation eines Vertreters von Berlin festgestellt worden?)

— Herr Abgeordneter Renner, ich habe Sie nicht unterbrochen, ich würde Ihnen dankbar sein, wenn Sie die Liebenswürdigkeit hätten, mich einmal anzuhören. Es könnte vielleicht für Sie ganz interessant sein. —

Herr Abgeordneter Renner hat erklärt, daß dieses Hohe Haus überhaupt nicht die **Aktivlegitimation** habe, ein Grundgesetz für einen Teil oder für die Gesamtheit Deutschlands zu verabschieden, dieses Hohe Haus bestehe nur auf Grund eines Befehls irgendwelcher Besatzungsmächte. Herr Abgeordneter Renner, ich möchte mir erlauben, festzustellen, daß die **Vertreter Berlins** aus eigenem Beschluß der Berliner Bevölkerung mit Zustimmung dieses Hohen Hauses hier sind.

(Bravo!)

Unsere Anwesenheit ist von keiner Besatzungsmacht erwähnt worden. Wir haben in Berlin unseren Beschluß aus eigenem Willen auf Grund einer demokratischen Entscheidung unserer Bevölkerung gefaßt.

(Bravo! — Zurufe des Abg. Renner (KPD).)

— Wir repräsentieren, Herr Abgeordneter Renner, unsere Berliner Stadtverordnetenversammlung.

(Renner (KPD): Ja, das kennen wir alles!)

— Nein, das kennen Sie leider nicht! Dadurch unterscheiden wir uns voneinander. Wir repräsentieren die Meinung der gesamten Berliner Bevölkerung, nicht nur, wie Sie freundlicherweise bemerken zu müssen glaubten, der Westsektoren, sondern ganz Berlins. Und da Sie und Ihre Freunde gelegentlich leise Zweifel äußern, so wollen wir Ihnen demnächst Gelegenheit geben, in **freien Wahlen** Ihre Meinung ebenfalls zu äußern, und wir hoffen, daß Sie sich den demokratischen Gepflogenheiten anpassen und sich an diesen Wahlen, vor denen Sie soviel Angst haben, beteiligen werden.

(Sehr gut!)

Sie werden von der Berliner Bevölkerung dieselbe Antwort bekommen. Sie können mit Ihrem Ritterkreuzträger Markgraf wieder dorthin abfahren, wo Sie hergekommen sind, wenn die Wahl in freier Entscheidung unseres Volkes Platz greift.

(Erneuter Zuruf des Abg. Renner (KPD).)

Herr Abgeordneter Renner hat dann gemeint, es bestehe keine **Aktivlegitimation** für die Ostzone. Rein rechtlich betrachtet ist das natürlich richtig. Dieser Fehler läßt sich aber faktisch sehr schnell beheben, wenn die Freunde des Herrn Abgeordneten Renner der Ostzone die Möglichkeit geben, in freier Wahl zu der Frage Stellung zu nehmen, ob sie mit uns zusammen ein Grundgesetz für ganz Deutschland schaffen wollen oder nicht.

(Sehr richtig!)

Seien Sie sicher: 99 % der Bevölkerung würden Ihnen die Antwort geben, die Sie verdient haben. Denn, Herr Abgeordneter Renner, gerade die Unterschiede zwischen der Ostzone und dem, was hier in diesem Gesetz geschaffen werden soll, geben uns das Recht, zu sagen, daß

Der Regierende Bürgermeister von Berlin, Ernst Reuter (SPD) (links), und sein späterer Nachfolger, Otto Suhr (SPD), in den Reihen des Parlamentarischen Rates.

wir nicht nur Berlin, sondern auch die gesamte Ostzone selbst vertreten.

Sie haben von **Enteignungen** gesprochen.

(Zurufe des Abg. Renner (KPD).)

— Sprechen Sie doch nicht von Enteignungen! Wie ist es denn in der Ostzone? Jeder Mensch ist doch dort enteignet, denn kein Mensch ist dort seines Eigentums mehr sicher. Das ist der Charakter, den Sie dem Eigentum in Ihrer Zone geben. Sprechen Sie doch nicht von Grundrechten und Menschenrechten in einem Augenblick, in dem Ihre Vertreter ganz offen und ungeniert sich zur Einrichtung der Konzentrationslager bekennen und uns selber diese Konzentrationslager als den demnächstigen Aufenthaltsort ankünden.

(Zuruf des Abg. Renner (KPD).)

— Nein, Herr Renner, die **Ostzone** und die Bevölkerung der Ostzone will zurück zu ihrem **Vaterlande** und will einen **Rechtsstaat** haben, in dem in Freiheit, Selbständigkeit und Unabhängigkeit der einzelne seines Lebens und seiner Existenz sicher ist. Das ist die tiefe, heiße, unausrottbare Sehnsucht aller Deutschen, mit Ausnahme der wenigen Nutznießer einer einzigen Besatzungsmacht,

(Sehr gut!)

deren einzige Stütze der Ritterkreuzträger Markgraf in Berlin und deren einzige Stütze in der Zone der Herr General v. Seydlitz ist. Wir überlassen Sie neidlos dieser Gesellschaft, in der wir uns nicht befinden wollen.

Sie können sicher sein, Herr Abgeordneter Renner, an dem Tage, an dem Sie in der Ostzone den dort vorhandenen Parteien die Möglichkeit geben, frei und selbständig ihr organisatorisches Gefüge aufzubauen und über ihre eigenen Angelegenheiten ohne Einmischung von Ihnen oder Ihrer Auftraggeber zu entscheiden, und an dem Sie ferner der größten demokratischen Partei, der Sozialdemokratischen Partei Deutschlands die Möglichkeit geben, mit Kandidaten aufzutreten, an dem Tage ist Ihre Herrlichkeit zu Ende, an dem Tage ist das **Provisorium von Bonn** in ein **Definitivum** des ganzen deutschen Volkes verwandelt worden.

(Lebhafter Beifall.)

Für diesen Tag zu arbeiten, das sehen wir als die vornehmste Aufgabe der Berliner Vertreter an. Gerade weil wir in unbestreitbarer völliger Unabhängigkeit von irgendeiner äußeren Macht uns zu dem Werk mit bekennen und an ihm mitwirken wollen, das hier als ein Rechtsstaatgebilde geschaffen werden soll, gerade deswegen haben wir auch das Recht zu sagen, daß, wenn die Ostzone frei sein wird, endgültig dieses Provisorium, das geographisch ein Provisorium ist, das politisch ein Provisorium ist, weil der Osten nicht dabei sein kann und weil der Osten noch nicht mitwirken kann, unter Mitwirkung der Vertreter des Ostens ein Definitivum werden wird.

Herr Abgeordneter Renner, Sie machen einen großen Fehler.

(Renner (KPD): Ich bin Sozialist, das ist mein Fehler!)

Sie vergessen, daß das Deutsche Volk Sie und Ihr System zu nahe kennengelernt hat.

(Renner (KPD): Das sind olle Kamellen!)

Wir leben nicht von propagandistischen Auseinandersetzungen, wir leben von den täglichen Auseinandersetzungen, zu denen wir durch die brutale Stiefelgewalt, die Sie repräsentieren, gezwungen werden. Sie machen einen anderen Fehler, Herr Abgeordneter Renner. Sie unterschätzen ihre Gegner.

(Renner (KPD): Ganz und gar nicht. Ich weiß, daß hinter Ihnen die Wallstreet steht!)

Wir werden diesen Kampf so lange führen, bis Sie nicht nur in Berlin und in der Ostzone, sondern auch hier verschwunden sein werden, bis das deutsche Volk in wirklicher, unabhängiger Freiheit ein wirklich demokratisches Gebilde aufgebaut haben wird.

(Renner (KPD): Auch unabhängig vom Dollar?)
Dann werden wir eines Tages in der Lage sein, ohne daß wir Ihre Propagandareden anhören müssen, die Arbeiten, die wir jetzt hier leisten, noch einmal zu überprüfen. Dieser Tag, an dem Sie in die Richtung abgefahren sein werden, wo Sie hingehören, wird ein wirklicher Freudentag für ganz Deutschland sein.
(Beifall.)
Deswegen glaube ich, von der Aktivlegitimation sollte niemand reden, dessen **Aktivlegitimation** allein in dem **Auftrag einer Besatzungsmacht** besteht. Von der Aktivlegitimation können diejenigen reden, die in voller Freiheit, in voller Unabhängigkeit und in klarer Erkenntnis aller politischen Zusammenhänge sich entschlossen haben, gemeinsam mit den Vertretern Westdeutschlands hier ein neues Werk zu errichten.

Dieses **Westdeutschland** umfaßt zusammen mit **Berlin** immerhin beinahe 50 Millionen. Die Anmaßung, mit der Sie in der Ostzone glauben, mit Ihren Zentralverwaltungen, Wirtschaftskommissionen und anderen Einrichtungen, in denen kein einziger gewählter Repräsentant des deutschen Volkes tätig ist, anderen Menschen Ihren Willen aufzwingen zu können, diese Anmaßung wird eines Tages ein Ende nehmen.

Wir Berliner hoffen, daß dieses **Grundgesetz,** das durch die Präambel eingeleitet wird, die Ideen und Gedankengänge des Rechtsstaates, des Rechtsschutzes und der Würde und Unverletzlichkeit des Menschen und die Sicherheit des Menschen vor Polizeigewalt und die Klarstellung, daß der Mensch seinem ordentlichen Richter vorzuführen ist, wenn er etwas begangen hat, und nicht, daß er im Dunkel der Nacht verschwindet und man nach Jahren nicht weiß, wo er geblieben ist — wir hoffen, daß das Grundgesetz diese Grundsätze so fest verankert, daß alle Menschen in der Ostzone ganz klar wissen, wohin sie gehören: dahin, wo die Fahne der Freiheit weht!
(Lebhafter Beifall und Händeklatschen. — Renner (KPD): Mit dem Dollarzeichen!)

VI. Aus der 7. Sitzung des Parlamentarischen Rates vom 21. Oktober 1948

1. *Aussprache über die Länderkammer*

1.1. **Dr. Lehr (CDU)**

Dr. LEHR (CDU): Meine Damen und Herren! Mit diesem Punkt der Tagesordnung stoßen wir in eines der großen Probleme unserer Verfassungsaufgabe vor. Denn es ist klar, daß für das künftige politische Leben in Deutschland sowohl die Frage der Zusammensetzung wie die des Aufgabenbereichs der zweiten Kammer von wesentlicher Bedeutung sein werden. Die Frage, die wir heute morgen behandeln, ist deshalb eine eminent politische.

Bei den Beratungen unseres Organisationsausschusses war eines von vornherein klar und gab den Verhandlungen auch einen gewissen sicheren Ausgangspunkt. Es war die Tatsache, daß die **Notwendigkeit einer zweiten Kammer** durch alle Fraktionen hindurch unbestritten war. Das Einkammersystem bedeutet tatsächlich ja nur eine unvollkommene Demokratie. Dieses System läßt den Grundgedanken der Polarität, namentlich im Verhältnis zwischen Ländern und Bund, völlig außer acht. In allen Kulturländern der Welt hat es zu allen Zeiten gegeben und gibt es auch heute noch zwei Häuser. Diese zwei Häuser müssen sich gegenseitig abstimmen, um den echten Staatswillen gemeinsam zu finden. Von diesem Grundgedanken sind wir also ausgegangen.

Dagegen gingen und gehen unsere Ansichten über den **Aufgabenbereich** und die **Zusammensetzung** auseinander. Auf der einen Seite steht die Forderung nach voller Gleichberechtigung beider Häuser, der das Vetorecht gegenübergestellt wird, das mit einer qualifizierten Mehrheit ausräumbar sein soll. Auf der einen Seite steht ferner der Gedanke der reinen Bundesratsvertretung, des reinen Bundesratsprinzips, das heißt der ausschließlichen Vertretung durch Regierungsmitglieder der Länderkabinette, auf der anderen Seite das reine Senatsprinzip, das bedeutet, daß man an Stelle der Bürokratie dem Persönlichkeitswert des freien, unabhängigen Bürgers den Vorrang geben will.

Wenn zwei derartige Auffassungen sich schroff gegenüberstehen, so liegt es nahe, daß vermittelnd ein weiterer Vorschlag zum Ausdruck gekommen ist, ein Gedanke, der das Für und Wider beider Systeme reiflich abwägt und versucht, das Beste und Wertvollste aus ihnen zu einem Vermittlungsvorschlag zu vereinigen. Denn es war uns bei den Verhandlungen im Organisationsausschuß immer klar, daß hinter den Vorschlägen, die von hier ausgehen und später einer Nationalversammlung vorgelegt werden sollen, eine starke Mehrheit stehen und daß auch unser gesamter Vorschlag sich später auf eine überwältigende Mehrheit unseres Volkes stützen muß. Letzten Endes müssen wir, gleichgültig wie der einzelne denkt und wie sehr er mit seinem eigenen Vorschlag auch persönlich verbunden sein mag, nur einen Grundsatz voranstellen, nämlich den, das zu schaffen, was für das deutsche Volk in seiner Gesamtheit wichtig und richtig ist.

Wenn wir uns im besonderen über die Fragen der **Gleichberechtigung** oder des **Vetorechts** hier unterhalten, müssen wir zurückdenken an die Erfahrungen in der Weimarer Zeit, an die Tatsache, daß die Weimarer Verfassung weder ein Bundesrats- noch ein Senatsprinzip noch überhaupt eine zweite Kammer kannte. Rückblickend erübrigt sich die Frage, wie die Verhältnisse sich 1933 entwickelt haben würden, wenn, als man von nationalsozialistischer Seite dem Reichstag ein Ermächtigungsgesetz abverlangte, eine vollberechtigte zweite Kammer vorhanden und deren Zustimmung zum Ermächtigungsgesetz erforderlich gewesen wäre. Dem Reichsrat der Weimarer Verfassung fehlte die Möglichkeit, die föderalistischen Kräfte des Reiches ausgleichend zusammenzufassen. Deshalb bedeutet nach der Auffassung meiner Freunde ein Vetorecht, mag seine Ausräumung an noch so qualifizierte Mehrheiten gebunden sein, einen Rückschritt und wiederholt die Unzulänglichkeit der Regelung der Weimarer Verfassung.

Ein Kompromiß hinsichtlich der Vollberechtigung der Länderkammer würde nach unserer Auffassung das ganze Werk der Neuschöpfung gefährden und gerade die Fehler nicht vermeiden, die wir gerne vermieden wissen wollen, und wir selbst würden nicht zielbewußt und schöpferisch neue Wege gehen. Deshalb vertreten wir den Standpunkt der vollen Gleichberechtigung, also den Standpunkt, daß erst aus den übereinstimmenden Willensäußerungen der beiden Kammern sich der echte Staatswille ergibt, der einen jederzeit arbeitsfähigen Gesamtstaat lenken soll. Wenn wir auch keinen Parlamentsabsolutismus wünschen, so wollen wir auf der anderen Seite keineswegs die Rechte schmälern, die dem Parlament zustehen. Wir erstreben vielmehr eine wohlabgewogene Gewaltenteilung und eine echte, rechte Ausbalancierung der Kräfte. Wir haben auf der einen Seite das vorwärtsdrängende Element des Parlaments, bewegt von seinen Parteien, die wetteifernd um die Probleme des Tages ringen, und auf der anderen Seite eben diesen Geist der Kontinuität und Stabilität, des ruhigen Abwägens durch Staatsmänner, die in ihren Kabinetten aktiv wirken, und durch solche, die auf lange Erfahrungen zurückblicken und von sich aus gestaltend mit eingreifen. Das sind eben zwei gänzlich verschiedene Elemente, und da stehen wir auf dem Standpunkt: Suum cuique, jedem das Seine.

Wenn ich nunmehr zu der Frage der **Zuständigkeit** übergehe und dabei von dem eben verfochtenen Grundsatz der vollen Gleichberechtigung ausgehe, dann formuliere ich gern wie auch Art. 65 des Herrenchiemseer Entwurfs den Satz: Durch die Länderkammer wirken die Länder bei der Gesetzgebung, der Regierung und der Verwaltung des Bundes gleichberechtigt mit. Das bedeutet, daß Gesetze einen übereinstimmenden Beschluß beider Häuser erfordern, daß die Länderkammer das Recht der Gesetzesinitiative hat, daß sie mitzusprechen und mitzubestimmen hat über die Ausführungsbestimmungen und über allgemeine Anweisungen zu Bundesgesetzen, daß sie auch das Recht hat, bei allgemeinen Organisationsmaßnahmen, bei Ausübung der Bundesaufsicht und letzten Endes auch bei Durchführung des Bundeszwanges mitzuwirken und mitzubestimmen. Dabei wollen wir als Besonderheit betonen, daß der Erlaß von Ausführungsbestimmungen und allgemeinen Anweisungen Sache insbesondere der Regierungsvertreter sein soll, die gewissermaßen gleich einer Kurie in der Länderkammer selbst ein Sprachorgan der Länderregierungen sein und gerade die Fragen entscheiden sollen, deren Ausführung den Ländern selbst obliegt.

Mit dieser Formulierung komme ich ganz von selbst zu der Frage, wie der **föderalistische Charakter der Verfassung** gesichert werden soll. Die Hervorhebung der Stellung der Regierungsvertreter in der Länderkammer stellt schon eine solche Sicherung des föderalistischen Charakters der Verfassung dar. Aber die Frage ist doch die, ob eine zweite Kammer überhaupt das geeignete Instrument ist, den föderalistischen Charakter einer Verfassung zu sichern. Zweikammersystem und Föderalismus sind keineswegs identische Begriffe. Die zweite Kammer ist in einem Einheitsstaat ebenso denkbar wie in einem Bundesstaat. Das föderalistische System bedeutet vielmehr, daß in einem Bundesstaat die Aufgaben so bestimmt und verteilt werden müssen, daß jede Arbeit, die eine Unterstufe erfüllen kann, auch dieser Unterstufe zugewiesen und von ihr geleistet wird.

Die Sicherung gegen den zentralistischen Machtstaat und gegen eine etwa befürchtete Aushöhlungspolitik gegenüber den Ländern muß vor allem auf folgende Weise geschaffen werden: Erstens durch eine den Bund, die Länder und die Gemeinden in ihrer selbständigen Existenz und in ihren Rechten sichernde Verteilung der Finanzen; zweitens durch eine Verteilung der Aufgaben zwischen Bund und Ländern, wie sie durch ausdrückliche Zuweisung im Zuständigkeitskatalog der Artikel 35, 36 ff. unseres Verfassungsentwurfs und durch die Ablehnung des Begriffs der Kompetenz-Kompetenz, die — sei sie ausdrücklich, sei sie durch die Fassung anderer Artikel ausgesprochen — vorgesehen ist. Drittens ist ein wesentliches Instrument zur Sicherung des Föderalismus dadurch geschaffen, daß man es in der Verfassung durch besondere Bestimmungen erschwert, die Bundesverfassung zu ändern. Nehmen wir zu diesen drei Postulaten noch die besonderen Kompetenzen der Regierungsvertreter in der Länderkammer hinzu, so haben wir mit dem Ganzen ein wohlabgewogenes und sicheres Gebäude, das den föderativen Charakter des künftigen Bundesstaates eindeutig sichert.

Ich komme zur **Zusammensetzung der Länderkammer.** Man schafft die Länderkammer als ein wirklich vollwertiges Organ, und zwar, um jedes Mißverständnis auszuschließen, als ein vollwertiges Bundesorgan. Die Länderkammer ist kein Organ der Länder, sie ist ein echtes Bundesorgan, an welchem die Länder als gegebene Machtfaktoren an der Willensbildung des Bundes und an der Ausführung dieses Willens beteiligt sind und auch tatsächlich als solche handeln und zur Geltung kommen. Wenn man die Länderkammer so konstruiert, dann ist ihre Zusammensetzung mit Sorgfalt abzuwägen. Hier entsteht sofort eine schwerwiegende organisatorische Frage: Soll man die Vertretung der Länder rein durch Beauftragte der Landesregierungen im weitesten Sinn, also durch sachverständige Beamte aus den obersten Stufen der Beamtenhierarchie gestalten, oder soll man den Persönlichkeitswert voranstellen durch den Typ eines von der Staats- und Parteibürokratie unabhängigen, freien Bürgers, der in seinem Beruf und in seinem bisherigen politischen Verhalten bewährt ist, der auf Grund seines Könnens und seiner Erfahrung unabhängig urteilt? Das sind die beiden entscheidenden Fragen.

Ich wiederhole noch einmal, daß wir uns bewußt sein müssen, unsere Verfassungsvorschläge so zu gestalten, daß sie auch wirklich in weiten Teilen unseres Vaterlandes populär werden und anregend wirken zur Mitarbeit in Bund, Ländern und Gemeinden. Das ist sicher nicht ganz leicht in diesem Augenblick, da weiten Teilen unserer Bevölkerung das ganze Geschehen der jüngsten Zeit, der hinter uns liegenden drei Jahre, noch lebendig ist, da wir unter dem Eindruck dieses völlig verfehlten Entnazifizierungsverfahrens stehen, da bereits wieder ungefähr 39 Parteien in Deutschland miteinander ringen und da die Jugend bedauerlicherweise, aber auch erklärlicherweise vielfach noch abseits steht.

Deshalb ist bei vielen meiner Freunde der Gedanke vertreten worden, daß ein **reiner Bundesratscharakter,** eine reine Vertretung durch die Mitglieder der Kabinette allein nicht die Resonanz in der Bevölkerung finden könnte und daß durch den neu zu schaffenden Typ des älteren Staatsmannes ein besonderes, lebendiges Element geschaffen werden könnte, das in weiten Kreisen der Öffentlichkeit anziehend wirkt. Erinnern wir uns doch aus der Geschichte des Parlamentarismus namentlich in unserem Nachbarland Frankreich, daß in der zweiten Kammer oft hervorragende Volksvertreter gesessen haben, deren Meinung und Persönlichkeit weit über das eigene Land und über die Ideen hinausstrahlten, die sie jeweils dort vertraten. Auf der anderen Seite aber ist mit Recht ausgeführt worden, daß gerade die besondere Sachkunde der **Regierungsvertreter** unentbehrlich ist und daß die gewählten **Senatoren** unter keinen Umständen einfach die politische Zusammensetzung der Volkskammer widerspiegeln dürfen.

Wenn man aus beiden Gedankengängen das Wesentliche und Wertvolle herauskristallisiert, dann kommt man zu Ausgleichserwägungen, welche sowohl den Regierungsvertreter-Charakter, wie ihn die Vertreter des Bundesratsprinzips wünschen, als auch den Senatoren-Charakter miteinander verbinden. Die Regierungsvertreter dürfen — und das ist eine Voraussetzung für ihren vollwertigen Einsatz — unter keinen Umständen weisungsgebunden sein, sondern sie müssen auch, genau wie die Senatoren, nach freier Überzeugung stimmen können. Nun wird man, wenn man realpolitisch denkt, da sofort einwenden: Ja, aber die Regierungsvertreter

werden doch zweifellos die Meinung ihrer Kabinette vertreten!
(Dr. Menzel (SPD): Vertreten müssen!)
— Sicher werden sie das, denn sie kommen ja aus wohlabgewogenen Beratungen ihrer Kabinette und haben sich dort auch ihre Meinung gebildet. Aber sie sollen trotzdem nach freier Überzeugung stimmen. Das wird in der Verfassung ausdrücklich festzulegen sein. Deshalb können sie auch — und das ist die natürliche, logische Folge — jederzeit von ihren Regierungen abberufen werden, wenn sich ein auf die Dauer in den Kabinetten nicht erträglicher Dissensus herausstellen sollte. Aber die Tatsache, daß die Regierungsvertreter nicht weisungsgebunden sein sollen und daß auch durch sie das **nichtinstruierte Votum** in der Kammer sichergestellt werden muß, führt andererseits zu dem richtigen Schluß, daß auch Kabinettsmitglieder wählbar sein können.

Man wird weiter einwenden, daß durch die Entsendung von Regierungsvertretern in die Legislative gegen das Prinzip der Gewaltenteilung verstoßen wird. Es ist aber etwas wesentlich anderes, ob nur eine bestimmte Anzahl von Regierungsvertretern in der Legislative mitwirkt neben einer entsprechenden Anzahl von freien Senatoren, oder ob die Mitwirkung in der Legislative ausschließlich in der Hand von Regierungsvertretern liegt. Man soll in diesem kombinierten System doch den Ländern die Gelegenheit geben, in diese neue Gestaltung, in diese neuen Verhältnisse hineinzuwachsen, und man muß auf der anderen Seite einmal eine Weile ruhig zuwarten können, bis sich der in unserem deutschen Vaterlande noch in der Entwicklung begriffene Gedanke des freien, unabhängigen, erfahrenen älteren Staatsmannes entwickelt. Es hieße doch sich ein Armutszeugnis ausstellen, wenn man nicht glaubt, auf diesem Wege zum Ziel kommen zu können, und daran verzweifelt, etwa einen solchen Typ bei uns herauszubilden.

Bei einer Zusammenarbeit von Regierungsvertretern und Senatoren wird auch der Einwand vermieden, daß durch die Entsendung von Ministern oder ihrer Vertreter die Herrschaft der **Ministerialbürokratie** aufgerichtet wird. Den hört man namentlich dann, wenn man Bedenken hat, daß Minister in ihr Amt kommen, die noch neu in ihrer politischen Tätigkeit sind und ihrem Amt auch noch ohne lange Erfahrungen gegenüberstehen. Aber man vermeidet auf diese Weise auch die Gefahr der Politisierung der ernannten Regierungsvertreter, die sich ja immer mit den freien Senatoren abstimmen müssen, und vermeidet letztlich auch die Gefahr, daß die Regierung in die Hand einer einzelnen Partei gerät.

Der von uns so befürwortete lebendige Austausch von Meinung zu Meinung wird nicht nur die schöpferische Arbeit in der Kammer lebhaft befruchten, er wird auch allgemeines Interesse im Volk erwecken, um so mehr, je stärker die Persönlichkeiten sind, die dort in der zweiten Kammer um die Meinung und den Willen des Staates ringen. Je ausgeprägter die Persönlichkeiten auf der Senatorenseite sind, desto mehr ist für die Regierungen in den Kabinetten der Anlaß gegeben, auch ihrerseits möglichst starke und selbstsichere Persönlichkeiten aus den Regierungen heraus zu entsenden zum Kampf der Geister in der Länderkammer. Die Regierungsvertreter sind selbstverständlich abhängig vom Vertrauen ihrer Landtage und werden darauf immer in einer gewissen Weise Rücksicht nehmen. Aber es stärkt sie in der Abgabe ihrer unabhängigen, freien Meinung, wenn sie sich eben auch auf die Meinungsbildung der freien Senatoren stützen können.

Für die Grundsätze, nach denen wir unsere **Länderkammer** ausgestalten wollen, ist ganz besonders wichtig das von mir noch einmal mit Nachdruck herauszustellende **Prinzip der Stabilität.** Das steht neben dem Prinzip des nichtinstruierten Votums gleichwertig im Vordergrund. Es läßt sich dadurch unterstreichen, daß die von den Landtagen gewählten Mitglieder der Länderkammer im Gegensatz zu den jederzeit abberufbaren Regierungsvertretern auf eine

Zeitdauer von 6 Jahren gewählt werden. Nimmt man dann noch alle 2 Jahre einen Wechsel zu einem Drittel der gewählten Senatoren vor, so schafft man aus diesen beiden Gedanken zusammen das Prinzip der ewigen Länderkammer, und das ist eine wesentliche Sicherung der Stabilität und der Kontinuität. Die Einzelheiten des Verfahrens bezüglich Bestellung der Regierungsvertreter und Wahl der Senatoren muß man selbstverständlich der Ländergesetzgebung überlassen, man soll da nicht bundesstaatlich hineinregieren.

Eine besonders wichtige Funktion wird das Mitwirkungsrecht bei der Notverordnungsgesetzgebung sein und endlich die Eigenschaft als Legalitätsreserve bei der Regierungsbildung. Ich möchte wegen der vorgeschrittenen Zeit, damit der Herr Präsident nicht die Glocke in Bewegung setzt, mich hier sehr kurz fassen und deshalb noch einmal in einzelnen Thesen das Wesentliche zusammenfassen, was ich im Namen meiner Freunde Ihnen vorzuschlagen habe:

Erstens: Vollberechtigung der Länderkammer mit all den Einzelheiten, wie ich sie Ihnen vorgeschlagen habe: übereinstimmender Beschluß bei der Gesetzgebung und Gesetzesinitiative, Mitwirkung bei den Ausführungsbestimmungen.

Zweitens: Bei nicht übereinstimmenden Beschlüssen von Volkskammer und Länderkammer Zusammentreten der entsprechenden Ausschüsse auf beiden Seiten zu einer Neuberatung und zu dem Versuch eines Ausgleichs, auf Grund dessen dann erneute Beratungen in beiden Häusern stattfinden sollen.

Drittens als weiterer Rahmengrundsatz: Die Länderkammer setzt sich zusammen aus **Vertretern der einzelnen Bundesländer.** Die verschiedene Stärke der einzelnen Bundesländer wird man allerdings wohl in Rechnung stellen müssen. Ich weiß, daß auch hier die Meinungen auseinandergehen, daß manche Mitglieder unseres Ausschusses nachdrücklich dafür eingetreten sind, die Länder ohne Rücksicht auf ihre Größe im Interesse der Demokratie in gleicher Weise zu beteiligen. Aber ich glaube, daß man nach dem Grundsatz der verschiedenen Leistungen der Länder wohl nicht umhin kann, zu differenzieren, wobei ich zahlenmäßige Vorschläge heute hier im Plenum vermeiden und nur darauf hinweisen möchte, daß man einmal die Einwohnerzahl, zum anderen aber auch die ganze Struktur eines Landes zugrunde legen kann. Auf jeden Fall wird man bedenken müssen, daß die Länderkammer, wenn man sie zahlenmäßig betrachtet, nicht ein Parlament wie die Volkskammer sein soll und deshalb in ihrer zahlenmäßigen Struktur wesentlich kleiner sein muß, um eben die besondere Struktur der zweiten Kammer zum Ausdruck zu bringen. Die Hälfte der Mitglieder einer solchen Kammer würde von dem Ministerpräsidenten jeden Landes nach Beschluß des Kabinetts zu ernennen sein. Sie müssen Mitglieder der Landesregierung sein. Die weitere Hälfte der Abgeordneten wird von den Landesparlamenten gewählt auf Grund eines Vorschlagsrechtes der Länderregierungen, die zweckmäßigerweise die doppelte Zahl der zu wählenden Abgeordneten vorschlagen, damit ein möglichst großer Kreis derer erfaßt sein soll, die aus allen Berufen, aus allen Schichten der Bevölkerung, allein mit Rücksicht auf Leistungen, Persönlichkeit und Erfahrung von den Landtagen gewählt werden sollen.

Viertens: Die Regierungsvertreter und die gewählten Mitglieder — das hatte ich einzeln aufgeführt — dürfen nicht weisungsgebunden sein, sondern müssen nach freier Überzeugung stimmen. Sie sind jederzeit abberufbar, während die Senatoren auf 6 Jahre gewählt und alle 2 Jahre zu einem Drittel erneuert werden. Die Einzelheiten, die dann noch übrigbleiben, bestimmen die Landesgesetze.

In diesem Rahmen, den ich Ihnen aufgezeigt habe, vorbehaltlich der Regelung von Einzelheiten, soll das Problem der Länderkammer nunmehr in den interfraktionellen Besprechungen weiter behandelt werden, und ich hoffe, daß die Beratungen sowohl im Organisationsausschuß wie in den interfraktionellen Besprechungen dazu führen, daß wir zu einem Vorschlag

kommen, der eine große Mehrheit in diesem Hause findet und der auch berufen ist, dem Verfassungsgesetz das zu geben, was ich ihm von Anfang an gewünscht habe: eine Popularität in unserem Lande und das Interesse der gesamten Bevölkerung zur Mitarbeit.
(Beifall bei der CDU.)

1.2. Dr. Dehler (FDP)

Dr. DEHLER (FDP): Meine Damen und Herren! Der Vorschlag, den Herr Kollege Dr. Lehr Ihnen soeben hinsichtlich der **Zusammensetzung der Länderkammer** und ihrer Funktionen vorgetragen hat, entspringt unserer Anregung. Wir halten ihn nach wie vor für glücklich. Wir haben ihn nicht erfunden. Unentwegte Achtundvierziger, die wir sind, haben wir uns gefragt: Wie sind unsere Großväter an diese Frage, die ihnen ja in der gleichen Weise wie uns als Aufgabe vorlag, herangegangen, welche Lösung haben sie gefunden? Sie haben sich die gleichen Antworten gegeben wie wir und haben am Ende in der **Verfassung vom 28. März 1849** neben das Volkshaus ein **Staatenhaus** gestellt, das zusammengesetzt ist zur Hälfte aus Vertretern der Länderregierungen und zur Hälfte aus Abgeordneten, die von den Landtagen gewählt werden.
(Zuruf: Aber ohne Vorschlagsliste der Regierung!)
— Sicherlich, diese Einschränkung wird von mir nicht aufgenommen.

Diese Lösung von 1849 haben wir aufgenommen. Wir haben zunächst eine herbe Kritik gefunden, sowohl auf der einen Seite des Hauses wie auch in der Öffentlichkeit. Man hatte das Gefühl, daß hier nichts Organisches vorgeschlagen werde; man sprach davon, daß hier unvereinbare Dinge miteinander vermengt würden, daß das typische faule Kompromiß vorliege. Das ging bis zu dem bösen Wort von der Kreuzung zwischen Dackel und Briefkasten.
(Heiterkeit.)
Es ist mit diesen Einwendungen eine Frage aufgeworfen, mit der wir uns auseinandersetzen müssen und die meines Erachtens nicht nur in diesem Punkte eine Rolle spielt.

Man hat vor allem gesagt: Hier fehlt jede Erprobung. — Oft habe ich das Gefühl: bei allen entscheidenden Fragen, vor denen wir stehen, haben wir eine Scheu, Wege zu beschreiten, die bisher noch nicht begangen waren. Ob das nun die Frage des Wahlrechtes ist oder die Frage der Regierung auf Zeit, Fragen, die entscheidend sind dafür, ob es uns gelingt, eine handlungsfähige, starke, wetterfeste Demokratie zu schaffen, überall die gleiche Hemmung davor, einen Weg zu gehen, der noch nicht ausgetreten ist. Man ist zu sehr fixiert an die Schablone.

Man wirft unserem Vorschlag vor, er sei nicht stilgerecht, es würden in ihm wesensfremde Stilelemente miteinander vermengt. Meine Damen und Herrrn, wir halten es mit Montesquieu und nicht mit Rousseau, mit dem esprit des lois und nicht mit dem contrat social. Haben wir nicht mit den **stilgerechten Demokratien** verdammt schlechte Erfahrungen gemacht? Wollen wir aus der Zeit, die hinter uns liegt, nichts lernen? Oft habe ich das Gefühl, daß wir uns in gespenstischer Weise genau so benehmen wie die Leute von 1919. Damals wurden „stilgerechte" Demokratien aufgezogen, in ganz Europa vom Atlantik und vom Mittelländischen Meer bis zu den russischen Grenzen. Das war die Herrschaft des Parlamentarismus, das war die Herrschaft des Proporz, weitgehendes Wahlrecht, ein angeblich gerechtes Wahlrecht, Wahlrecht der Frauen, Wahlrecht der Jugendlichen. Meine Damen und Herren, was ist dabei herausgekommen? Das waren die anfälligen Demokratien, die keinen Bestand hatten! Erinnern wir uns doch an dieses Massensterben der Demokratien, das sich da vor 1933 vollzogen hat. Das fing schon 1922 in Italien an und hat sich fortgesetzt bis zum Zusammenbruch der französischen Republik im Jahre 1940. Man vergißt, daß die Weimarer Republik verhältnismäßig sehr viel mehr Widerstandskraft gezeigt hat. Viele dieser Demokratien sind schon vor ihr erlegen. Das war kein Sterben in Schönheit, obwohl es angeblich stilgerechte Demokratien gewesen sind.

(Dr. Schmid (SPD): Aber, Herr Kollege Dehler: der Fortschritt besteht nicht immer darin, daß man über gestern auf vorgestern zurückgeht!)

— Beinahe möchte ich sagen, Herr Kollege Schmid, im Gegenteil! Man muß zurückgehen —

(Dr. Schmid (SPD): Auf vorvorgestern?!)

— Man muß auf dem Wege zurückgehen und fragen: Von wo an ist man in den falschen Seitenpfad eingebogen?

(Zurufe von der FDP: Sehr richtig! — Dr. Schmid (SPD): Nun ist es so: es ist das Wesen der Geschichte, daß sie nicht umkehrbar ist.)

— Eben! Wir haben vielleicht die letzte Chance, Herr Kollege Schmid, eine gesunde Demokratie zu schaffen, und ich habe das verdammte Gefühl, wir verderben diese Chance. Unsere Großväter waren klüger als die Schöpfer der Weimarer Verfassung. Sie haben nicht so jakobinisch gedacht wie das 20. Jahrhundert. Das ist mir das Entscheidende. Wir wollen nicht stilgerecht sein, um wieder stilgemäß zu sterben, sondern wir wollen etwas Gesundes, etwas Standfestes schaffen.

Das aber ist eine **Erfahrung der Geschichte,** daß nur die Demokratien Bestand gehabt haben, die nicht zu klar konstruiert waren, sondern die aufgebaut waren auf einer gewissen Vielfältigkeit, auf ausgleichenden Einrichtungen. Vielen Staaten ist das zugewachsen. Das können wir nicht nachholen. Wir können aber aus den Erfahrungen dieser beständigen Demokratien lernen. Ich bin der Meinung, wir folgen nicht dem Gesetz der Ästhetik, sondern wir folgen der Erfahrung der Geschichte, und da heißt es, man soll Gegengewichte schaffen. Herr Kollege Dr. Lehr sagt, man soll dem Gesetz der Polarität folgen. Das halte ich für richtig.

(Dr. Schmid (SPD): Aber sehen Sie: die Großväter haben nicht einmal ein Deutschland fertiggebracht!)

— Wir wollen nicht in eine Geschichtskritik eintreten, aber sie haben gute Ideen gehabt!

(Dr. Schmid (SPD): Aber sie haben sie nicht realisiert!)

— Das ist die Tragik des 19. Jahrhunderts. Vielleicht haben wir noch eine Chance, das nachzuholen. Vielleicht! Wir sehen die dunklen Wetterwände aufsteigen, aus denen vielleicht das Ungewitter kommt, das alles wegschwemmt. Aber wir wollen doch immerhin die geschichtliche Aufgabe, die wir hier zu erfüllen haben, einmal angehen und versuchen, etwas Rechtes zu schaffen.

Ich sage: Institutionen, die Gegengewichte bilden, Kräfte der Vielfalt! Das Simple, das Einfältige ist immer falsch und ungesund. Das Vielfältige ist richtig. Und darum habe ich das Gefühl,

(Dr. Schmid (SPD): Aber das Komplizierte ist falsch!)

das, was wir hier vorschlagen, ist gesund, das ist richtig. Das verbindet die Vorteile der Lösungen. Herr Kollege Dr. Lehr hat Ihnen die Dinge eben gezeigt: es verbindet die Vorteile der Lösungen des Bundesratsprinzips und des Senatsprinzips und vermeidet die Fehler der beiden.

Man kann dem **Bundesratsgedanken** doch vor allem entgegenhalten, daß er die Neigung zum Bürokratischen haben wird, und mit Recht sagt Herr Kollege Dr. Lehr, daß es wohl eine Illusion sein wird, wenn man glaubt, man könne Vertreter der Länderregierungen im Bundesrat weisungsfrei machen. Sie werden weisungsgebunden sein, sie werden die Exponenten ihrer Länderregierungen sein, und ich sage sogar: Das ist nicht falsch, sondern das soll so sein; das

ist der Ausfluß des bündischen Gedankens, daß der Wille der Länderregierungen zum Ausdruck kommt.
(Dr. Schmid (SPD): Das ist aber in der Schweiz nicht so und auch in Amerika nicht! — Gegenruf: Wir machen ja auch keine Schweizer Verfassung!)

Also ich meine: gerade durch die Verbindung der beiden Prinzipien wird man zumindest ein Gegengewicht schaffen gegen den einseitigen Willen der Länderregierung, der sich durch ihre Vertreter manifestiert, und auf der anderen Seite wird es ein Gewinn sein, die Erfahrungen und den Sachverstand, auch die Apparatur der Länderregierung bei diesem Organ zur Geltung kommen zu lassen.
(Dr. Schmid (SPD): Also die Bürokratie!)
— Ja, die soll zum Teil vorhanden sein, soll aber paralysiert werden durch das politische **Prinzip des Senators,** des politisch ausgerichteten Senators.
(Dr. Schmid (SPD): Also eine paralysierte Bürokratie soll eines der obersten Bundesorgane sein?)
— Nein, Sie denken konstruktiv, Herr Kollege Schmid.
(Dr. Schmid (SPD): Richtig, ich denke konstruktiv.)
— Nicht konstruktiv, sondern Sie denken viel zu mechanisch, zu rational! Sie sehen nicht die Möglichkeit, daß etwas wächst, und Wachstum heißt, aus der Spannung herauskommen.
(Zuruf des Abg. Dr. Schmid (SPD).)
Das ist gesund und ist wirkungsvoll.
VIZEPRÄSIDENT SCHÖNFELDER *(unterbrechend):* Herr Dr. Schmid: ich möchte doch bitten, die Zwischenrufe etwas einzuschränken!
Dr. DEHLER (FDP): Also ich glaube, es wird gut sein, positive Qualitäten — in einer Länderregierung steckt ja doch eine Elite, die schon viele Filter überstanden hat — in diesem obersten Organ wirken zu lassen.

Ein Bedenken kann man haben. Wenn man sich vorstellt, daß nach dem reinen Bundesratsprinzip neben dem Volkshaus die Länderkammer vollberechtigt in der Gesetzgebung mitwirkt, dann liegt ein Stilbruch vor insofern, als die Männer der Exekutive, denn das sind ja die Länderregierungen, vollberechtigt neben der Legislative der ersten Kammer stehen. Das ist eine Verletzung des rechtsstaatlichen Grundsatzes der Gewaltenteilung. Ich meine, dieser Stilbruch wird zumindest gemindert dadurch, daß im Bundesrat politische Persönlichkeiten, Senatoren eingeschaltet sind.

Auch bei der Frage der Regierungsbildung erscheint es mir erträglicher zu sein, daß im Falle des Versagens des Bundestages, wenn der Bundesrat notgedrungen zusammen mit dem Bundespräsidenten einspringt, dieses Organ nicht ausschließlich Exponent der Länderregierungen ist, sondern verbrämt ist mit dem politischen Willen der Senatoren. Das gleiche wiederholt sich auf der Ebene der Wahl des Bundespräsidenten.

Ich sehe in dieser von uns vorgeschlagenen Kombination durchaus Vorzüge, auch gegenüber den Mängeln, die man mit Recht dem reinen Senatsprinzip entgegenhält. Man kommt nicht darüber hinweg: ein reiner Senat, der durch die Landesparlamente gewählt ist, ist notgedrungen eine Wiederholung der politischen Struktur der Landtage, ist der gleiche politische Querschnitt, führt am Ende zu einer politischen Gleichschaltung der beiden Kammern.

Dieser Fehler wird nach meiner Meinung dadurch kompensiert, daß ein anderes Prinzip, der Wille der Länder, das bündische Prinzip, in diesem Organ zum Ausdruck kommt. Wir wollen nach unserer Überzeugung den **bündischen Aufbau** unseres Staates. Dann haben die Länder aber auch ein Recht darauf, an der Willensbildung des Bundes beteiligt zu sein. Ich glaube, beim reinen Senatstyp würde dieses Recht verkümmern. Die Senatoren wären keine wirklichen Vertreter der Länder. Da könnte man auch nicht durch das Mittelchen helfen, daß man etwa sagt: Die Senatoren sollen das Recht haben, an den Kabinettssitzungen der Länderregierungen teilzuhaben. Sie wären in Wirklichkeit von dem Willen der Länder losgelöst. Man braucht sich ja nur die Überschneidungen vorzustellen, die eintreten, wenn sich die Koalition einer Landesregierung ändert oder wenn ein Landtag aufgelöst wird. Die Senatoren haben dann zu diesen neugebildeten Länderregierungen überhaupt keine Beziehungen mehr. Darum wirkt auch insoweit der Gedanke durchaus glücklich und fortschrittlich, den wir Ihnen für die Bildung dieser Länderkammer vorlegen.

Bei der reinen Senatslösung besteht durchaus die Gefahr der **Fraktionsbildung** und damit der crux des Fraktionszwanges, wiewohl nach meiner Meinung bei der Erörterung dieser Frage zu leicht vergessen wird, welche fruchtbare Arbeit in der sachlichen, freimütigen Aussprache der Fraktionen geleistet wird. Auf jeden Fall wird, wenn man hier eine Gefahr sieht, die Kombination mit den Vertretern der Länderregierung, wird der Zwang, der darin besteht, daß die Senatoren sich auseinandersetzen mit dem gereiften und zielklaren Wollen der Vertreter der Länderregierungen, nur nützlich und heilsam sein und die Bindung der Fraktion sprengen.

Ich meine, der Vorschlag, von dem wir ausgehen, ist konstruktiv, ist nicht nur eine Vermittlung auf mittlerer Linie, sondern ist ein Kompromiß auf einer höheren Ebene, ein fruchtbarer Ausgleich, der der Sache nur nützen kann.

Bei dieser Lösung halte ich es für durchaus vertretbar, daß eine **echte zweite Kammer** geschaffen wird, daß diese zweite Kammer vollkommen gleichberechtigt gegenüber dem Parlament steht, daß sie ein Gegengewicht gegen den von uns nicht für glücklich gehaltenen übermächtigen Parlamentarismus bildet. Wir wollen durchaus auch hier das Gesetz der Polarität anerkennen. Wir halten es für glücklich, wenn eine Bremse eingeschaltet wird gegen eine Krankheit unserer Zeit, gegen die Hypertrophie der Gesetzgebung, gegen diesen Wahnglauben, daß man das Leben normieren könne, daß man durch die Normierung irgendwelche Wunder schaffe.

Daher nicht überwindbares Veto, sondern Gleichberechtigung dieser zweiten Kammer und auch dadurch wieder eine fruchtbare Spannung. Man muß sich davor hüten, in dem, was wir hier zu schaffen haben, so etwas wie ein Oberhaus, wie ein Herrenhaus zu sehen, wie eine Vertretung einer privilegierten Schicht, die es zu beschränken gilt und der gegenüber es darauf ankommt, notfalls die Möglichkeit der Überwindung zu haben. Wir erkennen die Notwendigkeit der Schaffung einer föderalen Kammer an, aus Vertretern der Regierungen, ergänzt durch die Senatoren. Diese Institution soll gleichberechtigt gegenüber dem Parlament stehen. Es entsteht natürlich ein Kondominium mit der notwendigen Folge, daß man zu einer Entscheidung, zu einem Gesetz, nur durch eine positive Entscheidung beider Kammern kommt. Aber wir sehen darin keinen Mangel, sondern im Gegenteil ein besonders gesundes Spannungsverhältnis. Wir haben die Möglichkeit erwogen, daß man notfalls einen Konflikt zwischen den beiden Kammern überwinden kann.

Wir haben zur Erwägung anheimgestellt, ob man zu diesem Zwecke nicht eine Bundesversammlung aus Bundestag und Bundesrat, ergänzt durch Vertreter der Landtage, bildet. Dieses Gremium wäre auch der richtige Wahlkörper für die Wahl des Bundespräsidenten, um ihm ein breiteres Forum, eine Art plebiszitäre Grundlage zu geben. Aber das halte ich nicht für unbedingt notwendig. Richtig ist auf jeden Fall die Gleichberechtigung beider Kammern als Regulativ, als Filter gegen überstürzte und nicht überdachte Gesetzgebung.

Ein Problem ist die Frage, wie man die **Zahl der Mitglieder** dieses **Bundesrates** regelt, ob man hier dem bündischen Prinzip folgt und jedem Land die gleiche Stimmenzahl gibt. Es spricht manches dafür, besonders wenn man daran denkt, daß partikularistische und oft auch hegemonielle Tendenzen in größeren Ländern vorhanden sind, die es zurückzudämmen gilt, und wenn man daran denkt, daß gerade die kleinen Länder früher auch die reichsfrommen und die reichstreuen waren, oft auch eine stärkere demokratische Tradition haben als die großen. Aber es will mir doch gerade angesichts der großen Lasten, die es auszugleichen gilt, angesichts der gewaltigen Aufgaben, die auf dem Ganzen liegen werden, richtig erscheinen, daß man das Gewicht der Länder zum Ausdruck bringt und die Zahl der Vertreter nach der Zahl der Einwohner abstuft.

Um noch einmal zu wiederholen, was ich auf einen Zwischenruf schon gesagt habe. Ich halte es für ausgeschlossen, wie es uns in dem Vorschlag der CDU vorgelegt wird, die Landtage bei der Wahl ihrer Abgeordneten dadurch zu beschränken, daß man ihnen eine Vorschlagsliste der Länderregierungen präsentiert. Das wäre unerträglich. Die Landtage sollen natürlich die Möglichkeit der unbeschränkten Auswahl haben. Man könnte erwägen, ob man hier irgendwelche ständischen Prinzipien zur Geltung kommen lassen könnte.
(Widerspruch.)
Aber ich bin der Meinung mit Ihnen, daß auch das sehr schwierig sein wird; denn wir haben keine echten Stände mehr.

Zusammenfassend: ich halte die Lösung, die wir Ihnen vorschlagen, meine Damen und Herren, für richtig, richtig auch aus einem psychologischen Gesichtspunkt. Dem Bundesrat des Bismarckschen Reiches, dem Reichsrat der Weimarer Zeit kann und muß man eines vorwerfen. Sie haben ohne Verbindung mit unserem Volk gelebt. Sie haben ausgezeichnete Arbeit geleistet, sie haben aber doch nicht die geringste Resonanz in unserem Volk gespürt. Sie waren wirkliche Dunkelkammern. Das, was wir schaffen wollen, vermeidet diese Mängel, schafft die Möglichkeit der ausgezeichneten sachlichen Arbeit und führt gleichzeitig zu einer engen Beziehung zu unserem Volke, gibt nach meiner Meinung die Grundlage für eine spannungsreiche, fruchtbare Arbeit und legt vielleicht die Grundlage für eine segensreiche Tradition.
(Beifall in der Mitte.)

1.3. **Dr. Katz (SPD)**

Dr. KATZ (SPD): Herr Präsident! Meine Damen und Herren! Es ist außerordentlich begrüßenswert, daß über einen gewissen Streitpunkt, über den organischen Aufbau des Bundes hier eine öffentliche Aussprache stattfindet. Ich teile die Bedenken nicht, die gegen eine derartige verfrühte öffentliche Aussprache, wie man sagte, geäußert worden sind. Wir alle wissen, daß die Reaktion unserer **Bonner Beratungen** innerhalb des deutschen Volkes nicht so groß ist, wie wir es alle erwartet oder wenigstens gewünscht haben. Ich bin mir nicht sicher, ob wir ohne Fehler gearbeitet haben, als wir die Öffentlichkeit aus den Ausschußberatungen ausgeschlossen haben. Wir alle wußten, daß der Kern dieser Arbeit in den Ausschüssen durchgeführt werden müßte, daß die öffentlichen Plenarsitzungen selten sein würden. Aber wenn ich an den Organisationsausschuß denke, in dem ich hauptsächlich mitgearbeitet habe, wenn ich an die anderen Ausschußsitzungen denke, denen ich beigewohnt habe, ich wüßte nicht ein Wort, das nicht in voller Öffentlichkeit hätte gesagt werden können, und ich glaube, es wäre von uns allen klüger gewesen, wenn wir die **Öffentlichkeit** auch für die **Ausschußsitzungen** von vornherein hergestellt hätten.
(Dr. Schwalber (CSU): Die Erkenntnis kommt sehr spät bei Ihnen, Herr Dr. Katz!)
— Ich bin nicht derjenige gewesen, der sich dafür eingesetzt hat, die Öffentlichkeit aus den

Ausschußsitzungen fernzuhalten.
(Dr. Schwalber (CSU): Aber zum mindesten die Regierungsvertreter!)
Ich sage das jetzt, weil ich dem Hause die Erwägung offenstellen wollte, ob nicht von jetzt an wenigstens die Ausschußsitzungen öffentlich, mindestens presseöffentlich gestaltet werden sollten. Durch die Pressekonferenzen am Ende jedes Tages wird doch nur ein unvollständiges Bild der Debatten übermittelt. Ich glaube, es könnte unserem gesamten Werke nur dienen, wenn die Presse an allen Ausschußsitzungen voll teilnähme, um sich ihr eigenes Bild zu verschaffen.
(Heile (DP): Das hat die Gefahr des Redens zum Fenster hinaus!)
— Ich habe nicht den Eindruck, als ob die Ausschußmitglieder anders reden würden, wenn die Presse zugegen ist, als wenn sie unter sich sind.
(Widerspruch.)
Ich habe diesen Eindruck bisher nicht gewonnen mit Ausnahme einer einzigen Fraktion, die aber keine so große Rolle spielt.
(Zuruf des Abg. Renner (KPD). — Heiterkeit.)

In der Frage der **Länderkammer,** die hier diskutiert wird, vergißt man oft, daß ja die Hauptprobleme des organischen Ineinandergreifens der verschiedenen Bundesorgane in anderen Kapiteln stehen, über die im Ausschuß im großen und ganzen Einigkeit erzielt worden ist. Daß der Kern der politischen Arbeit bei der Volkskammer liegen wird, darüber besteht Einigkeit. Über die Funktion der Regierung besteht Einigkeit, insbesondere darüber — und das halte ich für eine sehr wichtige Neuerung —, daß das Mißtrauensvotum der Zukunft ein **konstruktives Mißtrauensvotum** sein wird, das heißt ein Mißtrauensvotum, das nur dann gültig ist, wenn gleichzeitig der neue Kanzler vorgeschlagen wird. Das wird einer der wichtigsten Paragraphen dafür werden, daß die Unstabilität, wie wir sie in der Weimarer Verfassung gehabt haben und wie sie heute beispielsweise in Frankreich sichtbar wird, in Fortfall kommt. Denn wenn Koalitionen auseinanderfallen sollten, die bis dahin eine Regierung gebildet haben, so bedeutet das keineswegs den Sturz der Regierung. Der Sturz der Regierung kann nur durch das Schaffen einer neuen Koalition zustande kommen. Ich halte das für einen der wesentlichsten Fortschritte, der die kommende Verfassung vor der von Weimar auszeichnet.

Nun zu den Meinungsverschiedenheiten über die Länderkammer, die, wie gesagt, nicht den schwersten Punkt in dieser Auseinandersetzung darstellen. Meine politischen Freunde und ich treten aus voller innerer Überzeugung für die Schaffung eines reinen **Senats** ein, eines Senats, dessen Kernpunkte sind: erstens das nichtinstruierte Votum, zweitens die Wahl durch die Landtage, nicht ernannte Persönlichkeiten, sondern frei gewählte Persönlichkeiten. Ein wichtiger Gegensatz zu den Ausführungen der beiden Vorredner ist dabei folgender. Wir treten für eine **Superiorität der Volkskammer** ein, nicht für eine völlige Gleichheit im Falle des Dissenses. Der Hauptgrund, der uns dazu bringt, ist der, daß wir Parlamentskrisen und unter Umständen Staatskrisen so weitgehend wie möglich vermeiden wenn nicht ausschalten wollen. Wir wissen zu genau, daß hinter der Krise des demokratischen Systems der Diktator lauert. Wenn der Apparat, den wir jetzt aufstellen, nicht funktioniert, wenn die Spielregeln, die wir jetzt schaffen, nicht zu einem guten demokratisch-politischen Erfolg führen, dann wird am Horizont der nächste Diktator auftauchen. Aus diesen Gründen müssen wir bei der Beratung über diese Spielregeln darauf drängen, daß die Konfliktsmöglichkeiten, die die ganze Apparatur unter Umständen hemmen oder lahmlegen können, auf das geringst denkbare Maß beschränkt bleiben. Aus diesem Grunde sind wir der Ansicht, daß wir der Volkskammer eine Superiorität im Falle des Dissenses zubilligen müssen. Wir wollen, daß dann mit Zweidrittelmehrheit die Volkskammer, die ja die vom Volk direkt gewählten Abgeordneten enthält, die

Entscheidung gibt. Das ist gleichzeitig politisch weise; denn wenn zwei Drittel der vom Volk direkt gewählten Abgeordneten eine bestimmte Entscheidung, ein bestimmtes Gesetz, eine bestimmte Aktion wollen, so wäre es sehr unklug, wenn sich ein indirekt gewähltes Oberhaus, eine indirekt gewählte Länderkammer dem entgegenstemmen wollte. Das Ganze ist vielleicht nicht ganz, aber doch teilweise dem Veto des Präsidenten in den Vereinigten Staaten vergleichbar, der ja, wie Sie wissen, die Gesetzgebung durch sein Veto hemmen kann. Aber wenn der Kongreß mit Zweidrittelmehrheit gegen ihn entscheidet, so wird auch gegen ihn der Wille dieser Abgeordneten Gesetz. Aus diesem Grunde — und darauf legen wir den größten Wert — sind wir nicht für völlige gesetzgeberische Gleichheit beider Kammern, sondern für eine Superiorität der Volkskammer.

Ein anderer wichtiger Differenzpunkt — wenn ich Herrn Dr. Dehler verstanden habe, stimmt er mit mir darin überein — ist folgender. Wir sind für **gleiches Stimmrecht für jedes Land** und halten das für ein Element des föderativen Systems. Es darf keinen Unterschied geben zwischen großen Ländern und kleinen Ländern, zwischen reichen und armen, zwischen bevölkerungspolitisch starken und schwachen. Das ist eines der wichtigsten Elemente einer jeden Bundesverfassung, daß man zwischen großen und kleinen keinen Unterschied macht. Wir würden in politisch gefährliche Situationen kommen, wenn sich die großen und reichen sozusagen gegen die armen und schwachen verbünden könnten; denn das wird ja eine der kommenden Auseinandersetzungen bei dem Lastenausgleich und ähnlichen Dingen sein. Infolgedessen ist eines unserer wichtigsten Grundprinzipien, daß gleiches Stimmrecht für jedes Land geschaffen werden muß.

In der Frage des **ewigen Senats** scheinen die verschiedenen Redner übereinzustimmen. Wir sind aus Gründen der Stabilität und des ruhigen Kurses dafür, daß ein Drittel seiner Mitglieder sich alle zwei Jahre erneuert und daß auf diese Art und Weise nicht etwa ein großer politischer Umschwung sofort sich in einer völligen Neuschöpfung des Senats ausdrückt. Der Kern unseres Vorschlages und der Hauptgrund, warum wir für die Schaffung eines Senats sind, ist der, daß wir in das deutsche Verfassungsleben einen neuen Stil einführen, einen neuen Typ des Politikers schaffen wollen, den Deutschland bisher nicht gekannt hat. Bisher haben in der ersten Kammer immer die Bürokraten, die Vertreter der Länderregierungen gesessen. Es waren **Ministerialbeamte**, die — darüber ist gar kein Zweifel — sowohl im Bismarckschen Bundesrat wie im Reichsrat gute Arbeit geleistet haben. Sie haben gute Arbeit geleistet, ohne daß das Volk die geringste Kenntnis davon genommen hat. Sie haben — ich möchte den Ausdruck Dunkelkammer, wie er gefallen ist, nicht gebrauchen — abgeriegelt vom Volk in irgendwelchen Versammlungsräumen gesessen, und die teilweise sehr guten Bemerkungen und Reden, die dort zu einzelnen Gesetzgebungsproblemen gehalten worden sind, sind niemals in das Volk hinausgedrungen. Wir sind der Ansicht, daß durch die Schaffung des Senats ein neues Leben in die Gesetzgebung der ersten Kammer oder der zweiten Kammer, wie man sie nennen will, der Länderkammer hineingebracht wird. Anstelle dieses technisch wohlgebildeten höheren Beamten, der bisher in diesen Funktionen beschäftigt war, soll in dem **Senator** der Länderkammer ein neuer Typ treten, der natürlich erst allmählich kommen kann. Es soll der politisch reife, der freie, der innerlich unabhängige Bürger diese Funktion ausüben. Es soll ein Mann sein, der durch eigene Tätigkeit die parlamentarische Übung, das öffentliche Leben kennt, eine politische Persönlichkeit, die es gewohnt ist, von höherer Warte aus Probleme des öffentlichen Lebens selbst zu entscheiden. Dieser gewählte und nicht ernannte Mann soll die Stimme seines Landes nach freiem Wissen und Gewissen abgeben. Er soll nicht an irgendwelche Instruktionen gebunden sein. Er soll nicht an die Stimme seines eigenen Landesparlaments gebunden sein, nicht an den Auftrag einer Regierung. Er wird sie alle kennen und wird diese Tendenzen bei seiner eigenen Entscheidung berücksichtigen, aber er soll sie frei fällen können.

Wenn wir die Länderkammer so schaffen, so werden wir dieser Kammer auch von der Seite der personellen Zusammensetzung und von der Seite ihrer politischen Bedeutung ein ganz anderes Gesicht verleihen, als es diese Kammern in den Zeiten Bismarcks und Weimars gehabt haben. Die Rede eines solchen Senators zu einem bestimmten politischen Problem wird, ganz anders als es früher war, nicht als Makulatur zu den übrigen Drucksachen gehen, sie wird im Volke gehört, verstanden werden und Diskussionen auslösen. Auf diese Weise soll in der Schaffung der Länderkammer ein weiteres Instrument zu der sehr notwendigen Politisierung und Demokratisierung des deutschen Volkes geschaffen werden, eine außerordentlich wichtige Funktion.

Wenn hier heute der Vorschlag gemacht worden ist, ein **Gemisch aus Bundesrat und Senat** zu schaffen, so kann ich als meine persönliche Meinung nur wiedergeben, daß ich dieses Zwittergebilde nicht für einen Fortschritt, sondern für einen Rückschritt halten würde.
(Zuruf von den Sozialdemokraten: Sehr richtig!)
Ich bin der Ansicht, daß dann eine derartige Unklarheit in den Funktionen auftreten würde, daß nur wie oft bei Zwittern die schlechten Eigenschaften eines jeden Elternteils herauskommen, die guten aber überdeckt werden würden. Wenn schon eine Entscheidung gefällt werden muß, dann entweder Bundesrat oder Senat, aber kein Zwitter.
(Zurufe.)
Ich halte in diesem Fall eine Kreuzung für ein technisch-organisatorisches Unglück.
(Zuruf: Man merkt, daß wir im Museum König eröffnet sind!)

Ich möchte dem Herrn Präsidenten den Gefallen tun, meine Redezeit nicht zu überschreiten, und komme daher zum Schluß. Alles, was wir über die organische Zusammensetzung, über diese Spielregeln der Bundesorgane beschließen, ist nicht unabdingbar. Dort sind keine Prinzipien zu verfechten, daß die eine Partei ja und die andere Partei nein sagen müßte. Alle Vorschläge, die wir heute gehört haben, sind sowohl demokratisch als föderativ, daran habe ich nicht den geringsten Zweifel. Wir haben unsere Ansicht hier vorgetragen, um im Wege der freien und offenen Aussprache zu dem Ergebnis zu kommen, das den Interessen der Gesamtheit am besten dient, und ich hoffe, wir werden dieses Ziel binnen kurzem erreichen. Wichtiger als die eine oder die andere Art bleibt die Tatsache, daß wir das Grundgesetz zustande bekommen, und zwar sobald als möglich.
(Beifall bei den Sozialdemokraten.)

2. *Aussprache über die Finanzfragen*

2.1. **Dr. Höpker-Aschoff (FDP)**

Dr. HÖPKER-ASCHOFF (FDP): Der Abschnitt XI des Herrenchiemseer Entwurfs einschließlich der Artikel 37 und 38 umfaßt zwei bedeutsame Materien, einmal die **Finanzhoheit** des Bundes in ihrem Verhältnis zu den Ländern und dann das sogenannte Budgetrecht. Die Kürze der Zeit zwingt mich, nur die erste Materie hier zu behandeln. Es erheben sich da drei Unterfragen: 1. Wem die Gesetzgebung zustehen soll, 2. wie die aufkommenden Steuern zwischen dem Bund und den Ländern verteilt werden sollen und 3. von wem die Verwaltung geführt werden soll.

Der Finanzausschuß dieses Hauses hat seine Beratungen verhältnismäßig schnell zum Abschluß gebracht dank der von ihm gewählten Arbeitsmethode, indem er zunächst eine große Reihe von Sachverständigen vernommen, auf eine Generaldebatte verzichtet und sofort versucht hat, die einzelnen Artikel des Entwurfes zu formulieren. Wir haben dabei dem **Bund** die **Gesetzgebung** für die **Zölle** und die großen **Verbrauchs-** und **Verkehrssteuern** zugewiesen. Hätten wir es nicht getan, so hätten wir das Rad der Geschichte um mehr als 100 Jahre zurückgedreht, denn es ist bekannt, daß in Deutschland bereits seit den Tagen des Deutschen Zollvereins, seit dem Jahr 1834, auf diesen Gebieten eine gleichmäßige Gesetzgebung besteht. Außerdem hätte eine Landesgesetzgebung auf diesen Gebieten bedeutet, daß die Zölle den Grenzländern, die Verbrauchssteuern den Ländern, in denen die Produktionsstätten liegen, und die Verkehrssteuern den Ländern, in denen die großen Wirtschaftszentren liegen, zugefallen wären; eine höchst ungerechte Verteilung, um so ungerechter, als die Masse dieser Abgaben in den Preisen auf den letzten Verbraucher abgewälzt wird und die Belastung von ihm getragen werden muß.

Dieser Grundsatz muß nach unserem Dafürhalten auch für die **Biersteuer** gelten. Wir haben durchaus Verständnis für die besonderen bayerischen Forderungen, die hier erhoben werden. Aber ich darf doch darauf hinweisen, daß zwei Sachverständige, der Direktor der Verwaltung für Finanzen, Hartmann, in Frankfurt und der Oberfinanzpräsident Prugger in München — also zwei Herren, die doch sonst für die bayerischen Interessen ein wohlgeneigtes Ohr haben—, mit starkem Nachdruck darauf hingewiesen haben, daß auch hier eine einheitliche Gesetzgebung notwendig sei wie bei allen Verbrauchssteuern und daß der Ausgleich auf dem Gebiete des Finanzausgleichs durch Zuweisung dieser Steuern an die Länder und damit auch an das bayerische Land gefunden werden müsse. Wenn man bei der Biersteuer anders verfahren würde, so würde sich ergeben, daß an den Grenzen des bayerischen Landes von den übrigen Ländern eine Übergangsabgabe erhoben werden müßte, wie das in den Zeiten der süddeutschen Biersteuer-Reservate der Fall war. Es würde sich auch, wie uns Herr Finanzminister Weitz dargestellt hat, ein seltsamer Wettbewerb unter den einzelnen Ländern erheben. Was geschah nach der Währungsreform? Die Bayern, die damals über sehr große Vorräte eines vielleicht ihnen selber nicht mehr ganz schmackhaften Bieres verfügten, setzten damals die Biersteuer herab mit dem Ergebnis, daß der Preis gesenkt wurde und nunmehr Norddeutschland mit dem bayerischen Bier überschwemmt wurde. Revolten in Norddeutschland, Vorstellungen bei den Finanzministern in Norddeutschland und nunmehr dasselbe Vorgehen auch in den norddeutschen Ländern der britischen Zone, auch hier Herabsetzung der Biersteuer! Beides war rechtswidrig, weil die Verbrauchssteuern, auch die Biersteuer, durch die allgemeine Gesetzgebung der Besatzungsmächte geregelt sind, mit dem Ergebnis, daß sowohl Bayern wie die Länder der britischen Zone ihre Biersteuerermäßigung wieder rückgängig machen mußten. Aber dieser Wettbewerb zeigt, wie unmöglich es ist, die Gesetzgebung auf dem Gebiet der Verbrauchssteuern den Ländern zu überlassen.

Bei der Besteuerung von **Einkommen und Vermögen** ist in Herrenchiemsee die Forderung erhoben worden, die Bestimmung der Freigrenzen, der Tarife und Hebesätze den Ländern zu überlassen. Der Finanzausschuß ist diesen Forderungen nicht gefolgt. Die Höhe der **Steuersätze** macht eine gleichmäßige Gesetzgebung erforderlich, da andernfalls Standortverschiebungen zu befürchten wären und bei der Lohnsteuer der Nettobetrag der Lohnempfänger eine ganz unterschiedliche Höhe erfahren würde. Außerdem wäre eine schwierige Zerlegung erforderlich, da die Landesgesetzgebung dann, wenn das Einkommen aus verschiedenen Quellen fließt oder das Vermögen in verschiedenen Ländern gelegen ist, nur das in diesem Lande aufkommende Einkommen und das im Lande gelegene Vermögen mit ihrer Steuer erfassen könnte und dadurch insbesondere bei der Einkommensteuer die nach dem Gesamteinkommen berechnete Progression, die aus sozialen Gründen eine unbedingte Notwendigkeit ist, unmöglich gemacht würde. Es sei hier aber noch hervorgehoben, daß, indem wir auf diesem Gebiet der direkten Steuern dem Bunde die Gesetzgebung zusprechen, für die Zukunft nichts verbaut ist. Sollte die wirtschaftliche Entwicklung in Deutschland sich so gestalten, daß eine Herabsetzung der Tarife der Einkommensteuer und der Körperschaftsteuer möglich sein würde, so wäre es sehr wohl möglich, den Ländern dadurch eine größere Bewegungsfreiheit zu geben, daß man ihnen gestattet, zu den Steuersätzen, wie sie der Bund erhebt, Zuschläge für sich oder ihre Gemeinden zu erheben.

Meine Damen und Herren! Wir sind bei der Ausgestaltung des Finanzrechts föderalistischer gewesen als der Gesetzgeber der Weimarer Verfassung, indem wir die Steuern mit örtlich begrenztem Wirkungsbereich der Gesetzgebung der Länder überlassen haben, darunter auch die Grunderwerbsteuer, die Vergnügungsteuer, die Feuerschutzsteuer, die Wandergewerbesteuer.

Ich komme nun zur zweiten Frage: zur Frage des **Finanzausgleichs.** Es versteht sich, daß die Länder nicht Kostgänger des Reiches sein dürfen, daß daher das nationalsozialistische System unter allen Umständen verworfen werden muß, das den Ländern nach dem Bedarf bemessene Zuschüsse zuwies. Es fragt sich dann nur, in welchem Umfang das Aufkommen der Bundessteuern den Ländern zugewiesen oder die Länder an dem Aufkommen der Bundessteuern beteiligt werden sollen. Die Regelung, die der Finanzausschuß in dieser Frage getroffen hat, ist föderalistischer als die Regelung der Weimarer Verfassung, indem das, was wir beschlossen haben, den Ländern nicht nur das volle Aufkommen der Grunderwerbsteuer, der Rennwettsteuer, der Kraftfahrzeugsteuer wie in der Weimarer Zeit zuweist, sondern auch das Aufkommen der Biersteuer, der Vermögensteuer, der Erbschaftsteuer. Das Aufkommen der Einkommen- und Körperschaftsteuer und der Umsatzsteuer gilt als gemeinsame Einnahme des Bundes und der Länder. Es ist hier angeregt worden, insbesondere auch von dem Direktor der Verwaltung für Finanzen, Hartmann, die Umsatzsteuer zur Gänze dem Bund zukommen zu lassen und dafür die Einkommen- und Körperschaftsteuer zur Gänze den Ländern zuzuweisen. Ich kann gar nicht genug vor einer solchen Aufteilung warnen. Wir übersehen heute in keiner Weise die Aufgabenverteilung zwischen Bund und Ländern. Wir wissen nicht, welche Ansprüche an die Bundeskasse gestellt werden. Aber wir sind uns darüber klar, daß der Bund gewaltige Lasten zu tragen haben wird: Besatzungskosten, Kriegsfolgelasten, die Zuschüsse zur Sozialversicherung, das alles wenigstens zum größeren Teil, so daß der Bund an den größten und stärksten Steuern, wie Einkommen-, Körperschaft- und Umsatzsteuer, beteiligt sein muß. Wir haben darum die Einkommen-, Körperschaft- und Umsatzsteuer, die heute die bedeutendsten Steuern bei uns sind, zu gemeinsamen Einnahmen des Bundes und der Länder erklärt und behalten uns vor, nach Maßgabe der Aufgabenverteilung durch das Bundesfinanzausgleichsgesetz das Aufkommen zwischen Bund und Ländern zu verteilen. Auf diese Weise ist auch die Möglichkeit gewonnen, zwischen den starken und den schwachen Ländern einen vernünftigen Ausgleich herbeizuführen, der bei uns in Deutschland eine unbedingte Notwendigkeit ist, und insbesondere das Aufkommen der Umsatzsteuer, soweit es den Ländern zugewiesen wird, nach Schlüsseln zu verteilen, die der Lastenverteilung unter den Ländern und ihrem wirklichen Bedarf Rechnung tragen. Ich habe berechnet: Wenn man das Steueraufkommen des Rechnungsjahres 1947 zugrunde legt und wenn man für die Einkommen-, Körperschaft- und Umsatzsteuer eine Verteilung wählt, wie sie in der Zeit der Weimarer Repbulik errechnet war, also 75prozentige Beteiligung der Länder an der Einkommen- und Körperschaftsteuer, 30prozentige Beteiligung der Länder an der Umsatzsteuer, würde eine Finanzmasse von 8225 Millionen den Ländern für sich und ihre Gemeinden zufallen, dem Bund dagegen eine Finanzmasse von 5851 Millionen.

Meine Damen und Herren! Es mag lehrreich sein, einmal zu vergleichen, wie in anderen Bundesstaaten, insbesondere in den **Vereinigten Staaten** von Nordamerika, die **Aufteilung der Steuereinnahmen** zwischen dem Bund und den Gliedstaaten sich gestaltet. In den Vereinigten Staaten ergeben sich folgende Ziffern — ich nehme hier die Zahlen der Vorkriegszeit, weil nur diese einen vernünftigen Vergleich zulassen —: Im Jahre 1913 war der Bund mit 24,6 Prozent an dem Gesamtsteueraufkommen beteiligt, im Jahre 1933 mit 38,3 Prozent und im Jahre 1936 mit 55,6 Prozent. Vergleichen Sie damit unsere Aufteilung, wie sie sich nach meiner Berechnung gestalten würde, so daß also den Ländern und Gemeinden 8,2 Milliarden, dem Bund nur 5,8 Milliarden zufließen würden, so sehen Sie, daß unsere Regelung föderalistischer ist als die Regelung der Vereinigten Staaten. Wollte ich dann noch die Zahlen der Kriegsjahre heranziehen, so würde sich ergeben, daß der Anteil des Bundes am Gesamtsteueraufkommen in den Vereinigten Staaten auf über 90 Prozent gestiegen ist. Aber diese Zahl läßt einen wirklichen Vergleich nicht zu.

Meine Damen und Herren! Die Beschlüsse zur Gesetzgebung und zum Finanzausgleich sind im Finanzausschuß mit großer Einmütigkeit, bei einer oder zwei Stimmenthaltungen, gefaßt worden. Schwieriger lagen die Dinge auf dem Gebiet der **Finanzverwaltung,** weil die Meinungen hier schärfer einander gegenüberstanden. Meine Freunde halten die Bundesfinanzverwaltung für eine unbedingte Notwendigkeit. Auch in dieser Frage stand die große Mehrzahl der Sachverständigen, die wir im Finanzausschuß gehört haben, auf unserer Seite. Ich möchte hier besonders hervorheben, daß auch die Mehrheit der Landesfinanzminister sich für eine **Bundesfinanzverwaltung** eingesetzt hat. Der Herr Finanzminister Dr. Kraus von Bayern hat allerdings die landeseigene Verwaltung der Finanzen gefordert, und der Finanzminister Dr. Hilpert von Hessen trat für eine Auftragsverwaltung der Länder ein. Aber die von uns vernommenen Minister Weitz von Nordrhein-Westfalen und Hoffmann von Rheinland-Pfalz wie auch der Finanzsenator Dudeck - Hamburg haben sich mit Nachdruck für die Bundesfinanzverwaltung eingesetzt. Es ist bekannt, daß auch der Finanzminister von Württemberg-Baden, Herr Dr. Köhler, der Finanzsenator von Hamburg und der Finanzminister von Schleswig-Holstein denselben Standpunkt vertreten. Andere Sachverständige wie Herr Hartmann von der Verwaltung für Finanzen und Herr Oberfinanzpräsident Prugger, die für eine Auftragsverwaltung der Länder eingetreten sind, haben doch zugeben müssen, daß eine Bundesfinanzverwaltung leichter zu handhaben sei und weniger Kosten verursache als eine Auftragsverwaltung der Länder.

Meine Damen und Herren! Erlauben Sie mir, daß ich in Kürze noch einmal die wichtigsten Argumente zusammenfasse, die gegen eine Finanzverwaltung der Länder und für die Bundesfinanzverwaltung sprechen. Es ist nicht richtig, daß schon einheitliche Gesetze und Durchführungsverordnungen eine gleichmäßige und gerechte Durchführung der Steuergesetzgebung verbürgen. Ausführungsanweisungen, Einzelanweisungen des Bundesfinanzministeriums, eine immer wieder geübte **gleichmäßige Verwaltungspraxis,** die nur in einem einheitlichen Beamtenkörper möglich ist, gleichmäßige Schulung, gleichmäßige Laufbahn-Richtlinien, gleichmäßige Fortbildung spielen hier eine entscheidende Rolle. Man glaube doch nicht, eine gleichmäßige Verwaltungspraxis könnte schon dadurch erzielt werden, daß der Finanzminister einheitliche Anstellungsgrundsätze aufstellt oder einheitliche Schulen einrichtet. Die Verwaltung entscheidet schließlich über Stundungen und Erlasse, und die Gefahr ist groß, daß die Landesfinanzverwaltung Steuerschuldner auf Kosten des Bundes schont, wenn sie auch Bundessteuern für den Bund verwaltet. Es ist auch für die Wirtschaft nicht gleichgültig, ob die Unternehmungen, die ihre Betriebe in verschiedenen Ländern haben, nur mit einer Finanzverwaltung

oder aber mit mehreren zu tun und sich dann erst einen Weg durch das Gestrüpp der verschiedenen Verwaltungsvorschriften und Formulare zu bahnen haben.
(Sehr richtig!)
Wir haben in den vergangenen Jahren den Versuch gemacht, eine gleichmäßige Verwaltungspraxis innerhalb der verschiedenen Länder durch eine sogenannte **Koordinierung** herbeizuführen, und manche Tagungen sind zu diesem Zweck abgehalten worden. Mit sehr geringem Erfolg! Als in der britischen Zone mit dem 1. April dieses Jahres den Ländern die eigene Finanzverwaltung in den Schoß fiel, sah man sich sofort genötigt, die bisherige Finanzleitstelle in Hamburg als ein Büro der Landesfinanzminister der britischen Zone wieder einzurichten, um auf diese Weise wenigstens in etwa eine einheitliche Finanzverwaltung durchführen zu können.

Dazu noch ein Wort vom Standpunkt der **Landwirtschaft** aus. Die **Einheitswerte** bedürfen einer Nachprüfung. Eine zuverlässige Bewertung der Einheitswerte des landwirtschaftlichen Besitzes wird man nur erreichen, wenn das Bodenschätzungsgesetz durchgeführt wird. Eine gleichmäßige und gerechte Bodenschätzung ist ohne einheitliche Verwaltung nicht möglich. Es war im Finanzausschuß der als Sachverständige vernommene Landwirtschaftsminister Niedersachsens, Dr. Gerecke, der mit starkem Nachdruck gerade auf diese Frage und dieses Bedürfnis der Landwirtschaft hingewiesen hat. Und wer könnte schließlich das Wagnis unternehmen, die Veranlagung der kommenden großen Vermögensabgabe, die dem sogenannten Lastenausgleich dienen soll, elf Länderverwaltungen anzuvertrauen? Diese Abgabe wird einen tiefen Eingriff bedeuten und die Veranlagung auf große Schwierigkeiten stoßen, da sie auch die Bewertung der Kriegsschäden in sich schließt. Die Durchführung der entsprechenden Gesetze wird, mögen sie noch so sorgfältig ausgedacht sein, immer neue Ausführungsanweisungen und auch Einzelentscheidungen notwendig machen. Die Veranlagung kann also unmöglich in die Hände der Länderverwaltungen gelegt werden.

Meine Damen und Herren! Man hat oft davon gesprochen, daß jede **Sonderverwaltung** überflüssig sei. Das mag schon seine Begründung haben, wenn man etwa in einem Land alle Behörden auf der mittleren Stufe beim Regierungspräsidenten zusammenfaßt, die allgemeine Verwaltung in Preußen, oder wenn man auf der unteren Stufe, auf der Kreisebene, nach Möglichkeit alle Verwaltungszweige den Stadt- und Landkreisen angliedert. Aber die Finanzverwaltung wird auch als Länderverwaltung eine Sonderverwaltung sein. Die Verwaltung der Zölle und indirekten Steuern ist es immer gewesen, auch zu einer Zeit, als die Länder wie vor 1914 die Steuern für das Reich verwalteten, und sie muß es heute auch bei den direkten Steuern sein, weil die Steuergesetze inzwischen so verfeinert worden sind, daß hier nur Beamte mit Sonderausbildung und reichem technischen Können die Dinge meistern können. Nur eine größere Verwaltung hat schließlich die Möglichkeit, fähige, für die leitenden Stellen geeignete Beamte an den richtigen Plätzen einzusetzen. Treitschke hat einmal das grimmige Wort geprägt, daß es nicht gerade die Erfahrung und den Weitblick eines Beamten vermehre, wenn er immer nur von Zwickau nach Zittau versetzt würde. Eine große Verwaltung hat die Möglichkeit, die Leute auch einmal über die Ländergrenzen hinauszuschicken und ihnen dadurch den Blick für das Ganze des Vaterlandes zu eröffnen.
(Sehr gut!)

Aber damit genug von diesen Einzelargumenten. Ich möchte hier nur noch einige historische Zeugen zu Hilfe rufen: den **Historiker Weitz.** Er gehörte dem Verfassungsausschuß der **Frankfurter Nationalversammlung** an und hat einmal in ausführlicher Weise zur Frage der Finanzhoheit des Reiches gegenüber den Gliedstaaten Stellung genommen. Er sprach damit nicht nur seine eigene, sondern auch die Meinung des Verfassungsausschusses der Frankfurter

Nationalversammlung aus. Er hat hernach seine Gedanken in dem Satz zusammengefaßt: Die Gliedstaaten dürfen so wenig die Kassierer wie die Bankiers des Gesamtstaates sein. Und **Lorenz von Stein**, der Meister der Finanzwissenschaft, hat mit siegreichen Gründen dargetan, daß ein Bundesstaat über die Finanzhoheit verfügen müsse und daß die Zuweisung der Finanzhoheit an den Bundesstaat der Souveränität der Einzelstaaten keinen Eintrag tue.

Meine Damen und Herren! Wir haben in Deutschland seit dem Jahre 1919 eine Reichsfinanzverwaltung. Es ist das große Verdienst von **Matthias Erzberger** gewesen, sie geschaffen zu haben. Das Werk, das er geschaffen hat, ist ein Zeugnis seiner Klugheit und seines Organisationstalents.

(Sehr gut!)

Was Erzberger damals geschaffen hat, ist in schweren Zeiten eine der festesten Klammern des Reiches gewesen. Meine Damen und Herren, hüten Sie sich, heute zu zerstören, was Erzberger damals geschaffen hat!

Und nun noch eine grundsätzliche Frage, nämlich die, ob unsere Beschlüsse mit dem **föderativen Charakter des Bundes**, der uns nicht nur durch die Londoner Empfehlungen aufgegeben, sondern auch von uns selber aus eigener, freier Überzeugung gewollt ist, vereinbar ist. Lassen Sie mich einen Vergleich mit dem Ausland ziehen. Drei Viertel aller Staaten der Welt sind Bundesstaaten. Das ist wenig bekannt. Wir ziehen Vergleiche im allgemeinen nur mit der Schweizerischen Eidgenossenschaft und den Vereinigten Staaten. Aber auch die großen Dominions des britischen Commonwealth, auch die großen südamerikanischen Republiken sind Bundesstaaten. In allen diesen Staaten wird dem Bunde das uneingeschränkte Recht der Gesetzgebung für alle Steuern zugesprochen; in den **Vereinigten Staaten** für die direkten Steuern vom Einkommen und Vermögen allerdings erst seit 1913, auf Grund des Amendements 16 zur Verfassung der Vereinigten Staaten. Aber der Bund hat von den Möglichkeiten, die ihm damit geboten wurden, dann kräftig Gebrauch gemacht, und die Einkommensteuer, die neben der Bundessteuer noch von den Gliedstaaten erhoben wird, hat ein sehr bescheidenes Aussehen neben der großen Einkommensteuer, die vom Bund selbst erhoben wird. Weiter gilt in allen diesen Bundesstaaten der selbstverständliche Grundsatz, daß die Bundessteuern auch durch Bundesbehörden erhoben werden, weil man dort sehr wohl weiß, daß es ein mißliches Ding ist, Steuern für Rechnung eines anderen zu verwalten, wenn man dabei in die Versuchung geführt wird, die eigenen Landeskinder auf Kosten des Bundes zu schonen.

Meine Damen und Herren! Immerhin könnte es für einen amerikanischen Beobachter vielleicht eine gewisse Verwunderung erregen, daß wir eine Finanzhoheit des Bundes auch für Steuern in Anspruch nehmen, die wir nachher entweder ganz oder doch zum Teil den Ländern zuweisen. Der amerikanische Beobachter würde vielleicht sagen: Macht es nach unserem Grundsatz: Das, was der Bund braucht, Gesetzgebung des Bundes und Verwaltung des Bundes, das was die Länder brauchen, Gesetzgebung des Landes und Verwaltung der Länder. Dieser Grundsatz ist bei uns völlig undurchführbar. Wir können uns nicht den Luxus leisten, zwei Verwaltungen nebeneinander aufzubauen. Es bliebe also nur der Ausweg, die Verwaltung den Ländern auch für den Bund zu übertragen. Aber dagegen sprechen all die Argumente, die ich vorher in Kürze vorgetragen habe.

Ich möchte hier noch einen Kronzeugen beschwören, der in süddeutschen Landen geboren ist, den württembergischen **Finanzminister Pistorius**, der in der Zeit des ersten Weltkrieges die württembergischen Finanzen verwaltete, der sich ausführlich zu der Frage ausgesprochen hat, inwieweit es dem Reich zuträglich sei, daß seine Steuern durch die Länder für das Reich verwaltet werden, insbesondere im Hinblick darauf, daß im Jahre 1913, als der Wehrbeitrag und die Besitzsteuer für das Reich eingeführt worden sind, auch hier die Verwaltung den Ländern übertragen wurde. Pistorius hat mit Nachdruck darauf hingewiesen, daß die Veranlagungsergebnisse auch in Ländern, deren wirtschaftliche Natur sonst eine gewisse Gleichartigkeit aufzeigt, höchst verschieden gewesen sind und daß daher die Veranlagung dieser Steuern für das Reich in keiner Weise den Anforderungen der Gleichmäßigkeit und der Gerechtigkeit Rechnung getragen habe.

Zum zweiten, meine Damen und Herren. Unsere Verarmung und die Höhe der Steuersätze lassen es nicht zu, daß wie in den Vereinigten Staaten zwei Steuergläubiger sich in völlig ungeregeltem Wettbewerb auf den Steuerschuldner stürzen. In den Vereinigten Staaten mag es möglich sein, daß der Bund eine Einkommensteuer nach eigener Gesetzgebung und eigener Verwaltung erhebt und die Länder eine Einkommensteuer nach eigener Gesetzgebung und Verwaltung und daß dasselbe bei der Erbschaftsteuer der Fall ist. Das ist bei uns völlig undurchführbar.

Drittens: wir brauchen einen **Ausgleich zwischen starken und schwachen Ländern.** Es ist bekannt, daß das Steueraufkommen des Landes Hamburg so groß ist wie das Steueraufkommen des ganzen Landes Niedersachsen und das Steueraufkommen der Stadt Bremen größer als das Steueraufkommen des Landes Schleswig-Holstein. Ein solcher Ausgleich wird sich in doppelter Form vollziehen müssen, einmal dadurch, daß der Bund gewisse Ausgaben ganz oder zum Teil übernimmt, die von den schwachen Ländern — zumal wenn sie von diesen Lasten noch mit verschiedener Härte getroffen werden — nicht getragen werden können, also etwa Besatzungskosten, Kriegsfolgelasten und die Zuschüsse zur Sozialversicherung, zweitens dadurch, daß bestimmte Steuern für die Allgemeinheit erhoben und dann nach Maßgabe der Lasten ganz oder zum Teil den Ländern zugewiesen werden; aber wohlgemerkt nicht etwa nach dem Ermessen des Bundes wie in der nationalsozialistischen Zeit, sondern indem den Ländern ein gesetzlich begründeter Anspruch nach Maßgabe des kommenden Finanzausgleichsgesetzes auf ihre Anteile gegeben wird.

Ich glaube also, wir sind föderalistischer als die Vereinigten Staaten, wenn wir einmal von den Beschlüssen des Finanzausschusses ausgehen, indem wir die Einkommen- und Körperschaftsteuer und die Umsatzsteuer, unsere beiden größten Steuern, zu gemeinsamen Einnahmen des Bundes und der Länder erklären und die Vermögen- und Erbschaftsteuer ganz den Ländern zuteilen.

Schließlich haben die Besatzungsmächte selbst die Notwendigkeit einer Finanzhoheit des Bundes dadurch anerkannt, daß sie durch ihre Kontrollratsgesetze vom Februar 1946, durch das Gesetz 64 und durch die letzten Verbrauchsteuergesetze, die doch alle als gleichlautende Gesetze innerhalb der drei Westzonen erlassen sind, zum Ausdruck gebracht haben, daß hier unter allen Umständen eine gleichmäßige und einheitliche Gesetzgebung eine Notwendigkeit sei.

Doch hiervon genug. Es wäre eine völlig falsche Beurteilung, wollte man unsere Diskussion im Finanzausschuß als einen Kampf zwischen Zentralismus und Föderalismus betrachten. Eine solche Deutung habe ich bisher nur in einer hannoverschen Zeitung gefunden, wo der Versuch unternommen wird, die Anhänger einer Bundesfinanzverwaltung als Verfechter eines öden Zentralismus anzuschwärzen. Meine Damen und Herren, die Diskussion im Finanzausschuß wurde mit sachlichen Argumenten geführt. Und schließlich haben die **Länder** bei allen Entscheidungen des Bundes in Finanzsachen auf die Willensentscheidung des Bundes **entscheidenden Einfluß** in der Gesetzgebung bei dem Erlaß von Ausführungsvorschriften. Wir sind durchaus bereit, bei eigener Bundesfinanzverwaltung den Ländern das Recht einzuräumen, beim Erlaß von Ausführungsvorschriften mitzuwirken, mag es sich nun um Rechtsverordnungen, mag es sich um allgemeine Verwaltungsvorschriften handeln, und insofern dem

Artikel 112 der Verfassung eine weitere Fassung zu geben. Wir sind auch durchaus bereit, in den Personalien der Verwaltung den Ländern eine Mitwirkung einzuräumen bei der Ernennung der Richter eines kommenden Bundesfinanzhofes, auch bei der Bestellung der Präsidenten der Landesfinanzämter und ihrer Abteilungsdirektoren und meinetwegen auch der Leiter der Hauptzollämter und Steuerämter. Alles das ist möglich. So glaube ich denn — damit möchte ich meine Betrachtungen beschließen —, daß die Beschlüsse des Finanzausschusses den föderativen Charakter des Bundes nicht verletzen und wir letzten Endes nach dem guten Wort der Römer gehandelt haben: In necessariis unitas, in dubiis libertas, in omnibus autem caritas, das heißt: Im Notwendigen die Einheit, sonst Freiheit, in allem aber das gegenseitige Verstehen.
(Beifall.)

2.2. **Dr. Greve (SPD)**

Dr. GREVE (SPD): Meine Damen und Herren! Ich bin in der selten glücklichen Lage, für meine Freunde und mich zu erklären, daß wir den Ausführungen des Herrn Kollegen Dr. Höpker-Aschoff in ihrem vollen Inhalt zustimmen. Damit könnte ich meine Ausführungen beenden und das Rednerpult wieder verlassen. Da aber nach mir unser verehrter Kollege Herr Dr. Binder nicht nur allein, sondern nach ihm auch noch einige Kollegen, die seine Auffassung vertreten, versuchen werden, das, was Herr Dr. Höpker-Aschoff hier ausgeführt hat, für nicht föderalistisch genug zu erklären, möchte ich in kurzem versuchen, die Richtigkeit dessen, was uns Herr Kollege Dr. Höpker-Aschoff gesagt hat, zu unterstreichen.

Herr Kollege Brockmann hat mit Recht ausgeführt, daß das Problem der Finanzen an sich nicht von den übrigen Problemen losgelöst betrachtet werden könnte, mit denen wir uns hier zu beschäftigen haben, insbesondere von dem Problem, welche Funktionen man der Länderkammer zuerkennt. Das ist richtig, und wir haben zunächst einmal darauf hinzuweisen, daß das Problem der **Finanzen** und ihrer Regelung in der **Verfassung** an sich nur ein Teilproblem der Zuerkennung der Kompetenzen überhaupt ist, denn grundsätzlich nehmen die Finanzen keine besondere Stellung gegenüber allen anderen Gebieten unserer staatlichen Lebensordnung ein. Das ergibt sich insbesondere klar, wenn man das Gebiet der Steuern betrachtet, für das die allgemein-politischen Grundsätze selbstverständlich anzuwenden sind, besonders wenn es sich darum handelt, Einnahmen und Ausgaben des Staatsganzen oder eines Gemeinwesens zu bestimmen. Schon ein Blick in die Verfassungen aller Länder, insbesondere in die Verfassungen mit einem föderalen Charakter zeigt aber, daß dennoch das Finanzwesen außerhalb der übrigen Gebiete der staatlichen Ordnungsfunktionen und ihres Systems behandelt wird und eine entsprechende Regelung gefunden hat. Dafür muß irgendein Grund vorliegen, und ich möchte versuchen, kurz darauf hinzuweisen, welches diese Gründe sind.

Die Frage, inwieweit man überhaupt auf dem Gebiete des Finanzwesens zum Ausdruck bringen soll, ob eine staatliche Ordnung einen unitarischen oder föderativen Charakter hat, ist zum mindesten eine sehr prekäre. Ich bin der Auffassung, daß man den Charakter eines Staatswesens im Hinblick darauf, ob er unitarisch oder föderativ ist, nicht nach der Ordnung seines Finanzwesens beurteilen kann und darf. Die Frage des Finanzwesens ist eine Frage, die nicht losgelöst von den Dingen betrachtet werden kann, die wir heute unter Punkt 2 der Tagesordnung, Länderkammer, zu erörtern versucht haben. Das Finanzwesen ist als ein Teil der Wirtschaft zugleich nicht nur ein Teil der politischen Ökonomie, sondern es gehört als Teil der

Finanzwirtschaft in ein System von Funktionen, die nicht irgendwie beliebig verändert werden können. Das ist einer der hauptsächlichsten Gründe, daß das Finanzwesen dennoch gesondert betrachtet werden kann und losgelöst von den anderen Regelungen eine besondere Regelung zu finden hat, auf die Herr Dr. Höpker-Aschoff in seinen Ausführungen auch schon hingewiesen hat.

Ich möchte mit aller Deutlichkeit unterstreichen, daß es meinen Freunden und mir beim Finanzwesen nicht darum geht, von seiner Regelung her dem Bundesstaat, den wir in Bonn zu schaffen versuchen, den Charakter des Unitarischen oder des Föderalistischen beizulegen. Es gibt für uns neben den verschiedenen Darstellungen, die wir heute noch hören werden, auf dem Gebiete des Finanzwesens ganz bestimmte Momente, die unserer Auffassung nach für sich sprechen, und das sind ganz konkrete Verhältnisse. Diese konkreten Verhältnisse sind es gerade, die uns zu einer ganz bestimmten Haltung veranlassen, und zwar deswegen, weil sie neben den rein politischen ihre Bedeutung haben.

Die **Finanzwirtschaft** ist letztlich nur ein **Teilkomplex** und ein Teilstück der gesamten **Volkswirtschaft.** Auf die besonderen Funktionen der Finanzwirtschaft hier einzugehen, ist im Rahmen der mir zur Verfügung stehenden Zeit nicht möglich. Was aber aus einer Finanzwirtschaft, die einmal auch auf dem Teilgebiete des Finanzwesens eine einheitliche war, werden kann, wenn man sie zersplittert, wenn man sie atomisiert, das sehen wir an dem, was aus unserem Finanzwesen durch die Aufteilung Deutschlands in Zonen, in soundso viele Länder mit eigenem Finanzwesen geworden ist. Herr Kollege Dr. Höpker-Aschoff hat mit Recht darauf hingewiesen, daß es selbst in diesem Jahr in der britischen Zone noch nicht möglich war, das Finanzwesen den Ländern zu übergeben, ohne nicht zugleich wieder eine Institution zu schaffen, die sich mit einer gemeinsamen Regelung der Finanzfragen in den einzelnen Ländern der britischen Zone zu befassen hatte. Solche Gesichtspunkte sollten nicht neben unseren Erörterungen liegen, daß nämlich eine weiträumige Allgemeinwirtschaft auch eine weiträumige Finanzwirtschaft erheischt. Gerade das wirtschaftliche Prinzip in der öffentlichen Finanzwirtschaft ist es, das unseres Erachtens für die Verteilung der Kompetenz auf dem Gebiet des Finanzwesens ausschlaggebend sein sollte.

Meine Damen und Herren! Es ist nicht nur die untereinander bestehende Abhängigkeit und die Verflechtung der deutschen Wirtschaft im Hinblick auf Fragen der Preise und Löhne, Verlagerung von Betrieben — ein Punkt, auf den Herr Kollege Höpker-Aschoff auch schon mit Recht hingewiesen hat, wenn er von Standortverschiebung sprach —, letztlich sind es die Lebensbedingungen und die Lebensbedürfnisse aller Menschen, die nach unserer Ansicht eine gemeinsame und gleichmäßige Regelung auf diesem für alle Beteiligten so wichtigen Gebiete notwendig machen.

Aus diesem Grunde glauben wir es nicht einer Vielzahl einzelner Länder überlassen zu sollen, das **Finanzwesen** bis in seine Einzelheiten hinein zu regeln. Wir sind der Auffassung, daß wir, von gewissen Modifikationen abgesehen, wieder zu dem System zurückkehren sollten, das mit dem Namen **Erzberger** verknüpft ist. Ich glaube, wenn Erzberger nicht ermordet worden wäre, sondern heute noch lebte, er würde in den Reihen der Freunde meines verehrten Kollegen Dr. Binder heute einen erbitterten Kampf um das führen, was in Deutschland einzuführen er damals für richtig gehalten hat und wir mit ihm heute noch.

(Sehr richtig!)

Wenn ich vorhin sagte, daß das Finanzwesen nicht zum Kriterium der Staatsform gemacht werden darf, so ergibt sich für uns zwangsläufig die Folge, daß es im Finanzwesen selbst nicht möglich ist, heute mit einem Anachronismus aufzuwarten, der uns in eine Zeit zurückwerfen würde, die wir lange überstanden haben und von der wir nicht möchten, daß sie wiederkehre.

Wir befinden uns mit dieser Auffassung auch durchaus in guter Gesellschaft. Die vielen Sachverständigen, auf die auch schon Herr Kollege Dr. Höpker-Aschoff hingewiesen hat, haben uns zum großen Teil die Richtigkeit unserer Auffassungen bestätigt. Nur der Vollständigkeit halber möchte ich erwähnen, daß es sich sowohl um die Vertreter der Wirtschaft als auch der Gewerkschaften handelte. Gerade die Gewerkschaften haben darauf hingewiesen, daß bei einer Verschiedenartigkeit der Besteuerung in den einzelnen Ländern im Hinblick auf den Nettolohn des Arbeiters auch unterschiedliche Bruttolöhne gezahlt werden müßten, wodurch eine völlige Veränderung im Preisniveau in den Industrien der einzelnen Länder auftreten würde.

Die Vertreter der Wissenschaft, des Städtetages, des Landkreistages, der Landwirtschaft, die Oberfinanzpräsidenten und nicht zuletzt die Finanzminister und der Direktor der Finanzen in Frankfurt, Hartmann, selbst, neben ihm die Vertreter der Finanzleitstelle in Hamburg, sie alle waren der Auffassung, daß nicht nur auf dem Gebiete der Gesetzgebung und der Rechtsprechung, sondern auch auf dem Gebiete der Verwaltung — einige mit gewissen Einschränkungen — die **Finanzhoheit beim Bunde** liegen müßte. Als besonders interessant mag in diesem Zusammenhang Erwähnung finden, was Herr Direktor Hartmann gesagt hat, daß nämlich alle sachlichen und technischen Gründe dafür sprechen, daß auch auf dem Gebiete der **Finanzverwaltung** dem Bund die Hoheit zuerkannt wird, daß es lediglich politisch-psychologische Momente in den süddeutschen und südwestdeutschen Ländern seien, die ihn veranlaßten, vor uns zu erklären, ihretwegen sollte man es bei einer Länderfinanzverwaltung belassen. Ich glaube, diese politisch-psychologischen Momente sind weniger Momente der Bevölkerung in den süddeutschen und südwestdeutschen Ländern, sie sind auch nicht so sehr Momente, die in der Wirtschaft zum Ausdruck kommen, sondern hier handelt es sich meines Erachtens um Argumente, die von der beteiligten Bürokratie vorgetragen werden,

(Sehr richtig!)

auf die hier auch heute schon hingewiesen worden ist.

Wenn ich von beteiligter Bürokratie spreche, will ich noch etwas deutlicher werden und sagen, daß hier die Personalpolitik zum Angelpunkt der allgemeinen Politik gemacht wird und gerade deswegen die Gründe nicht durchschlagend sind, uns von unserer Auffassung abzubringen.

Es mag nur am Rande erwähnt werden, daß ebenso unverständlich die Haltung der Präsidenten der **Industrie- und Handelskammern** ist, die durch einen kürzlich in München gefaßten Beschluß zum Ausdruck gebracht haben, daß man mit einem gewissen Weisungsrecht des Bundes auf dem Gebiet der Verwaltung die Finanzhoheit den Ländern geben könnte. Angeblich sollen diesem Beschluß bis auf eine Ausnahme sämtliche Präsidenten der Industrie- und Handelskammern zugestimmt haben. Wieweit man aber den Herren die Beurteilung einer solch wichtigen Frage zuerkennen kann, ist zumindest sehr zweifelhaft, wenn man weiß, daß in einer Denkschrift über die Finanzhoheit der Zentralgewalt und der Länder und die Organisation der Steuer- und Zollverwaltung im Vereinigten Wirtschaftsgebiet die Vereinigung der Industrie- und Handelskammern von Nordrhein-Westfalen, an der sicher die Präsidenten der Industrie- und Handelskammern in Nordrhein-Westfalen maßgeblich beteiligt gewesen sind, etwas ganz anderes vorgeschlagen hat, nämlich das, was der Herr Kollege Dr. Höpker-Aschoff vor mir hier vorgetragen hat. Man muß also sehr skeptisch sein, vor allen Dingen auch deswegen, weil die Präsidenten der Industrie- und Handelskammern nicht immer als Repräsentanten der Wirtschaft sprechen, die sie vertreten,

(Sehr richtig!)

sondern sehr oft ihre Privatmeinung sagen, die eine ganz bestimmte politische Tendenz hat, aber nicht als Grundlage für die Beurteilung der Haltung der von ihnen vertretenen Wirtschaft genommen werden kann.

(Dr. Strauss (CDU): Gerade wie es Ihnen paßt!)

— Herr Kollege Dr. Strauss, ich sage es zumindest so, daß es verständlich ist, und nicht in einer Form, die mir zumindest Veranlassung gibt, darauf hinzuweisen, daß man es auch anders lesen kann. Man kann nicht im April 1948 sagen: alles beim Bund, und dann plötzlich im Oktober kommen und erklären: nun möglichst doch bei den Ländern. Es kommt nämlich darauf an, Herr Kollege Dr. Strauss, wer solche Beschlüsse inauguriert, ob Sie derjenige sind, der den entsprechenden Vortrag hält, oder ob Herr Dr. Höpker-Aschoff es ist. Ich glaube, daß, wenn Herr Dr. Höpker-Aschoff den Vortrag gehalten hätte, der eine oder andere Präsident einer Industrie- und Handelskammer doch eine andere Auffassung von dem bekommen hätte, um was es sich hier bei uns handelt und dementsprechend ein anderes Votum abgegeben haben würde. Es ist nicht so, Herr Kollege Dr. Strauss, daß man die Herren so völlig allein vor ein Problem stellen kann und es ihnen dann überläßt, dieses Problem zu behandeln. Es gehört auch für den Präsidenten einer Industrie- und Handelskammer eine ganz bestimmte Sachkenntnis von den Dingen dazu, um frei und unabhängig urteilen zu können.

Zwingend sprechen meines Erachtens aber für das, was Herr Dr. Höpker-Aschoff hier vorgetragen hat und was meine Freunde und ich unterstreichen, die staatsfinanziellen Folgen des verlorenen Krieges und des politischen Zusammenbruchs. Fragen wie die Besatzungskosten, der Lastenausgleich aller Art, insbesondere auch die Frage der durch das Problem der Flüchtlinge und Vertriebenen entstandenen Kosten sind meines Erachtens Beispiele dafür, daß die Aufgaben, die dem Bund in Zukunft entstehen werden, von einer derartigen Schwerkraft sind, daß beim Bund auch die Zuständigkeit dafür liegen muß, wie die Kosten für diese Aufgaben aufzubringen sind. Wir leben insoweit in derselben Situation, in der Deutschland sich im Jahre 1919 und 1920 befunden hat. Was damals **Erzberger** richtig gemacht hat, sollten auch wir heute als richtig anerkennen. Wir sollten wieder auf das zurückkommen, was mit seinem Namen, mit der **Finanzreform** des Jahres 1920 verbunden ist. Es ist auch so, daß, wenn wir nur den Finanzausgleich betrachten, der Finanzausgleich auf Jahre hinaus noch ein Lastenausgleich ist. Der **Lastenausgleich,** über den jetzt in Frankfurt in einem oder in mehreren Ausschüssen beraten wird, wird nicht der letzte Lastenausgleich sein. Wir werden im zukünftigen Finanzausgleich persönliche und sachliche Lasten aller Art zu verteilen haben. Deswegen ist es wichtig, diese Lasten, die Gesamtlasten sind, nicht einzelne Länder tragen zu lassen, sondern vom Gesamten her zu bestimmen, wie sie auf alle gerecht und gleichmäßig zu verteilen sind.

Die Finanzreform als die Voraussetzung dessen, was dann in Deutschland als Reichsfinanzverwaltung erstand, ist nach unserer Auffassung eine staatsmännische Tat gewesen, an der wir uns heute nur ein Vorbild nehmen können. Meine Freunde und ich sind aus diesen Gründen der Auffassung, daß Bundesgesetzgebung, Rechtsprechung und Bundesverwaltung auf dem Gebiet des Finanzwesens ihren Niederschlag in dem von uns zu verabschiedenden Grundgesetz finden sollten. Es wäre ein Fehler, wenn wir uns hier nicht darüber verständigen könnten. Ich glaube, es ist richtig, was hier zum Ausdruck gebracht worden ist: Wenn wir dieses Problem im Zusammenhang mit anderen hier noch zu lösenden Problemen behandeln, wird auf dem Gebiet, zu dem ich hier jetzt spreche, das wahr werden, was im geheimen vielleicht auch der Wunsch mancher ist, die gegen das sprechen, was wir beschließen wollen.

Meine sehr verehrten Damen und Herren! Die Finanzen eignen sich nicht — und damit möchte ich meine Ausführungen beschließen — als Objekt irgendwelcher landsmannschaftlichen **Brauchtumspflege.** Ich will nicht gegen den Föderalismus polemisieren. Aber ich möchte doch sagen, daß es aus Brauchtumspflege manchmal sogar zu Brauchtumsexzessen kommen

kann. Auf dem Gebiet der Finanzen wären sie in dieser Zeit der Not und des Elends unangebrachter als auf jedem anderen Gebiet. Wir sind durchaus bereit — da unterstreiche ich auch das, was Herr Kollege Dr. Höpker-Aschoff gesagt hat —, allen Wünschen Rechnung zu tragen, die berechtigterweise von den Vertretern des föderalen Prinzips an uns herangetragen werden. Ich bin auch der Auffassung, daß das, was wir hier erarbeiten, schon föderalistischer ist als das, was in der Reichsverfassung von Weimar seinen Niederschlag gefunden hat. Die berechtigten Wünsche auf dem Gebiet der Finanzen werden von den Ländern aus jeweils bei der Verabschiedung des Finanzausgleichsgesetzes zum Ausdruck gebracht werden können. Ihnen wird in diesem Zusammenhang Rechnung getragen. Es wird sicher nach mir einer der Kollegen sagen, daß die **Eigenverantwortlichkeit der Länder** damit nicht in genügender Art und Weise zum Ausdruck gebracht wird. Die Eigenverantwortlichkeit der Länder wird meines Erachtens hinreichend berücksichtigt, wenn in jedem Jahr von neuem entsprechend den von Bund und Ländern auszuführenden Aufgaben festgestellt wird, wie hoch die Kosten dieser Aufgaben sind und wie die Lasten dementsprechend auf Bund und Länder zu verteilen sind. Wir sind durchaus bereit, hier eine echte Mitwirkung der Länder ihren Niederschlag finden zu lassen. Unsere politische Verantwortung nicht nur vor uns selber, sondern auch vor der Geschichte, die wir im gewissen Sinne durch das mitgestalten, was wir hier erarbeiten, fordert durchaus die Respektierung der deutschen Länder und ihres spezifischen Ordnungssystems auch im Rahmen des Ganzen. Sie fordert von uns aber zumindest in gleicher Weise die Ignorierung und die Überwindung der Länderegoismen.
(Bravo!)

2.3. Dr. Binder (CDU)

Dr. BINDER (CDU): Meine Damen und Herren! Der Standpunkt der CDU in Finanzfragen ist im Finanzausschuß und in der Presse schon genügend zum Ausdruck gekommen. Ich glaube daher, mich hier außerordentlich kurz fassen zu können, wenn ich unseren Standpunkt noch einmal formuliere. Wir stehen hier in Bonn vor der Aufgabe, einen Bundesstaat zu errichten. Dabei steht es auch für unsere Partei fest, daß alle Fragen der Wirtschaft unter den heutigen Verhältnissen nur reichseinheitlich geregelt werden können. Aus diesem Grunde sind wir der Meinung, daß die Finanzgesetzgebung auch in den Fällen, in denen die Festsetzung der Hebesätze der Steuern den Ländern oder den Gemeinden zusteht, grundsätzlich beim Reich bleiben muß. Wenn die Fragen der Finanzen hier überhaupt eine so schwerwiegende Rolle spielen, so deswegen, weil es sich bei dem Bau unserer Verfassung auch darum handelt, den Ländern ihre finanzielle Grundlage zu sichern. Denn wer das Geld hat, hat auch die Macht. Und ein bundesstaatlicher Aufbau unserer Verfassung wäre praktisch hinfällig, wenn die **Länder** nicht ihre **selbstverantwortliche Finanzwirtschaft** haben würden. Wir haben in sehr eingehenden Besprechungen mit Sachverständigen aller Kreise die Frage ventiliert, ob es nicht möglich wäre, das Steueraufkommen in Deutschland so abzugrenzen, daß die Länder und der Bund ihre eigenen Steuerquellen für sich haben. Die Beratungen haben ergeben, daß — wie der Vorredner Herr Dr. Höpker-Aschoff schon zum Ausdruck gebracht hat — möglicherweise in Zukunft eine derartige Trennung möglich ist. Es gibt zwei Lösungen: Die eine besteht darin, daß die Länder besondere Zuschlagssätze zu den großen Bundessteuern erheben, die andere darin, daß das derzeitige Steuersystem überhaupt umgebaut wird. Es wird aber Vorarbeiten von mindestens fünf Jahren auf dem Gebiet der Landwirtschaft erfordern, eine solche

Lösung durchzuführen. Wir haben uns aber hier mit einem Provisorium, nämlich einer vorläufigen Verfassung zu befassen. Wir mußten infolgedessen von den gegebenen Verhältnissen ausgehen und sind daher zu dem Ergebnis gekommen, daß die Interessen der Länder nur dadurch gewahrt werden können, daß die großen Steuern, Einkommensteuer, Körperschaftsteuer und Umsatzsteuer, gemeinsame Steuern des Bundes u n d der Länder werden. Das hat zur Folge, daß Bund und Länder sich jährlich in das Aufkommen dieser Steuern teilen müssen. Die Position der Länder bei dieser Aufteilung der Steuern ist aber nur dann gewährleistet, wenn sie bei der Verabschiedung des jährlichen Finanzausgleichs- und Steueraufteilungsgesetzes in ihrer Mitwirkung an der Gesetzgebung eine ausreichende Sicherung haben. Infolgedessen hängt unsere Zustimmung zu dieser Regelung davon ab, daß in der Frage des Länderrats eine Lösung gefunden wird, die die Rechte der Länder in ausreichender Weise sichert.

In der Frage der **Finanzverwaltung** ist es im Finanzausschuß zu keiner Einigung gekommen. Auf der einen Seite sprechen außerordentlich starke Gründe dafür, die Verwaltung der Finanzen reichseinheitlich zu regeln, weil über die Durchführung der Steuergesetze bei der Veranlagung an Ort und Stelle entschieden wird. Auf der anderen Seite ist aber die Abgrenzung der Finanzverwaltung in einem sehr erheblichen Umfang auch eine politische Frage. Ich glaube, daß der Standpunkt meiner Partei und der der anderen Parteien in der Sache gar nicht so sehr voneinander abweichen. Wir sind durchaus der Auffassung, daß die Veranlagungs-, Stundungs-, Niederschlags- und Erlaßrichtlinien reichseinheitlich vom Bundesfinanzminister geregelt werden müssen. Wir sind auch der Meinung, daß die Ausbildung und Versetzung der jüngeren Finanzbeamten durch den Bundesfinanzminister zu erfolgen hat, damit die Herren aus den einzelnen Ländern in ihren jungen Jahren auch in einer anderen Finanzverwaltung tätig werden. Wir sind ebenso der Meinung, daß bei der Ernennung der Oberfinanzpräsidenten und der Abteilungspräsidenten der Bundesfinanzminister ein Mitwirkungsrecht haben muß, um bei den führenden Stellen die Einheitlichkeit der Durchführung der Gesetze zu gewährleisten. Was danach dem einzelnen Landesfinanzminister auf dem Gebiete der Steuerverwaltung übrigbleibt, sind praktisch nur zwei Dinge: nämlich einmal, die Verfügungen des Bundesfinanzministers mit seiner Unterschrift versehen an die Oberfinanzpräsidenten weiterzureichen, und zweitens die sehr unangenehme Aufgabe, den eventuell notwendig werdenden Personalabbau vorzunehmen. Darüber hinaus wird ihm bei der Durchführung der Bundesfinanzverwaltung, als Auftragsverwaltung kein nennenswerter Spielraum bleiben. Er hat allerdings die Möglichkeit, bei der unumgänglichen Zusammenlegung der Bundes- und der Landesfinanzverwaltungen Einsparungen zu machen. Es war für mich als ehemaliger Leiter der Finanzverwaltung von Südwürttemberg-Hohenzollern außerordentlich interessant, daß einer unserer befähigsten Finanzminister, Herr Dr. Hilpert, im Finanzausschuß erklärt hat, es sei ihm in Hessen möglich gewesen, mit etwa 70 % der Stellen, die ursprünglich in der Reichsfinanzverwaltung vorgesehen waren, auszukommen.

(Zuruf: Aber in der Zukunft nicht mehr!)

— Meines Erachtens auch in der Zukunft. Es ist tatsächlich so, je kleiner ein Verwaltungsbezirk ist, desto leichter ist er übersehbar, und desto besser können Einsparungsmöglichkeiten wahrgenommen werden.

(Zinn (SPD): Er hat sich schon eine Ausnahmebewilligung geben lassen, um neue Kräfte einzustellen.)

— Herr Minister, das liegt nur daran, daß im Augenblick durch die Währungsreform der Finanzverwaltung zusätzliche Aufgaben übertragen worden sind.

(Zinn (SPD): Nein, um die angeblich so schlechte Steuermoral zu bekämpfen.)

— Sicher, das ist aber auch eine zusätzliche Aufgabe, die lediglich mit den besonderen Verhältnissen des Augenblicks zusammenhängt.

Ich möchte zum Abschluß meiner Darlegungen noch auf einen anderen Punkt zu sprechen kommen, der uns im Finanzausschuß sehr stark beschäftigt hat, der aber in der außerordentlich exakten und guten Darstellung, die Herr Dr. Höpker-Aschoff uns gegeben hat, nicht erwähnt worden ist. Wir bauen bekanntlich unsere Verfassung nicht in den luftleeren Raum, sondern in ganz bestimmte wirtschaftliche und politische Verhältnisse hinein. Bei den Beratungen des Finanzausschusses mit den Sachverständigen ist immer wieder zum Ausdruck gekommen, daß dieses Verfassungsgebäude, der künftige Bundesstaat, vom ersten Tage seiner Existenz ab finanziell nicht lebensfähig sein wird, wenn nicht auch die **Besatzungskosten** so stark gesenkt werden, daß überhaupt eine finanzielle Daseinsmöglichkeit für das neue Gebilde besteht. Ich habe diese Stellungnahme auch der Presse mitgeteilt, und inzwischen sind von amerikanischer Seite zur Frage der Besatzungskosten verschiedene offizielle Verlautbarungen ergangen.

(Zuruf links: Die kennen wir ja!)

Herr **General Clay** hat erklärt, daß er nicht die Absicht habe, die Ausgaben der Militärregierung zu rechtfertigen. Darum handelt es sich auch gar nicht. Wenn er damit aber sagen wollte, daß er überhaupt nicht bereit sei, auf dieses Problem einzugehen, dann muß ich dazu bemerken, daß die Macht der Verhältnisse stärker sein wird als die Ansicht des Herrn General Clay.

Es sind drei Dinge in dieser Polemik gegen die Deutschen vorgebracht worden, um unseren moralischen Anspruch auf eine Herabsetzung der Besatzungskosten zu bestreiten, obwohl diese Frage mit Moral gar nichts zu tun hat, sondern eine rein finanztechnische Angelegenheit ist. Zunächst wurde von dem offiziellen Sprecher der OMGUS darauf hingewiesen, daß die deutschen Verwaltungen selbst ihre Ausgaben nach der Währungsreform nicht in genügendem Umfange gesenkt hätten. Ich bin mit dem Sprecher der amerikanischen Militärregierung durchaus einig darin, daß die **Ausgaben der deutschen Verwaltungen** noch in einschneidenderer Weise herabgesetzt werden könnten.

(Dr. Menzel (SPD): Na, na!)

Wenn das bisher nicht der Fall gewesen ist, so liegt es zunächst daran, daß diese deutschen Verwaltungen an die Bedürfnisse der Militärregierung angepaßt werden mußten, daß — um nur ein Beispiel zu nennen — das Amt für Vermögenskontrolle in München, als es von der bayerischen Regierung übernommen wurde, annähernd 1000 Angestellte hatte, und die bayerische Regierung sich verpflichten mußte, diesen Angestellten in dem ersten Dreivierteljahr nicht zu kündigen. Das ist nur einer der vielen Fälle, den ich herausgegriffen habe, um zu zeigen, inwieweit das Ausmaß der Mehrausgaben der deutschen Verwaltungen von den Besatzungsmächten abhängt.

Es kommt noch ein anderer Gesichtspunkt dazu: So lange wir derart übermäßige Besatzungskosten zu bezahlen haben, wird kein deutscher Landesfinanzminister die ausreichende Autorität haben, **Einsparungen** in seinem Landtag durchzusetzen. Die betroffenen Kreise werden ihm immer das Argument entgegenhalten, daß diese Einsparungsmaßnahmen praktisch doch nur deswegen gemacht werden, um weiterhin die übermäßig hohen Besatzungskosten bezahlen zu können. Wenn wir eine Chance haben wollen, unsere eigenen Verwaltungsausgaben herabzusetzen, müssen die deutschen Finanzminister darauf hinweisen können, daß es ihnen bereits gelungen ist, die Besatzungskosten in einem ausreichenden Maße herabgesetzt zu bekommen; denn dann können sie mit einem ganz anderen Gewicht an die Aufgaben herangehen, die sie in ihrem eigenen Lande zu bewältigen haben.

Es kommt ferner hinzu, daß eine Senkung von Ausgaben, die ja entweder eine Entlassung von Beamten oder eine Einstellung von Subventionen oder eine Herabsetzung von Sachausgaben bedeutet, nur von Leuten durchgesetzt werden kann, die die notwendige Robustheit haben, auch widerstrebenden Interessen entgegenzutreten. Solche Leute werden aber mit derselben Robustheit auch den Versuch machen, sich gegenüber den alliierten Militärregierungen durchzusetzen. Es wird also sehr weitgehend von der **Politik der Militärregierungen** abhängen, inwieweit wir in der Lage sein werden, Finanzminister zu bekommen, die eine derart komplizierte und unangenehme Aufgabe bewältigen können.

Die zweite Entgegnung, die uns bei der Frage der Besatzungskosten gemacht wurde, war die, daß **General Clay** sagte, solange die amerikanische Regierung für jeden Amerikaner in Deutschland pro Tag 80 Dollarcents aufwende, müßten die Deutschen eben 20 Dollarcents tragen. Dieses Beispiel ist nicht ganz richtig gewählt. Wörtlich genommen ist es jedenfalls nicht so, daß wir pro anwesenden Amerikaner 20 Dollarcents, d. h. 66 Pfennig, pro Tag aufzuwenden hätten, also 250 DMark im Jahr. Wenn es so wäre, dann gäbe es überhaupt keine Diskussion über die Besatzungskosten, und ich möchte sogar sagen: Wenn das als Offerte gemeint war, dann sind wir gern bereit, die Zuschüsse für 1 Million amerikanischer Soldaten in Europa zu bezahlen, weil wir dann wirklich einen ausreichenden Schutz hätten.

Es wurde in der Presse auch noch gesagt, Deutschland habe eigentlich kein Recht, für eine Herabsetzung der Besatzungskosten zu plädieren, solange die amerikanische Regierung in einem so ungewöhnlich großen Ausmaß Rohstoffe und Nahrungsmittel für ihre Rechnung nach Deutschland einführe. Es ist ohne weiteres anzuerkennen, daß wir von amerikanischer Seite eine sehr große Hilfe bei der Bewältigung unserer wirtschaftlichen Nöte erfahren haben. Aber die Dinge liegen so, daß ein ganz überwiegender Teil dieser Hilfe ja einfach dadurch notwendig geworden ist, daß in Yalta die Aufteilung Deutschlands, die Abtrennung Westdeutschlands von seinen landwirtschaftlichen Versorgungsgebieten und vor allen Dingen praktisch auch die Vertreibung von rund 7 Millionen Ostdeutschen nach dem westdeutschen Gebiet hingenommen wurde. Dadurch erhält diese Hilfeleistung zum Teil einen ganz anderen Charakter.

Außerdem bin ich der Meinung, daß es sich bei der Frage der Besatzungskosten überhaupt nicht um die moralische Berechtigung, sondern lediglich um rein finanztechnische Gesichtspunkte handelt. Im Augenblick hat die **Bank Deutscher Länder** es abgelehnt, den finanziell notleidenden Ländern Kredite zur Verfügung zu stellen. Ich bin keineswegs sicher, ob in wenigen Tagen oder Wochen, wenn auch der Rest unserer Länder vor dem finanziellen Ruin stehen wird, die Bank Deutscher Länder sich derartigen Kreditgesuchen wird erneut widersetzen können. Wahrscheinlich werden die im Bankenrat vertretenen Landesbankenpräsidenten von ihren Regierungen so unter Druck gesetzt werden, daß sie ihre Haltung ändern werden. Versuche nach dieser Richtung sind bereits gemacht worden. Wenn sich nun daraus die Situation ergeben sollte, daß die Bank Deutscher Länder diesem Druck nachgibt in der Hoffnung, daß der alliierte Bankenrat einer derartigen Kreditbewilligung nachträglich die Genehmigung versagt, so bin ich keineswegs sicher, ob diese Spekulation richtig sein wird. Ich könnte mir sehr gut vorstellen, daß die Besatzungsmächte lieber eine inflatorische Politik in Deutschland hinnehmen, als die notwendigen Konsequenzen aus der Lage zu ziehen und eine sofortige Herabsetzung der Besatzungskosten durchzuführen.

(Renner (KPD): Was ziehen Sie vor?)

— Eine sofortige Herabsetzung der Besatzungskosten! Die Dinge liegen so, daß wir hier eine ganz vergebliche Arbeit leisten würden, wenn wir den künftigen Bundesstaat nicht auf eine einwandfreie finanzielle Grundlage stellen könnten.

(Beifall bei der CDU.)

3. *Aussprache über das Wahlrecht*

3.1. **Dr. Diederichs (SPD)**

Dr. DIEDERICHS (SPD): Herr Präsident, meine Damen und Herren! Es ist wahrscheinlich symbolisch und kein Zufall, daß als Appendix zu unserer Tagesordnung, wobei man das Wort Appendix nicht unbedingt mit Wurmfortsatz zu übersetzen braucht, die Wahlrechtsfrage behandelt wird. Denn im Grunde genommen ist das **Wahlrecht** kein unmittelbarer Bestandteil des Grundgesetzes, das wir hier schaffen wollen. Wie wesentlich aber die Behandlung dieser Frage des Wahlrechts praktisch ist, geht nicht nur daraus hervor, daß die Verhandlungen, die darüber bisher im Ausschuß gepflogen worden sind, in der Presse sehr weitgehende Beachtung gefunden haben, sondern auch aus dem, was in Herrenchiemsee vom Verfassungskonvent hierzu gesagt wurde. Der Verfassungskonvent in Herrenchiemsee sagte:

> Bei seinen Arbeiten stieß der Verfassungskonvent in verschiedenen Gebieten immer wieder auf die außerordentliche Bedeutung des Wahlrechts. Für eine planmäßige Durchforschung dieses Gebietes hielt er sich aber nicht für zuständig, da auch nur die Grundzüge eines Wahlgesetzes wohl nicht in ein zu schaffendes Grundgesetz aufzunehmen sind.

Unter diesem Aspekt hat sich der Verfassungskonvent von Herrenchiemsee mit dieser Frage nicht näher befaßt. Der Rat hier war sich aber durchaus darüber klar, daß diese Frage hier behandelt werden müsse, damit in dem Augenblick, da unser Gesetz fertig sein würde, auch die Möglichkeit bestünde, auf Grund eines existenten Wahlrechts die darin geschaffenen Körperschaften nun auch wirklich zu bilden und zu wählen.

Infolgedessen hat der Ausschuß, der allerdings insofern in einer etwas unglücklichen Lage gegenüber den anderen Ausschüssen war, als er keine positive Unterlage hatte, auf der er hätte arbeiten können, seine Arbeiten in dem Sinne aufgenommen, daß er Sachverständige der verschiedensten Richtungen um Gutachten über das Wahlrecht gebeten und auf Grund dieser **Gutachten** die Fragen des **Wahlmodus** in sehr eingehender Aussprache erörtert hat. Dabei sei vorausgeschickt, daß sich der Ausschuß von vornherein durchaus darüber einig war, daß in das Grundgesetz selber keine Bestimmung über den Wahlmodus aufgenommen werden sollte. In diesem Grundgesetz sollte bezüglich der Wahl lediglich die Feststellung der allgemeinen, gleichen, direkten und geheimen Wahl festgelegt werden, dagegen sollte über den Modus nichts gesagt werden.

Darüber hinaus war sich der Ausschuß weiterhin darüber klar, daß er mit dem hier zu schaffenden **Wahlgesetz** ein Wahlgesetz ausschließlich für das erste zusammentretende Parlament auf Grund unseres Grundgesetzes schaffen wollte. Er wollte also grundsätzlich späteren Regelungen dieser Frage in keiner Weise vorgreifen. Da es im Grundgesetz nicht verankert werden soll, wäre sehr vieles ungefährlich, denn es handelt sich dann um ein **einfaches Gesetz,** das ja jederzeit auf dem Wege einfacher Gesetzgebung bei Bedarf geändert werden könnte.

Wie ich schon sagte, lag dem Ausschuß keinerlei Vorlage für ein Wahlgesetz vor. Er hat aber auf Grund seiner Verhandlungen in einer seiner letzten Sitzungen Entscheidungen getroffen, die für die weiteren Verhandlungen und für den definitiven Abschluß dieser Arbeiten von entscheidender Bedeutung sind, vor allen Dingen aber nach meiner Auffassung die Möglichkeit in sich tragen, einen mittleren Weg zu finden, auf dem ein brauchbares Wahlgesetz für das Parlament zustande kommen kann.

Zur Abstimmung standen in dieser Sitzung am 15. Oktober folgende drei Fragen:

Erste Frage: Wird von dem Ausschuß ein reines **relatives Mehrheitswahlrecht** englischen

Musters, also mit Einmannwahlkreisen mit relativer Mehrheit und mit der Wahl des Kandidaten in einem einzigen Wahlgang empfohlen? Diese Regelung hat der Ausschuß mit 5:3 Stimmen abgelehnt.

Darüber hinaus wurde als zweite Frage gestellt: Wird ein Mehrheitswahlrecht mit absoluter Mehrheit, das heißt also, falls der erste Wahlgang keine absolute Mehrheit bringt, mit einer **Stichwahl** gewünscht? Diese Frage wurde einstimmig verneint. Also auch die Freunde des relativen Mehrheitswahlrechts haben die Möglichkeit eines Stichwahlsystems negiert.

Die dritte Frage, die zur Debatte stand, war die Form eines reinen Proportionalsystems, also der reinen **Listenwahl.** Auch dieses System wurde vom Ausschuß einstimmig abgelehnt.

Mit diesen drei negativen, das heißt ausschließenden Beschlüssen hat der Ausschuß praktisch nun den Weg für eine Form des Wahlrechts freigemacht, die man als ein **modifiziertes Wahlrecht** ansprechen könnte.

Lassen Sie mich nun kurz schildern, welche Hauptgründe diejenigen zum Ausdruck brachten, die es hier ablehnten, diese Dinge so zu formen.

Die Gründe für die Ablehnung des **relativen Mehrheitswahlrechts** bestanden in erster Linie in dem Wunsch, eine möglichst gerechte, das heißt sachlich möglichst gleichartige Wertung aller abgegebenen Stimmen herbeizuführen. Diejenigen, die dieses Wahlrecht ablehnten, sind der Auffassung, daß beim relativen Mehrheitswahlrecht eine zu große Anzahl von **Stimmen** in den Einzelwahlkreisen **verloren** gehe; ferner bestehe beim Auftreten etwa von vier Bewerbern theoretisch die Möglichkeit, daß ein Bewerber mit 25 % der Stimmen plus einer Stimme gegen 75 % hinfällig werdende Stimmen gewählt werden kann, und diese Auswahl widerspräche dem Gerechtigkeitsempfinden des Wählers. Wahlmüdigkeit und politische Uninteressiertheit würden dann gerade unter denen besonders deutlich hervortreten, welche wissen, daß sie in dem Wahlkreis, in dem sie wohnen, für ihre Grundauffassungen keinen Boden haben.

Als zweiten besonderen Grund für die Ablehnung brachte man auf der Seite der Gegner der relativen Wahl den Einwand, daß die Möglichkeit bestehe, bei den Einerwahlkreisen, also bei recht kleinen Wahlkreisen, sogenannte **Lokalgrößen** in ein Parlament zu wählen, die in ihrem engen Kreise gute Arbeiter sein mögen, die aber für die Aufgaben, die ein solches Bundesparlament zu lösen hat, nicht unbedingt die Besten zu sein brauchen. Es wurde hier bestritten, daß dieses reine Mehrheitswahlrecht unbedingt zur **Wahl des besten Mannes** führen müßte. Darüber hinaus war man der Auffassung, die Einstellung, daß der in einem solchen Einerwahlkreis Gewählte nun der Vertreter dieses Bezirkes im Parlament sein sollte, könne zwei negative Seiten haben. Wenn er nämlich von einer relativ schwachen Mehrheit gewählt worden ist, so repräsentiert er ja nur einen sehr geringen Teil dieser Wähler, und es bleibt eine reine Fiktion, daß er der Vertreter dieser Bevölkerung sei. Darüber hinaus aber möge es bezüglich der Arbeit eines Bundesparlaments, das von höherer Ebene höhere Aufgaben staatspolitischer Art zu lösen hat, vermieden werden, daß zu all dem Trennenden, was an sich im deutschen Volke vorhanden ist — konfessioneller Art, parteilicher Art, Länder bis hinunter zu den Großstädten usw. —, nun durch allzu weitgehende Aufteilung in allzu kleine Wahlkreise ein weiteres differenzierendes Moment eingebaut werde.

Als ein besonderes Argument für dieses relative Mehrheitswahlrecht wird immer gern ins Feld geführt, daß hier eine bessere Mehrheitsgarantie für eine **arbeitsfähige Regierung** gegeben sei. Jedoch es ist bisher nicht gelungen, irgendwie nachzuweisen, daß das mit Sicherheit zu erwarten sei.

Wir können bei unserer soziologischen Struktur mit Sicherheit annehmen, daß das Ziel einer solchen Vereinfachung etwa bis zum **Zweiparteiensystem** hin auf diesem Wege nach unserer Auffassung zweifellos nicht erreichbar ist. Dabei bleibt folgendes zu bedenken. Es wird hierbei immer ohne weiteres vorausgesetzt, daß das Zweiparteiensystem ideal wäre, und man kann durchaus zweifelhaft sein, ob dieses Postulat unbedingt richtig ist. Es wurde besonders von den Herren der **Deutschen Wählergesellschaft,** die auch bei uns zu Gaste waren und weitgehend Gelegenheit hatten, ihre Auffassungen bei uns auseinanderzusetzen, darauf hingewiesen, daß die Wähler unter solchem System mehr oder weniger gezwungen seien, sich in den größeren Parteien zu konzentrieren. Mein Hinweis, daß dadurch in diese Parteien eine wesentlich größere Inhomogenität hineinkäme, wurde von Herrn Mommsen von der Wählergesellschaft durchaus bejaht. Er sagte: Mit diesem Problem mögen sich die Parteien intern abfinden. Wenn man aber auf solche Parteien eine Regierung stützt und dann sagt, eine solche Regierung sei besonders stark fundiert, so gaube ich, daß selbst, wenn sie eine solche Mehrheit hinter sich hat, auf dem Boden einer so inhomogenen Partei mit so starken inneren Spannungen von einer Stärke solcher Regierung kaum die Rede sein kann.

Ein weiteres Argument ist der stetige Hinweis darauf, daß das Mehrheitswahlrecht die **Persönlichkeit** besonders in den Vordergrund rücke und eine besondere Auswahl für den Wähler nach reinen Persönlichkeitsgesichtspunkten garantiere und daß der Wähler in den kleineren Wahlkreisen auf diese Weise einen persönlichen Konnex zu seinem Abgeordneten, zu seinem Kandidaten erhalten könne. Ad 1 wage ich zu bezweifeln, daß in einem Wahlkreis von 150000 Einwohnern der persönliche Konnex zu dem Gewählten wirklich so eng ist, daß man hierfür alle möglichen Mängel eines solchen Systems, wie ich sie geschildert habe, in Kauf nehmen könnte. Vor allem aber ist hier eins zu erwähnen. Wenn dieses Argument richtig ist, und es treten vier oder fünf Gruppen mit ausgezeichneten Vertretern, mit ausgesuchtem Material an Menschen hier in den Wettbewerb, dann bedeutet das, daß mit einer relativen Mehrheit, möglicherweise einer ganz knappen, von diesen fünf ausgezeichneten Bewerbern vier ausfallen, also ein enormer Verschleiß an wirklich qualifizierten Menschen, die in den Parlamenten positive Arbeit leisten könnten.

Aus diesem Grunde, bei aller Anerkennung, daß man das Persönlichkeitsmoment durchaus werten sollte, haben wir dann unsererseits Vorschläge gemacht, die durchaus die Möglichkeit bieten, dieses Persönlichkeitsmoment mit dem Proporz in einer gesunden **Kombination** zu vereinigen. Vor allen Dingen ist bei dieser Persönlichkeitspräsentation in kleinen Wahlkreisen in den ganzen Verhandlungen trotz mehrfacher Rückfragen meinerseits immer die eine Frage offengeblieben: Wer sind denn die Berufenen, die diese exquisiten Persönlichkeiten als Einzelkandidaten präsentieren? Es hieß dann ganz automatisch: Das werden die Parteien in erster Linie sein, soweit nicht Einzelkandidaten auftreten. Praktisch ist also die Präsentation dieser Persönlichkeiten nicht anders als bei einem Listenwahlrecht, wo auch die Parteien die Persönlichkeiten auswählen und präsentieren, womit ich mich dagegen verwahren möchte, daß ich etwa die Absicht hätte, jetzt für ein Listenwahlrecht zu plädieren. Sie werden hören, daß mein Vorschlag in eine andere Richtung geht.

Eines der stärksten Argumente, die von den Freunden des englischen Wahlrechts angeführt werden, ist immer jenes: es garantiere **sichere Mehrheiten** und damit ein sicheres Funktionieren der parlamentarischen Arbeit. Hier möchte ich hinzufügen: Abgesehen davon, daß solche sicheren Mehrheiten bei unserer Struktur keineswegs garantiert sind, bin ich überzeugt, daß weder die Bayernpartei in Oberbayern in diesem Falle auf die Herausstellung qualifizierter Kandidaten als Einzelkandidaten verzichten würde noch die Niedersächsische Landespartei in den Gegenden, in denen sie glaubt, einen guten Boden zu haben. Sie haben auch in den Gegenden bei der Zusammensetzung der Bevölkerung, besonders bei einem relativen Mehrheitswahlrecht, eine Aussicht, gewählt zu werden. Also die Aussicht, hier eine Konzentration auf zwei starke Parteien zu bekommen, ist keineswegs gegeben.

Die Sicherung der Funktion von Parlament und all der Organe, über die in diesen beiden Tagen hier sehr viel gesprochen worden ist, ist Aufgabe des Grundgesetzes und Aufgabe ergänzender Geschäftsordnungen und ähnlicher Bestimmungen. Sie kann nicht auf die Einzelentscheidung des Wählers abgewälzt werden; denn diese Funktion muß auch von der Aufgabe her, die jeweils dem Parlament gestellt wird, von denen losgelöst werden, die sich berufen fühlen, als Abgeordnete des Volkes auf dieser politischen Ebene zu arbeiten. Diese Verantwortung kann man nicht dem einzelnen Wähler zuschieben. Weil man das nicht kann, ist aus demselben Grunde zu Punkt 2 die **Stichwahl** von allen gemeinsam **abgelehnt** worden, weil keiner wollte, daß nach einem ersten Wahlgang nun zum zweiten der Wähler — der einen, der nun nicht mehr an den Drücker kam, gewählt hatte — von sich aus entscheiden sollte: Welches von den beiden anderen Übeln halte ich für das geringere und wo gebe ich die Entscheidung, daß einer von den beiden, die ich im ersten Wahlgang beide nicht gewählt habe, zum Ziel kommen soll? Aus diesem Grunde wurde auch das Stichwahlsystem negiert.

Das dritte, was abgelehnt wurde, war, wie ich schon sagte, die **reine Listenwahl.** Die ist auch von denen, die im Grunde genommen Freunde des Verhältniswahlrechtes sind, abgelehnt worden, weil wir wünschen, daß der Wähler wirklich einen Einfluß auf die Auswahl der Persönlichkeiten hat, und weil wir ihn nicht vor eine feste, auch in ihrer Reihenfolge fixierte Liste mit der Entscheidung: Vogel friß oder stirb! stellen wollen, sondern weil wir dem Wähler wirklich Gelegenheit geben wollen, Personen zu wählen.

Weiterhin ist entscheidend dafür gewesen, dieses starre Listensystem abzulehnen, weil mit dem starren Listensystem von jeher ein schweres Mißtrauen gegen die Parteiorganisationen und ihren Apparat großgezogen worden ist, weil immer sehr viele draußen argumentiert haben: auf die **Aufstellung** dieser **Listen** haben wir gar keinen Einfluß. Sie könnten ihn haben, wenn sie aktiv in den Parteien tätig wären. Aber es hat, wie gesagt, dazu geführt, daß der Kampf um die Stellen auf den Listen und ähnliches mehr Mißtrauen bei den Wählern, vor allen Dingen bei jenen erweckt hat, die in jedem Wahlkampf erneut gewonnen werden müssen, die also nicht aktiv politisch und parteilich tätig sind. Ein solches Mißtrauen zu beseitigen, kann nur in unserem Interesse liegen. Nur auf diese Weise können wir Sympathien für die Demokratie erwecken.

Lassen Sie mich nun kurz schildern, nachdem diese beiden extremen Pole des Wahlrechts abgelehnt waren, welchen Vorschlag ich meinerseits im Einverständnis mit der Fraktion dem Wahlrechtsausschuß präsentiert habe. Unser **Vorschlag** ging dahin, eine **Personenwahl** mit dem **Verhältniswahlrecht** zu kombinieren. Dabei war der oberste Gesichtspunkt, möglichst wenig Stimmen in Verlust geraten zu lassen. Da eine unmittelbare Demokratie in so großen Staaten, wie wir sie heute haben, praktisch nicht mehr möglich ist, müssen wir also zu einer repräsentativen Demokratie, zu einer parlamentarischen Demokratie kommen, und wenn ein solches Parlament die Volksmeinung repräsentieren soll, dann muß es auch in seiner Zusammensetzung ungefähr der Struktur des Volkes entsprechen. Da die Form, in der sich das Volk politisch organisiert, jedoch die Form der Parteien ist, so waren wir der Auffassung, daß auch diese Parteien ungefähr im Rahmen ihrer Bedeutung im Parlament vertreten sein sollten.

Darüber hinaus waren wir weiter der Auffassung, wie ich schon vorher sagte, daß zu **kleine Wahlkreise** nicht im Sinne des Zieles liegen, das mit der Wahl eines Zentralparlamentes beabsichtigt ist. Ideal wäre es, wenn man ein Bundesparlament konstruieren will, daß man im gesamten Bund einheitlich gemeinsam wählen würde. Das ist aus technischen und anderen Gründen praktisch nicht möglich. So stehen wir vor der Notwendigkeit, das Wahlgebiet in Wahlkreise einzuteilen. Wir sind der Auffassung, daß man es nicht weiter stückeln sollte, als für diesen technischen Zweck unbedingt notwendig wäre. Deshalb ging mein Vorschlag dahin, das gesamte Bundesgebiet in Wahlkreise einzuteilen, die etwa 1—1,25 Millionen Einwohner haben— das entspräche ungefähr 7 bis 900000 Wählern —, und daß in einem solchen Wahlkreise sechs direkte Kandidaten gewählt und im Ausgleich zur Verwertung von anfallenden Reststimmen für jeden Wahlkreis auf einer Bundesliste noch zwei weitere Sitze zugeteilt werden sollten. Das bedeutet einen unbedingten **Schutz** und eine Beteiligung wirklich echter und beachtlicher **Minderheiten.** Es bedeutet auf der anderen Seite, daß wilde Kandidaten und ähnliche verhältnismäßig geringe Aussicht haben, in ein solches Parlament einzuziehen. Die wirkliche Chance aber, daß Persönlichkeiten, von welcher Partei sie auch vorgeschlagen werden, auch wirklich in das Parlament einziehen, ist bei dieser Struktur weitestgehend gesichert: denn bei einem so großen Wahlkreis von über 1 Million Einwohnern ist ein Ausgleich innerhalb des Wahlkreises so weitgehend möglich, daß auch Parteien, die nur die Hälfte oder ein gutes Drittel der Stimmen aufbringen, die die stärkste in diesem Wahlkreis hat, bei der Verteilung von sechs Sitzen noch Berücksichtigung finden und auf diese Weise auch ihre guten Persönlichkeiten in das Parlament hineinschicken.

Die Persönlichkeitswahl für den Wähler wird dadurch garantiert, daß wir dem Wähler mehr als eine Stimme geben, nämlich entweder die volle Zahl der in seinem Wahlkreis zu Wählenden — das wären 6 Stimmen — oder, darüber könnte man sich einigen, wenn man es nicht für nötig hält, vielleicht auch nur die Hälfte, das heißt 3 Stimmen. Auf jeden Fall hätten die Wähler mit dem **Mehrstimmenwahlrecht** auf dem Wahlvorschlag, auf dem die verschiedenen politischen Gruppen ihre Persönlichkeiten präsentieren, innerhalb dieser Wahlvorschläge — entweder eines einzelnen, wenn sie sich parteilich gebunden fühlen, oder auch in verschiedenen Wahlvorschlägen, wenn sie sich parteilich nicht gebunden fühlen und besonders prägnante Menschen wählen wollen — mit den verschiedenen Stimmen diejenigen zu bezeichnen, die sie ins Parlament wählen wollen. Es würden dann zum Schluß des Wahlaktes die auf jeden Wahlvorschlag entfallenden Stimmen addiert und nach der Stärke der für jeden Wahlvorschlag abgegebenen Stimmen nach dem Verfahren von d'Hondt diese Mandate verteilt, und innerhalb der Wahlvorschläge, die ja offene Listen mit der Präsentation von Personen bedeuten, bekommen die Mandate die Persönlichkeiten, denen der Wähler mit den meisten Stimmen das Votum gegeben hat.

Darüber hinaus hat dieses Wahlsystem den Vorzug, daß **Nachwahlen** bei einem solchen Wahlsystem **überflüssig** werden; denn es liegen ja über diejenigen hinaus, die auf diese Weise ins Parlament eingezogen sind, für weitere Kandidaten die Stimmen der Bevölkerung vor. Beim Ausscheiden eines Kandidaten braucht man in einem solchen Fall von dem Wahlvorschlag, dem der Ausscheidende angehört hat, nur den mit der nächst hohen Stimmenzahl in das Parlament einrücken zu lassen. Es rückt ja auch kein Anonymer ein, sondern jemand, der in der Wahl draußen vor der Bevölkerung gestanden und seine Auffassungen und Ideen dort propagiert hat.

Lassen Sie mich zum Abschluß noch ein Wort zur Frage des **Kumulierens** sagen. Auch diese Frage ist berührt worden. Sie ist zu keinem Abschluß gekommen, ist im Ausschuß noch nicht entschieden. Die Frage ist also praktisch offen, ob man mit diesem Mehrstimmenwahlrecht auch das Kumulieren, das heißt das Häufeln der Stimmen auf Einzelkandidaten, um das Persönliche vielleicht noch deutlicher zu unterstreichen, gestatten will oder nicht. Ich möchte diese Frage an dieser Stelle, da sie in der Schwebe ist, auch nicht nach dieser oder jener Richtung hin beantworten.

Meine Damen und Herren! Damit bin ich am Schluß meiner Ausführungen, ich hoffe, Sie haben daraus entnommen, welche triftigen Gründe für uns maßgebend waren, uns für ein **manipuliertes Verhältniswahlrecht** einzusetzen. Ich habe die Zuversicht, daß wir bei den weiteren Arbeiten zur Formulierung eines Wahlrechts kommen können, daß diesen Wünschen entfernt von allen radikalen Lösungen nach der einen oder anderen Seite gerecht wird und uns ein Parlament bringt, das, wenn unser Verfassungsrecht gut wird, auch arbeitsfähig sein wird. *(Beifall.)*

3.2. **Dr. Kroll (CSU)**

Dr. KROLL (CSU): Hohes Haus! Meine Damen und Herren! Wenn die CDU die **Wahlrechtsfrage** mit als einen Punkt der Tagesordnung dieser Plenarsitzung vorgeschlagen hat, so hat sie es getan, weil die Wahlrechtsfrage im Laufe der letzten Jahre als eine politische Frage erkannt worden ist und nicht als eine bloß formal-technische Angelegenheit. Solange man über das Wahlrecht vom technischen Standpunkt spricht, kann man die Meinung vertreten, das sei ein Anhängsel, das uninteressant ist. Es gibt verschiedene Modifikationen, man kann es so, man kann es anders machen; das berührt das Wesen der Demokratie nicht. Solange man diesen Standpunkt vertritt, wird das Interesse der Öffentlichkeit für das Wahlrecht selbstverständlich gering sein. Es bleibt auf einen Kreis von Fachleuten beschränkt. Die Tatsache, daß in letzter Zeit die Öffentlichkeit, die Presse, selbst eine neutrale Wählergesellschaft sich mit den Fragen des Wahlrechts beschäftigt haben, hat tiefere Gründe. Mein Vorredner, der verehrte Herr Dr. Diederichs, Vertreter der SPD, hat dies ja auch deutlich zum Ausdruck gebracht. Er hat sich nicht mit allen möglichen technischen Fragen des Wahlrechts beschäftigt, er hat nicht die zahllosen Kombinationsmöglichkeiten, die das Wahlrecht bietet, etwa vorgetragen, sondern er hat in einer sehr klaren und deutlichen Stellungnahme im Grunde zwei Standpunkte einander gegenübergestellt, das englische Mehrheitswahlrecht, relatives Mehrheitswahlrecht genannt, und man kann sagen, sämtliche übrigen Formen.

Dieses Interesse der Öffentlichkeit an der Frage des Wahlrechts ist dadurch entstanden, wenn man es einmal populär ausdrücken will, daß man vielleicht vom Standpunkt einer tieferen Analyse etwas oberflächlich vorgehend sich gefragt hat: wie schaut es denn eigentlich mit der Demokratie aus? Wir machen immer wieder eine merkwürdige Feststellung, und die ist so, daß wir zwei völlig voneinander abweichende Systeme demokratischen Stils und demokratischen Lebens besitzen. Wir besitzen das **angelsächsische System der Demokratie** mit dem eingespielten **Zweiparteiensystem**, das zwar auch mehr Parteien kennt, aber doch immer wieder um zwei große Gruppen herum tendiert, wobei es nicht ausgeschlossen ist, daß eine Partei völlig verdrängt wird, wie die Liberale Partei in England, und heute durch die starke und intensive Labour Party ersetzt wird; aber es ist ein Zweiparteiensystem, ein System, das funktioniert. Warum es funktioniert, davon wird noch die Rede sein.

Auf der anderen Seite erleben wir **demokratische Versuche** in Deutschland, auf dem ganzen europäischen Kontinent, in Frankreich, in Italien und wo auch immer, wo sich ganz merkwürdige Erscheinungen zeigen. Die Demokratie ist schwächlich, die Demokratie ist in sich kraftlos. Die Meinungen sind zersplittert, eine Unzahl von Parteien ist vorhanden, die sich manchmal einigen, vielleicht um so rascher, je größer die äußere Not und der Druck sind, und die um so rascher wieder auseinanderfallen, wenn diese Dinge nicht mehr auf sie einwirken, mit anderen Worten, eine Demokratie, die so ist, wie man sie lieber nicht sehen möchte. Ich habe es einmal in einer Versammlung so formuliert: Die zwei Demokratien unterscheiden sich so wie das Schloß am Meer vom Schloß an der Tür; im Grunde haben sie überhaupt nichts miteinander zu tun. Das mag überspitzt sein, aber Sie werden sehen, daß es einen Kern der Sache schon trifft.

Nun ist man den Dingen gewissermaßen wie in einer Art Populärphilosophie nachgegangen und hat gefragt: Wie kommt es denn zu dem Zweiparteiensystem in den angelsächsischen Ländern, und woher kommt die Vielzahl der Parteien in den anderen Ländern, die immer wieder das Charakteristikum haben, daß verschiedene Parteien sich zusammenfinden müssen, um eine Mehrheit im Parlament zu bilden, weil eine Partei es nicht schafft, weil sie nicht stark genug ist, und die darum alle zusammen in sich schwächer sind als im Zweiparteiensystem? Denn Koalitionen sind bekanntlich nichts Starkes, sondern etwas Schwaches, wenn man sie auch nicht verachten darf, denn auch das englische Volk geht in der größten Not Koalitionen ein. Sie haben ihren Sinn, nur sind sie nicht, ich möchte sagen, die permanente Lösung der Demokratie, sondern sie sind für Notzeiten geeignet.

Beim Untersuchen dieses Zustandes und beim Bekennen der Tatsache, daß das **angelsächsische System** der Demokratie letzten Endes auf dem Zweiparteiensystem beruht, stößt man immer wieder auf den Kardinalunterschied des Wahlrechts. Es werden manchmal die folgenden Fragen gestellt: Am Ende haben die Angelsachsen eine so lange und hohe Tradition der Demokratie, daß sie sich zum Zweiparteiensystem durchgerungen haben, und am Ende ist der Kontinent vielleicht gar nicht geeignet, ein solches Gebilde zu bauen. Sicher ist eines: die kontinentale Demokratie ist schon einmal zerbrochen, und zwar in einer nicht sehr schönen Form, während die Demokratie der Angelsachsen noch heute besteht und in sich so lebensfähig ist, daß sie Aussicht hat, recht lange zu bestehen.
(Dr. Diederichs (SPD): Das können Sie doch nicht auf das Wahlrecht zurückführen!)
— Herr Dr. Diederichs, die Beweisführung müssen Sie mir überlassen. Ich komme gleich darauf zu sprechen.
(Dr. Diederichs (SPD): Ob wir es glauben, liegt an uns.)
— Ich habe noch nie jemandem meine Meinung aufgezwungen, und Überzeugung zu haben oder zu gewinnen, ist Sache des Parlaments und des parlamentarischen Diskutierens. Sie brauchen die Überzeugung nicht zu haben, aber Sie wissen sehr genau, daß sehr viele in Deutschland, die nicht parteigebunden sind, heute diese Überzeugung haben. Sonst wäre der Aufmarsch der Wählergesellschaft vor dem Ausschuß nicht erfolgt.

Die Frage, die sich nun hieran knüpft, ist diese: Was hat das unterschiedliche Wahlrecht für eine Bedeutung? Die Bedeutung — und damit muß ich jetzt gegen das Mehrheitswahlrecht Stellung nehmen — liegt zunächst einmal darin, daß dieses Wahlrecht sich von dem modifizierten Verhältniswahlrecht sehr grundsätzlich unterscheidet. Der Unterschied ist schon deutlich herausgehoben worden. Das **englische Mehrheitswahlrecht** ist so gebaut, daß in den einzelnen Wahlkreisen **eine Person gewählt** wird. Ich sage nicht: Persönlichkeit. Persönlichkeiten können durch das eine oder das andere System gewählt werden, vielleicht sogar durch das Listenwahlsystem am sichersten. Ich stehe nicht auf dem Standpunkt, zu sagen, daß Persönlichkeiten ein besonderes Indiz dieses Wahlrechts sind. Eine Person wird gewählt, und das ist das Entscheidende. Diejenige Person ist gewählt, und nur sie allein, auf die die meisten Stimmen im Wahlkreis abgegeben werden. Die übrigen, die dieses Ziel nicht erreicht haben, die nicht durch das Rennen gegangen sind, müssen bedauerlicherweise ausscheiden. Diese Ungerechtigkeit ist vom Standpunkt der Repräsentanz und der Stimmen ganz offen zuzugestehen. Dieser Nachteil muß klar ausgesprochen werden. Aber er erweist sich bei näherem Durchdenken als ein Vorteil. Ob er gerecht ist, das wird gesondert zu untersuchen sein. Die Tatsache nämlich, daß nur einer in einem Wahlkreis Abgeordneter werden kann, macht es nicht möglich oder nicht wahrscheinlich, daß sich noch fünf weitere bewerben. Die Vorstellung des Herrn Dr. Diederichs, daß lokale Persönlichkeiten hier zu üppig ins Kraut schießen könnten, haben sich zunächst historisch in England als absolut nicht wahr erwiesen.

(Dr. Diederichs (SPD): In England!)

— Wir haben ja noch kein Mehrheitswahlrecht, Herr Dr. Diederichs. Wir müßten es erst einmal versuchen.

(Dr. Diederichs (SPD): Wir haben es gehabt.)

— Nein, wir haben etwas ganz anderes gehabt, wir haben ein Wahlrecht mit Stichwahl gehabt. Das ist schlechter als das Verhältniswahlrecht der Weimarer Zeit. Darauf wird noch zurückzukommen sein.

(Zuruf.)

— Bitte, lassen Sie mich doch ausreden, Sie können auch reden.

(Dr. Greve (SPD): Sie haben Angst vor einem Zuruf!)

— Nein, ich kann keine Diskussion mit jedem einzelnen führen. Ich bin gern bereit, auf Zwischenrufe einzugehen, Herr Dr. Greve. Solche Angst habe ich gar nicht. Ich glaube, ich sehe nicht so ängstlich aus.

Ich sagte, die Tatsache, daß nur e i n Kandidat das Rennen macht, macht es für vernünftige Gruppierungen oder Parteien illusorisch, noch fünf oder sechs andere Kandidaten ins Rennen zu schicken. Wir haben Beispiele vom heutigen Mehrheitswahlrecht. Ein Kollege meiner Fraktion hat von Hamburg etwas erzählt, was in dieser Richtung geht. Dort hat man sich in Verkennung der Tatsache, wie das Mehrheitswahlrecht wirkt, auf drei Kandidaten eingelassen, natürlich mit dem Erfolg, daß zwei Kandidaten ausfielen. Aber man hat begriffen, daß man sich das nächste Mal einigen muß und daß man sich eben nur einen Gegenkandidaten leisten kann. Das ist allein aussichtsreich. Darum kandidieren in der Regel auch beim englischen Mehrheitswahlrecht nie mehr als zwei Kandidaten, allerhöchstens einmal drei Kandidaten, weil die Chancen für die weiteren Bewerber eben sehr gering sind. Das kann man ablehnen. Man kann sagen, das zwingt rein formal eine Einigung herbei, die wir nicht haben wollen. Ich gebe Ihnen zu, daß man diesen Standpunkt mit gutem Recht vertreten kann. Gewiß, diese Art der Einigung ist in etwa durch die Form erzwungen. Aber sie bedeutet etwas.

Wenn wir die heutigen Verhältnisse nehmen, hat Herr Dr. Diederichs, glaube ich, gerade nicht recht, wenn er sagt, es sei nicht garantiert, daß es in Deutschland zum **Zweiparteiensystem** führen würde. Geben wir uns doch einmal einen Überblick über die Wahlergebnisse der letzten Zeit. Wir werden dann beobachten, daß eigentlich mit einer gewissen Periodizität jeweils die eine von den beiden großen Parteien in der Regel auch in den Wahlkreisen an der Spitze liegt, von ganz wenigen Ausnahmen abgesehen. Das Mehrheitswahlrecht würde dahin führen — ich gebe es zu —, daß zunächst nur zwei Parteien übrigblieben. Soweit ich unterrichtet bin, ist das auch das wesentliche Ergebnis eines modifizierten Mehrheitswahlrechts in Schleswig-Holstein. Diese Tatsache muß man nüchtern akzeptieren. Sie ist an sich der formale Beweis dafür, daß sehr wohl das Mehrheitswahlrecht englischer Prägung zusammenschweißt und zu einer Gruppierung möglichst um das Kernphänomen des Zweiparteiensystems führt. Ich gebe aber zu, daß das für die überzeugten Gegner des Wahlrechts durchaus nicht genügt. Ich will sie auch hier gar nicht überzeugen, ich will ihnen nicht sagen, daß vielleicht aus dieser formalen Einigung eine solche innere Einigung entsteht, daß man sich nachher ohne weiteres verständigt. Ich glaube, dieser Prozeß würde lange dauern. Aber eine Tatsache ist vorhanden: die nicht unbedingt notwendigen Reibungen, die bisweilen nur deshalb entstehen, weil man einer anderen Parteigruppierung angehört, würden sehr rasch verschwinden. Man würde ein Maximum an möglicher Einigung erzielen, wobei sehr richtig Spannungen in das innere Gefüge der Parteien verlagert würden. Nicht bestreiten kann man, daß, formal gesehen, diese Einigung mit der Tendenz zum Zweiparteiensystem zustande käme.

Ablehnen kann man sie vor allem mit dem Argument: Wir Deutsche sind so differenziert, wir haben so unterschiedliche Weltanschauungen und Standpunkte, wir lassen uns nicht in eine solche Zwangsjacke stecken, wie sie das englische Mehrheitswahlrecht darstellt. Dieses Argument akzeptiere ich. Ich möchte aber darauf aufmerksam machen, die Dynamik der Geschichte zeigt uns, daß ein Ausmaß an Freiheit, dem man politisch in der Form des **Verhältniswahlrechts** Ausdruck gibt, sehr rasch im dialektischen Umschlag zum Zerfall dieser Freiheit und zur Geburt der **Tyrannis** werden kann. Kein anderer und kein geringerer als Platon hat im 10. Buch des „Staates" diesen Vorgang ein für allemal gültig beschrieben, wo er das Hervorgehen der Tyrannis aus der formalen Demokratie mit zwingender Notwendigkeit als einen Exzeß der formalen Freiheit, die sich in der Tyrannis durch die Demagogie überleitend überschlägt, aufzeigt und damit klar macht, daß man so Freiheit im politischen Sinne nicht retten kann, sondern sie dann erst recht der Gefahr der Diktatur aussetzt. Das ist auch einer der Gründe dafür — nicht der alleinige und nicht der ausschlaggebende Grund, aber einer der Gründe —, daß die Weimarer Demokratie mit ihrem so sehr gerechten Wahlrecht eine üppige Fülle von kleinen und kleinsten Parteigruppierungen, von vollkommen sinnlosen Zusammenspielmöglichkeiten geschaffen hat, die letzten Endes nicht mehr fähig waren, dem rasanten Angriff der stark werdenden Flügelgruppen von links und rechts zu widerstehen, und die zum Schluß beinahe widerstandslos vor dem Nationalsozialismus kapitulierten.
(Renner (KPD): Waren es nur die Splittergruppen, die kapituliert haben?)
— Nein, die Demokratie hat nicht gehalten, Herr Kollege Renner. Das habe ich ja eben gesagt.
(Renner (KPD): Die Demokratie hat wegen der Splittergruppen nichts getaugt?)
— Sie hat nichts getaugt, weil sie den Staat nicht aktivieren konnte und nicht fähig war, den Staat so stark zu machen, daß er den antidemokratischen Angriffen standgehalten hätte.

Worauf es hier ankommt, ist folgendes. Man kann sagen, daß das Zweiparteiensystem, zu dem man durch dieses Wahlrecht gezwungen wird, eine Vergewaltigung der Freiheit und der Gerechtigkeit darstellt. Meine Damen und Herren, Sie müssen sich dann nur darüber im klaren sein, daß nach diesem Gesichtspunkt England und Amerika keine Demokratie ist. Ich glaube, die Herren von drüben würden es sich sehr verbeten haben, sich vielleicht als Abart oder Spielart kontinentaler Tyrannis aufgefaßt zu wissen. Tatsächlich führt das Mehrheitswahlrecht zum Zweiparteiensystem und das Zweiparteiensystem zu folgender Konsequenz: Die eine Partei geht in der Regel als Sieger aus dem Wahlkampf hervor. Wenn nur zwei da sind, ist es anders technisch kaum möglich. Sie übernimmt die volle Verantwortung in der Regierung und ist fähig, für vier Jahre oder für die Dauer des Wahlturnus die Regierung zu stellen und damit Gesetze zu machen und eine starke Regierung wirklich zu ermöglichen. Nur die aktive, starke Demokratie ist wirklich lebensfähig. Ein Gebilde, das aus den verschiedensten Bruchstücken, aus den verschiedensten Parteigruppierungen zusammengeleimt ist, wird sich in der heutigen Notzeit vergeblich gegen die schweren Aufgaben, die gestellt sind, durchzusetzen versuchen. Beim System des Mehrheitswahlrechts und der englischen Demokratie nutzen sich die großen Parteien nicht gleichzeitig ab, während sich beim Verhältniswahlrecht Koalitionen als Zwangsläufigkeiten ergeben und damit eine gesunde **Opposition** gleichzeitig einer großen Partei gar nicht möglich ist. Die radikalen Gruppen, die die Demokratie ablehnen, erfahren daher den Zuwachs an Unlust aus der Bevölkerung. Die Opposition wächst also immer in die radikalen Flügelgruppen. Sie wächst beim englischen Mehrheitswahlrecht bzw. bei einem solchen System in der Regel der natürlichen Oppositionspartei zu, die als zweite Partei bereit steht, eines Tages selbst die Verantworung zu übernehmen. Das ist eine gesunde und konstruktive Opposition, weil sie selbst bereit sein muß, ihre Kritik jederzeit in die Tat einer

Regierungspraxis umzusetzen. Parteien, die nie in die Verlegenheit kommen, Regierungsverantwortlichkeit zu übernehmen, haben es leicht, zu kritisieren. Ja, sie sind geradezu versucht, die Demokratie in Grund und Boden zu kritisieren und ihr damit den Weg in den Abgrund zu bereiten.

Allein die ernste Sorge um diesen Hintergrund des Wahlrechts hat die **CDU/CSU-Fraktion** bewogen, in einem Mehrheitsbeschluß sich für das **englische Mehrheitswahlrecht** einzusetzen. Auch unserer Fraktion wird es nicht leicht, einen solchen Standpunkt einzunehmen. Auch bei uns gibt es sehr viele Bedenken, die die Tatsache einer gewissen Ungerechtigkeit anerkennen, die Sorge haben, ob die Stimmen dann noch gewertet werden usw. Man muß immer wieder auf den dialektischen Prozeß des Geschichtsablaufs in einem aus Mehrheitswahlen hervorgegangenen Regierungsgebilde hinweisen. Die Partei, die heute mit wenigen Stimmen, also mit einer relativen Mehrheit die Verantwortung übernimmt und bei der gewissermaßen zu wenig Träger des Willens in der Stimmung des Volkes dahinterstehen — wobei sehr viele Stimmen nach der anderen Seite verloren gehen —, diese Partei muß ebenso abtreten, wenn die Stimmung ein klein wenig nach der anderen Seite rutscht. Tatsache ist, daß im Verlauf der englischen Politik ein regelmäßiger Turnus zwischen Liberalen und Konservativen stattgefunden hat und wir heute in den Zyklus der Abwechslung zwischen Konservativen und Labour Party hineinzukommen scheinen.
(Dr. Greve (SPD): Es gibt noch 60 Liberale.)
— Die aber immer weniger geworden sind. Vielleicht setzen sie sich noch einmal durch. Aber das Wesen der Sache ist doch in dem Sinne, wie ich es geschildert habe; das kann doch kein Mensch bestreiten.

Der zunächst in erster Lesung angenommene Beschluß des Wahlrechtsausschusses, vom Mehrheitswahlrecht englischer Prägung abzugehen, ist für mich gleichbedeutend mit einem Verzicht auf aktive und **starke Demokratie.** Man kann jetzt Sicherungen einbauen, soviel man will — zum Beispiel, daß der Ministerpräsident nicht gestürzt werden darf —, man kann dem Ministerpräsidenten ein sogenanntes konstruktives Mißtrauensvotum mit auf den Weg geben. Man hat ja niemanden, der im Ernstfall, wenn eine Koalition geplatzt ist, dem Minister oder der Regierung Gesetze bewilligt. Es ist kein Gremium vorhanden, das geschlossen hinter ihm steht. Wir werden es vermutlich erleben, daß wir uns wieder in einer Zeit allerhöchster Not, die nur mit äußersten Mitteln vermutlich überwunden werden kann, ein staatliches Gefüge leisten, welches so locker und so vielfältig konstruiert ist, daß es vermutlich den starken Stürmen nicht gewachsen sein wird. Was ist dann der Fall? Reichskanzler a. D. Luther hat es einmal hier vor dem Wahlrechtsausschuß klargelegt: Dann rettete man sich in der Weimarer Zeit, die lange nicht eine solche Notzeit wie die heutige war, in die Fachkabinette, in die Fachministerien. Mit anderen Worten, die Demokratie dankte ab. Sie dankte schon endgültig ab, als sie nicht mehr in der Lage war, anders als durch die Notverordnungen das Kabinetts Brüning zu regieren. Wir haben die Wahl, ob wir uns für eine gerechte Repräsentanz im Sinne des Verhältniswahlrechts oder für eine aktive oder lebensfähige Demokratie entscheiden wollen. Das ist unser Standpunkt. Ich glaube gern, daß Sie einen anderen Standpunkt haben. Aber ich habe das Gefühl, man hat heute auch draußen begriffen, daß wir ein Wiederaufleben der Weimarer Demokratie unter keinen Umständen gebrauchen können, weil ein nicht lebensfähiges Gebilde wie die Weimarer Demokratie nicht wert ist, noch einmal neu errichtet zu werden.
(Dr. Reif (FDP): Na, na, so schlimm war sie nicht!)
— Eine Demokratie, die die Tyrannis so widerstandslos aus sich heraus entläßt, ist nicht wert, noch einmal geschaffen zu werden. Ich wiederhole meine Behauptung.
(Lebhafte Zurufe.)

— Ich kann nicht allen Herren auf einmal antworten, aber, wie gesagt, die Diskussion wird ja auch später noch fortgesetzt werden.

Nun, meine Damen und Herren, damit will ich aber nicht schließen; ich möchte einen Ausblick geben. Ich bin der Meinung, daß damit, daß wir uns für eine aktive Demokratie über den Umweg des Mehrheitswahlrechtes einsetzen, noch lange nicht alles beschlossen ist. Ich glaube, wir müssen versuchen, den Weg zu gehen, der ja auch in einigen Ländern begangen wurde, in dem Lande **Schleswig-Holstein** zum Beispiel: grundsätzlich einmal für die erste Wahl es mit dem Mehrheitswahlrecht zu riskieren, um wirklich sagen zu können, welche neuen Modifikationen es schaffen könnte.

(Zuruf: Holstein ist auch modifiziert.)

— Ja, diese Modifikation, Herr Dr. Diederichs, akzeptiere ich auch, aber nicht eine Modifikation mit einem Sechs-Mann-Wahlkreis. Das ist im Grunde zwar Persönlichkeitswahl, aber reiner Proporz, bei dem die Vorzüge der Mehrheitswahl in keiner Weise mehr zur Geltung kommen. Unsere Modifikation geht darauf hinaus, im Sinne des schleswig-holsteinischen Wahlgesetzes ein Angebot zu machen, das vom Standpunkt der Mehrheitswahl noch erträglich ist, das den guten und gesunden Sinn noch in sich birgt und doch bis zu einem gewissen Grade den Anhängern des Proporz, die sich nicht vom Verhältniswahlrecht trennen können, die Brücke zu bauen und ihnen die Gelegenheit zu geben, darauf zu gehen.

Ich habe im Wahlrechtsausschuß gesagt, daß man sich über den Prozentsatz wird verständigen müssen. Sicher ist eins: das Anhängsel einer **Bundeswahlliste** darf nicht so groß sein, daß der Gedanke der echten Mehrheitswahl total verfälscht und in sein Gegenteil des reinen Verhältniswahlrechts verkehrt wird.

Ich darf nun zum Schluß kommen und sagen: Die Herren hier, die mir durch Zwischenrufe bekundeten, daß sie anderer Meinung sind, mögen durchaus ihren Standpunkt vertreten und ihn sachlich begründen und vielleicht auch die entscheidende Verantwortung für die Gestaltung des kommenden Wahlrechtes übernehmen. Wir wollten nicht, daß diese Stunde vorübergeht, ohne daß wir auf die großen Zusammenhänge und Hintergründe des Wahlrechtes hingewiesen haben, auch auf die Tatsache, daß zum Beispiel in den **britischen Dominien,** die ja nicht alle vom Geiste des Mutterlandes erfüllt sind — Südafrika, Kanada, Australien — die Einführung des **Mehrheitswahlrechtes** zu denselben Ergebnissen geführt hat wie in England selbst. Wir wollten darauf aufmerksam gemacht haben, daß die größte Chance besteht, daß das englische Mehrheitswahlrecht die Möglichkeit bietet, Parteienzersplitterung und Parteienkampf einzuschränken und eine sinnvolle Konstruktion der Demokratie, gesunde Regierungsparteien, gesunde Opposition im Wechselspiel des historischen Ablaufes zu schaffen.

Ich persönlich darf noch hinzufügen, daß für mich nur die angelsächsische Demokratie ein Beispiel eines echten demokratischen, lebensfähigen Staatsgebildes darstellt und daß die Dinge, die wir einmal erlebt haben, so wertvolle Bestandteile sie enthalten mögen, so sehr sie sich um die Freiheitsrechte bemüht haben, eines verfehlt haben, nämlich einen gesunden und vernünftigen demokratischen Staat zu bauen, daß sie scheiterten an ihrer Freiheit, so wie Plato es beschrieben hat. Was wir wollen, ist ein Staat, der auch in der Not besteht und nicht bei den ersten Anstürmen zusammenbricht, der dann der Diktatur entgegengeht, sondern der sich wirklich demokratisch behauptet. Dazu aber braucht er diese innere Stärke, die ihm bisher gefehlt hat.

Auf diese Dinge hingewiesen zu haben, schien uns ein Gebot der Stunde, und ich darf hoffen, daß die Mahnung, die wir an alle in diesem Sinne richteten, die Zusammenhänge nicht zu verkennen und den großen historischen Hintergrund des Mehrheitswahlrechts im Zusammenhang mit der angelsächsischen Demokratie zu erkennen, wenigstens gehört wird und daß die

Welt erfährt, daß wir bereit sind, eine starke, lebensfähige Demokratie zu bauen und von der unseligen Zersplitterung des Proporzes ein für allemal abzugehen.
(Lebhafte Rufe: Bravo!)

3.3. **Dr. Becker (FDP)**

Dr. BECKER (FDP): Meine Damen und Herren! Es war ein sehr glücklicher Gedanke, die Probleme, die die Ausschüsse zur Zeit beschäftigt haben, hier in öffentlicher Sitzung einmal zu erörtern, damit auch die große Öffentlichkeit daran teilnehmen kann. Trotz aller anerkennenswerten Mitarbeit der Presse besteht eine sehr große Interesselosigkeit — leider noch — gegenüber unseren Arbeiten.

Wie mein Herr Vorredner schon hervorgehoben hat, war wohl die Wahlrechtsfrage die einzige Frage, die zu einer lebhaften Beschäftigung der Öffentlichkeit mit ihr geführt hat, so lebhaft, daß auch wir im Wahlrechtsausschuß zahlreiche Zuschriften bekommen haben, ernsterer Art, für die wir herzlich danken, auch wenn wir ihnen nicht in allem folgen können, aber auch solche heiterer Art wie zum Beispiel die folgende. Ein Herr hatte gelesen, daß Reichskanzler Luther hier das englische System mit dem Zweiparteiensystem empfohlen habe. Es waren ihm offenbar Zweifel gekommen, ob das Zweiparteiensystem sich so schnell einführen lassen würde, und er machte den Vorschlag, man solle doch kurzerhand sämtliche deutschen Männer in die Männerpartei und sämtliche deutschen Frauen in die Frauenpartei hineinschicken, und die ganze Sache wäre geregelt.
(Heiterkeit.)
Er hat vergessen hinzuzufügen, ob bei einem Widerstreit der Parteien nun etwa das Bürgerliche Gesetzbuch mit seiner Schlüsselgewalt usw. den Ausschlag zu geben habe, oder ob es dabei bleiben soll, daß im Hinblick auf die Überzahl der Frauen die Frauenpartei stets die Mehrheit hätte, so daß umgekehrt als im täglichen Leben die Männer in ergebenster Opposition sein würden.
(Heiterkeit.)
Aber das nur nebenbei.

Wir haben aus der ganzen Diskussion doch folgendes entnommen: Die **Wahlrechtsfrage** kann für sich allein gar nicht betrachtet werden, sondern sie muß in einem viel größeren Zusammenhang betrachtet werden, und wenn sie das große Interesse der Öffentlichkeit erregt hat, dann deshalb, weil man die Hoffnung hat, auf dem Wege über die Änderung des Wahlrechts zu einer konstanten, lebensfähigen, allen Stürmen gewachsenen Demokratie zu kommen. Wir wollen untersuchen, ob diese Fragestellung richtig ist. Ich habe, um das vorweg zu sagen, den Eindruck, daß man etwa so verfährt, wie wenn man in der Medizin glauben würde, mit Aspirin alles heilen zu können.

Demokratie heißt Selbstregierung des Volkes, durch die Mehrheit des Volkes. Diese Selbstregierung setzt voraus, daß im Wege des Repräsentativsystems diese Mehrheit irgendwie aktionsfähig, regierungsfähig gemacht werden soll. Erste Voraussetzung ist also, daß eine Mehrheitsbildung erfolgt, und zweite Voraussetzung ist, nach dem Grundsatz, daß Wählen Vollmacht geben heißt, daß die Wähler in der Lage sind, wirklich Vollmacht zu erteilen, sich also diejenigen, denen sie Vollmacht geben wollen, gründlich anzusehen, und zum anderen, daß sie in der Lage sind, auch diejenigen, die gewählt werden, als die von ihnen gewählten Bevollmächtigten anzuerkennen.

Allen diesen Voraussetzungen muß ein gutes Wahlrecht entsprechen. **Mehrheitsbildung,** das ist klar, ist der Grundsatz der **Demokratie.** Zum Schutze gegen eine Diktatur dieser Mehrheit haben wir ja die Grundrechte, das heißt den durch die formulierten Grundrechte umfriedeten Bezirk derjenigen Freiheitsrechte des einzelnen, in die die Mehrheit auch dann, wenn sie die gesetzliche Mehrheit und kraft dieser die Regierung hat, doch nicht hineinregieren kann.

Aber Mehrheitsbildung setzt voraus, daß eine wirkliche Mehrheit auch zum Zuge kommt. Kommt die Mehrheit bei dem **relativen Mehrheitswahlrecht** zum Zuge? Ich sage Nein. Nehmen Sie den Fall England. Auf einen Labour-Abgeordneten kommen 30000 Wähler, auf einen Abgeordneten der Konservativen 50000 Wähler, auf einen liberalen Abgeordneten 200000 Wähler. Oder ein anderes Beispiel: In einem Wahlkreis, in dem der Labour-Abgeordnete mit 9000 Stimmen gewählt ist, hat der Konservative 8000, der Liberale 7000 Stimmen bekommen, die beiden letzten sind durchgefallen. Nennen Sie das noch ein Mehrheitswahlrecht? Ich nenne es Minderheitswahlrecht.
(Lebhafte Zurufe: Sehr richtig!)
Und ferner: im Durchschnitt des ganzen Landes betrachtet kommen Sie zu dem Ergebnis, daß unter Umständen eine Majorität von 35 bis 40 Prozent der abgegebenen Stimmen genügt, um eine Mehrheit in diesem Sinne zu schaffen, die Mehrheit, bestehend aus nur einer Partei, die die „Mehrheit" hat.

Nun aber weiter, meine Damen und Herren. Wenn diese auf eine Minderheit der Wahlberechtigten aufgebaute sogenannte Mehrheit vermöge des parlamentarischen Regimes in der Lage ist, aus sich heraus auch die Regierung zu bilden, dann ist die Legislative und die Exekutive trotz des Grundsatzes der Teilung der Gewalten für vier Jahre in einer Hand,
(Zurufe: Sehr richtig!)
und damit haben Sie die Diktatur der Parlamentsherrschaft, nur gemildert durch die Befristung auf 4 Jahre und gemildert vielleicht durch ein Oberhaus.
(Lebhafte Zustimmung.)

Nun aber die weitere Frage — und jetzt kommt der große Gedankensprung in der Deduktion der anderen Seite —: man führt uns auf, welche großen Vorteile ein **Zweiparteiensystem** hat. Ich erkenne sie an. Es sind Vorteile da: eine klare Regierungsmehrheit, eine klare Opposition, eine klare, einheitliche Opposition, in sich nicht aufgespalten. Die Vorteile sind zweifellos da. Aber wer sagt uns denn, daß dieses Wahlrecht absolut, mit Sicherheit uns in Deutschland das Zweiparteiensystem bringt? — Niemand. Als Herr **Reichskanzler Luther** uns im Ausschuß die Vorteile des Zweiparteiensystems in sehr temperamentvoller Form, auch in sehr feiner und von seinem Standpunkt aus überzeugender Form darlegte, da habe ich ihn gefragt: Ja, wenn das die Vorteile des Zweiparteiensystems sind, welche Garantie haben Sie denn nun, daß dieses Wahlrecht, auf Deutschland angewendet, auch zum Zweiparteiensystem in Deutschland führt? — Und die Antwort: Die Garantie kann ich nicht übernehmen.

Ich habe aus den Worten meines Herrn Vorredners entnommen, daß auch er damit rechnet, daß die Einführung des relativen Wahlrechtes nur erst in einer geraumen Zeit dazu führen könnte, in Deutschland das Zweiparteiensystem zu schaffen. Und was ist in der Zwischenzeit, bis das so weit ist? Wo bleibt denn bis dahin die starke, lebensfähige Demokratie, die durch dieses Wahlrecht, durch dieses Aspirin angeblich gebracht werden soll? — Ich sehe da keine Möglichkeit.

Aber ich sehe eine andere Möglichkeit, wenn ich mir sage, daß wir das Wahlrecht — ich wiederhole es — nicht losgelöst betrachten können von den anderen Problemen, die uns hier beschäftigen. Es greift eins ins andere über. Jeder Ausschuß kommt mir so vor, als wenn er für sich mit allem Eifer einen wunderbaren Baustein für den Bau des Verfassungshauses eines

neuen Deutschlands schafft. Wir haben aber tatsächlich, und das sollten wir in interfraktionellen Besprechungen einmal tun, uns noch keine Gesamtschau von dem Bau gebildet, zu dem diese Steine einmal zusammengefügt werden sollen.
(Zustimmung.)

Wenn Sie von dem ausgehen, was alle diejenigen bewegt, die ein Wahlrecht in der von meinem Herrn Vorredner geschilderten Weise wünschen, nämlich daß damit eine große, gefestigte Demokratie geschaffen werden soll, dann schlage ich Ihnen einen anderen Weg vor, einen Weg, der sofort zum Ziel führen kann, das ist der Weg einer auf Zeit gebildeten **Regierung,** einer **auf** eine **Zeit** von 2 oder 4 Jahren gebildeten Regierung, unstürzbar durch Mißtrauensvotum und unstürzbar durch Zerfall einer Koalition, weil sie nicht auf einer Koalition aufgebaut ist.

Überlegen Sie sich doch bitte: was uns allen, was insbesondere vielleicht der Jugend an der Demokratie von Weimar nicht gefallen hat und was wir jetzt bei unseren französischen Nachbarn auch sehen, das ist doch das, daß man vor lauter Wechsel der Regierungen nicht zu einer sachlich-praktischen Arbeit kommen kann. Wenden wir uns doch einmal — und ich knüpfe da an meinen Herrn Vorredner an, der die angelsächsische Demokratie empfahl —, an das amerikanische System. Da hat man ja diese auf Zeit, auf 4 Jahre fest gewählte Exekutive, die unangefochten durch Koalitionszerfall, durch Mißtrauensvotum regiert, die aber Gesetze nur mit Zustimmung der Legislative, mit der Zustimmung der beiden Häuser schaffen kann. Führen wir sie doch einmal ein: nur stürzbar durch Urteil des Verfassungsgerichtshofes wegen Verletzung der Verfassung oder der Bundesgesetze, eventuell stürzbar durch einstimmiges Votum beider Häuser bei übereinstimmender Ablehnung des Haushalts; aber im übrigen geben sie der Regierung Zeit, ihr Programm einmal in die Wege zu leiten, durchzuführen. Wie sieht es denn sonst aus? Wenn eine Regierung einmal irgendeine Reform anpackt, dann wird dieser Anfang der Reformzeit Schwierigkeiten bringen; Altgewohntes scheint verloren, das Neue sieht man noch nicht; es gibt Übergangsschwierigkeiten. Diese Übergangsschwierigkeiten führen sofort dazu, daß im Schoße der einzelnen Parteien, die die Regierung gebildet haben, Wirbel entstehen, Unzufriedenheiten, so daß die eine oder andere Partei, wenn sich diese Unzufriedenheiten niederschlagen, nun aus Furcht — einer parteipolitisch begründeten, aber staatspolitisch falschen Furcht —, sie könnten vorübergehend Wähler verlieren, aus der Koalition ausbricht. Das verhindern wir, so lange wir es nicht durch eine entsprechende staatspolitische Erziehung unser aller erreicht haben, nur durch eine konstante Regierung.

Sie sehen, meine Damen und Herren, es greift eins ins andere über. Es ist die gleiche Frage der **Konstanz,** die wir heute morgen auch schon erörterten, als wir von Bundesrats- und Senatsprinzip sprachen und uns darüber einig waren, daß wir ein sogenanntes **ewiges Oberhaus** schaffen wollen, ein Oberhaus, das auch dann feststeht, wenn in dem vierjährigen Wechsel von Bundestag durch Neuwahl und von Bundesregierung durch Neuwahl vielleicht ein Intervall entstehen könnte, so daß gerade dann dieses Oberhaus der ruhende Pol in der Erscheinungen Flucht sein wird, ebenso wie der **Bundespräsident** in der gleichen Zeit und zum gleichen Zeitpunkt gleichfalls der ruhende Pol in der Erscheinungen Flucht sein wird, dieser Bundespräsident, gewählt nicht nur von den Parlamenten, gewählt nicht nur vom Bundestag und Bundesrat, sondern, um ihm eine weiter gespannte, feste Grundlage für schwierige Tage zu geben, um ihn und seine Gewalt im Akt ihrer Begründung zu trennen von der Legislative, gewählt von einer Bundesversammlung, zu der neben diesen beiden Parlamenten noch Delegationen der einzelnen Länderparlamente hinzutreten.

Diese Gedanken, die ich hier im Zusammenhang mit der Wahlrechtsfrage angeführt habe, habe ich in Anträgen niedergelegt, die den entsprechenden Ausschüssen vorliegen. — Zu solchen Schlußfolgerungen führt uns die Erörterung der Wahlrechtsfrage, zunächst unter dem Gesichtspunkt des relativen Wahlrechts.

Nun die Frage des **Proporzes.** Es ist doch auffallend, daß man zu unserer Jugendzeit — ich rechne die 55- bis 70-jährigen in diese Kategorie, von der ich eben sprach, hinein —, also etwa um das Jahr 1900, 1910, allgemein der Meinung war, daß das Mehrheitswahlrecht, das wir damals hatten, falsch sei, weil es ungerecht sei. Und nicht nur wir in Deutschland gingen zum Proporz über, beginnend mit Württemberg, sondern die ganze Welt, beginnend mit Belgien; sogar die Schweiz hat es eingeführt und die Schweiz in Verbindung mit einer auf Zeit gewählten konstanten Regierung. Alle diese Staaten haben also nach und nach das Verhältniswahlsystem eingeführt. Der Fehler war bei uns nur der, daß wir die Dinge maßlos überspitzt haben: riesengroße Wahlkreise, in denen sich ein Kandidat höchstens in den Kreisstädten sehen lassen konnte, um Fühlung mit den Wählern aufzunehmen, riesengroße Wahlkreise, die Listen zeigten von Männern und Frauen, von denen vielleicht nur dieser oder jener in einem kleinen Kreis bekannt war, in summa summarum aber alle im ganzen Wahlbezirk nur wenigen bekannt waren. Wenn man damals demokratieverdrossen war und heute alles Heil in einer grundsätzlichen Änderung des Wahlrechts sieht, so lag es an dem häufigen Wechsel der Regierungen im parlamentarischen System und an diesen eben geschilderten Wahllisten, die in der Hauptsache unbekannte Namen enthielten.

Wenn Sie es genau betrachten, meine Damen und Herren: jedes Wahlrecht hat etwas für sich und etwas gegen sich. Am meisten gegen sich hat meiner Ansicht nach das relative Mehrheitssystem, von dem ich gesprochen habe, und das Proporzsystem in seiner übertriebenen Form, wie wir es in der Weimarer Republik hatten. Aber dazwischen jetzt den Weg zu finden zu einem **neuen Wahlrecht,** das ist jetzt die Aufgabe des Wahlrechtsausschusses. Herr Kollege Diederichs bemüht sich, einen Entwurf fertigzustellen, Herr Kollege Kroll bemüht sich in gleicher Richtung. Ich habe es ebenfalls getan; mein Entwurf liegt heute oder morgen früh im Druck vor. Ich gehe davon aus, die Vorteile beider Prinzipien miteinander zu verbinden. Ich möchte vorschlagen, daß bei einer Gesamtzahl von 400 Abgeordneten des Bundestages in 230 Einzelwahlkreisen, also auf 200000 Einwohner ein Abgeordneter nach dem sogenannten Mehrheitswahlrecht, um dieses Wort zu gebrauchen, gewählt wird, aber nicht nach dem relativen Mehrheitssystem, denn das ist eine Minderheitswahl, sondern so, daß im ersten Wahlgang die absolute Mehrheit entscheidet. Wenn diese absolute Mehrheit nicht vorhanden ist, findet ein zweiter Wahlgang statt, aber nunmehr nach dem relativen System, so daß eventuell auch neue Abgeordnete aufgestellt werden können.

Ich wiederhole noch einmal: die **Mehrheitsfindung** ist doch das, was beim Wahlrecht in der Demokratie notwendig ist. Die Mehrheitsfindung erreiche ich nur dadurch, daß ich immer mehr von denen, die zur Wahl gestellt sind, ausscheide. Man kann das bei einem Wahlgang natürlich nicht auf vier oder fünf oder sechs Wahlgänge verteilen, aber zumindest auf zwei und erreicht dann eine annähernd echte Mehrheitsbildung.

Aber zur Ergänzung, meine Damen und Herren, muß der Proporz herangezogen werden. 170 Abgeordnete schlage ich vor im Wege des Verhältniswahlrechts als Ergänzung zu wählen, so daß der Wähler nur ein einziges Mahl wählt, abgesehen von den Kreisen, in denen eine Nachwahl stattzufinden hat. Im ersten Wahlgang gibt jeder, der kandidieren will, an, zu welcher Partei er sich rechnet, und diese Stimmen werden der betreffenden Partei durch den ganzen Bund hinzu- und zusammengerechnet. Nach dem einfachen Divisor: Gesamtsumme aller Stimmen geteilt durch 170, wird dann ausgerechnet, wer nach diesem System gewählt ist, zunächst in den Ländern und darüber hinaus dann mit den Reststimmen im Bund. So lassen sich die Dinge machen. Der Wähler hat im ersten Wahlgang nur darüber zu entscheiden, ob er in seinem Wahlkreis von 200000 Einwohnern den Herrn Müller oder die Frau Schulze oder den Herrn Meier und die Frau Hoffmann wählen will, weiter gar nichts.

Für die **Beibehaltung des Proporzes** in diesem von mir geschilderten Umfang sprechen folgende Gründe: Erstens der von dem Kollegen Diederichs schon hervorgehobene Grundsatz der Gerechtigkeit. Ich sagte schon: wählen heißt Vollmacht erteilen. Wer die Vollmacht erteilt, möchte sehen, daß diejenigen, die er bevollmächtigt, auch bei der Führung der Staatsgeschäfte wenigstens beteiligt sind. Ferner: es ist unmöglich, ohne das Verhältniswahlrecht Frauen in genügender Zahl, etwa die Flüchtlinge, Sachverständige aus den verschiedenen Berufen, vielleicht auch die Führer der einzelnen Parteien in die Parlamente hineinzubringen. Denn die Fairneß wie in England, daß man dem Führer einer Partei aus Honorigkeit überhaupt keinen Gegenkandidaten gegenüberstellt, gibt es bei uns nicht, so weit haben wir es noch nicht gebracht.
(Heiterkeit. — Zuruf: Fairneß ist bei uns Mangelware!)
Meine Damen und Herren, so liegen die Dinge!

Sie werden nun sagen: es wird hier schon wieder ein Kompromiß vorgeschlagen; heute morgen wurde schon beim Bundesrat und beim Senat ein Kompromiß vorgeschlagen und hier nun schon wieder! Dazu lassen Sie mich folgendes sagen: Die Gegner des Proporzes reden so gern davon, daß er die Bildung von kleinen Parteien begünstige und daß diese kleinen Parteien, die da gewählt würden, die **„Splitterparteien"**, das Zünglein an der Waage seien. Gehen wir diesem Begriff einmal auf den Grund! Was heißt denn „Splitterpartei"? Splitterpartei ist eine Partei, die nur ein einziges Teil der staatlichen Aufgaben in Angriff nimmt, etwa die Volkswagen-Anzahlungspartei oder die Aufwertungspartei oder die Impfgegnerpartei oder was es sonst dergleichen gibt. Das ist eine Splitterpartei, denn die beschäftigt sich nur mit einem kleinen Splitter der staatlichen Aufgaben. Aber die Parteien, die von einer einheitlichen umfassenden Grundanschauung ausgehen und von dieser her alle Aufgaben des Staatslebens anzupacken vermögen und auch anpacken können, sind keine Splitterparteien, sondern sind vielleicht zur Zeit nur kleine Parteien.
(Sehr gut! rechts.)

Nun das „Zünglein an der Waage". Ja, meine Damen und Herren, stellen Sie sich doch einmal ein Zweiparteien-System vor, etwa so, daß auf der einen Seite des Hauses 27 Abgeordnete einer Partei und auf der anderen Seite auch 27 Abgeordnete der anderen Partei säßen! Herr Kollege Schmid hat uns gestern vorgeführt, wie es dann im Wesen der Demokratie liege, sich gegenseitig zu nähern, bis man sich in der Mitte im Austausch von Gründen und Gegengründen im Wege der Diskussion gefunden habe. Wenn ich die letzten 6 oder 7 Wochen hier überschaue, so habe ich den Eindruck, daß diese gegenseitige Annäherung bis jetzt eigentlich nur im Wege der Echternacher Springprozession vor sich geht, etwa in einer Form mit drei Schritt vor und zwei zurück, die einen Tanzmeister oder Ballettmeister des 18. Jahrhunderts hätte anregen können, einen neuen Contre-Tanz zu komponieren.

Sehen Sie, meine Damen und Herren, die **Mittelparteien** haben auch ihren Zweck, nicht deshalb, wie von den Gegnern des Proporzes gesagt wird, weil sie nun in erpresserischer Form irgendetwas aushandeln wollen. Darum handelt es sich nicht. Wir unterscheiden ganz scharf Kompromiß und Kuhhandel. Ein Kompromiß besteht darin, daß mit Gründen und Gegengründen in sachlicher Diskussion der Boden gefunden wird, auf dem man sich einigen kann, und ich glaube, wir „Zünglein-Parteien", wenn ich so sagen soll, haben nach der Richtung hin vielleicht schon einiges geleistet, auch wenn es noch nicht so in Erscheinung getreten ist. Aber es ist nötig, daß, wenn 27 Propheten rechts und 27 Propheten links stehen, immerhin in der Mitte einige Weltkinder vorhanden sind,

(Heiterkeit und Zurufe: Sehr richtig!)
die dann diesen Contre-Tanz inhibieren und die Leute etwas schneller als bei der Echternacher Spring-Prozession zusammenführen.
(Dr. Heuss (FDP): Sehr hübsch!)
Wenn bei einer solchen Vermittlung und Entwicklung dann gesagt wird, daß ein Kompromiß ein Kuhhandel sei — ich sage dazu: Kuhhandel ist kein Kompromiß, aber er kompromittiert; aber ein echter Kompromiß ist etwas staatspolitisch Wertvolles —, wenn dann ein derartiger Kompromiß gefunden wird und das für den, der die Dinge nur logisch-abstrakt-akademisch betrachtet, nur als Flick- und Stückwerk erscheint, dann möchte ich folgendes sagen: Wir in Deutschland laufen auch heute vielfach noch mit geflickten Anzügen herum und fühlen uns nolens volens darin wohl. In geflickten Häusern werden wir noch recht lange wohnen, und trotzdem können wir auf dem Wege der Freiheit und des Fortschritts vorangehen, wenn wir nur innerlich die richtige Verfassung haben, meine Damen und Herren, darauf kommt es an!
(Brockmann (Zentrum): Sehr gut!)
Wenn in einer der ersten Debatten im September hier darüber gestritten worden ist, ob dieses Verfassungskleid, das hier zugeschnitten wird, ein Anzug von der Stange oder ein Anzug nach Maß sein soll, dann sage ich Ihnen: Der Anzug kann meinetwegen sogar aus Stücken zusammengesetzt sein; die Hauptsache ist, daß er paßt und daß er hält.
(Beifall bei der FDP.)

VII. Aus der 8. Sitzung des Parlamentarischen Rates vom 24. Februar 1949

1. *Entwurf eines Wahlgesetzes der Bundesrepublik Deutschland, erste, zweite und dritte Lesung*

1.1. **Dr. Becker (FDP),** Berichterstatter

Berichterstatter **Dr. BECKER (FDP):** Meine Damen und Herren! Der Wahlrechtsausschuß, dessen Vorsitzender zu sein ich die Ehre hatte, hat in etwas über 20 Sitzungen seine Arbeit erledigt. Er hatte eine ungewöhnliche Aufgabe insofern, als ihm keine Regierungsvorlage zur Verfügung stand, so daß er Weg und Materie des Gesetzentwurfs sich erst erarbeiten mußte. Ich glaube, der Wahlrechtsausschuß kann für sich in Anspruch nehmen, daß er Entscheidungen nicht aus dem Wege gegangen ist, sondern sie geradezu gesucht hat, um den Weg zum Ziel zu finden. Auch wenn die Abstimmungen zunächst alle negativ verliefen, ergab sich schließlich aus der Summe der Negationen etwas Positives. Das Ergebnis dieser Arbeit liegt Ihnen in der Ausschußfassung vor.

Über die **Arbeit** des **Wahlrechtsausschusses** im einzelnen darf ich kurz folgendes berichten. Wir haben im Ausschuß Sachverständige gehört: Prof. Dr. Thoma, früher Heidelberg, jetzt in Bonn, und Herrn Reichskanzler a. D. Dr. Luther; der eine aus der Fülle seines Wissens berichtend, der andere temperamentvoll seine Ansicht vortragend. Wir haben ferner die Herren Vertreter der Wählergesellschaft gehört, die von ihrer Idee befangen uns die Vorzüge des von ihnen propagierten Mehrheitswahlrechts vorzutragen sich bemüht haben. Wir haben weiter in Gestalt zahlreicher Zuschriften aus dem Kreise des deutschen Publikums und der Wählerschaft eine Mithilfe in einem Umfang erhalten, wie sie wahrscheinlich kein anderer Ausschuß bekommen hat. Wir haben darüber hinaus nicht nur Zuschriften erhalten, sondern uns auch gewisse Bespiegelungen durch die Öffentlichkeit gefallen lassen müssen.

Diese Zuschriften haben verschiedenen Charakter. Wir sind dankbar für viele Zuschriften, die uns zugegangen sind und zum Teil außerordentlich glänzende, fein durchdachte Vorschläge enthielten; manch andere waren allerdings weniger gut. Namens des Auschusses danke ich allen, die uns ihre Vorschläge eingereicht haben.

Zuletzt ist mir noch ein Vorschlag zugegangen, über den ich, weil der Wahlrechtsausschuß seine Arbeit bereits abgeschlossen hatte, hier berichten und aus dem ich mit Genehmigung des Herrn Präsidenten einige Punkte vortragen möchte. Es handelt sich um die Eingabe des Herrn Gerhardt Arndt, Mitglied des Landtags von Niedersachsen und Repräsentationsmitglied der **Ostdeutschen Landsmannschaften.** Die Landsmannschaften der ostdeutschen Provinzen richten an den Parlamentarischen Rat folgenden Antrag:

1. In der künftigen Bundesregierung wird ein Ministerium für die Ostvertriebenen errichtet.

— Diese Forderung hat mit unserer heutigen Erörterung an sich nichts zu tun.

2. Es wird gewährleistet, daß die Ostvertriebenen entsprechend ihrem Bevölkerungsanteil ein Viertel der Sitze im künftigen Bundesparlament erhalten.
3. Die Berechtigung der Anträge zu 1. und 2. wird in der Verfassung beziehungsweise in einem besonderen Gesetz — Wahlgesetz — gesichert. Die Sicherung von einem Viertel der Sitze für die Ostvertriebenen kann wie folgt geschehen:
4. Es werden in der Verfassung beziehungsweise in einem besonderen Gesetz von vornherein 25 % der Sitze vorbehalten.
5. Um diese Sitze in Anspruch zu nehmen, stellen die Landsmannschaften der Ostvertriebenen Wahlkandidaten für eine gesonderte Wahl auf, oder die Landsmannschaften schlagen Kandidaten den einzelnen Parteien vor.

6. Die wahlberechtigten Ostvertriebenen wählen gesondert, eventuell im Zusammenhang mit der allgemeinen Wahl auf besonders gekennzeichneten Wahlzetteln.

Ich hatte es übernommen über diese Eingabe hier im Plenum zu berichten: ich bin dieser Pflicht hiermit nachgekommen.

Die Zuschriften enthalten neben ernsteren Dingen manchmal auch heitere Einzelheiten. Wenn man die Riesenzahl der Zuschriften überblickt, könnte man dazu kommen, eine Psychologie der Wahlrechtsbeflissenen zu schreiben. Dabei könnte man vier Gruppen von Wahlrechtsbeflissenen schaffen: Zunächst die Gruppe der **Wahlrechtsenthusiasten;** das sind jene, die glauben, mit Hilfe des Wahlrechts alles politische Weh und Ach, so tausendfach, aus einem Punkt kurieren zu können. Die zweite Gruppe sind die **Wahlrechtsphantasten.** Das sind jene, die mit allen möglichen Vorschlägen kommen. Davon nur eine ganz kleine Auslese. Da ist zunächst die **Unpartei,** ,,Un" nicht im Sinne United Nations, sondern eine Vereinigung, die sich zu den Parteien verhält wie etwa Unglück zum Glück oder wie Unsegen zum Segen. Sie sieht vor, daß jeder deutsche Stamm einen besonderen Wahlkörper bildet. Dabei wird in deren Zuschrift ausdrücklich auf die exemplifiziert, die aus Siebenbürgen ausgewandert und bei uns eingewandert sind. Diese Wahlkörper sollen in sich Abgeordnete wählen, und, so heißt es weiter, wir, die Unpartei, die wir keine Partei sind, sind diejenigen, die die zu wählenden Sachverständigen vorzuschlagen haben. Dazu hat der Wahlrechtsausschuß sich die Rückfrage erlaubt, wie dieser Vorschlag bei dem Durcheinander der Bevölkerung in Deutschland nun eigentlich durchzuführen wäre, etwa in der Form, wie nach dem Bericht der Biblischen Geschichte zur Zeit der Finanzreform des Kaisers Augustus jeder in die Stadt seiner Geburt zurückkehren mußte, um sich dort in die Wählerliste eintragen zu lassen? Weiter ist die Frage erlaubt, ob die Wahlkörper der einzelnen deutschen Stämme von sich aus in der Lage wären, Sachverständige vorzuschlagen, so daß sich dann dabei doch wieder Parteien bilden. Auf diese Fragen habe ich eine präzise Antwort nicht erhalten.

Da wird ferner vorgeschlagen, man solle das Wahlalter schon mit 18 Jahren ansetzen, aber die 18—21-Jährigen sollen nur eine halbe Stimme erhalten. Es ist die Frage aufzuwerfen: Soll man nach dem Vorbild der Eheanbahnungsinstitute etwa auch Anbahnungsinstitute einschalten, wo sich zwei parteipolitisch gleichgestimmte Seelen männlichen und weiblichen Geschlechts zusammenfinden können, um so als siamesische Zwillinge oder in irgendeiner anderen Form das Wahlrecht auszuüben?

Da wird weiter empfohlen, man solle die Stimmen wägen und nicht zählen, man solle die wählen, die etwas verständen. Der Wahlrechtsausschuß hat darauf geantwortet: Mit großem Interesse zur Kenntnis genommen! Aber wer diesen Vorschlag mache, scheine zu wissen, wie die Betreffenden heißen, deren Stimmen man wägen soll. Seien Sie bitte so liebenswürdig — haben wir ihnen geschrieben — und teilen Sie uns deren Adressen mit; wir brauchen dann bloß noch die anderen 46 Millionen Deutschen zu fragen, ob sie der gleichen Meinung sind, und die Wahl ist getätigt.

So könnte man stundenlang aus diesen Akten berichten. Sie sind eine Fundgrube nicht nur für Doktordissertationen, sondern auch für Humoristica.

Die nächste Gruppe sind die **Wahlrechtsingenieure.** Ich weiß nicht, ob Sie, meine Damen und Herren, wissen, was ich meine. Die Ingenieurwissenschaft ist eine Wissenschaft, die es mit festen, klaren, naturgegebenen Gesetzen zu tun hat, die sich mit der toten Materie befaßt und insoweit ausgezeichnet ist. Aber wenn man mit ähnlichen Gesetzen an die lebendige Materie, also auch an die Wähler und damit an das Wahlrecht, herangeht, dabei aber gleichzeitig die psychologischen Faktoren völlig außer acht läßt, dann hat man das, was ich mit dem Wort Wahlrechtsingenieur bezeichnen möchte.

Auch von dieser Erfinderseite haben wir eine ganze Reihe von Vorschlägen erhalten. Da wird zum Beispiel nachgewiesen, daß, wenn ein bestimmtes uns vorgeschlagenes Wahlsystem anno 1932 gegolten hätte, Hitler niemals an die Macht hätte kommen können.

Die letzte Gruppe sind die **Wahlrechtsstrategen,** also jene Personen und Personenkreise, die ein Wahlrecht ausklügeln, wie es gerade für sie paßt. Die einen schlagen das Proportionalwahlrecht vor, weil sie der Meinung sind, dieses wäre ausgerechnet für ihre Partei nützlich und richtig; die anderen schlagen das relative Mehrheitswahlrecht vor und meinen, dieses sei allein richtig, weil es ihrer Partei nütze. Weil ich höflich bin, darf ich feststellen, daß es diese Wahlrechtsstrategen nur außerhalb dieses Hauses gibt.

Die echten **Probleme,** mit denen wir es zu tun haben und deren Lösung wir uns, wie gesagt, im Wahlrechtsausschuß auf dem Wege über negative Abstimmungen erst erarbeitet haben, liegen nun so: Heute stehen sich gegenüber das relative Mehrheitswahlrecht auf der einen und der Entwurf des Wahlrechtsausschusses auf der anderen Seite, der ein **Kompromiß** zwischen dem relativen Mehrheits- und dem Proportionalwahlrecht darstellt, allerdings vorwiegend auf der Grundlage des Proportionalwahlrechts. Wenn man beide Systeme miteinander vergleicht, wird man von vornherein sagen müssen: Es gibt hier niemals ein Gut oder Böse, ein Schlecht oder Gut. So stehen die Dinge sich niemals gegenüber.

Wenn ich mir nun hier erlaube, aus dem Gang der Debatte im Wahlrechtsausschuß, die zu unserer Vorlage geführt hat, das Für und Wider kurz vorzutragen, so glaube ich damit auch für die heutige allgemeine Aussprache eine gewisse Grundlage schaffen zu können.

Die **geschichtliche Entwicklung** des Wahlrechts, die uns Herr Professor Dr. Thoma vorgetragen hat, zeigt uns, daß man bis zum ersten Weltkrieg nur das Mehrheitswahlrecht in verschiedenen Formen kannte. Wir müssen uns über folgendes klar sein: Sinn der Demokratie ist Herrschaft der Mehrheit; also muß die Mehrheit geschaffen werden, um im repräsentativen System diese Herrschaft auszuüben. Aber die Mehrheit muß ermittelt werden, und zwar zunächst die Mehrheit der Wähler.

Wir hatten in USA und England das System der relativen Mehrheit, aber doch nur deshalb die relative Mehrheit, weil, vor allem in USA und England, aus der historischen Entwicklung heraus von vornherein nur zwei Parteien zu Wahl standen. Die andere Form, die sich in **Deutschland** entwickelt hat und die Ihnen aus der Zeit der Bismarckschen Verfassung her bekannt ist, bestand in einem echten Mehrheitswahlrecht mit eventuell doppeltem Wahlgang. Wurde im ersten Wahlgang die absolute Mehrheit nämlich nicht erreicht, dann entschied in der Stichwahl die relative Mehrheit zwischen den zwei Kandidaten, die im ersten Wahlgang die meisten Stimmen erhalten hatten. In Frankreich galt ein ähnliches System wie in Deutschland; absolute Mehrheit im ersten Wahlgang; im zweiten Wahlgang entschied die relative Mehrheit unter allen bisherigen Bewerbern, neue Kandidaten konnten aufgestellt werden.

Gegen die Jahrhundertwende erhoben sich immer stärkere Einwände gegen das **Mehrheitswahlrecht;** dieses sei völlig ungerecht, weil es viele Wählerschichten von der Vertretung im Parlament überhaupt ausschließe. Diese Stimmung griff immer weiter um sich und führte schließlich zur Einführung des Verhältniswahlrechtes auf dem ganzen europäischen Kontinent, zum Teil in seinen extremen Formen wie bei uns in der Weimarer Republik. Große Wahlkreise, lange Listen, Fremdheit zwischen Bewerbern und Wählern, Entfernung des Gewählten von seinen Wählern; dies etwa sind die Nachteile dieses Systems. So ist es gekommen, daß man heute wieder nach dem Mehrheitswahlrecht ruft, und zwar in erster Linie nach dem relativen Mehrheitswahlrecht.

Man stellt die Behauptung auf, das relative Mehrheitswahlrecht schaffe allein die Voraussetzungen für eine **stabile Regierung;** das relative Mehrheitswahlrecht schaffe automatisch das

Zweiparteiensystem, und aus dem Zweiparteiensystem ergebe sich automatisch eine stabile Regierung einerseits und eine **Opposition,** die als solche im Volke dann bei Fehlern, welche die Regierungspartei mache, wieder Wurzel fasse und dann, wenn die Regierungspartei abgewirtschaftet habe, vom Vertrauen des Volkes getragen an die Macht komme.

Das etwa sind die Gedankengänge, die zugunsten des relativen Mehrheitswahlrechtes angeführt werden. So etwa werden die Vorteile des Zweiparteiensystems, die ich eben angedeutet habe, umschrieben. Vor allem wird betont, die Einführung dieses Wahlrechts schaffe automatisch über kurz oder lang ein Zweiparteiensystem. Dies wird aber von der anderen Seite bestritten mit dem Hinweis darauf, daß in Deutschland ganz andere soziologische und historische Voraussetzungen vorliegen, daß es in Bayern, Niedersachsen oder in Gegenden mit einseitigem konfessionellen Charakter immer Gruppen geben werde, die es zu Mandaten in der Volksvertretung bringen und deshalb das Aufkommen nur zweier miteinander ringender großer Parteien verhindern. Gegen das Mehrheitswahlrecht wird auch eingewendet, daß es praktisch kein Mehrheitswahlrecht, sondern sehr oft nur ein **Minderheitswahlrecht** sei und daß, wenn mindestens drei Parteien zur Wahl ständen und die Partei, die mit 35 % der Stimmen gewählt sei, praktisch eben nur die Minderheit der Wähler hinter sich habe, während die Mehrheit der Wähler des Wahlkreises anderer Auffassung sei. Ferner wird eingewendet, daß eine derartige Herrschaft der Minderheit, wenn sie in mehreren Wahlkreisen Platz greife, dahin führen könne, daß gar nicht die Mehrheit der Wähler selbst, sondern nur eine große Minderheit der Wähler die Mehrheit im Parlament schaffe. Dann wird auf der Grundlage des parlamentarischen Regimes die Minderheit der Wähler sowohl die **Legislative** wie auch, eben auf dem Wege über das parlamentarische Regime, die **Exekutive,** also die Regierung, in der Hand haben; damit tritt zu der Herrschaft der Minderheit der Wählerschaft auch eine Vermengung der beiden Gewalten ein.

Auf der anderen Seite wird wieder hervorgehoben, man dürfe nicht unterschätzen, was eine **echte Opposition** zu leisten habe; eine echte Opposition könne sich aber nur bei einem Zweiparteiensystem bilden. Dabei bleibt aber immer die Frage, ob — was, wie gesagt, bestritten wird — das relative Mehrheitswahlrecht in Deutschland mit seinen besonderen soziologischen und historischen Gegebenheiten das Zweiparteiensystem überhaupt schaffen kann.

Ferner wird geltend gemacht, bei einem **Zweiparteiensystem** gehe die Arbeit der Gesetzgebung rasch und reibungslos vonstatten. Auch der ,,Rheinische Merkur" hat vor einigen Wochen in einem Aufsatz unter Bezugnahme auf die Arbeit des Parlamentarischen Rates ausgesprochen, wenn wir im Parlamentarischen Rat ein echtes Zweiparteiensystem gehabt hätten, dann wäre die Arbeit in Bonn viel schneller vor sich gegangen. Der Verfasser dieses Artikels übersieht, daß hier von vornherein keine Partei die andere überstimmen, sondern daß man einen gemeinsamen Nenner, ein Kompromiß schaffen wollte, um so die in den Londoner Empfehlungen vorgesehene Zweidrittelmehrheit für die Annahme des Grundgesetzes sicherzustellen. Ich glaube also, dieser Hinweis ist verfehlt, weil er die Grundlage unserer Arbeit in Bonn verkennt.

Wenn im übrigen auf Bonn exemplifiziert wird, so darf darauf verwiesen werden, daß hier zwei große Parteien vorhanden sind, die aber nun beide gleich groß sind. Gegebenenfalls — so sagen die anderen —, wenn die Parteien nicht gleich groß sind, wenn aber die eine Partei nur sehr wenig Übergewicht über die andere hat, dann werden die wenigen, die das Übergewicht ausmachen, praktisch das ,,Zünglein an der Waage" sein, das man sonst den anderen Parteien als Rolle zugeschrieben hat. Um dieses Zünglein an der Waage, das dann im Rahmen der einen von den beiden großen Parteien vorhanden ist, nicht als solches zur Auswirkung kommen zu lassen, muß man zum Fraktionszwang übergehen — so urteilen die anderen — und man muß ganz scharf diese paar Leute, die über die Mehrheit hinausgehen, an der Strippe halten, weil sonst die Herrschaft der Partei und der Bestand des Kabinettes gefährdet ist. Die Gegner des Zweiparteiensystems sind daher der Auffassung, daß dieses Zweiparteiensystem dahin führen muß, daß die Freiheit der Abstimmung des Abgeordneten, seine Freiheit von Weisungen und von Instruktionen in dem Sinne niemals vorhanden sein kann wie in einem anderen System.

Auf der anderen Seite ist es zweifellos richtig, daß das **Wahlkreiswahlrecht** den Wähler und den Gewählten viel besser miteinander verbindet — ein unzweifelhafter Vorteil. Auch der Abgeordnete fühlt sich, wenn er in einem bestimmten Wahlkreis gewählt ist, viel fester mit seinen Wählern verbunden. Die Wahl in einzelnen Wahlkreisen kann unter Umständen auch eine größere Wahlbeteiligung deshalb hervorbringen, weil, wenn zwei oder drei oder vier Persönlichkeiten zur Auswahl stehen, hierdurch ein gewisses sportliches Interesse erweckt wird.

Ein weiterer Vorteil der Einzelwahlkreise, auf den in der letzten Hauptausschußsitzung hingewiesen worden ist, ist der, daß die Frage des Nachwuchses in der Politik zum Teil auch damit sich lösen läßt, daß eben dann ein einzelner sich seinen künftigen Wahlkreis von Jugend her zu erobern versucht, ihn bearbeitet und damit in die politischen Aufgaben in ganz anderem Maße hineinwächst, als wenn er ohne nähere Beziehung zu Land und Leuten in die Politik hineinzugehen sich bemüht.

Nun kommen die anderen und sagen: Zugegeben; aber nun liegt ein anderer Fall vor, nämlich beim Zweiparteiensystem — wenn das relative Mehrheitswahlrecht dieses überhaupt schaffen kann — genügt ein kleiner Wechsel von Wählern von der einen Seite auf die andere Seite, ein Wechsel, der unter Umständen im Verhältnis zur ganzen Wählerschaft prozentual außerordentlich gering ist, um einen grundsätzlichen Wechsel in der Mehrheit der Mandate im Parlament herbeizuführen, das heißt, eine vielleicht geringe Schwankung der Meinungen in der Wählerschaft wächst sich zu einer ungeheuer stark ausschlagenden Kurve in der Parlamentsbesetzung aus und führt damit die Politik zu schärferen Umbrüchen und schärferen Drehungen, als es notwendig wäre, wenn diese Umschwünge auch im Parlament nur in dem Ausmaß sich zeigen würden, in welchem sie in der Wählerschaft vor sich gingen.

Endlich wird gesagt: Wir riskieren, daß, wenn schon ein geringer Teil der Wählerschaft diesen Umschwung geben kann, dieser Teil doch nur das ist, was man sonst Flugsand oder Mitläufer oder Mitgeschleifte nennt, während der Wille des wirklich politisch interessierten Bevölkerungsteils dabei weniger zum Ausdruck kommen würde. Die Anhänger des **Verhältniswahlrechts** sagen: Unser System hat den Vorzug, daß es derartige Schwankungen nicht in derart starken Ausschlägen zum Austrag bringt, sondern daß diese sich nur in dem Maße, in dem sie in mehr oder weniger starken Ausschlägen in der Wählerschaft selbst auftreten, auch in den Parlamenten widerspiegeln.

Dann wird gesagt: Aber die Koalitionsbildung in den Parlamenten ist dann, wenn mehrere Parteien vorhanden sind, sehr schwierig, die Stabilität der Regierung, die auf einer Koalition von Parteien beruht, ist gefährdeter als die Stabilität einer Regierung, die auf einer Partei beruht. Dazu ist von anderer Seite gesagt worden: Die Koalition der Parteien wird im Parlament gebildet, aber die Koalition derjenigen Strömungen, die sich in beiden Parteien finden, wird sonst in den Fraktionen gebildet, und wenn sie dann in der Fraktion zu einer Zusammenfassung ihrer Ansichten gekommen sind, müssen sie erst ihren Beschluß unter Fraktionszwang stellen, weil sonst, wenn ein Teil der Fraktion eine andere Meinung zum Ausdruck bringt und dementsprechend abstimmt, die Mehrheit wieder nicht vorhanden ist und die Regierung wieder gefährdet wäre.

Das ist so das Hin und Her der Meinungen gewesen, die für und gegen das Zweiparteiensystem, für und gegen das Verhältniswahlrecht vorgetragen worden sind. Wir haben elfmal die verschiedenen Wahlrechte, d. h. die in den elf Ländern Deutschlands jetzt gelten, erörtert. Wir haben andere Systeme herangezogen, und schließlich ist die Mehrheit des Ausschusses zu dem Ergebnis gekommen, daß die Kombination zwischen den Vorzügen des sogenannten Mehrheitswahlrechts und denen des Verhältniswahlrechts wohl das Richtige sein möge. Die Wege zu diesem Ergebnis waren auch etwas verschlungen, und ich glaube, ich kann es mir ersparen, über Einzelheiten zu berichten.

Was jetzt vor Ihnen liegt, ist ein Verhältniswahlrecht, aber ausgestattet mit den Vorzügen des sogenannten Mehrheitswahlrechts. 200 Abgeordnete von den etwa 400, die zu wählen sind, werden in Einzelwahlkreisen gewählt, und zwar nach dem System der relativen Mehrheit. Die gesamten anfallenden Stimmen werden zusammengezählt und dann durch die Zahl 400 — eben die der Abgeordenten — geteilt. Daraus wird der Wahlquotient errechnet. Es ist im **Wahlgesetz** ausgeführt, wieviele Wahlkreise jedes Land und jeder Länderverband bekommt, wieviele Mandate auf Landes- oder Länderverbandlisten verteilt werden. Diese Listen werden besetzt nach den Stimmenzahlen, die unter Zugrundelegung des Quotienten auf die einzelnen Parteien entfallen, das heißt eine Partei bekommt soviel Abgeordnete als sich Mandate beim Dividieren ihrer Stimmenzahl durch die Wahlzahl unter Anrechnung der im Wahlkreis eroberten Mandate ergeben. Es ist ferner ein Antrag unseres Kollegen Dr. Diederichs noch gestern hier erörtert worden, in dem vorgesehen ist, daß, wenn ein auf der Landesliste stehender Bewerber als Kandidat im Wahlkreis den Wahlquotienten erreicht hat, ohne dort gewählt zu sein, er dann vorzugsweise auf der Landesliste gewählt sein soll. Auch dieser Vorschlag dient dazu, dem Gedanken Rechnung zu tragen, daß der in das Parlament einziehen soll, der auf seinen Namen in einer erkennbaren Weise Stimmen vereinigt hat.

Ich glaube, auf Einzelheiten des Vorschlages jetzt nicht eingehen zu sollen. Vielleicht wird sich im Laufe dieser Debatte hierzu noch die Gelegenheit ergeben oder mein Mitberichterstatter Heiland das Wort ergreifen.

Wir haben noch zwei Punkte kurz zu erörtern. Der eine betrifft die Frage des **passiven Wahlrechts der Beamten.** Diese Frage ist gestern im Hauptausschuß erörtert worden und hat zu dem Ergebnis geführt, daß in dieser Vorlage zur Zeit eine Bestimmung darüber nicht enthalten ist, weil beabsichtigt ist, diese Frage in einer Schluß- und Übergangsbestimmung im Grundgesetz zu regeln, wodurch es sich automatisch auch auf das Wahlgesetz auswirken würde.

Die Frage der Wahlpflicht haben wir mit Mehrheit im Ausschuß verneint, und sie steht nicht zur Debatte, weil entsprechende Anträge nicht vorliegen.

Die Vorlage, die Ihnen jetzt vorliegt, ist im Hauptausschuß mit den Stimmen aller Parteien bei Stimmenthaltung der CDU/CSU angenommen. Nach meinen Beobachtungen und Erfahrungen im Wahlrechtsausschuß hatte die CDU/CSU zwischendurch schon einmal selbst einen Antrag auf Kombination des Mehrheitswahlrechts und des Verhältniswahlrechts gestellt, einen Antrag, der sich deckte mit einem Vorschlag, den ich zunächst gemacht hatte, der aber — auch von der CDU/CSU — abgelehnt worden war. Da ich unterstelle, daß man sich in der Zwischenzeit durch die Stellung des eigenen Kombinationsantrages dem Gedanken einer Kombination, wie sie auch hier zum Ausdruck gekommen ist, genähert hat, und da man nicht gegen diese Vorlage gestimmt, sondern sich nur der Stimme enthalten hat, darf ich wohl diese Enthaltung als den Ausdruck eines „tolerari potest“ auslegen, so daß angenommen werden kann, daß, wenn dieses Gesetz mit der Mehrheit, wie sie sich im Hauptausschuß gezeigt hat, auch hier angenommen würde, das Gefühl des Unbefriedigtseins bei dem Teil des Hauses, der sich der Abstimmung enthält, nicht vorhanden zu sein braucht.

1.2. Dr. von Brentano (CDU)

Dr. v. BRENTANO (CDU): Meine Damen und Herren! Der Berichterstatter, Herr Kollege Dr. Becker, hat einleitend darauf hingewiesen, daß verschiedene Sorten von Menschen sich mit dem Wahlgesetzentwurf beschäftigt haben: Wahlenthusiasten, Wahlphantasten, Wahlstrategen und Wahlingenieure. Ich glaube ihm sagen zu dürfen, daß ich bestimmt zu den beiden letzteren nicht gehöre, ich lasse aber seine Entscheidung offen, ob er mich am Schluß meiner Ausführungen zu den Wahlphantasten oder den Wahlenthusiasten rechnen wird.

In einem muß ich Herrn Kollegen Dr. Becker enttäuschen. Er hat seiner Hoffnung Ausdruck verliehen, daß in der Stimmenthaltung meiner Parteifreunde in der Sitzung des Hauptausschusses eine Tolerierung zu erblicken sei. Meine Damen und Herren, ich darf ankündigen, daß meine Fraktion bei der Schlußabstimmung sich gegen das vorgesehene Wahlgesetz aussprechen wird,

(Zuruf von der SPD: Also sind Sie gar nicht so tolerant!)

und zwar aus guten Gründen. Ich möchte selbstverständlich nicht die Diskussion jetzt noch einmal in der Weise eröffnen, daß ich auf alles Für und Wider der verschiedenen **Wahlsysteme** eingehe, um so weniger, als in den letzten Tagen im Hauptausschuß darüber eingehend und gründlich gesprochen worden ist. Aber ich möchte feststellen, daß meine Fraktion und meine Partei der Entscheidung über das Wahlsystem eine ganz besondere Bedeutung beimessen, vielleicht eine stärkere Bedeutung, als das von anderen Vertretern hier im Hause geschieht. Wir sind davon überzeugt, daß Zusammensetzung und Struktur des ersten Volkstages ganz entscheidend auf den Stil der von uns gewünschten neuen demokratischen Republik einwirken werden, und wir sind überzeugt, daß die bisherige Methode des Verhältnis- und Listenwahlsystems nicht in der Lage ist zu garantieren, daß die Struktur dieses Volkstages so sein wird, wie wir das im Interesse einer gesunden politischen Entwicklung erhoffen. Wir fürchten auch, daß der Volkstag bei Beibehaltung des bisherigen Wahlsystems nicht in der Lage sein wird, seine Aufgaben so zu erfüllen, wie es insbesondere die nächste Zukunft notwendig erscheinen läßt.

Ich möchte hier nicht etwa in eine Schwarz-Weiß-Malerei verfallen, ich möchte nicht sagen, daß man nur Argumente für die eine und nur Argumente gegen die andere Form bringen könnte. Ich möchte mich auch, wie ich schon sagte, gar nicht etwa darauf einlassen, allen Argumenten, die Herr Kollege Dr. Becker sehr übersichtlich vorgetragen hat, zum Teil zuzustimmen, zum Teil sie zu widerlegen versuchen.

Wir sind der Überzeugung, daß das **Listen- und Verhältniswahlsystem** zum mindesten in entscheidender Weise mit dazu beigetragen hat, eine verhängnisvolle Entwicklung in Deutschland und anderswo auszulösen. Es wäre verlockend, einmal zu analysieren, wieso es kam, daß überall dort, wo das Listenwahlsystem galt, totalitäre Staatsformen entstanden sind,

(Dr. Heuss (FDP): Besonders in der Schweiz und in Schweden!)

während in den anderen Ländern, die traditionell das Mehrheitswahlsystem kennen, diese Erscheinungen nicht festzustellen waren. Ich glaube, Herr Kollege Dr. Heuss wird seinen Einwand, die Schweiz zu apostrophieren, selbst nicht ganz ernst nehmen; denn daß die Schweiz auf Grund ihrer sozialen, wirtschaftlichen und politischen Entwicklung den Anfechtungen nicht in gleichem Maße ausgesetzt war wie andere Länder, wird auch Herr Kollege Dr. Heuss nicht bestreiten können.

(Dr. Heuss (FDP): Dann dürfen Sie nicht so frei Behauptungen aufstellen!)

Ich gebe Ihnen gerne Gelegenheit, Herr Kollege Dr. Heuss, meine Auffassung nachher in der Diskussion zu widerlegen. Ich sagte, es wäre interessant, diese Analyse hier vorzunehmen,

und ich glaube, es gibt wohl keine Regel ohne Ausnahme, die die Regel bestätigen würde. So könnten wir auf das Beispiel von Spanien, Italien, Ungarn, Polen und Deutschland verweisen.
(Dr. Schmid (SPD): Bisher waren aber die totalitären Resultate die Ausnahme.)
Herr Kollege Dr. Schmid, sie waren die Regel in Ländern, die blind auf das Verhältnis- und Listenwahlsystem eingeschworen waren. Ich habe das lediglich als ein Beispiel gebracht, um zu sagen, es wäre vielleicht interessant, diese Dinge hier im einzelnen darzulegen. Aber das ist nicht der alleinige Grund.

Wir sind der Meinung, daß in dem Listenwahlsystem — und ein Verhältniswahlsystem ohne Listen ist in sich undenkbar — nicht die Voraussetzungen geschaffen sind, die für ein gesundes politisches Leben erforderlich sind. Wir glauben, daß die unmittelbare Bindung des Gewählten an den Wähler, die unmittelbare Verantwortung des Gewählten gegenüber dem Wähler, der lebendige Kontakt zwischen beiden durch die Zwischenschaltung der Liste, wenn nicht unmöglich gemacht, so doch sehr erschwert wird. Listen kommen anders zustande als Kandidaturen einzelner Abgeordneter. Ich glaube auch — und ich bitte, mir diesen Ausflug in die jüngste Vergangenheit zu gestatten —, daß ohne das Listenwahlsystem und ohne den glatten Betrug des Nationalsozialismus, der einen Adolf Hitler in Hunderten von Wahlkreisen als Spitzenkandidat präsentierte und damit in den Wählern den Glauben hervorrief, es handele sich um die Wahl dieses Adolf Hitler, der schon irgendeine Bedeutung in der Öffentlichkeit gewonnen hatte, ich glaube, daß ohne diesen Betrug die damalige Wahl anders ausgegangen wäre; denn auf der Liste folgten diejenigen, die man nicht gewählt hätte, die politischen Defraudanten, Hasadeure und Verbrecher, womit ich nicht gesagt haben will, daß Hitler selbst in eine andere Kategorie gehörte.

So sind wir der Meinung, daß wir uns, wenn wir eine gesunde politische Entwicklung fördern und auch das lebendige Interesse des Wählers am politischen Leben bei uns wieder aktivieren wollen, zur Mehrheitswahl entschließen sollten und müßten. Wir sind nicht der Meinung, daß die Erwägungen, die letzten Endes auf mathematische Gerechtigkeit abstellen und mit denen man das Verhältnis- und Listenwahlsystem begründet, irgendwelche Überzeugungskraft besitzen. Was vollzieht sich denn bei der Listenwahl? Ist sie überhaupt noch eine Wahl? Es ist einmal von einem Staatsrechtler gesagt worden, das Listen- und Verhältniswahlsystem führe dahin, daß die Wahl zu einer Abstimmung wird, daß sie zu einer statistischen Feststellung der pluralistischen Aufteilung des Volkes führt und damit zu einer Art Plebiszit wird. Ich halte diese Auffassung für richtig; denn es wird nicht, wie das einer Wahl sinngemäß innewohnt, eine Entscheidung für oder gegen den Gewählten getroffen, es wird eine Liste und damit allenfalls ein Programm, eine Anzahl von Menschen, die ein Programm verkörpern, gewählt, ohne daß der Wähler weiß, auf wen seine Stimme entfällt, und ohne daß er jemals die Möglichkeit hat, den, den er gewählt hat, auch nur zur Ordnung zu rufen. Sie sehen, daß wir uns vor diesen Konsequenzen nicht fürchten.

Was wird letzten Endes erreicht? Wir sind uns alle hier im Hause einig, daß politsche Entscheidungen notwendigerweise **Mehrheitsentscheidungen** sind und sein müssen. Ob man die Mehrheit als der Weisheit letzten Schluß anerkennt oder nicht, will ich dahingestellt sein lassen. Aber es ist auch einmal gesagt worden, die Mehrheit sei im politischen Leben eine Erfindung, notwendig und zweckmäßig wie die Beleuchtung durch Gas, auf die man nicht verzichten könne. Ich glaube es war Gladstone, der es gesagt hat. Diese Mehrheitsentscheidungen vollziehen sich aber auch in dem Parlament, das auf Grund einer Verhältniswahl gewählt wird. Man ist lediglich den Umweg gegangen, daß man die politische Entscheidung vom Wähler auf den Gewählten verlagert. Man schafft ein Parlament, das ein verkleinertes Staatsvolk darstellt — wie ich schon sagte, eine Wiedergabe der pluralistischen Aufteilung des Volkes —

mit allen Komplexen, allen Polaritäten und mit gewissen, fest oder weniger fest umrissenen und formierten Gruppen. Dann wiederholt sich in diesem Parlament das, was man im Volk dem Wähler vorenthalten hat, es wiederholt sich dort die Notwendigkeit, zu einer Mehrheitsentscheidung zu kommen. Ich glaube, es wird niemand sagen, daß etwa die Entscheidungen, die in solchen Parlamenten getroffen wurden, klare Mehrheitsentscheidungen waren. Es entstehen dann Mehrheitsentscheidungen von Mehrheiten, die organisch, geistig und politisch überhaupt nicht verbunden, sondern allenfalls in der Negation sich einig sind.

Es ist ja auch nicht von ungefähr — und ich glaube, darauf hätte der Herr Berichterstatter auch zu sprechen kommen sollen —, daß wohl kaum Wünsche an den Wahlrechtsausschuß gelangt sind, das Verhältniswahlsystem beizubehalten, daß aber wohl zahllose Wünsche und Anregungen von überall her, nicht nur von der deutschen Wählergesellschaft, kamen, die sich für die Einführung des **Mehrheitswahlsystems** aussprechen. Und ich glaube, daß wir als Politiker und Parlamentarier unsere Aufgabe nicht erfüllen, wenn wir nicht auf diese Stimmen hören und sie zum mindesten beachten. Es scheint mir nicht zufällig zu sein, daß sich insbesondere viele Gruppen junger Menschen, nicht nur beispielsweise die Studenten in dem Schreiben, das die ASTA-Vorsitzenden an uns gerichtet haben, sondern auch die jungen Gruppen der politischen Parteien, der CDU, der FDP und der SPD —
(Zuruf: Wo?)
— beispielsweise in einer Sitzung, an der Herr Kollege Zinn persönlich teilgenommen hat, und über die er wahrscheinlich Auskunft zu geben vermag, über die der SPD-Informationsdienst in Hessen ausführlich berichtet hat — nachdrücklich für die Einführung des Mehrheitswahlrechts ausgesprochen haben. Und ich glaube weiter, ohne damit etwa eine Gewissenserforschung anregen zu wollen, daß auch hier in dem Hohen Hause eine ganze Anzahl von Abgeordneten ist, die sich innerlich der Notwendigkeit und Berechtigung unseres Begehrens gar nicht verschließen, die aber aus anderen Gründen zum mindesten im Augenblick diese Entscheidung für verfrüht halten.
(Brockmann (Zentrum): Herr von Brentano, umgekehrt auch!)
Lassen Sie mich zum Schluß kommen! Wir sind der Meinung, daß der Parlamentarische Rat mit dem **Wahlgesetz,** das hier zur Entscheidung steht, eine verhängnisvolle Entscheidung trifft. Ich möchte aber eins hier feststellen: Wir wollen nicht von einem modifizierten Mehrheitswahlrecht oder von einem verbesserten Listenwahlrecht reden, wenn wir diesen Entwurf behandeln, sondern wir wollen offen sagen, daß wir ein klares Verhältnis- und Listenwahlsystem geschaffen haben.
(Zuruf: Ein kaschiertes Verhältniswahlsystem!)
Meine Damen und Herren, mir liegt bereits eine hochinteressante Ausarbeitung vor, die darüber Auskunft gibt, wie sich diese 400 Sitze — Sie wissen, daß wir nach wie vor der Überzeugung sind, daß auch diese Anzahl viel zu hoch gegriffen ist — demnächst auf die sogenannten Wahlkreise und auf die Listen verteilen. Sie werden vielleicht dann auch später feststellen, daß diese Angaben im wesentlichen richtig sein werden. Danach werden auf die sogenannten Wahlkreise nicht mehr als 25 % der Sitze und auf die Listen 75 % der Sitze entfallen. Ich überlasse es der künftigen Entwicklung, den Beweis für die Richtigkeit zu erbringen, bin aber gern bereit, den einzelnen von Ihnen diese Ausarbeitung zur Verfügung zu stellen.
(Zurufe und Unruhe. — Glocke des Präsidenten.)
— Die Einwendungen beweisen mir nur, daß Sie sich offenbar selbst über die etwas komplexe Gestaltung des von Ihnen beschlossenen Gesetzes nicht restlos im klaren sind.

Wir sind auch der Meinung — um das anschließend an eine Bemerkung des Herrn Kollegen Dr. Becker hinzuzufügen —, daß etwa das Problem der **Vertriebenen** und **Flüchtlinge** eine an-

dere Entscheidung notwendig macht. Wir sind völlig davon überzeugt — ich glaube, wir alle —, daß es eine wesentliche und unerläßliche politische Aufgabe ist, die Flüchtlinge in das politische Leben genau so einzubeziehen wie die sogenannten Altbürger, damit diese häßliche Terminologie möglichst bald aus dem deutschen Sprachschatz verschwindet. Wir können es sicherlich nicht so machen, wie es der von Herrn Kollegen Dr. Becker zitierte Einsender meint, daß man 25 % der Sitze reserviert. Wir sollten es aber auch nicht so machen, daß man den einen oder anderen Flüchtling — erlauben Sie mir, das zu sagen — als Konzessionsschulzen auf eine Liste setzt; sondern man sollte auch den Vertriebenen und Flüchtlingen dieselbe Chance des Wählens und des Gewähltwerdens geben wie den Altbürgern. Das ist leichter im System der Mehrheitswahl als im System der Listenwahl.
(Widerspruch.)
— Solange der Gegenbeweis nicht erbracht ist, glaube ich, wird man diese Behauptung nicht widerlegen können.
(Dr. Greve (SPD): Nicht die Umkehrung der Beweislast!)
Ich glaube nicht, daß das bisherige Listenwahlsystem irgendeinen Beweis dafür erbracht hat, daß unsere Neubürger in angemessener Zahl in den Parlamenten vertreten sind.

Ich glaube, das Wesentliche gesagt zu haben. Meine Fraktion hat im Wahlrechtsausschuß von Anfang an selbstverständlich mitgearbeitet. Obwohl wir erhebliche Zweifel und Bedenken hatten, ob zwischen zwei Systemen, die sich eigentlich gegenseitig ausschließen, eine Synthese, eine mittlere Linie überhaupt gefunden werden könne, haben wir uns bemüht, Bedenken, deren Berechtigung wir nicht bestreiten wollten, Rechnung zu tragen und einen mittleren Weg zu finden; das hat unser Vorschlag und unsere Mitarbeit bewiesen. Wir glauben nicht, daß der Vorschlag, der heute im Plenum zur Abstimmung steht, auch nur im entferntesten den Wünschen und Anforderungen gerecht wird, die wir im Interesse einer gesunden und organischen politischen Entwicklung unseres deutschen Volkes erhoffen und wünschen, und werden deshalb dieser Vorlage unsere Zustimmung verweigern.
(Bravo! bei der CDU.)

1.3. **Dr. Schmid (SPD)**

Dr. SCHMID (SPD): Meine Damen und Herren! Mein verehrter Kollege Herr von Brentano hat im Namen seiner Fraktion eine Erklärung darüber abgegeben, welches Wahlrecht er und seine Freunde schlechthin überall für alle Zeiten und in jeder historischen Situation für das beste halten.
(Zuruf: Das hat er nicht gesagt!)
— Das hat er gesagt!
(Dr. von Brentano (CDU): Nein!)
Ich werde ihm auf diesem Wege nicht folgen. Ich werde keine Erklärung darüber abgeben, welches **Wahlsystem** schlechthin für das beste gehalten werden soll. Wir haben nämlich hier ein Gesetz zu schaffen, das nicht für Jahrzehnte die Wahlen in der Bundesrepublik Deutschland regieren soll,
(Zuruf: Aber präjudizieren!)
sondern das ein einziges Mal zur Anwendung kommen soll, nämlich in einem ganz bestimmten historischen Zeitpunkt, dem ganz bestimmte Aufgaben gestellt sind. Es wird diesen Sommer zur Anwendung kommen und dann nicht mehr. Ich will darum lediglich erklären, welche

Gründe uns zu unserer Stellungnahme zu diesem einen Gesetz bewegt haben.

Alle Wahlsysteme haben ihre eigentümlichen Vorzüge und alle haben ihre eigentümlichen Nachteile. Und was ihre eigentümlichen Vorzüge anbetrifft, so haben diese ihnen zugeordnete spezifische Nachteile. Das Verhältnis, in dem diese Vorzüge zu den Nachteilen stehen, ist nicht von Ewigkeitsgesichtspunkten her zu bestimmen, sondern jeweils nur von einer bestimmten geschichtlichen Situation aus und auf bestimmte geschichtliche Aufgaben hin, deren Bewältigung durch dieses Wahlrecht zu leisten ist. Die Qualität eines Wahlrechtssystems, diese sehr relative Qualität wird durch das bestimmt, was es in einer bestimmten Situation zu leisten vermag, in einer Situation, die durch bestimmte Möglichkeiten und durch spezifische Aufgaben determiniert ist. Dabei ist entscheidend, welches Wahlrecht „hier und jetzt" mehr an Vorzügen als an Nachteilen zur Auswirkung zu bringen vermag. Und was die Vorzüge anbetrifft, so ist zu überlegen, ob die jeweilige Zeit imstande ist, den Preis zu bezahlen, den diese Vorzüge fordern; denn alles auf dieser Welt kostet seinen Preis.

Man spricht viel von den Vorzügen des **Mehrheitswahlrechts.** Es ist gar keine Frage, daß dieses Wahlrecht auch außerordentliche politische Vorzüge für sich buchen kann. Ich sehe sie zwar nicht dort, wo man sie im allgemeinen sehen zu müssen glaubt. Ich weiß auch nicht, ob wir, wenn wir wirklich zu dem Mehrheitswahlrecht kommen wollen, Herr Kollege von Brentano, das Sie preisen, nicht noch einen Schritt weiter gehen müßten und folgerichtig nur Kandidaten auftreten lassen sollten, die nicht eine Parteibezeichnung hinter ihrem Namen haben. Wenn das Resultat, das Sie wollen, erzielt werden soll, dann dürfte man nur die „Free Lances", wie die Engländer sagen, die „Freien Lanzen" zum Turnier antreten lassen, nicht aber Leute, die schließlich doch nur Sprecher einer Partei sind und nicht gewählt werden, weil sie nun Meier, Müller oder Schulze heißen, sondern weil hinter ihrem Namen „CDU", „SPD" oder sonst eine Hieroglyphe steht. Denn hier wählt der Wähler wirklich nicht eine Person, sondern eine Partei, die ihm durch den Namen ihres Sprechers bestenfalls ein wenig symphatischer geworden sein mag, als sie es vor der Aufstellung der Kandidatenliste schon gewesen zu sein schien.

Die Vorzüge des Mehrheitswahlrechts sehe ich in erster Linie darin, daß es klare Machtverhältnisse schafft, wenigstens in den meisten Fällen; denn beim richtigen Mehrheitswahlrecht geht es nicht um Erfolg oder Mißerfolg, sondern um Sieg oder Niederlage.
(Sehr richtig!)
Das ist im politischen Leben eine gute Sache. Ich sage das in aller Öffentlichkeit.

Der zweite Vorzug ist, daß das Mehrheitswahlrecht die Krisen sichtbarer macht, die vielleicht unter der Decke der geordneten Mechanik eines „pays légal" verdeckt schwelen, und daß es auch die Chancen sichtbarer macht, die, vielleicht noch nicht klar erkannt, in einer politischen Bewegung stecken mögen. Das reine Mehrheitswahlrecht wirkt so, als ob man einem Organismus einen Fieberschock versetzte, der latente Krankheiten zu einem brutalen Ausbruch bringt. Das ist unter Umständen eine gute Sache. Die Wahlresultate im Mehrheitswahlrecht geben dann ein Bild wie die scharfen Zacken einer Fieberkurve, an der man ablesen kann, was in dem Patienten noch an Krankheitskeimen und an Regenerationskräften stecken mag. Aber die Voraussetzung für die Indikation eines solchen Verfahrens ist, daß der Organismus diesen Fieberschock aushalten kann. Was nützte uns eine solche Therapie, wenn sie, in einer bestimmten Situation angewandt, den Patienten umbringt?

Und darum handelt es sich gerade. Kann der deutsche politische Organismus heute eine solche Krise, ein solches Hineingeworfenwerden in die brutale Entscheidung über Sein oder Nichtsein aushalten? Ich glaube nicht, daß er es heute kann. Denn unser Volkskörper, unser politischer Körper ist zu schwach dazu; er ist zu geschwächt, er kann ja kaum noch kleine, leichte Erschütterungen seines Gefüges aushalten. Die Grenzlinie ist fast überall schon erreicht. Uns fehlt doch noch völlig selbst der Anfang einer soliden staatlichen Armatur und unserem Volke fehlt darüber hinaus noch die Möglichkeit und — machen wir uns doch keine Illusionen! — sogar das Verlangen danach, sich klar und eindeutig der Situation, in der es steht und mit der es fertig werden muß, bewußt zu werden. In solchen Zuständen kann man, wenn man nicht tödliche Gefahren laufen will, es mit einem Wahlrecht nach dem reinen Mehrheitssystem nicht versuchen. Wir brauchen heute ein anderes System. Wir brauchen ein Wahlrecht, das die latenten Krisen nicht zum brutalen Ausbruch bringt. Wir brauchen ein Wahlrecht, das dem politischen und sozialen Organismus, für den wir verantwortlich sind, keine Belastungsproben auferlegt, die es noch nicht zu leisten vermag. Wir brauchen ein Wahlrecht, das die Risiken auf mehr und auf breitere Schultern verlagert.

Dann möchte ich noch auf einen Gesichtspunkt hinweisen. Wir sind in unserem Lande nicht allein. Wir haben die hoheitliche Gewalt, die unser Parlament ausüben wird, mit den Besatzungsmächten zu teilen. Sie werden uns das Maß vormessen, in dem es sich wird bewegen können. Wenn wir ein Wahlrecht bekommen, das — wenn es einen Sinn haben soll — auf ein Zweiparteiensystem hinauslaufen muß: welche der beiden Parteien wird dann die Besatzungspartei sein?

(Zuruf von der SPD: Sehr gut!)

Ich bitte Sie, sich das einmal zu überlegen. Wir leben in Deutschland, Herr von Brentano!

Aus all diesen Gründen glauben wir, daß für dieses eine Wahlgesetz ein Proportionalsystem das bessere leistet und darum richtiger ist als ein Mehrheitswahlrecht. Wenn wir ein Stück weiter sein werden, Herr von Brentano, können wir wieder miteinander reden.

(Dr. von Brentano (CDU): Dann ist es zu spät!)

1.4. **Dr. Heuss (FDP)**

Dr. HEUSS (FDP): Meine Damen und Herren! Es ist eine etwas peinliche Situation, wenn eine Plenarsitzung so unmittelbar einer Hauptausschußsitzung folgt und man nun Dinge, die vorgestern und gestern diskutiert wurden, noch einmal in der Diskussion hört und dabei feststellen muß, daß der verehrte Herr Kollege von Brentano an der Diskussion des vorgestrigen Tages nicht teilgenommen hat. Infolgedessen hat er eine Reihe der Dinge, die dort sozusagen auf die Seite geschoben worden waren, nun doch wieder vorgetragen. Denn wir waren uns doch, glaube ich, wenigstens atmosphärisch dahin einig geworden, daß dieser ewige Hinweis auf das Ausland in unserem Kreis eigentlich zwecklos ist; das können also Historiker oder Literaten oder ähnliche Leute tun. Aber wir haben doch festgestellt, daß die Tatsache, daß in irgendeinem Lande ein bestimmtes Wahlsystem vorhanden ist, ohne irgendwelche Bezüglichkeit auf unsere Situation und ohne irgendeine Beweiskraft ist.

Herr von Brentano hat gemeint, daß alle die Länder, die sich mit dem **Proporzsystem** eingelassen haben, in die Diktatur hineingefallen seien. Ich hatte in einem Zwischenruf die Schweiz und Schweden genannt. Ich hätte auch die anderen skandinavischen Länder nennen können. Wir haben vorgestern darüber gesprochen, daß die französische Situation in ihrer Entwicklung von dem eben gegebenen Zustand des Wahlrechts vollkommen unabhängig ist. Die Franzosen haben seit 1870 ihr Wahlrecht wiederholt gewechselt und haben so oder so ihre Krisen gehabt. Die Krise im vergangenen Herbst war ja ein Sonderargument für unsere Diskussion geworden. Seitdem das Kabinett Queuille stabilisiert ist, scheint dieses Argument auf der

Rechten — wenn ich so sagen darf — nicht gerade mehr an der Tagesordnung zu sein. Man soll doch nicht meinen, der Hinweis auf England oder Frankreich in empfehlendem oder in irgendwie abwehrendem Sinne habe für unsere Auseinandersetzung irgendein Gewicht. Wer das glaubt, der hält die Politik und die Geschichte für etwas mechanistisch Machbares. Die Geschichte ist aber nicht mechanistisch machbar, sondern sie lebt und leidet aus einer unendlichen Fülle von Motiven, von denen das Wahlrecht, dessen Bedeutung ich nicht unterschätzen will, nur ein höchst sekundärer und hinzutretender Faktor der politischen Entscheidung ist.
(Dr. Kroll (CSU): Wir könnten das ja einmal versuchen! Wenn es so sekundär wäre, brauchte man sich ja nicht dagegen zu sträuben!)
— Lieber Herr Kollege Kroll! Gerade wenn man weiß, daß das etwas Sekundäres ist, macht man keine Ersatzreligion daraus, wie es heute viele Menschen tun, die mit einer gewissen dogmatischen Gläubigkeit meinen, daß irgendein Wahlrechtsentwurf oder eine Wahlrechtsgestaltung Heilswerte und Heilsfolgen in sich trage.

Wir stehen vor einer konkreten Situation, von der der Vorredner, Herr Professor Schmid, schon gesprochen hat. In der Auseinandersetzung über die Frage, ob Mehrheitswahlsystem oder Proporzsystem, wenn wir uns theoretisch unterhalten wollen, gibt es an soundso vielen Stellen durchaus die Möglichkeit, zu sagen: Ja, du hast recht, ich habe in der Sache unrecht, oder umgekehrt.

Für das **Mehrheitssystem** sprechen alle Argumente, von denen auch Herr Kollege Schmid gesprochen hat: nämlich dort, wo unmittelbare, echte Entscheidungen politischer Art getroffen werden müssen — ganz gewiß mit einem gewissen Verzicht auf das, was man formale Demokratie nennt. Denn die Mehrheitsentscheidung — worauf ja auch hingewiesen worden ist — ist auf der Ebene des Parlaments nun eben keine Mehrheitsentscheidung, sondern eine Minderheitsentscheidung, die um der staatlichen Funktionsfähigkeit willen hingenommen werden kann, die man aber um Gottes willen nicht ideologisch hochheben soll. Wir sind jetzt bei dem Versuch, das Listenwahlsystem, wie es früher gewesen ist, aus der deutschen Gewöhnung herauszubringen. Dieses Listensystem des mechanisch-automatischen Zuwachses von Abgeordneten auf 60000 Stimmen war ein schlechtes System, weil es gerade die unmittelbare Bindung zwischen den Kandidaten — und vielleicht auch den Gewählten — und übersehbaren Kreisen in den Hintergrund geschoben und mechanisiert hat.

Aber wir müssen uns doch ein bißchen dagegen wehren, daß jetzt die Vorstellung vorgetragen wird, daß jemandem in dem Augenblick, wo er mit einem übersehbaren Wahlkreis konfrontiert wird, die Chance gegeben sei, nun etwas wie eine „**Persönlichkeit**" zu sein. Allmählich entsteht die geradezu groteske Vorstellung, daß derjenige, dessen Name auf einer „Liste" steht, dadurch eo ipso die Qualität einer Persönlichkeit verloren hat und sozusagen nur ein Pappsoldat ist, der von einem Feldwebel oder Leutnant, der an der Spitze dieser Liste steht, geführt wird.

Meine Damen und Herren, so ist es nämlich auch nicht. Auch innerhalb des Listenwahlsystems sind Menschen aufgestellt an zweiter oder dritter oder vierter oder fünfter Stelle, nicht weil sie irgendwelche Figuren sind, sondern weil sie auch durch ihre Leistungen, durch ihre Bemühungen in einem Wahlkreis oder in einem Wirtschaftsverband oder ich weiß nicht was schon, eine Art von Ansprüchen mit geschaffen haben.
(Dr. v. Brentano (CDU): Das wird niemand bestreiten!)
Wir wollen die Sache also nicht ganz so vereinfachen. Wir sehen jetzt die Gegebenheit, daß dieses Element der persönlichen Auseinandersetzung mit der Schaffung der kleineren Wahlkreise wieder eine fruchtbare Chance bekommt.

Wenn Sie aber glauben, daß mit dem Mehrheitssystem des umschränkten Wahlkreises die

größere Qualität des Parlaments gesichert sei, dann befinden Sie sich in einem großen Irrtum; denn die Erfahrungen der Vergangenheit zeigen, daß sehr viele an sich qualitätsvolle Leute — Sie waren nicht dabei, als ich kürzlich die Beispiele vorgetragen habe — in der Bewerbung vor einem Wahlkreis die absoluten Opfer der non-valeurs gewesen sind, der Biedermänner aus der Nähe, die man gewählt hat, weil gegen sie am wenigsten einzuwenden war.
(Zuruf: Bassermann! Stresemann!)
— Bassermann, Stresemann, Naumann: die ganze Kategorie dieser Leute ist je und je in den Bezirkswahlen durch irgendwelche Lokalgrößen geschlagen worden. Mit dieser Situation ist nun einmal geschichtlich zu rechnen.

Um die Sache nicht allzu breit zu machen, will ich aber noch auf eins hinweisen, das in der bisherigen Diskussion etwas zu kurz gekommen ist. Wir wissen, daß wir die Mehrzahl unseres Volkes, die Mehrzahl unserer Wähler jetzt auf der Frauenseite sehen. Die **Frauen** haben im Mehrheitssystem keine Chance, eine ihrer Bedeutung irgend entsprechende Vertretung zu bekommen.
(Zurufe.)
An dieser Stelle hören nämlich auch die Vertreter des Mehrheitssystems auf, auf die sonst so angesehenen angelsächsischen Vorbilder zu blicken. Die Angelsachsen sind in einer etwas komischen Situation: Wenn sie nach Deutschland kommen, erzählen sie uns, wir müßten brav Demokratie treiben, und sie fragen uns, woran es denn eigentlich liege, daß unsere Frauen noch gar nicht so im politischen Leben stünden. Wenn man sich aber dann die angelsächsischen Dinge näher ansieht, dann erfährt man, daß im Repräsentantenhaus von 432 Abgeordneten sieben Frauen sind,
(Hört! Hört!)
und im Unterhaus — glaube ich — fünf oder sechs; aber mehr werden es nicht sein.

Wenn man also an das Herausheben der Chancen denkt, die jetzt aus guten Gründen und nicht aus Kavaliersgründen den Frauen gegeben werden müssen, sich in der Gestaltung der öffentlichen Dinge mit zu bewähren, und wenn man gleichzeitig weiß — schmerzliche Einsicht! —, daß dort, wo wie etwa in meiner württembergisch-badischen Heimat die Frauen mit dem lustigen Panaschieren und Kumulieren eine Chance hätten, ihre Vertreterinnen in die Gemeinderäte hineinzubringen, sie es doch nicht tun, so wissen wir, daß nur in der Fassung eines Proporzsystems auch den Frauen heute eine Chance — die einzige Chance! — gegeben ist, überhaupt in das Parlament einzuziehen.
(Zuruf.)
— Lieber Herr von Brentano, Sie werden sagen: Abwarten! Gehen Sie dann einmal in einen Wahlkreisverband der CDU: wenn dort ein Kandidat aufgestellt werden soll und jemand auf die Idee kommt, die vortreffliche Fürsorgerin oder die ausgezeichnete Studienrätin aufzustellen, dann sagen sämtliche Vertrauensmänner: Ausgezeichnet, aber unmöglich aus der politisch-psychologischen Situation unseres Kreises! Für die Frauen ist allein mit dem Proporzsystem die Möglichkeit gegeben, überhaupt zu einer Vertretung zu kommen.

Ich will auch noch ein Wort sagen zu der beanstandeten **Größe** — Zahlen-, nicht Qualitätsgröße — des kommenden **Parlaments,** wo die Zahl der Sitze von 400 auf 300 heruntergesetzt werden soll. Tun Sie das nicht! Wir haben ja in den interfraktionellen Besprechungen usw. die Sorgen gehört: Wie kriegen wir denn qualitätsvolle Vertretungen, Fraktionen von 100 oder 120, oder ich weiß nicht was, zusammen, wo soviel neue Leute kommen? Wie sollen wir denn dann aus den neuen Leuten ein schlagkräftiges Parlament machen? Es ist das eine Sorge der Erziehungsveranstaltungen in den Fraktionen, aus diesen neuen Männern qualitätsvolle Parlamentarier zu machen. Aber glauben Sie doch nicht, daß Sie mit 250 oder 300 Leuten die

Arbeit dieses kommenden Volkstages bewältigen können. Sie können es nicht, nämlich deshalb nicht, weil Sie auf der einen Seite die große Anzahl gesetzgeberischer Arbeit auf sich zukommen sehen, die unerhört groß und stark sein wird. Gleichzeitig soll aber auch von diesem Volkstag aus ein Integrationsprozeß in das Bewußtsein der Bevölkerung gehen. Die Leute, die hier in dem Volkstag sind, sollen gleichzeitig auch in ihren Wahlkreisen sichtbar werden.
(Zuruf von der CDU.)
— Ja, das sollen sie tun. Denn durch die Presse allein können sie es nicht. Sie sollen die Auseinandersetzung haben. Wer kann denn diese führen? Die können nur die Leute führen, die Beamte gewesen sind; die waren freigestellt. Die Leute aus den freien Berufen, die nebenher noch eine Leistungspflicht für ihre berufliche Erhaltung haben, können das kaum tun. Sie stehen bei der Einschränkung der Größe des Parlaments vor der Gefahr, daß Sie in das Parlament wieder den Syndikus der Interessenverbände, der auch freigestellt ist, hereinbekommen. Um das zu vermeiden, brauchen Sie das größere Parlament, das den größeren Austausch der Auseinandersetzung zwischen den Wählern und dem Abgeordneten und gleichzeitig die Differenzierung der Arbeit im Parlament wird leisten können.

Lassen Sie mich zum Schluß kommen. Ich habe in der Debatte, die wir im Hauptausschuß gehabt haben, einen Gedanken zum Ausdruck gebracht, der, wie mir damals schien, auch auf Herren der CDU Eindruck gemacht hat. Man kann an sich für das **Zweiparteiensystem** sein. Ich rede hier nicht mit der Sentimentalität dessen, der Angst davor hat, von der Geschichte überfahren zu werden. Wir wissen: Gut, es können dann in Deutschland Millionen von Menschen heimatlos werden, denen die Art der Firmierung des Christentums in der CDU, wovon wir noch einmal zu sprechen haben werden, nicht gefällt und denen auf der anderen Seite die Situation innerhalb der Sozialdemokratie nicht gefällt. Das wäre ja gleichgültig. Die Situation ist aber die, daß überall dort, wo das Zweiparteiensystem die große Spielregel des politischen Lebens wurde, das **Beamtentum** geschichtlich eine andere Strukturierung besessen hat, als es sie in Deutschland besitzt. Man hatte in Amerika das Spoilsystem, das Beutesystem, das Andrew Jackson eingeführt hatte und das dann durch Karl Schurz etwas abgebremst wurde. Da wußte man: Man wird von der Partei in ein Amt gesetzt, und wenn die Partei verloren hat, dann fliegt man wieder heraus — ganz in Ordnung. In England ist dieses System des staatlichen Beamten in der geschichtlichen Entwicklung sehr viel geringer ausgebildet gewesen. Wir aber hatten es zentral in der Struktur der deutschen Dinge. Ob man es für gut oder für schlecht hält, steht gar nicht zur Diskussion. Ich halte es auf das Ganze für eine sehr gute Angelegenheit der deutschen staatlichen Entwicklung, daß wir den beamtlichen Typ in gewissem Sinne mit geschaffen haben, auf dem der Staat mit ruhte. Aber wenn Sie jetzt die Situation in die Zukunft projiziert so sehen, daß Sie der einen Partei die Mehrheit zusprechen und mit der Mehrheit die Verantwortung für die Regierungsgeschäfte, für die Legislative, für die Exekutive, so wird diese Mehrheitspartei vollkommen legitim die Beamtungen mit Leuten ihres Vertrauens besetzen. — Gut! Und dann wird diese Regierung das nächstemal abserviert, und die Exekutive in der Spitze und die Legislative wird anders aussehen. Aber der Beamte der deutschen Tradition wird bleiben. Denn er hat seinen Anspruch auf Grund des deutschen Beamtenrechts. Von dort her ist diese Konstruktion eine sehr schwierige, weil Sie nämlich dann den Zustand schaffen — theoretisch durchdacht und praktisch ganz unsentimental gesehen durchgeführt —, daß Sie wechselnde Entscheidungen der oberen Hälfte haben und die Strukturierung des Staates mit von einer parteipolitischen Vergangenheit bestimmt wird.

Und ein letztes, wovon Schmid auch sprach: Das Mehrheitssystem der einfachen Machtentscheidungen wird dann vielleicht sinnvoll, wenn wir echte Entscheidungen zu treffen haben. Das haben wir auf lange, lange hinaus nicht. Um diese Zeit zu tragen, wird das Problem der

Koalition oder des Kompromisses nicht so, wie die Formalpolitiker des Literatentums das ansehen, ein Fliehen vor der Verantwortung sein, sondern es wird das Gesetz der Selbsterhaltung unseres Volkes als irgendwie einheitlich strukturierten Körpers schlechthin werden. Und wir werden das Schicksal dieses Volkes nicht in die Hände von mechanistisch denkendem Literatentum geben.
(Bravo!)

VIII. Aus der 9. Sitzung des Parlamentarischen Rates vom 6. Mai 1949

1. *Entwurf eines Grundgesetzes für die Bundesrepublik Deutschland. Zweite Lesung*

1.1. **Dr. Schmid (SPD),** Berichterstatter

Berichterstatter **Dr. SCHMID (SPD):** Meine Damen und Herren! Der **Zusammenbruch** des **nationalsozialistischen Machtapparats** im Frühjahr des Jahres 1945, der in der bedingungslosen Kapitulation der deutschen Wehrmacht am Tage des 8. Mai 1945 seinen Abschluß und seine Bestätigung fand, hat die **völlige politische und administrative Desorganisation Deutschlands** bewirkt und das deutsche Volk der Möglichkeit institutioneller nationaler und internationaler Handlungsfähigkeit beraubt. Trotzdem aber ist Deutschland als staatliches Gebilde nicht untergegangen. Da nach dem ausdrücklich erklärten Willen der Besatzungsmächte — ich erinnere an die Berliner und Potsdamer Erklärungen vom Sommer 1945 — Deutschland staatlich als Einheit erhalten bleiben sollte und da die Besatzungsmächte es weit von sich gewiesen haben, das deutsche Volk versklaven und seinen inneren Zusammenhang zerschlagen zu wollen, ist die **Einheit** von **Staatsgebiet** und **Staatsvolk** erhalten geblieben. Die **Einheit** der **Staatsgewalt** wurde gewahrt sowohl von oben her durch die treuhänderische Wahrnehmung der zentralen Staatsfunktionen durch den Kontrollrat und die einzelnen Besatzungsmächte, als auch von unten her durch treuhänderische Wahrnehmung gesamtdeutscher Aufgaben zunächst durch die kleineren Gebietskörperschaften und dann durch die Länder. Es bestand und es besteht also kein Anlaß und keine Möglichkeit, Deutschland als staatliches Gebilde neu zu konstituieren. Es bleibt lediglich neu zu organisieren. Aus der Potsdamer Erklärung ergibt sich, daß auch die Besatzungsmächte bei ihren organisatorischen Maßnahmen seit Beginn der Besetzung von dieser Vorstellung ausgegangen sind.

Der Prozeß dieser Organisation hat sich bisher im wesentlichen auf Grund von Anordnungen und Ermächtigungen der Besatzungsmächte vollzogen. Es wurden **Länder** gebildet, die sich, zum Teil wenigstens, **Verfassungen** geben durften. In der amerikanischen und britischen Zone wurden **zonale Einrichtungen** geschaffen, und schließlich wurden die britische und die amerikanische Zone zu dem sogenannten „Vereinigten Wirtschaftsgebiet" zusammengeschlossen, wenngleich die Befugnisse der bizonalen Organe im wesentlichen auf Angelegenheiten der Wirtschaft, des Finanzwesens, des Sozialwesens und des Verkehrs beschränkt geblieben sind. Eine gesamtdeutsche Lösung setzte die Einigung der vier Besatzungsmächte über eine gemeinsame Deutschlandpolitik voraus. Bisherige Versuche, eine solche Einigung herbeizuführen, haben zu keinem Erfolg geführt.

Im Frühjahr 1948 haben die westlichen Besatzungsmächte vereinbart, dem Teil des deutschen Volkes, der in den ihrer Jurisdiktion unterliegenden Zonen lebt, die Wahl einer **verfassunggebenden Versammlung** zu gestatten. Diese Versammlung sollte — ich zitiere hier den Text — „eine demokratische Verfassung ausarbeiten, die für die beteiligten Länder eine **Regierungsform** des **föderalistischen Typs** schafft, die am besten geeignet ist, die gegenwärtig zerrissene deutsche Einheit schließlich wieder herzustellen, und die Rechte der beteiligten Länder schützt, eine **angemessene Zentralgewalt** schafft und Garantien der individuellen Rechte und Freiheiten enthält". Die auf diese Weise zu beschließende Verfassung sollte, wenn sie mit diesen allgemeinen Grundsätzen nicht im Widerspruch steht, von den Militärregierungen zur Ratifikation durch die Länder freigegeben werden. Wenn sie von zwei Dritteln der Länder ratifiziert wird, tritt sie für die Gesamtheit des Gebiets der drei Westzonen in Kraft.

Die **Ministerpräsidenten** der Länder, denen das Dokument, aus dem ich eben zitiert habe, am 1. Juli letzten Jahres übermittelt worden ist, haben erklärt, von der erteilten Ermächtigung

Gebrauch machen zu wollen. In den elf Ländern der drei Westzonen haben auf Grund von im wesentlichen einheitlichen Gesetzen Wahlen stattgefunden. Die so gewählten 65 Abgeordneten sind am 1. September des letzten Jahres in Bonn zum **Parlamentarischen Rat** zusammengetreten. Ihnen haben sich auf Einladung dieses Parlamentarischen Rates fünf Abgeordnete Groß-Berlins beigesellt.

Die **Abgeordneten** des Parlamentarischen Rates sind nicht hier auf Grund eines Auftrags der Besatzungsmächte; sie handeln für das **deutsche Volk** und in dessen Auftrag. Die deutsche **Volkssouveränität,** das heißt das elementare Recht des deutschen Volkes auf eigene Bestimmung der Inhalte und Formen seiner nationalen Existenz, ist der Substanz nach weder durch den Zusammenbruch des nationalsozialistischen Machtapparats noch durch die militärische Kapitulation noch durch die Übernahme der Ausübung der obersten Gewalt in Deutschland durch die Besatzungsmächte untergegangen. Was durch diese Akte vernichtet worden ist, ist lediglich die Möglichkeit, von diesem Recht freien Gebrauch zu machen. Die Besatzungsmächte haben seine Ausübung für Zeit gesperrt.

Durch die in dem Dokument Nr. I gegebene Ermächtigung haben sie diese Sperre zum Teil zurückgenommen mit der Wirkung, daß das deutsche Volk nunmehr wieder Möglichkeit erhalten hat, von einer breiten Schicht der ihm der Substanz nach voll verbliebenen Volkssouveränität Gebrauch zu machen. Freilich zeigen die dem Parlamentarischen Rat gemachten inhaltlichen und verfahrensmäßigen **Auflagen** deutlich genug, daß die Besatzungsmächte — auch hier im Westen — bisher nicht gewillt sind, alles, was der Begriff Volkssouveränität beinhaltet, zur Auswirkung kommen zu lassen. Hinzu kommt, daß nur das gesamte deutsche Volk imstande ist, seine Souveränität wirklich zu aktualisieren. Diese Einschränkungen unserer Handlungsfreiheit aber bedeuten, daß der Parlamentarische Rat nicht imstande ist, eine deutsche Verfassung im vollen Sinne des Wortes zu schaffen. Das ist der Grund, warum schon die Ministerpräsidenten und später auch die Parteien des Parlamentarischen Rates das zu schaffende Werk nicht eine „Verfassung", sondern ein „**Grundgesetz**" genannt haben, und das ist auch der Grund, warum immer wieder zum Ausdruck gebracht worden ist, daß dieses Grundgesetz ein **Provisorium** sei, durch das lediglich ein **Staatsfragment** organisiert werden soll, das sowohl in territorialer Hinsicht als auch seinem substantiellen Gehalt nach „offen" bleibt.

Die **Abgeordneten** des Parlamentarischen Rates sind zwar von den Landtagen gewählt worden, sie sind aber nicht Abgeordnete und Vertreter der Länder. Sie vertreten nicht Länderinteressen, sondern ein **gesamtdeutsches Anliegen.** Die Tatsache der Wahl der Abgeordneten durch die Landtage ändert daran nichts. Durch diesen Wahlmodus ist lediglich zum Ausdruck gekommen, daß auch bei diesem Werk das deutsche Volk wirksam wird in seiner historischen Gliederung in Länder.

Der Parlamentarische Rat hat seine Arbeiten **ohne** eine **offizielle Vorlage** beginnen müssen. Diese Vorlage mußte zuerst in den Fachausschüssen erarbeitet werden. Die Ergebnisse der Arbeiten der **Fachausschüsse** wurden in vier Lesungen vor dem **Hauptausschuß** beraten. In 58 Sitzungen des Hauptausschusses ist der Entwurf fertiggestellt worden, der Ihnen, meine Damen und Herren, nunmehr zur Beratung und Abstimmung vorliegt.

Lassen Sie mich nun kurz den **Aufbau** und das **System** dieses im Entwurf vorliegenden **Grundgesetzes** schildern.

Dem Grundgesetz ist eine **Präambel** vorangestellt. Diese Präambel ist mehr als nur ein pathetischer Vorspruch. Sie zählt — und wir sind dabei in vollem Bewußtsein dessen, was geschehen sollte, vorgegangen — die konstitutiven Faktoren auf, die wirksam geworden sind, und sie besagt, was geschaffen werden sollte und was noch nicht geschaffen werden konnte.

Diese Präambel enthält also rechtlich erhebliche Feststellungen, Bewertungen, Rechtsverwahrungen und Ansprüche zugleich.

Das Grundgesetz selbst beginnt mit dem Abschnitt über die **Grundrechte**. Diese Grundrechte wurden im Gegensatz zur Weimarer Verfassung an den Anfang des Ganzen gestellt, weil klar zum Ausdruck kommen sollte, daß die Rechte, deren der Einzelmensch bedarf, wenn anders er in Würde und Selbstachtung soll leben können, die **Verfassungswirklichkeit** bestimmen müssen. Letztlich ist der Staat dazu da, die äußere Ordnung zu schaffen, deren die Menschen zu einem auf der Freiheit des Einzelnen beruhenden Zusammenlebens bedürfen. Aus diesem Auftrag allein stammt letztlich die Legitimität seiner Machtausübung.

Mit einigen wenigen Ausnahmen hat man sich auf die sogenannten **klassischen Grundrechte** beschränkt und bewußt darauf verzichtet, die sogenannten Lebensordnungen zu regeln. Hätte man dies hier versucht, so wäre man, wenigstens nach Auffassung der Mehrheit dieses Hauses, über die durch den Auftrag, nur ein Provisorium zu schaffen, gezogenen Grenzen hinausgegangen.

Der Hauptausschuß hat bewußt davon abgesehen, auf den bisherigen **politischen** und **staatsrechtlichen Namen Deutschlands** zurückzugreifen. So ehrwürdig auch die Tradition des Namens ,,Deutsches Reich" ist — die Erinnerung an die Untaten, die während der nationalsozialistischen Zwingherrschaft in diesem Namen begangen worden sind, ist noch zu frisch und die Gefahr, daß der alte Name den Blick auf die neue Wirklichkeit mit Stimmungen und romantischen Ansprüchen, die nicht mehr unseres Jahrhunderts sind, vernebeln könnte, noch zu groß, als daß der Parlamentarische Rat der Notwendigkeit hätte enthoben bleiben können, einen neuen Namen zu finden. Der Hauptausschuß schlägt Ihnen den Namen ,,**Bundesrepublik Deutschland**" vor. In diesem Namen kommt zum Ausdruck, daß ein **Gemeinwesen bundesstaatlichen Charakters** geschaffen werden soll, dessen Wesensgehalt das **demokratische und soziale Pathos der republikanischen Tradition** bestimmt: nämlich einmal der Satz, daß alle Staatsgewalt vom Volke ausgeht, weiter die Begrenzung der Staatsgewalt durch die verfassungsmäßig festgelegten Rechte der Einzelperson, die Gleichheit aller vor dem Gesetz und der Mut zu den sozialen Konsequenzen, die sich aus den Postulaten der Demokratie ergeben.

Die Demokratie des Grundgesetzes ist als **Repräsentativdemokratie** gedacht, das heißt, das Volk in seiner Gesamtheit tritt selbst nur bei Wahlen und Abstimmungen handelnd in Erscheinung. Die Gesetzgebung, Rechtsprechung und vollziehende Gewalt werden durch **Organe** ausgeübt, deren Zusammensetzung und Befugnisse im Grundgesetz geregelt sind. Die Demokratie des Grundgesetzes ist ferner eine **parlamentarische Demokratie** insofern, als die Regierung dem Volk — genauer gesagt der Volksvertretung — verantwortlich ist, und sie ist eine rechtsstaatliche Demokratie insofern, als die Gesetzgebung an die verfassungsmäßige Ordnung, die Rechtsprechung und die vollziehende Gewalt an Gesetz und Recht gebunden sind.

Der **Geltungsbereich** des Grundgesetzes erstreckt sich vorläufig auf die elf Länder der westlichen Besatzungszonen und auf **Groß-Berlin**. Wir sind mit letzterem bewußt über die Londoner Empfehlungen hinausgegangen. Die Legitimation für dieses Verhalten glaubten wir in der geschichtlichen Notwendigkeit zu finden und in dem Anspruch des Volkes von Berlin auf jede Unterstützung materieller und moralischer Art in seinem Freiheitskampf. Mag diese Bestimmung des Grundgesetzes von den Besatzungsmächten suspendiert werden — das Wissen der Deutschen in Berlin und hier um ihre Zusammengehörigkeit wird stärker sein als alle Staatsräson.

(Beifall.)

Das **Anwendungsgebiet** des Grundgesetzes ist nicht ,,geschlossen". Jeder Teil Deutschlands kann ihm beitreten. Aber auch der Beitritt aller deutschen Gebiete wird dieses Grundgesetz nicht zu einer gesamtdeutschen Verfassung machen können. Diese wird es erst dann geben, wenn das deutsche Volk die Inhalte und Formen seines politischen Lebens in freier Entschließung bestimmt haben wird.

Das Grundgesetz sieht für das neu zu ordnende Gemeinwesen einen **bundesstaatlichen Aufbau** vor. So weit auch die Ansichten über die Wesensmerkmale des Bundesstaates und des föderalistischen Prinzips auseinandergehen mögen, so besteht doch Übereinstimmung darüber, daß der Bundesstaat durch mehrere sichere Kennzeichen charakterisiert ist. Einmal gehört es zu seinem Begriff, daß er ein in mehr oder weniger autonome Gebietskörperschaften gegliedertes Ganzes ist. Diese seine **Glieder** müssen **Träger eigener Rechtsmacht** und imstande sein, den ihnen zugewiesenen oder überlassenen Aufgabenkreis mit eigenen Organen und mit Mitteln, auf die sie einen eigenen Rechtsanspruch haben, zu erfüllen. Auf der anderen Seite aber wird die Staatlichkeit der Glieder überhöht und aufgefangen durch den **Bundesstaat**, dem eine **eigene**, von den Ländern nicht abgeleitete **Gebietshoheit** zukommt, die entweder schlechthin oder beim Vorliegen gewisser Umstände die der Länder ausschließt. Die Rechte der Länder und des Volkes in den Ländern werden im Bundesstaat dadurch gewahrt, daß die Gliederung des Gesamtvolkes in Länder in gewissen Organen des Bundes zum Ausdruck kommt.

Der vorliegende Entwurf hat dieser Begriffsbestimmung Rechnung getragen. Das **Bundesgebiet** ist in **Länder** gegliedert, und diese Gliederung in Länder kann auch nicht durch eine Änderung der Verfassung aufgehoben werden. Die Ausübung der staatlichen Befugnisse und die Erfüllung der staatlichen Aufgaben ist Sache der Länder, soweit das Grundgesetz keine andere Regelung trifft oder zuläßt. Die Bundesrepublik hat also nur die Befugnisse, die ihr vom Grundgesetz zugewiesen sind; wo im Grundgesetz eine Bundeszuständigkeit nicht nachgewiesen werden kann, ist die Zuständigkeit eines Landes gegeben. Die Länder sind in der Gestaltung ihrer Verfassungen und in der Führung ihrer staatlichen Verwaltung frei. Jedoch bestimmt das Grundgesetz, daß die **Verfassungen** der **Länder** gewissen Voraussetzungen entsprechen müssen, die die Grundlage eines jeden republikanischen, demokratischen und sozialen Rechtsstaates sind. In der Tat ist eine grundsätzliche Heterogenität zwischen der Verfassungswirklichkeit des Bundes und der Länder eine Unmöglichkeit und die Gewährleistung grundsätzlicher Homogenität eine Pflicht des Bundes.

Auf der anderen Seite ist der Bund so gestaltet, daß sein Gebiet nicht die Summe der einzelnen Ländergebiete, sondern ein eigenes Gesamtgebiet ist, dessen Staatsangehörigkeit alle Deutschen genießen. Das **Staatsvolk** des Bundes besteht nicht aus den Bevölkerungen der einzelnen Länder, sondern es ist ein **Ganzes**, daß nicht etwa in ,,Ländervölker'' auseinanderfällt, sondern das in den Ländern lediglich seine besondere territoriale Gliederung erfährt.

Die **Bundesgewalt** geht dort, wo das Grundgesetz Befugnisse des Bundes vorsieht, grundsätzlich der Ländergewalt vor. **Bundesrecht bricht Landesrecht**, und wenn es sich um die Ausführung von Bundesgesetzen handelt, stehen die Länder unter der Aufsicht des Bundes. Verletzt ein Land die ihm nach dem Grundgesetz oder einem anderen Bundesgesetz obliegenden Pflichten, so kann die Bundesregierung mit Zustimmung des Bundesrates den **Bundeszwang** zur Anwendung bringen.

Der **bundesstaatliche Charakter** des Grundgesetzes kommt wesentlich zum Ausdruck in der **Gestaltung** der **Organe** des Bundes und in der **Aufteilung** der **Zuständigkeiten** zwischen Bund und Ländern in Gesetzgebung, Verwaltung und Rechtsprechung und in der Gestaltung des Finanzwesens. Lassen Sie mich kurz eine Charakterisierung der wesentlichen **Organe** geben.

Das wichtigste Organ des Bundes ist der **Bundestag**, der aus allgemeinen, gleichen und unmittelbaren Wahlen hervorgeht und die eigentliche Vertretung des Gesamtvolkes darstellt. In ihm verkörpert sich die **ungeteilte Einheit** des **politischen Willens** des zum Ganzen strebenden deutschen **Volkes**. Der Bundestag wird auf vier Jahre gewählt und kann nur aufgelöst werden, wenn er dem Bundeskanzler das erbetene Vertrauensvotum verweigert. Seine Abgeordneten sind unabhängig und genießen alle Rechte, die in den letzten Jahrhunderten zum Schutze der Parlamentsfreiheit entwickelt worden sind. Der Bundestag beschließt die Gesetze, er wählt den Bundeskanzler und kontrolliert die Regierung, die von seinem Vertrauen abhängig ist. Als Teil der Bundesversammlung nimmt er an der Wahl des Bundespräsidenten teil.

Neben dem Bundestag steht der **Bundesrat**. Er ist das Organ, durch das die **Länder** bei der Gesetzgebung und Verwaltung des Bundes mitwirken. Der Bundesrat besteht aus Mitgliedern der Regierungen der Länder, also nicht aus Beamten. Die Bundesratsbevollmächtigten führen Stimmen, die nach der Bevölkerung der Länder gestuft sind. Diese Stimmen geben sie nicht frei ab, sondern auf Grund von Instruktionen, die ihnen die Länderregierungen erteilen.

Wenngleich der Bundesrat ein Gremium ist, das die Bevollmächtigten der Landesregierungen in sich vereinigt, so ist er als Ganzes doch nicht ein Organ der Länder, sondern ein **Organ** des **Bundes**. In seinen Beschlüssen kommt rechtlich gesehen nicht Länderwille, sondern **Bundeswille** zum Ausdruck. Der Bundesrat ist ein Organ der Gesetzgebung des Bundes. Grundsätzlich steht ihm das Recht zu, gegen Gesetzesbeschlüsse des Bundestags Einspruch einzulegen. Auf gewissen Sachgebieten, bei denen die Interessen der Länder besonders unmittelbar betroffen sind — es handelt sich im wesentlichen um Dinge auf dem Gebiet der Finanzen —, hat der Bundesrat volle legislative Parität mit dem Parlament. Seine Stellung auf dem Gebiet der Verwaltung ist stark. Grundsätzlich bedarf die Bundesregierung seiner Zustimmung beim Erlaß von Rechtsverordnungen und außerdem bei einer Reihe von Verwaltungs- und Regierungsakten.

Staatsoberhaupt ist der **Bundespräsident**. Die Stellung des Reichspräsidenten der Weimarer Verfassung war außerordentlich viel stärker als die Stellung des Bundespräsidenten nach dem Entwurf dieses Grundgesetzes. Der Reichspräsident war vom Volke gewählt und darum Träger einer besonderen Autorität. Der Bundespräsident wird von der Bundesversammlung gewählt, die aus den Mitgliedern des Bundestags und einer entsprechenden Anzahl von Vertretern der Landtage besteht. Dem Bundespräsidenten steht kein „Artikel 48" der alten Weimarer Verfassung mehr zur Verfügung; es gibt keine Wehrmacht mehr, deren Oberbefehl er führen könnte; er kann nicht wie der Reichspräsident der Weimarer Verfassung den Kanzler selbständig ernennen und entlassen. Er kann keine Bundesexekution anordnen und auch das Parlament nicht selbständig auflösen, wie Artikel 25 der Weimarer Verfassung dies vorgesehen hatte.

Was ist dem Bundespräsidenten an **Befugnissen** geblieben? Er vertritt den Bund völkerrechtlich. Er ernennt und entläßt die Bundesbeamten und Bundesrichter. Er übt das Begnadigungsrecht aus. Er macht dem Bundestag einen ersten Vorschlag für die Wahl des Bundeskanzlers. Das ist ungefähr alles. Trotzdem wird der Inhaber dieses hohen Amtes die Möglichkeit zu fruchtbarer staatsmännischer Wirkung haben, wenn er begreift, daß auch ein „Pouvoir neutre" echte Autorität zu verleihen vermag, wenn der Inhaber des Amtes weiß, daß Aktion nicht die einzige Möglichkeit politischen Wirkens ist.

Die **Bundesregierung** besteht aus dem Bundeskanzler und den Bundesministern. Der **Bundeskanzler** wird vom Bundestag ohne Mitwirkung des Bundesrats auf Vorschlag des Bundespräsidenten gewählt. Seine Stellung ist besonders stark. Er bestimmt die **Richtlinien** der **Politik** und praktisch ist er Herr über die Zusammensetzung seiner Regierung, die als solche nicht des vorherigen Vertrauensausspruches des Bundestags bedarf. Zwar ist der Bundeskanzler parlamentarisch verantwortlich für sich und für die Tätigkeit eines Bundesministers, mit dem er sich solidarisch erklärt. Er kann aber nicht durch ein Mißtrauensvotum einer beliebigen

Mehrheit im Bundestag gestürzt werden. Um zu verhindern, daß heterogene Mehrheiten — die stark genug sind, eine Regierung zu stürzen, aber außerstande oder nicht willens, eine neue Regierung zu bilden und damit die alte Regierung in der Verantwortung abzulösen — die Regierungsfunktion lähmen, wie das in den letzten Jahren der Weimarer Republik so oft geschehen ist, bestimmt das Grundgesetz, daß ein **Mißtrauensvotum** nur dadurch ausgesprochen werden kann, daß der Bundestag mit der Mehrheit seiner Mitglieder einen neuen Kanzler wählt. Das bedeutet politisch gesehen, daß das Grundgesetz die Regierung praktisch nur einem Bundestag gegenüber verantwortlich sein läßt, dessen oppositionelle Mehrheit homogen genug ist, um ihrerseits Verantwortung zu übernehmen.

Die **Verteilung** der **Befugnisse** auf **Bund** und **Länder** ist auf dem Gebiet aller drei Staatsfunktionen — Gesetzgebung, Verwaltung und Rechtsprechung — erfolgt.

Auf dem Gebiet der **Gesetzgebung** hat der Bund das ausschließliche Recht nur auf bestimmten Sachgebieten. Es sind dies jene, die sinnvoller Weise nur einheitlich geregelt werden können. Auf diesen Sachgebieten können die Länder keine Gesetze erlassen. Im übrigen steht das Recht der Gesetzgebung den Ländern zu. Eine Reihe wichtiger Lebensgebiete aber ist der **konkurrierenden Gesetzgebung** des Bundes und der Länder unterworfen. Jedoch können die Länder hier von ihrem Recht zur Gesetzgebung nur insolange und insoweit Gebrauch machen, als der Bund dies nicht selber tut. Der Bund kann von seinem Recht Gebrauch machen, soweit ein Bedürfnis nach bundesgesetzlicher Regelung besteht, weil die eventuelle Regelung einer Angelegenheit durch das Gesetz einzelner Länder eine sachlich unwirksame Sache wäre oder weil die Interessen anderer Länder oder der Gesamtheit dadurch beeinträchtigt werden könnten und schließlich, weil die Wahrung der Rechts- und Wirtschaftseinheit, insbesondere die Wahrung der Einheitlichkeit der Lebensverhältnisse über das Gebiet eines Landes hinaus eine bundesgesetzliche Regelung erfordert.

Was die **Verwaltung** anlangt, so ist die Ausführung der Landesgesetze ausschließlich Sache der Länder, die auch die Möglichkeit haben, sich die hierfür erforderlichen Einrichtungen nach eigenem Gutdünken zu schaffen. Auch die Ausführung der Bundesgesetze ist grundsätzlich Sache der Länder. Nur auf wenigen Sachgebieten besteht ein bundeseigener Verwaltungsunterbau. Grundsätzlich führen die Länder die Bundesgesetze aus, und zwar grundsätzlich als eigene Angelegenheiten. Nur in Fällen, die im Grundgesetz besonders bestimmt sind, haben sie die Bundesgesetze im Auftrage des Bundes auszuführen. In beiden Fällen unterstehen die Länder aber der **Bundesaufsicht:** der Bund kann im Fall der Ausführung von Bundesgesetzen in Eigenverwaltung die Ausführung auf ihre Gesetzmäßigkeit hin kontrollieren; im Fall der Auftragsverwaltung erstreckt sich die Kontrolle auch auf die Zweckmäßigkeit der Ausführung.

Die **Gerichtsbarkeit** ist grundsätzlich Ländersache. Nur auf der obersten Stufe werden zur Wahrung der Einheitlichkeit der Rechtsprechung obere Bundesgerichte geschaffen: für die ordentliche Gerichtsbarkeit, die Verwaltungsgerichtsbarkeit, die Finanzgerichtsbarkeit, die Arbeits- und Sozialgerichtsbarkeit. Um die Einheitlichkeit der Rechtsprechung quer durch alle Säulen der Gerichtsbarkeit hindurch im ganzen zu wahren, wird über diesen oberen Bundesgerichten ein **Oberstes Bundesgericht** geschaffen, das als letzter Rechtszug in Fällen entscheidet, für die Einheitlichkeit der Rechtsprechung der oberen Bundesgerichte von grundsätzlicher Bedeutung ist.

Neben oder über diesen Gerichten steht das **Bundesverfassungsgericht**. Es ist der eigentliche **Hüter** der **Verfassung**. Es ist nicht nur Träger der Gerichtsbarkeit in Streitigkeiten zwischen Bund und Ländern, sondern auch dazu berufen, in bestimmten Fällen das Grundgesetz verbindlich auszulegen und bei Zweifeln über die förmliche und sachliche Vereinbarkeit von

Bundesrecht und Landesrecht mit dem Grundgesetz die letzte Entscheidung zu treffen. Bei der hohen Bedeutung, die dem Bundesverfassungsgericht zukommt, kann die Ernennung seiner Mitglieder nicht Sache der vollziehenden Gewalt sein. Seine Mitglieder werden darum je zur Hälfte vom Bundestag und vom Bundesrat ernannt.

Eine besondere Bedeutung kommt der Regelung des **Finanzwesens** zu. Hier waren die Auseinandersetzungen zwischen den Parteien am langwierigsten, und hier haben die Besatzungsmächte am eindringlichsten zum Ausdruck gebracht, was sie sich unter einer Verfassung föderalistischen Typs vorstellen. Die schließlich in vierter Lesung vom Hauptausschuß beschlossene Lösung des Problems weicht erheblich von der deutschen Überlieferung ab. Die Zukunft wird zeigen müssen, ob die so geschaffene Finanzverfassung den Anforderungen genügt, die die Zeit an die Leistungsfähigkeit der Bundesgewalt stellen wird. Der Zweck der getroffenen Regelung ist, Bund und Länder in den Stand zu setzen, ihre Aufgaben so sehr als möglich mit eigenen Mitteln zu erfüllen, ohne dadurch die vor allem aus sozialpolitischen und wirtschaftspolitischen Gründen erforderliche **Einheit** der **Finanzpolitik** zu gefährden und ein Gefälle zwischen steuerschwachen und steuerstarken Ländern entstehen zu lassen. Nach diesen Gesichtspunkten wird die Gesetzgebungshoheit, die Verteilung der Erträge der Steuern und das Problem der Finanzverwaltung gelöst.

Das Grundgesetz schließt mit einer Reihe von **Übergangs-** und **Schlußbestimmungen**. Es ist klar, daß in Anbetracht der Verschiedenläufigkeit der Entwicklung der staatlichen Dinge in Deutschland der Anschluß der neuen Ordnung an den bisherigen Zwischenzustand nicht glatt vollzogen werden kann. Sehr zahlreiche Übergangs- und Schlußbestimmungen sind darum erforderlich geworden.

Durch dieses Grundgesetz soll zwar nur eine den Bedürfnissen der Übergangszeit dienende Ordnung geschaffen werden, doch wenn es in Kraft sein wird, wird es möglich werden, daß endlich ein deutsches Parlament und eine deutsche Regierung gesamtdeutsche Interessen wahrnehmen. Freilich wird unsere Souveränität weitgehend durch das **Besatzungsstatut** eingeschränkt sein, in dem die Besatzungsmächte sich das Recht vorbehalten haben, teils eigene Maßnahmen in Deutschland durchzuführen, teils auf gewissen Sachgebieten die Deutschen legislatorisch und administrativ auszuschließen oder doch eine deutsche Tätigkeit von ihrer Genehmigung abhängig zu machen. Die Gesetze, die unsere gesetzgebenden Körperschaften beschließen werden, können von den Besatzungsmächten mit einem **Veto** belegt werden. Die Bundesrepublik Deutschland wird nur bei sehr weiser Handhabung dieser Befugnisse durch die Besatzungsmächte imstande sein, die Aufgaben zu erfüllen, für deren Lösung das Grundgesetz das Instrument werden soll.

Erst mit der Erlangung der vollen Entscheidungsfreiheit, also der **vollen Souveränität**, wird das deutsche Volk und werden seine politischen Organe imstande sein, die **volle Verantwortung** für das zu tragen, was in Deutschland geschieht. Demokratie aber ist unter anderem vornehmlich auch die Übernahme der vollen Verantwortung durch ein Volk für alles, was auf seinem Gebiet geschieht. Darum wird die Bundesregierung gerade um der Demokratie willen, die es vor Diskreditierung zu schüzten gelten wird, nicht umhin können, auf die Wiedererlangung der deutschen Souveränität hinzuarbeiten — nicht um eigensichtiger Zwecke willen, sondern weil das deutsche Volk sonst nicht die Möglichkeit hat, sich selbst frei in ein politisch, ökonomisch und konstitutionell geeintes **Europa** einzubringen. Unser Grundgesetz verzichtet darauf, die Souveränität des Staates wie einen „Rocher de bronze“ zu stabilisieren, es macht im Gegenteil die Abtretung von Hoheitsbefugnissen an internationale Organe leichter als irgendeine andere Verfassung in der Welt; es macht die allgemeinen **Regeln** des **Völkerrechts** zu **Bestandteilen** des **Bundesrechtes** und sieht darüber hinaus in der umfassendsten Weise den

Anschluß Deutschlands an ein **System internationaler Schiedsgerichtsbarkeit** und **kollektiver Sicherheit** vor. Mit der Annahme dieser Bestimmungen wird unser Volk zeigen, daß es entschlossen ist, mit einer europäischen Tradition zu brechen, die in der ungehemmten **Entfaltung** der **Macht** des **Nationalstaates** den eigentlichen Beweger der Geschichte und ihren letzten Sinn sah.

Die letzte Bestimmung des Grundgesetzes ist ein Artikel, in dem gesagt ist, daß das Grundgesetz automatisch an dem Tage außer Kraft tritt, an dem eine **Verfassung** wirksam wird, die vom deutschen Volk in **freier Entscheidung** beschlossen worden ist. Die neue, die echte Verfassung unseres Volkes wird also nicht im Wege der Abänderung dieses Grundgesetzes geschaffen werden, sie wird **originär** entstehen, und nichts in diesem Grundgesetz wird die Freiheit des Gestaltungswillens unseres Volkes beschränken, wenn es sich an diese Verfassung machen wird. Wann dieser Tag sein wird, wissen wir nicht. Ich für meine Person möchte hoffen, daß ihm der **Gründungstag** der **Vereinigten Staaten von Europa** auf dem Fuße folgen wird.

(Beifall.)

IX. Aus der 10. Sitzung des Parlamentarischen Rates vom 8. Mai 1949

1. *Antrag der KPD-Fraktion auf sofortige Aufnahme der Verbindung mit dem Präsidium des Deutschen Volksrats*

1.1. **Renner (KPD)**

RENNER (KPD): Meine Damen und Herren! In wenigen Tagen werden die Verkehrs- und Handelsbeschränkungen, unter denen Deutschland in seiner Gesamtheit erheblich gelitten hat, aufgehoben werden. Am 23. Mai kommen in Paris die Außenminister der alliierten Mächte im Außenministerrat, wie er im Potsdamer Abkommen gebildet worden ist, zusammen, um **gesamtdeutsche Fragen**, speziell auch die durch die Verhältnisse in **Berlin** entstandenen Schwierigkeiten und die Frage des Abschlusses eines **Friedensvertrages** mit Deutschland zu besprechen. Die Alliierten, deren Differenzen doch bestimmt groß sind, größer jedenfalls, als es die Differenzen unter deutschen Menschen sind und sein können, haben sich also zusammengefunden, und wie wir aus der Presse, aus dem Munde verantwortlicher Staatsmänner wissen, besteht unter ihnen in entscheidenden Fragen bereits eine Einigung.

Angesichts dieser Situation, angesichts der Bedeutung der Stunde erscheint es uns als eine zwingende Notwendigkeit, daß auch die berufenen deutschen Parteien sich endlich zusammenfinden und beratend die zwischen ihnen bestehenden Differenzen aus der Welt zu schaffen versuchen, um so dem Außenministerrat eine **gesamtdeutsche Konzeption** bezüglich der Fragen vorzulegen, die hoffentlich jetzt eine Regelung finden werden. Ich frage: Liegt nicht im Augenblick auf jedem deutschen Menschen ein derartiges Maß von **Verantwortung**, daß wir verpflichtet sind, die kleineren und größeren Parteistreitigkeiten und Gegensätze zu überwinden und uns endlich als Vertretung des gesamtdeutschen Volkes zusammenzufinden und diese Stellungnahme auszuarbeiten? Es geht um Deutschland, es geht um die Lebensbedingungen unseres Volkes, es geht um den Frieden, es geht um die Erhaltung des Friedens, es geht um die Vermeidung des Krieges, es geht also um unsere lebensnotwendigsten Interessen! Wie oft haben Sie hier zum Ausdruck gebracht, daß Sie die berufenen Vertreter des Volkes in den Ländern der Bizone sind! Heute stehen wir erneut vor der Tatsache, daß das **Präsidium** des **Deutschen Volksrats** in Wiederholung seiner Einladung vom April noch einmal mit einer **Einladung** an uns herangetreten ist, in den nächsten Tagen in Braunschweig oder an irgendeinem von uns zu bestimmenden Ort zusammenzukommen. Herr Präsident, Sie machen die Einwendung, daß Sie dieses Telegramm bisher nicht bekommen hätten. Das Telegramm und sein Inhalt sind aber heute morgen über alle deutschen Sender bekanntgegeben worden.
(Lachen.)
— Ich weiß nicht, ob die Tatsache, daß das Telegramm noch nicht eingetroffen ist, Ihnen, meine Herren von der Sozialdemokratie, Anlaß zum Lachen geben sollte. Wir sind über mehr hinweggekommen, als über ein nicht fristgerecht eingegangenes Telegramm. Hier in diesem Hause ist die Tatsache der Einladung bekannt, und außerdem richten wir die Aufforderung an Sie, sich nun endlich zu diesem Entschluß durchzuringen.

Ich bin der Meinung, daß in diesem Augenblick jeder, der die Interessen des deutschen Volkes höher stellt als die Interessen einer Partei, einer Gruppe oder seine eigenen Interessen, verpflichtet ist, unserem Antrag zuzustimmen, um so mehr, als wir wissen, daß auf der Gegenseite uns deutsche Hände entgegengereckt werden, die mit uns zusammen ganz Deutschland und unserem Volke gesunde Lebensbedingungen und den Frieden schaffen wollen. Um dieses Zieles willen sollten Sie diesem unserem Antrag einstimmig zustimmen.

1.2. Dr. Schmid (SPD)

Dr. SCHMID (SPD): Meine Damen und Herren! Das drängendste Anliegen aller Deutschen ist heute die Wiederherstellung der **Einheit** ihres **Vaterlandes.** Die Einheit, die sie dabei meinen, ist nicht nur die kulturelle Einheit, die Einheit, die sie meinen, ist nicht nur die Einheit im Sinne einer sich im Bewußtsein immer wieder manifestierenden Identität der Strebungen und Gemeinsamkeiten; sondern die Einheit, die sie dabei meinen, ist die politische **Einheit** Deutschlands, diese zeitgestaltende Entsprechung der Liebe zur Heimat, die unsere große Mutter ist. Sie haben diesen Willen nicht aus dem Sacro egoismo der Nationalisten heraus, und nicht weil sie etwa glaubten, nur in einem großen Raume könne sich ein Volk in der Würde verwirklichen — auch die kleinen Völker haben ihre Würde, und sie steht in nichts der Würde der großen Völker nach. Die Deutschen holen diese Sehnsucht zur Einheit nicht aus einem romantischen Unterbewußtsein — diesem gefährlichen Ding, das die Völker so leicht auf Abwege führen kann —, sondern sie holen diesen Willen zur Einheit aus sehr elementaren Bereichen: die Wurzeln dieses Willens liegen in dem Bewußtsein, daß zusammenkommen muß, was zusammen gehört, wenn eine **echte Ordnung** in der **Symbiose** der **Völker** herrschen soll.

Dieses Anliegen kommt auch, und nicht zuletzt, aus dem **Willen** der Deutschen **zur Selbstachtung.** Denn diese Selbstachtung kann nur bewahren, wer weiß, daß er sein Leben in der Freiheit führen kann. Die **nationale Einheit** ist ja letzten Endes nichts anderes als ein **Reflex** der **Bürgerfreiheit,** wie sie in der großen französischen Revolution statuiert worden ist und wie sie bei uns als einer ihrer großartigsten Verkünder einst **Görres** und wie sie für ganz Europa Mazzini verkündet hat. Sie alle haben die nationale Einheit nicht im Namen der **Macht** gefordert, sondern im Namen der **Freiheit.**

Dann wollen wir diese Einheit des deutschen Volkes aus Gründen **europäischer Solidarität;** denn Europa kann nur geschaffen werden, wenn das g a n z e Deutschland dabei ist.
(Löbe (SPD): Sehr richtig!)
Der Riß, der heute durch Deutschland geht, geht in Wirklichkeit durch Europa, und Europa unter Anerkennung dieses Risses schaffen würde bedeuten, daß man Europa zu Kleineuropa degradiert, und ein Kleineuropa wäre nichts anderes als eine Verlockung für Großasien. Indem wir unsere Einheit fordern, sind wir uns bewußt, daß wir ein **Anliegen Europas** erfüllen. Unsere Forderung ist eine europäische Forderung!

Wir sind ein besetztes Land. Yalta und Potsdam haben uns vier Herren beschert, die sehr Verschiedenes in Deutschland wollen. Die Schaffung der politischen und konstitutionellen Einheit setzt voraus, daß sich die vier **Besatzungsmächte** endlich einmal auf eine **gemeinsame Deutschlandpolitik** einigen.
(Renner (KPD): Das war einmal im Potsdamer Abkommen der Fall!)
— Ich werde Ihnen gleich etwas dazu sagen, Herr Kollege Renner.
(Renner (KPD): Sie waren schon einmal einig!)
Der Inhalt dieser Einigung kann vernünftigerweise nur sein, die Deutschen in den Stand zu setzen, die Formen und Inhalte ihrer politischen Existenz selber zu bestimmen, zu bestimmen im Rahmen der europäischen Gegebenheiten und Notwendigkeiten.

Es sind dafür schon Versuche gemacht worden, Herr Kollege Renner. Sie haben recht, der erste geschah in **Potsdam.** Die Besatzungsmächte fühlten sich damals in erster Linie noch als Siegermächte, und die Völker Europas, die dieses Potsdamer Abkommen billigten, standen noch ganz im Banne des Entsetzens angesichts der großen Gefahr, der man eben entgangen war. Das Gesetz von Potsdam ist gewesen, dieses Deutschland ganz zum Objekt zu machen.

(Renner (KPD): Das ging aber nicht gegen ganz Deutschland!)
Das Gesetz von Potsdam ist gewesen, Deutschland zu organisieren, um es besser domestizieren zu können!
(Sehr richtig!)
Das ist das Gesetz von Potsdam, Herr Kollege Renner. Ich verstehe dieses Gesetz von den Siegern dieses Krieges aus und auch da nur für den Sommer 1945. Aber was ich nicht verstehe, ist, daß heute Deutsche zu Potsdam zurück wollen.
(Zustimmung.)

Dann hat die **Moskauer Konferenz** der vier Mächte stattgefunden. Diese Konferenz ist gescheitert. Wir wissen die Gründe, ich habe sie hier nicht zu diskutieren. Nunmehr findet wieder eine **Außenministerkonferenz** statt. Diese Konferenz ist wieder einmal etwas, das nicht unsere Sache ist, etwas, bei dem wir nicht mitreden dürfen; aber das hindert nicht, daß wir etwas dazu zu sagen haben.

Wir wollen hoffen, daß diese Konferenz zu einer Einigung der vier Mächte führen wird, zu einer Einigung, die es erlauben wird, die **konstitutionelle Einheit Deutschlands** und seine **politische Homogenität** wiederherzustellen,
(Sehr gut!)
und wir hoffen, daß die aus dieser Einigung hervorgehende Wirklichkeit das Werk dieses Parlamentarischen Rates sehr bald gegenstandslos werden lassen möge und daß sie zeigen wird, daß hier wirklich nur etwas Provisorisches geschaffen wurde. Dann werden wir uns — wir, alle Deutschen zusammen — die Verfassung geben, die wir für die beste für unser Land halten, das heißt: wir werden dann die Formen und Inhalte unseres politischen Lebens selbst und ohne Auflagen und ohne Genehmigungsrechte Dritter allein bestimmen.
(Sehr richtig!)

Aber eine solche Einigung wäre vor der Geschichte sinnlos, wenn sie nicht die Voraussetzungen für eine **Einheit Deutschlands in der Freiheit**, in der Freiheit des Ganzen und in der Freiheit der Individuen schaffte. Diese Einigung muß zum Gegenstand haben die Schaffung gleicher demokratischer Lebensbedingungen überall in Deutschland, im Westen wie im Osten.
(Sehr gut! bei der SPD.)
Denn die Voraussetzung einer jeden konstitutionellen Einheit ist die politische, die ökonomische und die soziale Homogenität des zur Einheit Zusammengefügten. Diese Homogenität fehlt aber, wenn in einem Teil Deutschlands die Menschen in der Liberalität eines demokratischen Regimes, das auf dem Respekt vor der Einzelpersönlichkeit beruht, leben können,
(Renner (KPD): Ruhrstatut!)
im anderen Teil aber **Konzentrationslager, Zwangsverschickung** in die Uranbergwerke, **Gleichschaltung** oder **Ausmerzung** politischer Parteien, die **Reduzierung** der **Gewerkschaften** zu Faktoren der Staatsmacht und die **Polizeiherrschaft** dem politischen Leben das Gepräge geben.
(Sehr richtig!)

Wir wollen die Einheit in der Freiheit und wir wollen eine Einheit, die auch dem **Osten Deutschlands** die Prärogative der Freiheit gestattet, nicht eine Einheit, die sie dem Westen raubt. Wie ist das zu erreichen? Das ist einfach; der Herr Kollege Kaiser hat schon davon gesprochen. Man braucht nur in ganz Deutschland **freie Wahlen** auszuschreiben. Was heißt: freie Wahlen? Freie Wahlen heißt Wahlen, deren Vollzug unter der **Kontrolle der Wähler** steht und nicht unter der Kontrolle irgendeiner Staatspolizei oder Staatspartei. Freie Wahlen heißt **freier Wettbewerb aller demokratischen Parteien**. Und was heißt freier Wettbewerb aller demokratischen Parteien? Es heißt, daß Kurt Schumacher in Leipzig sprechen kann, Herr

Adenauer in Halle und Herr Kaiser in Magdeburg!
(Zustimmung.)
Das heißt freie Wahlen. Solange dieser Zustand nicht hergestellt ist, haben wir keine freien Wahlen im Osten. Freie Wahlen bedeutet weiter die vorherige Anerkennung ihres Resultats durch alle Besatzungsmächte. Falls diese Aufgabe für heute noch zu groß sein sollte, so könnte man doch vielleicht eine Probe aufs Exempel des guten Willens machen, indem man etwa für morgen in Berlin die administrative Einheit wiederherstellt.
(Zustimmung.)
Das ist ganz einfach zu machen: man braucht nur im Ostsektor die Wahlen stattfinden zu lassen, die in den drei Westsektoren stattgefunden haben!
(Löbe (SPD): Sehr richtig!)

Das, meine Damen und Herren, sind die Aspekte des Problems im Hinblick auf die Konferenz der Außenminister. Daneben gibt es einen inneren Aspekt, nämlich den, inwieweit das deutsche Volk selber an diesen Dingen mitzuwirken hat und mitwirken kann.

Man braucht keine Werbung für den Einheitsgedanken in Deutschland. Die Deutschen leben insgesamt in diesem Gedanken — abgesehen von einigen Interessenten und einigen Käuzen. Die **Duodezseparatismen**, die es da und dort geben mag, sind Lächerlichkeiten, die bald an sich selber krepiert sein werden.
(Sehr gut! bei den Sozialdemokraten.)

Man braucht auch in Deutschland keine öffentliche Meinung herzustellen, etwa durch Kongresse und ähnliches; sie sind völlig überflüssig. Man braucht auch nicht **Konventikel** sogenannter Persönlichkeiten zusammentreten zu lassen, um den Weg für die deutsche Einheit frei zu machen. Herr Nadolny und seine Gäste haben unser Mitleid erregt, sonst nichts.
(Sehr gut!)
Wir fanden in den Bemühungen dieser Herrschaften nicht sehr viel Neues, aber viel Altes, nämlich die etwas epigonenhafte Neuaufwärmung der russischen Erinnerungen der preußischen Tradition des letzten Jahrhunderts.
(Renner (KPD): Da gibt es auch etwas, das heißt Rapollo!)
— Ja, ich weiß.
(Renner (KPD): Das hat uns einmal die Tür zur Freiheit aufgemacht!)
— Das hat insbesondere unserer Reichswehr die Möglichkeit gegeben, sich in Rußland ausbilden zu lassen.
(Heiterkeit. — Renner (KPD): Das war ja Ihre Reichswehr!)
— Aber die Ausbilder waren Ihre Leute — —
(Renner (KPD): Ich habe schon geistreichere Ausführungen von Ihnen gehört als den blöden Witz, den Sie sich geleistet haben!)

Eine andere Frage ist, ob nicht eine gemeinsame Kundgebung der demokratisch legitimierten Vertreter des deutschen Volkes in allen Zonen eine nützliche Sache sein könnte. Ich glaube, ja; sie könnte schon eine nützliche Sache sein.

Und nun komme ich zu der Einladung, die Sie, Herr Kollege Renner, uns an Stelle des Telegraphenboten freundlicherweise übermittelt haben.
(Renner (KPD): Sie haben ja wohl eine andere bekommen. — Heiterkeit.)
Sehen Sie, zuerst habe ich mich gewundert, daß der Deutsche Volksrat und auch Sie, die Sie uns immer die Spalter und die Knechte des amerikanischen Monopolkapitalismus genannt haben, uns einladen. Wollen Sie sich wirklich mit uns Verbrechern gemeinsam an einen Tisch setzen?
(Heiterkeit.)

Aber offenbar ist das Maß an patriotischer Selbstverleugnung, das Sie aufzubringen vermögen, Herr Renner, recht groß.
(Heiterkeit. — Renner (KPD): Wenn Sie morgen die Gouverneure befragen, und diese befehlen, fahren Sie übermorgen hin. Sie brauchen nur einen Befehl von dem Herrn Gouverneur, wo der sie hinschickt.)
— Ich habe ihn noch nicht bekommen.
(Renner (KPD): Aber Sie kriegen ihn eventuell, lieber Freund! Dann legen Sie die Hände an die Hosennaht, wie Sie es seit acht Monaten getan haben. Von Sozialist wage ich gar nicht zu reden.)
— Bei uns in Schwaben sagt man: ,,Wetten, daß nicht?"

Nun kehren wir zu Ihrer Einladung zurück. Auf diese Einladung hin muß man sich doch wohl die Frage vorlegen, ob die Mitglieder dieses **Volksrats** demokratisch legitimierte Vertreter des deutschen Volkes im Osten sind, genauer gesagt, ob sie dessen Wünsche, Forderungen und Vorstellungen zum Ausdruck bringen oder nicht.
(Sehr gut! bei der SPD.)
Ich bin überzeugt, daß in diesem Gremium mancher Mann guten Willens zu finden ist. Aber die Einrichtung als solche ist doch nichts anderes als eine Organisation zur Verwirklichung einer sehr bestimmten Politik, die nicht die unsere ist, sondern jene, für deren Verwirklichung Herr Oberst Tulpanow seinen Wehrsold in Deutschland bezieht.
(Heiterkeit.)
Und das Deutschland, das nach diesen Vorstellungen geschaffen werden soll, ist ein Deutschland, das wir nicht wollen, so wenig wie Jan Masaryk die Tschechoslowakei wollte, die Herr Gottwald zu schaffen den Auftrag bekommen hatte.
(Löbe (SPD): Sehr gut!)
Wir wollen nicht ein Deutschland, in dem **Buchenwald** sich wieder mit Häftlingen füllt. Wir wollen nicht ein Deutschland, in dem man unsere **Jugend** unter die Erde schickt, damit sie **Uran für Atombomben** graben soll. Wir wollen nicht ein Deutschland, in dem das **Regime der Blockwalter zur Bespitzelung der Bevölkerung** neu geschaffen wird. Wir wollen nicht ein Deutschland, in dem die **Polizei**, wenn auch unter dem etwas lyrischen Namen ,,Volkspolizei",
(Heiterkeit.)
allmächtig ist. Und wir wollen nicht ein Deutschland, in dem es politisch nur eine **Einheitsmeinung** in einer **Einheitspartei** geben darf. **Potsdam-Preußen** war keine gute Sache für unser Volk. Wir möchten nicht, daß es abgelöst wird durch ein **Karlshorst-Deutschland**.

Weil wir uns aber nichts davon versprechen, eine gemeinsame Aktion mit Leuten zu machen, die nur formal das gleiche Ziel haben wie wir, die Einheit Deutschlands, die aber sehr andere Vorstellungen über das haben, was diese Einheit Deutschlands beinhalten soll, deswegen wollen wir mit dem Volksrat nichts zu tun haben. Wir möchten nämlich weder die Partei der einen Besatzungsmacht sein, Herr Renner, noch die der anderen Besatzungsmächte. Wir glauben, die Deutschen im Osten werden es uns danken, daß wir uns weigern, seiner ihm aufgezwungenen Staatspartei eine **Potemkinsche Fassade** zu liefern, hinter der man, für eine Weile wenigstens, verbergen möchte, was man im letzten will. Wenn wir im Westen uns auf Unternehmen einließen, deren Zweck in so eindeutiger Weise ist, das Regime im Osten Deutschlands in dem Europa, dessen Leistungen man braucht, hoffähig zu machen — unsere **Brüder im Osten**, die nicht vergessen haben, daß schon einmal in Deutschland ein Zwangsregime durch den Umgang der Demokraten hoffähig gemacht worden ist, würden die letzte Hoffnung verlieren, daß auch ihnen einmal wieder ein Leben in der Freiheit und ein Leben frei von Furcht blühen könnte. Dieses Ziel, meine Damen und Herren, würden wir durch nichts mehr gefährden, als wenn wir ihnen sagten: die Abgesandten jener, unter denen ihr leidet, sind Leute, die das gleiche wollen wie wir. Wir wollen unsere Landsleute im Osten nicht enttäuschen und darum, Herr Renner, sagen wir nein!

(Lebhafter Beifall.)

2. *Entwurf eines Grundgesetzes für die Bundesrepublik Deutschland, Fassung der zweiten Lesung. Dritte Lesung. — Allgemeine Aussprache*

2.1. **Dr. Lehr (CDU)**

Dr. LEHR (CDU): Herr Präsident, meine Damen und Herren! Ich glaube in Ihrem Sinne zu handeln, wenn ich mich jetzt der engeren Aufgabe unserer heutigen Tagesordnung zuwende und mich dabei im Rahmen der vereinbarten Zeit halte.

Bei der Ausgestaltung der Bundesrepublik Deutschland tauchte zunächst die Frage auf, inwieweit der Tatsache Rechnung zu tragen sei, daß dieser zu schaffenden Organisation eines Bundesstaates nicht die **volle Souveränität** gegeben werden konnte. Sollte das Staatsfragment trotzdem auf dem Gebiet der Gesetzgebung, der Verwaltung und der Rechtsprechung so ausgestattet werden, daß es echtem staatspolitischen Handeln Raum gab und künftiger Souveränität genügende Unterlage schuf? Wir alle, die wir positiv zur Aufgabe eingestellt waren, haben uns bemüht, das Haus, das wir bauten, so wohnlich einzurichten, wie es möglich war, und es nach innen und nach außen mit den Einrichtungen zu versehen, mit denen ein Volk selbständig leben, seine Wirtschaft und seine Kultur günstig aufwärtsentwickeln kann. Sicherungen für dieses Ziel konnten wir freilich nicht schaffen. Wir müssen vertrauen, daß die für uns in Frage kommenden **Siegermächte** zugleich unsere **Schutzmächte** sind und daß die **Aufnahme** in die **europäische Völkerfamilie** den gegebenen Sicherheitsrahmen für uns darstellt.

Wir waren uns noch über ein Weiteres klar. Wir waren uns bewußt, daß die Organisation, die wir schufen, von größter Bedeutung ist für das ganze Gesetzgebungswerk und insbesondere für den Abschnitt I des Grundgesetzes und die in ihm verankerten Grundrechte; denn die **Organisation** eines **Bundesstaates** soll in erster Linie den einzelnen Staatsbürger in seinen Rechten und vor allem in seiner persönlichen Freiheit sichern. Sie soll auf der anderen Seite gleichzeitig der Gesamtheit für die Aufwärtsentwicklung auf allen Gebieten des wirtschaftlichen, kulturellen und verfassungsmäßigen Lebens den erforderlichen Spielraum geben.

Wir waren uns in den aufbauwilligen Parteien darüber einig, den **Parlamentsabsolutismus** nach volksdemokratischem Muster abzulehnen, an dem Grundsatz der **Gewaltenteilung** festzuhalten und das Prinzip der **Polarität** der **politischen Kräfte** überall da, wo es am Platze war, zum Ausdruck zu bringen. Deshalb bestand bei uns von Anfang an Einmütigkeit darüber, daß wir eine **Zweite Kammer** zu schaffen hatten, ein echtes Bundesorgan und gleichzeitig das Mitsprache-Organ der Länder als **föderativen Ausdruck** des **Länderwillens** neben dem Bundestag.

Unser **Bundestag** ist im wesentlichen das, was der frühere Reichstag gewesen ist: er ist der eigentliche Repräsentant der deutschen Demokratie. Er geht hervor aus allgemeinen, gleichen und geheimen Wahlen. In seinen Grundbestimmungen war er bei den ganzen Verhandlungen überhaupt nicht umstritten. Schwierigkeiten, die sich dabei ergaben, lagen allein in dem Wahlsystem, für das aber ein besonderes Gesetz in Frage kommt. Ebenso gehört in diese Organisationsfrage nicht das Problem der Stellung der politischen Parteien, die wir dafür in dem Abschnitt „Der Bund und die Länder" in dem Ihnen allen vertrauten und geläufigen Artikel 21 behandelt haben.

Ich sagte vorhin schon: der **Bundesrat** ist das föderative zweite Organ. In dem Entwurf ist ihm nur verhältnismäßig wenig Raum gegeben, ausschließlich in den vier Artikeln 50 bis 53. Aber wenn Sie das Verfassungswerk studieren, werden Sie in einer ganzen Reihe von Verfassungsbestimmungen an anderen Stellen wichtige Verankerungen seiner Funktionen finden. Ich darf der Kürze halber nur erwähnen den Abschnitt „Die Gesetzgebung des Bundes", Artikel 77 ff., den Abschnitt „Ausführung der Bundesgesetze und die Bundesverwaltung", Artikel 83 ff. und vor allen Dingen auch in dem Abschnitt „Finanzwesen" den wichtigen Artikel 106 und die ihm folgenden.

Quer durch alle Fraktionen hindurch ging der Meinungsstreit, ob wir das **Bundesrats**- oder das **Senatsprinzip** zu wählen hatten. Der Senatsgedanke, der an hervorragende ausländische Vorbilder anknüpfen kann, findet sich bereits in der Reichsverfassung von 1849. Auch der Bundesrat hat eine Tradition vom mittelalterlichen Reichstag bis zum Reichsrat der Weimarer Verfassung. Bei uns in Deutschland haben die Territorialgewalten immer den Willen gehabt, an der Bildung des gesamtstaatlichen Willens teilzunehmen. Es wäre auch falsch, die Länderregierungen, die eine politische Macht in Deutschland darstellen, von der aktiven Mitwirkung im Bund auszuschließen. Das Senatsprinzip stellt im Gegensatz zum Bundesrat, der sich aus weisungsgebundenen Mitgliedern der Länderregierungen zusammensetzt, den von der Staatsbürokratie unabhängigen Bürger dar. Es stellt den älteren Staatsmann in den Vordergrund, der nach seiner gesamten Persönlichkeit, seinen Leistungen und Erfahrungen in die höhere Ebene des Senats gesandt wird. Die Befürworter dieses Systems, zu dem ich mich selbst bekenne, sahen in ihm eine wesentliche und vorteilhafte Erneuerung des politischen Lebensstils und eine sehr günstige Förderung und Reform des Parteiwesens. Gegen das Bundesratsprinzip sprach zudem ein bedeutsames staatsrechtliches Argument; denn die Landesregierungen haben nur Exekutiv-, aber keine Legislativbefugnisse, und ihre Mitwirkung an der Bundesgesetzgebung läßt sich systematisch kaum rechtfertigen. Sie nehmen neben bedeutsamer Mitwirkung an der Gesetzgebung in sehr starkem Maße an der Verwaltung des Bundes teil.

Der jetzt zu schaffende Bundesrat hat im Normalfall nur ein Einspruchsrecht; ich zitiere den Artikel 77. Aber dieses Einspruchsrecht wiegt schwer, zumal ein im Bundesrat mit Zweidrittelmehrheit beschlossener Einspruch im Bundestag auch nur durch eine Zweidrittelmehrheit, mindestens aber durch die Mehrheit der Mitglieder des Bundestags zurückgewiesen werden kann; das ist der Artikel 77 mit seinem außerordentlich wichtigen Absatz 4.

Der **Aushöhlung** der **Länderrechte**, die von manchen Seiten besorgt war, sind weitere wirksame Riegel neben dieser Bestimmung vorgeschoben. Wo Länderinteressen stark berührt werden, wie zum Beispiel bei Bundesgesetzen über Steuern, deren Aufkommen den Ländern oder Gemeinden ganz oder zum Teil zufließen, ist die Zustimmung des Bundesrats vorgeschrieben; Artikel 106. Verfassungsänderungen bedürfen stets einer qualifizierten Mehrheit.

Die Gesetzesinitiative steht dem Bundesrat unbeschränkt zu, genau wie dem Bundestag. Ich verweise ferner hier, ohne Einzelheiten zu erwähnen, auf die Mitwirkung beim Gesetzgebungsnotstand.

Immerhin, wenn ich das Gesamtresultat betrachte, muß ich bekennen, daß ein reiner Bundesrat nicht geschaffen ist, weil die volle Gleichberechtigung mit dem Bundestag leider nicht erreicht werden konnte. Das ist besonders durch den Wegfall des früheren Artikel 105 deutlich geworden, dessen großen Katalog von 13 einzelnen Vorschriften Sie alle noch im Gedächtnis haben. Damals waren in allen diesen Punkten übereinstimmende Beschlüsse beider Häuser vorgesehen.

Auch ein **gemischtes System,** um das wir lange gerungen haben, bei dem Abgeordnete der Länderregierungen ebenso wie Abgeordnete der Landtage vertreten sein sollten und das in zwei Kurien bundesrätlicher und senatorialer Prägung trotzdem einheitlich die Zweite Kammer verkörpern sollte, hat sich nicht durchsetzen lassen.

Ein kurzes Wort über die Stellung des **Bundespräsidenten.** Das Grundgesetz hat keinen starken Präsidenten im Sinne der Weimarer Verfassung vorgesehen, sondern hat den Präsidenten mehr auf repräsentative Funktionen beschränkt. Es wäre aber falsch, zu sagen, der Bundespräsident soll nur repräsentative Funktionen haben. Wir sind immer bestrebt gewesen, das parlamentarische System zu verbessern. Deshalb haben wir eine Möglichkeit geschaffen, in Konflikten zwischen Regierung und Parlament einen ehrlichen Makler einzusetzen, ein Pouvoir neutre. In dieser Eigenschaft kann der Bundespräsident sehr wesentlich beim Gesetzgebungsnotstand mitwirken, wie ihn Artikel 81 vorsieht. Er kann unter bestimmten Voraussetzungen auch den Bundestag auflösen, wie es die Artikel 63 und 68 vorsehen. Außerdem steht ihm das Vorschlagsrecht für den Bundeskanzler und dessen Ernennung nach seiner Wahl zu.

Mit dieser Charakterisierung der Stellung des Bundespräsidenten kann ich diesen Punkt verlassen und mich dem eigentlichen Kernstück demokratischer Verfassung zuwenden: der **Bundesregierung.** Die Regierungsform ist das Wesentliche, und die Frage der Bildung der Regierung und des Maßes ihrer Abhängigkeit von der Volksvertretung und den übrigen obersten Organen ist das Kernstück.

Hier haben wir in allen politischen Lagern, die zu unserer Arbeit positiv eingestellt waren, eine gewisse Übereinstimmung feststellen können. Wir haben gemeinsam nach neuen Konstruktionen gesucht, um zu vermeiden, daß eine solche Häufung von Regierungsstürzen oder Regierungsumbildungen wie in der Weimarer Zeit sich wiederholen könnte. Das Mittel glauben wir in dem sogenannten **positiven Mißtrauensvotum** des Artikel 67 gefunden zu haben. Es bedeutet, daß ein Mißtrauensvotum stets mit der **Benennung eines Nachfolgers** des Bundeskanzlers verbunden sein muß und daß die parlamentarischen Spielregeln, wenn sie infolge einer Obstruktion im Hohen Hause versagen, vorübergehend auch durch eine Minderheitsregierung mit einem starken Kanzler ersetzt werden können. Dieses positive Mißtrauensvotum ist auf den Bundeskanzler beschränkt, der die Richtlinien der Politik zu bestimmen hat. Es kann nicht auf ein beliebiges Kabinettsmitglied angewendet werden. Wollte man beim positiven Mißtrauensvotum einer Parlamentsmehrheit gestatten, einen einzelnen Minister aus dem Kabinett — ich gebrauche das Wort — „herauszuschießen" und dabei zugleich einen Nachfolger zu präsentieren, dann würde man zwangsläufig die Homogenität des Kabinetts sprengen.

Die herausgehobene Stellung des Bundeskanzlers soll die einzelnen Minister aber nicht etwa zu Staatssekretären Bismarckscher Prägung werden lassen, sondern innerhalb der Regierungsrichtlinien, die der Bundeskanzler zu bestimmen hat, leitet jeder **Bundesminister** seinen Geschäftsbereich selbständig. Es gilt das **Kollegialprinzip** bei Regierungsbeschlüssen, zum Beispiel beim Erlaß von Verordnungen und in der Gesetzesinitiative, ebenso aber auch bei der Entscheidung über Meinungsverschiedenheiten zwischen den Mitgliedern des Kabinetts selbst.

Damit möchte ich, um im Rahmen der mir zur Verfügung stehenden Zeit zu bleiben, diese wenigen charakteristischen Betrachtungen zu dem Gesamtwerk abschließen und sagen: Wenn auch im Entwurf noch manche Modernisierung des Parlamentarismus und demokratischer Formen, die zu wünschen gewesen wäre, nicht durchgeführt worden ist, so ist das Ganze doch eine **sorgfältig durchdachte Gesetzesarbeit.** Ich glaube, daß sie es dem deutschen Volk ermöglichen wird, in freiheitlichen, in demokratischen und in republikanischen Formen sich den **Weg** in eine **glücklichere Zukunft** zu bahnen und als ein gleichberechtigtes und geachtetes Volk

in der Gemeinschaft der Kulturvölker der Welt an der gemeinsamen Wohlfahrt und der Aufwärtsentwicklung der Kultur mitzuhelfen. Dazu verhelfe uns Gott!
(Lebhafter Beifall bei der CDU.)

2.2. Dr. Menzel (SPD)

Dr. MENZEL (SPD): Meine Damen und Herren! Wir schreiben heute den 8. Mai 1949. Vor genau vier Jahren wurde die bedingungslose Kapitulation unterschrieben. An jenem Tage endete eine Zeit des Terrors, der menschlichen Erniedrigung und der deutschen Demütigung. Tief, sehr tief war Deutschland seit 1933 gefallen. Auch heute und auch an dieser Stelle wollen wir klar die **Verantwortung** des **Nationalsozialismus** betonen für das, was geschah, und daß nur er schuld ist an dem Unglück, das über Deutschland und die Welt kam.

Am 9. Mai 1945 begann ein neuer Abschnitt unserer Geschichte. Blicken wir auf diese vier Jahre zurück, so müssen wir uns gestehen: Wir begannen den 9. Mai 1945 mit einer Fülle von Hoffnungen, aber viele dieser Hoffnungen wurden zerstört durch fast ebenso viele Enttäuschungen,
(Sehr richtig! bei den Sozialdemokraten.)
Enttäuschungen vor allem darüber, daß es nicht möglich war, in Deutschland Demokratie zu erleben, daß wir uns darauf beschränken mußten, Demokratie nur zu lehren und darüber zu theoretisieren, sie aber nicht in der täglichen Praxis unseres Verfassungslebens und unseres politischen Lebens zu erproben.

Fast vier Jahre dauerte es, ehe die Deutschen wenigstens hier im Westen die Chance bekamen, in einem über die früheren Provinzen und Länder hinausgehenden Bereich neu aufzubauen.

Ausgangspunkt unserer Arbeit, die im September des Vorjahrs begann, war, durch ein Grundgesetz eine **einheitliche Organisation Westdeutschlands** zu schaffen, das heißt, den Grad von verfassungsmäßiger Verwaltung für dieses Gebiet zu erreichen, den wir Deutsche heute unter einer Besatzung überhaupt erreichen können. Wegen der fehlenden Souveränität mußte die Schaffung einer **Verfassung** im althergebrachten Sinne unterbleiben; dies auch um deswillen, weil das, was dereinst östlich der Oder und Neiße wieder deutsch sein wird, vorläufig noch fehlt und weil Millionen Deutsche der Ostzone bei unserem Beginnen zwangsweise abseits stehen müssen.

Leider entstand im Laufe der Verhandlungen hier in Bonn immer mehr der **Drang** zum **Perfektionismus**, der Drang, eine **Vollverfassung** zu schaffen. Wir Sozialdemokraten haben das bedauert. So wird durch den Zwang unserer Situation über manchem Kapitel leider stehen: Mehr Schein als Sein.

Für uns Sozialdemokraten kam noch ein weiterer Ausgangspunkt hinzu, das war die Anerkennung des Grundsatzes, daß das, was zu schaffen war, nicht auf einem neuen Bündnis freier deutscher Länder beruhte, daß **Deutschland** vielmehr als ein bereits **bestehendes Staatsgebilde** anerkannt wurde und die **Weimarer Verfassung** als letzte deutsche Klammer trotz der Zeitereignisse nicht vernichtet war. Ohne die Anerkennung auch dieses Ausgangspunktes wäre für uns eine gedeihliche Mitarbeit an diesem Grundgesetz wohl kaum möglich gewesen.

Das Dokument Nr. I der Londoner Konferenz, daß die Grundlage unserer Arbeit in Bonn gebildet hat, schreibt in Verbindung mit den späteren Erläuterungen der Alliierten eine föderative Verfassung vor. Auch bei uns Deutschen bestand von Anbeginn der Arbeit an gar kein

Zweifel darüber, daß wir den nationalsozialistischen Unitarismus nicht wiederholen konnten und daß wir von der Tatsache, die deutsche Republik werde sich aus einzelnen Ländern zusammensetzen müssen, auszugehen haben, ohne daß wir damit zugleich die Notwendigkeit anerkannten, die durch Yalta gezogenen Zonengrenzen, die lediglich militärischen Kompromissen ihr Dasein verdanken, verewigen zu müssen.

Trotzdem waren unsere Beratungen von einem tiefen, bedauerlichen Mißtrauen eben dieser Länder, deren Notwendigkeit von niemandem bestritten wurde, gegenüber dem künftigen Bunde begleitet. Leider tragen gerade daher jene Artikel, die sich mit dem **Verhältnis Bund — Länder** befassen, sehr stark den Stempel des Kompromisses, und ich fürchte, daß dadurch manche Unklarheiten in das Gesetz hineingekommen sind und manche unnötige Streitigkeiten vor dem künftigen Verfassungsgericht entstehen werden.

Bei der Debatte über den Sinn des deutschen **Föderalismus** wurde zumeist verkannt, daß der föderalistische Staat ein Produkt jenes Zeitalters ist, in welchem sich die Aufgaben des Staates wesentlich von jenen des heutigen unterschieden. Die Erweiterung des Rechts- zum Kultur- und Wohlfahrtsstaat geschah im gleichen Augenblick, in dem man von dem Staat eine Einschränkung seiner Tätigkeit forderte. Trotzdem nahmen die Aufgaben des Staates zu, und gerade sein Eindringen in die Wirtschaftssphäre verschärfte den Druck zur Bildung größerer Einheiten, sei es geographisch, sei es zuständigkeitsmäßig.

Es war allen Beteiligten klar, daß eine der wichtigsten Aufgaben darin bestand, in dem neuen Staatsaufbau das richtige **Verhältnis** zwischen dem **Gesamtstaat** und den **Gliedstaaten** hinsichtlich ihrer Aufgaben und Zuständigkeiten zu schaffen. Denn hierin liegt das Problem bei jedem Föderalismus, und dieser Kampf um die Aufgabenverteilung ist gerade in Deutschland schon seit dem Wiener Kongreß von 1815 immer der empfindlichste Punkt unserer verfassungspolitischen Entwicklung gewesen. Aber wir mußten dafür sorgen, daß die staatliche Organisation Westdeutschlands mit der technischen, wirtschaftlichen und kulturellen Entwicklung Deutschlands, aber auch Europas Schritt hält. Man kann vielleicht manchen Zweifel hegen, ob dies gelungen ist.

Ich möchte in diesem Zusammenhang auf einen recht kritischen Artikel verweisen, der vor einiger Zeit in einer westdeutschen Zeitung erschien und in dem Professor Dr. Bohler unter anderem sagt:

> Es ist leider nicht zu verkennen, daß der Bonner Entwurf seine Herkunft von einem Gremium nicht verleugnet, das nicht aus Wahlen des deutschen Volkes hervorgegangen ist, sondern sich aus Delegierten der Landtage zusammensetzt, die begreiflicherweise der wichtigste Hort dieser Kleinstaaterei sind, und daß der Entwurf im übrigen die stärksten Einwirkungen von den Landesregierungen bekommen hat, deren Leiter sich nacheinander ja immer wieder in Bonn einfanden... Niemand wird die Lösung dieser wirtschaftlichen Lebensfragen von den Ländern erwarten, sondern nur von einem Gesamtstaat. Dafür ist aber der Gesamtstaat, wie ihn der Bonner Entwurf vorsieht, schlecht gerüstet.

Es erhebt und erhob sich für uns Sozialdemokraten daher die recht bange Frage, ob die Organe, die wir in diesem Gesetz geschaffen haben — Bundestag, Bundesrat, Bundesregierung —, wirklich funktionsfähig werden können und ob die Verzahnung miteinander geglückt ist.

Der **Bundesrat** ist zwar jetzt im wesentlichen auf ein reines Veto beschränkt, aber er hat doch in sehr vielen Fällen ein volles Recht der Zustimmung bekommen, und wir Sozialdemokraten haben die Befürchtung, daß in dieser Einschaltung des Bundesrats auf wichtigen Gebieten eine Hemmung für eine reibungslose Weiterentwicklung liegen könnte. Wir konnten uns mit dieser Einschränkung nur um deswillen einverstanden erklären, weil wir dafür auf anderen Gebieten bessere Lösungen fanden.

Dazu gehört zum Beispiel auch, daß das Grundgesetz von den Gliedstaaten, aus denen sich der Bund zusammensetzt, eine Garantie für die Gesetzmäßigkeit ihrer Verwaltung und damit die **Fundierung** der **Rechtsstaatsidee** in den **Länderverfassungen** fordert.

Wir begrüßen vor allem, daß die **politischen Parteien** erstmalig in einer Verfassung genannt werden, daß man den Mut hat, die im politischen Leben seit je bei den Parteien effektiv liegende Macht anzuerkennen und sie verfassungsmäßig zu garantieren, aber mit der Garantie, die Möglichkeiten einer Kontrolle über einen wirklich demokratischen Aufbau dieser Parteien zu verbinden, ohne daß diese Kontrolle zu einer Einengung des politischen Lebens führen darf. So haben wir in der zweiten Lesung des Plenums dem Antrag zugestimmt, der verlangte, daß die Parteien verpflichtet sein sollen, ihre Finanzgebarung jederzeit offenzulegen, damit jeder Deutsche wissen kann, woher die politischen Parteien ihre **Einkünfte** beziehen.

Aber es ist klar, daß auch für die Parteien das gelten muß, was nach dem Grundgesetz künftig für jeden einzelnen Staatsbürger zu gelten hat: daß er sich auf die Rechte der Demokratie nicht berufen darf, wenn er diese Demokratie bekämpft oder beseitigen will.

Wir haben — auch das begrüßen wir — den Artikel 48 der Weimarer Verfassung über das Notverordnungsrecht des Reichspräsidenten beseitigt und hoffen, daß durch das vom Herrn Kollegen Dr. Lehr hier dargestellte System des **qualifizierten** und des **konstruktiven Mißtrauensvotums** eine genügende Stabilität der künftigen Regierungsgewalt garantiert sein wird.

Meine Damen und Herren! Einer der neuralgischen Punkte, vielleicht sogar der empfindlichste Punkt unserer Beratungen waren die Fragen der **Finanzen**; denn die Form und der materielle Inhalt des föderativen Aufbaus eines Staates werden wesentlich gestaltet durch die Zuständigkeit bei den Finanzen. Der erste Ausgangspunkt für uns mußte sein, die **Lastenverteilung** zwischen Bund und Ländern zu regeln. Es war klar, daß die riesigen Lasten der Kriegsfolgen, sei es der inneren oder äußeren Besatzungskosten, von dem Bunde zu tragen sind. Zweiter Ausgangspunkt für uns und gerade für uns Sozialdemokraten war die Erkenntnis der Notwendigkeit, die deutsche Armut überall gleichmäßig zu erfassen und sie überall gleichmäßig zu steuern, soweit das in einem so zerstörten Lande überhaupt noch möglich sein kann. Daß auf diesem Gebiet Vereinbarungen zwischen den Ländern untereinander nicht möglich sind, hat wohl am besten die Tatsache bewiesen, daß selbst in der Bizone die Länder vor einigen Wochen sich nicht über einen freiwilligen Finanzausgleich einigen konnten.

Wir glauben überdies, daß in einem gesunden Finanzausgleich — —

(Dr. Strauss (CDU): Im Finanzrat ist man zu einer Einigung gekommen!)

— Herr Kollege Dr. Strauss, die Tatsache, daß es nicht zu einer Vereinbarung gekommen ist, beweist, daß, wenn nicht einmal acht Länder sich einigen können, es unmöglich sein wird, die deutsche Wirtschaft auf der Hoffnung aufzubauen, daß elf Länder sich einigen.

Wir glauben überdies, daß in einem **gesunden Finanzausgleich** eine starke Stütze des Föderalismus liegen kann. Würde der Bund nicht durch finanzielle Hilfe zugunsten leistungsschwacher Länder, die wir nun einmal haben, sorgen können, dann würden diese Länder zu einem Zusammenschluß geradezu drängen, sie würden dazu drängen, ihre Aufgaben dem leistungsfähigeren Bunde zu übertragen. Gerade dadurch würde ein starker Zug zum Unitarismus entstehen. Wie wichtig diese Fragen sind, können Sie aus einem Vorschlag des Länderrats von Mitte März dieses Jahres entnehmen, in dem auf Wunsch Bayerns angeregt wird, daß Bayern aus den Gesamteinnahmen der Bizone einen jährlichen Zuschuß von 283 Millionen Mark erhalten solle.

Überdies brachten die Besatzungsmächte selbst durch ihr Dokument Nr. II über die **Neuordnung** der **Ländergrenzen** zum Ausdruck, daß die gegenwärtigen Ländergrenzen geändert werden müßten, weil die heutigen Länder zum Teil finanziell viel zu schwach seien, um lebensfähig bleiben zu können. Ich darf dabei auch daran erinnern, daß es die britische Militärregierung war, die für ihren Besatzungsbereich bis zum 31. März vorigen Jahres einen Finanzausgleich unter den Ländern der britischen Zone angeordnet hatte und daß in dem Augenblick, als dieser Finanzausgleich aufgehoben wurde, das Elend vor allem in dem mit Flüchtlingen überfüllten Land Schleswig-Holstein entstand.

Darüber hinaus hat der Finanzausgleich seit jeher noch eine weitere Aufgabe und soziale Funktion gehabt. Wenn ich nicht irre, fließen zur Zeit rund 45 Prozent des deutschen Gesamteinkommens als Steuern und Abgaben aller Art wieder in die öffentliche Hand. Damit wird die Steuerpolitik und die Art der Verteilung der Steuern zu einem wesentlichen Faktor auch der allgemeinen Wirtschaft-, vor allem auch, worauf wir Sozialdemokraten besonderen Wert legen, der Sozialpolitik.

Hatte das Schwergewicht in den Debatten bis zur dritten Lesung des Hauptausschusses auf dem Gebiet der Finanzverwaltung beruht, so mußte, nachdem der Bund durch den Wegfall einer umfangreichen Bundes-Finanzverwaltung erheblich geschwächt werden mußte, ein Ausgleich zu seinen Gunsten gesucht werden. Es war für die sozialdemokratische Fraktion ein großes Opfer, diesen Weg zu gehen, weil wir in der alten Erzbergerschen Reichsfinanzverwaltung eine starke Klammer und eine wirkliche Garantie für die politische Einheit Deutschlands sahen. Wir haben aber geglaubt, auch auf dem Gebiet der Finanzen wie beim gesamten Grundgesetz das Problem Bund — Länder nicht nur unter dem Gesichtspunkt der Verwaltung, sondern der Gesamtbedürfnisse des künftigen Bundes zu sehen. Wir glauben, daß das, was der Bund entgegen unseren früheren Vorstellungen an Kompetenzen auf dem Gebiet der Finanzverwaltung verloren hat, er nunmehr durch eine anderweitige Verlagerung der **Verteilung** der **Steuerquellen** wieder bekommen hat. Entscheidend war letzten Endes, daß der Bund, um alle seine großen Aufgaben in der Zukunft frei und selbständig erfüllen zu können, nicht von den Überweisungen, vor allem aber nicht von dem guten Willen der einzelnen Länder abhängig werden darf. Wir glauben, daß das garantiert ist.

Nun, meine Damen und Herren, ein Wort zu den **Grundrechten**. Wenn man erkennt, daß die Demokratie in einem Staate etwas anderes sieht als lediglich eine von Menschen gehandhabte Apparatur, daß ihr Sinn darin besteht, den Staat zum Menschen hinzulenken, und daß die Demokratie eine Ausdrucksform darstellt, durch die ein Volk versucht, den Weg zu sich selbst zu finden, dann entspringt daraus eine entscheidende sittliche und politische Verpflichtung. So kommt es in erster Linie nicht auf die Form an, die wir dem staats- und verwaltungsrechtlichen Aufbau geben, sondern es wird allein der Inhalt entscheiden, mit dem wir diese Form ausfüllen werden.

Freiheit und **Gerechtigkeit** sind seit jeher die **Grundlagen** eines jeden **Staates** gewesen. Um sie zu garantieren, reicht es aber nicht aus, diese Thesen lediglich in der Form verschiedener Grundrechte zu proklamieren. Wir haben uns daher entschieden — und wir Sozialdemokraten begrüßen das —, daß die Grundrechte ein **bindender Bestandteil** unseres öffentlichen und privaten Rechts werden, daß sie klagbare subjektive Rechte für den einzelnen Staatsbürger vermitteln. Damit vertrauen wir zugleich unseren Richtern ein sehr hohes politisches Gut an, und wir können nur hoffen, daß die Richter dieses Vertrauen rechtfertigen werden und ihre Haltung nicht zu neuem Mißtrauen Anlaß geben wird. Wenn wir uns allerdings heute die Rechtsprechung mancher Gerichte zu dem Gesetz über die Verbrechen gegen die Menschlichkeit in der vergangenen Zeit ansehen, dann fragt es sich doch sehr, ob dieses Vertrauen nicht heute schon wieder weitgehend untergraben worden ist.

(Sehr wahr!)

Meine Damen und Herren! Wir sind in der Zeit des Terrorsystems vor allem für das **Postu-**

lat Freiheit sehr empfindlich geworden. Und wenn es im Grundgesetz heißt: „Die Freiheit der Person ist unverletzlich", dann ist das zugleich ein Bekenntnis, das sich wie ein roter Faden durch das gesamte Grundgesetz zieht, und es enthält zusammen mit dem Bekenntnis zur Unverletzlichkeit der menschlichen Würde das Wesentliche unserer künftigen Ziele. Aus diesem Grunde haben wir auch so entscheidenden Wert darauf gelegt, daß die **Freiheit der Lehre** auf den Universitäten zwar gewährt wird, daß sie aber nicht mehr mißbraucht werden darf, daß auch die Lehre gebunden ist an die Treue zur Verfassung.

Gerade weil wir das Postulat der Freiheit als ein wesentliches Naturrecht so hochhalten, haben wir es bedauert, daß das sogenannte **Elternrecht** überhaupt in die Debatte geworfen und mit dem Grundrecht der Freiheit der Menschen vermengt worden ist.

(Hört! Hört! rechts.)

Wenn Artikel 6 Absatz 2 des Grundgesetzes bestimmt: „Pflege und Erziehung der Kinder sind das natürliche Recht der Eltern und die zuvörderst ihnen obliegende Pflicht", dann ist es, glaube ich, falsch, zu sagen, daß den Eltern damit nicht alles zugestanden worden ist, worauf sie füglich Anspruch erheben können. Wir Sozialdemokraten hätten es begrüßt, wenn der Kampf, der über diese Frage geführt worden ist, vermieden worden wäre und wenn man sich endlich dazu hätte entscheiden können, die Kinder beider Konfessionen gemeinschaftlich im Sinne eines **friedlichen Zusammenlebens** auch der **Konfessionen** zu erziehen,

(Sehr richtig! bei der SPD.)

wenn man darauf verzichtet hätte, die Kämpfe beider Konfessionen untereinander durch die Forderung nach demselben Schulsystem vorzudemonstrieren. Wahrscheinlich wäre die Mehrzahl der sozialdemokratischen Wähler bereit gewesen, um der christlichen Gemeinschaftsschule willen auch auf die bekenntnisfreie Schule zu verzichten. Dieser große Wurf ist nicht gelungen, und auch hier gilt der Satz, daß die Kosten politischer Irrtümer grenzenlos sein können. Wir sind der Auffassung, daß für **Fragen** des **Schulsystems** die **Länder** allein zuständig sein müssen. Denn das Wesen des Föderativen liegt doch gerade in der Berücksichtigung der kulturellen Entwicklung und der kulturellen Freiheiten eines jeden Landes. Nimmt man hier den Ländern jedes Eigenleben, dann hat es an sich keinen Sinn mehr, von einem föderativen Bundesstaat zu sprechen.

Im übrigen sind wir der Auffassung, daß das Kind nicht nur für die Eltern erzogen wird. Es wird auch um seiner selbst willen erzogen, und dazu gehört, daß es in seine allgemeine Umwelt hineinwächst, nicht nur in die des Elternhauses. Es muß später sein Leben innerhalb dieser es umgebenden Lebensgemeinschaft allein führen. War es doch kein geringerer als Martin Luther, der in seiner Schrift an die Ratsherren sagte:

> Die Obrigkeit hat auch ein primäres, unabhängig und selbständig neben dem der Eltern stehendes Recht auf Erziehung und Unterricht der Jugend, das unmittelbar in der auf Dauer angelegten Funktion der Obrigkeit und ihrer Pflicht zu aktiver Sorge für die ihr anvertraute soziale Gemeinschaft verwurzelt ist.

Und es war kein geringerer als der Kardinal Dr. Faulhaber, der am 29. Juni 1919 sagte:

> Die Eltern haben ein heiliges, aber kein absolutes, kein unbeschränktes Recht auf ihre Kinder.

(Hört! Hört!)

Der Einbau des Menschen in die Probleme des Staates, sein Heranführen an diese Aufgabe kann nicht früh genug beginnen. Man muß dabei aufbauen auf dem Verständnis der Deutschen untereinander, aber auch auf der Ablehnung konfessioneller Streitigkeiten und Auseinandersetzungen. Zu welchen Folgerungen dies führt, beweisen unsere Zwergschulen an vielen Stellen in diesem Lande. Wir haben Orte mit zwei und drei Schulen, die von nur je 50 bis 60

Kindern besucht werden. Wir haben sogar Fälle, in denen an einer katholischen Schule mehr evangelische Kinder sind als katholische.

Wir rufen heute alle nach Europa, wir konstruieren schon ein Weltparlament, wir fordern die Anerkennung des Völkerrechts und die Erziehung der Jugend zu diesen Idealen. Ich möchte behaupten, daß die allgemeine und gemeinschaftliche Schule unendlich mehr eine günstige und ausreichende Voraussetzung für die Wiedergewinnung auch einer geistigen Einheit bietet als die konfessionell oder national isolierte Schule.

Zum Abschluß dieses Kapitels noch ein Wort zum **Recht** des im Staate verkörperten **Volkes**. Der Staat ist heute auf allen Gebieten benachteiligt. Er ist politisch, organisatorisch, wirtschaftlich und psychisch auf einem Tiefpunkt angelangt, wie ihn die deutsche Geschichte seit Jahrhunderten nicht mehr kannte. Wir lehnen den Versuch ab, diesen Tiefstand staatlicher Autorität dazu benutzen zu lassen, um den öffentlichen Angelegenheiten eine Gestaltung zu geben, die die Interessen der Volksgemeinschaft in eben diesem so schwachen Staate nach unserer Auffassung nicht berücksichtigen würde. Hiergegen wehren wir uns. Wir wehren uns hiergegen auch deshalb, weil wir, die wir nicht unmittelbar vom Volke gewählt sind, glauben, kein Mandat zu haben, um einen seit Jahrzehnten in Deutschland — leider — bestehenden Streit entscheiden zu wollen. Wir wollen es der frei gewählten neuen Volksvertretung und als echte Demokraten dem künftigen Volkstag überlassen, wie er glaubt dieses Problem lösen zu sollen.

Wir wollen die Entscheidungen dieser Probleme in eine Zeit legen, in der auch in einem geeinten Deutschland dem Staat, eben dieser Gemeinschaft gegeben werden kann, was der Gemeinschaft gebührt.

In diesen Fragenkomplex spielen auch die Auseinandersetzungen über das **Konkordat** vom 12. September 1933 hinein. Meine Fraktion hatte geglaubt, den Streit, ob das Konkordat völkerrechtlich gelte und innerpolitisch deutsches Recht sei, hier nicht entscheiden lassen zu sollen. Deshalb haben wir uns dagegen gewehrt, seine Gültigkeit trotz aller Zweifel ausdrücklich anzuerkennen.

Bei den übrigen Grundrechten begrüßen wir es, daß es endlich gelungen ist, die **Gleichberechtigung** von **Mann** und **Frau** zur Anerkennung zu bringen. Damit ist der Frau nunmehr auch rechtlich die Verantwortung gegeben, die ihr das Leben sowieso heute schon auferlegt hat und die anzuerkennen auch eine Pflicht der Männer war. Es ist nur tragisch, daß diese Emanzipation der Frau erst durch zwei Weltkriege errungen werden mußte und daß die Frau ihre Gleichberechtigung nicht durch eine wirksame Kriegsächtung erkämpft hat.

Andererseits bedauern wir, daß es nicht möglich war, die **Gleichstellung** des **unehelichen Kindes** mit dem ehelichen zu erreichen. Es ist hier so häufig in diesem Saal von Naturrechten gesprochen worden,

(Sehr richtig! bei der SPD.)

aber da, wo es nötig gewesen wäre, eine Entwicklung anzuerkennen, die seit Jahrzehnten nicht mehr aufzuhalten ist, weigert man sich, dem unehelichen Kind den natürlichsten Anspruch, den es gibt, zuzubilligen, nämlich Vater und Mutter zu haben.

(Sehr gut! bei der SPD.)

Warum sieht man im übrigen diese Frage zu sehr vom Standpunkt der Würdigkeit aus und nicht endlich vom Standpunkt des Lebewesens, das es in erster Linie angeht, nämlich vom Standpunkt des Kindes?

Bei den weiteren Bestimmungen begrüßen wir es, daß erstmals in einer Verfassung — und wohl in einem Gesetz überhaupt — die Begriffe **Gemeineigentum** und **Gemeinwirtschaft** gesetz- und verfassungsmäßig verankert worden sind. Gerade hieraus erhoffen wir Sozialdemokraten in der Vorstellungswelt der Deutschen eine zunehmende Einsicht über die Notwendigkeit, die deutschen **Schlüsselindustrien** in Gemeineigentum zu überführen. Darin sehen wir einen politischen Fortschritt, der mit dazu beigetragen hat, manche Bedenken gegen andere Bestimmungen des Grundgesetzes auszuräumen. Seit Jahrzehnten fordert die Sozialdemokratie die **Sozialisierung**. Sie wissen, daß diese Forderung ein wesentliches, vielleicht das entscheidende Ziel unseres politischen Kampfes zur Befreiung des arbeitenden Menschen von den Ungerechtigkeiten dieser Gesellschaftsordnung ist. Die Hoffnungen von Millionen auf eine Sozialisierung scheiterten nach 1918 an dem Widerstand der Deutschen und nach 1945 an dem der Alliierten. Nun können wir erneut hoffen. Die Sozialdemokratie wird es daher als ihre vornehmste Pflicht betrachten, alsbald nach dem Zusammentritt des ersten Bundestags durch entsprechende Gesetzentwürfe an dieses große Werk der Sozialisierung heranzugehen, da es die Ära eines dauerhaften Friedens einleiten kann.

Seit Beginn der Beratungen des Parlamentarischen Rates sind wir und damit die deutsche Öffentlichkeit nicht weniger als dreimal von **Interventionen** oder **Anregungen** der drei **Militärgouverneure** beunruhigt worden. Als wir am 1. September 1948 mit unseren Arbeiten begannen, war die Grundlage durch das Dokument Nr. I gegeben. Die Auflage, ein föderatives System in Westdeutschland aufzubauen, schien uns genügend Spielraum zu geben, um das in das Grundgesetz hineinzuschreiben, was wir Deutschen über das Zusammengehen der elf westdeutschen Länder für richtig und erforderlich hielten. Je mehr aber die Zeit ins Land schritt und je mehr Anregungen seitens der Militärregierungen kamen, um so mehr wurde die Grundlage unserer Arbeit durch sogenannte authentische Interpretierungen der Militärregierungen über das, was sie als einen föderativen Staat ansehen, eingeschränkt. Wir haben das bedauert. Wir glauben, daß es richtiger gewesen wäre, uns das, was die Alliierten erst im Laufe von sechs Monaten, und zwar tropfenweise herausgaben, gleich bei Überreichung des Dokuments Nr. I zu erläutern; denn dann wäre für uns alle zu erkennen gewesen, in welchem Maße die Alliierten bereit waren, uns Deutschen die Möglichkeit zu einer föderativen Gestaltung zu geben. Manche Arbeit und manche politische Enttäuschung wäre uns erspart geblieben, und wahrscheinlich nicht nur uns.

Es war selbstverständlich, meine Damen und Herren, daß wir an den Anregungen der Alliierten nicht achtlos vorbeigehen konnten; denn es war uns Sozialdemokraten von Anfang an klar, daß die wirkliche Souveränität nach wie vor bei den Besatzungsmächten liegt und daß die Verfassung nicht das sein wird, was wir beschließen, sondern das **Besatzungsstatut** und alle jene alliierten Einrichtungen, mit denen wir im letzten halben Jahr so reichlich gesegnet worden sind. Ich meine zum Beispiel die Ruhrbehörde, die Sicherheitsbehörde und andere mehr. Das Eingehen auf die alliierten Anregungen konnte und durfte niemals dazu führen, daß wir nur die **Handlanger** wurden und die Verantwortung nach außen für das übernahmen, was die Alliierten intern anregten. Schließlich dürfen wir nicht vergessen, daß unter diesem Grundgesetz eines Tages die Unterschrift von Deutschen stehen wird. Wir und nicht die Alliierten werden vor der Zukunft die Verantwortung für dieses Gesetz zu tragen haben.

(Sehr richtig!)

Bei der Entscheidung über ein Ja oder ein Nein zu diesem Gesetz kann man selbstverständlich nicht von dem Inhalt dieses oder jenes einzelnen Artikels ausgehen. Wir sind uns durchaus bewußt, daß es sich hier aus den geschichtlichen Notwendigkeiten heraus nur um etwas Provisorisches handelt und daß es aus dieser geschichtlichen Situation heraus gar nicht in unserer Macht steht, etwas zu schaffen, was Jahrzehnte überdauern könnte. Aber wir wissen auch um die normativen Kräfte des Faktischen, das heißt um das Schwergewicht provisorischer Lösungen und ihre Auswirkungen für die weitere Entwicklung. Die Grundlage unserer Entscheidungen beruht auf der Erkenntnis, daß das Grundgesetz einen Fortschritt gegenüber dem bringt, was seither in Westdeutschland war und noch ist. Und nur das konnte entscheidend sein.

Meine Damen und Herren! Sie wissen, ich komme von Rhein und Ruhr, und zwar nicht erst seit 1945, und ich stehe in der Arbeit meiner Partei, der Sozialdemokratie, nun seit 30 Jahren. Sie werden mir daher ein Urteil zugestehen über das, was die großen Schichten der täglich schwer arbeitenden Bevölkerung in den Fabriken, vor dem Hochofen und unter der Erde vor der Kohle sich für Vorstellungen über unser künftiges Vaterland und über unsere künftige politische Entwicklung machen. Sie alle wollen nicht mehr zurück zu jenem zerrissenen Deutschland, wie es einmal vor hundert Jahren Heinrich Heine, ein Sohn dieses Landes besang:

Und als ich auf dem St. Gotthard stand,
da hört' ich Deutschland schnarchen.
Es schlief da unten in sanfter Ruh
von sechsunddreißig Monarchen.

Die Menschen von Rhein und Ruhr würden in einer **Zerreißung Deutschlands** eine Gefährdung ihrer Existenz und die Gefahr sehen, daß ihre Forderungen nach sozialer Gerechtigkeit niemals verwirklicht werden können. Sie haben Angst, daß Deutschland wieder eines Tages geschändet werden könnte, wenn wir in erster Linie Niedersachsen, Hessen oder Bayern werden müßten, und sie fürchten, daß ein Mißbrauch wieder zu einem neuen Nationalismus vor allem in unserer Jugend führen könnte. Wenn wir den alliierten Anregungen bei der Gesetzgebung und den Finanzen gefolgt wären, wären wir in unserem staatsrechtlichen Aufbau weit hinter das zurückgeworfen worden, was bereits durch die Einrichtung in Frankfurt existiert. Jene Vorschläge hätten in Wirklichkeit nicht die von uns erhoffte Einheit, sondern die Stabilisierung der Souveränität von elf westdeutschen Ländern bedeutet. Einer solchen Auflösungspolitik hätten wir Sozialdemokraten niemals zugestimmt. Wir konnten unsere Zustimmung nur einem Gesetz geben, das ein arbeitsfähiges Funktionieren der neuen verwaltungsmäßigen Einheiten der Westzonen garantiert. Das war auch der entscheidende Sinn der Beschlüsse der Sozialdemokratischen Partei, die am 20. April 1949 gefaßt wurden.

Die Mitglieder der Sozialdemokratischen Partei werden für dieses Grundgesetz stimmen, und zwar ohne Rücksicht darauf, von welchen Landtagen sie gewählt wurden. Wir von der Sozialdemokratischen Partei haben uns hier von Anfang an als Vertreter Gesamtdeutschlands und nicht als Vertreter eines Landes, das heißt nicht als Subsidiär-Deutsche gefühlt. Das hat nichts mit Zentralismus oder Unitarismus zu tun, sondern mit der klaren Erkenntnis, daß ein gesamtdeutsches Bewußtsein, vor allem bei der Jugend, nur dann vor einem erneuten nationalistischen Mißbrauch bewahrt werden kann, wenn wir hier in Bonn dem deutschen Volk eine Einheit geben, die sich einbaut in das europäische Länderkonzept, wenn wir es zu einem Weg hinführen, der endlich Abstand nimmt von dem nationalen Egoismus vergangener Jahrzehnte und der Gesamtdeutschland als einen Baustein für das kommende Europa sieht.

2.3. **Dr. Heuss (FDP)**

Dr. HEUSS (FDP): Meine Damen und Herren! Die Situation beim Abschluß unserer Arbeiten ist für den, der von Anbeginn ihr verbunden war, eigentümlich seelisch gespalten insofern, als wir vor der Frage stehen: Zählen wir nun auf, was uns an diesem Grundgesetz nicht gefällt, um durch diese Darlegungen ein Alibi unseres Besserwissens zu geben, oder loben wir das Gesetz, um damit einen Integrationseffekt im Bewußtsein der Bevölkerung zu erzielen? Ich glaube, wir müssen in beidem Maß halten. Es wäre sinnlos, die Arbeit, die hier geleistet wurde, durch einen Katalog des Mißbehagens zerreden zu wollen. Es ist doch so: Fast jeder von uns glaubt, daß er mit einer bestimmten Vorstellung über die Zweckmäßigkeit und Güte einer deutschen Verfassung hierher gekommen ist. Entweder hat er sich diese Vorstellung selber gemacht, oder seine Partei hat sie ihm geliefert, und nun ist er in die Situation gestellt worden, daß diese beste Verfassung, die er in seinem Hirn hatte, mit dem Ergebnis hier nicht übereinstimmt. Das bedeutet, daß wir das, was jetzt abgeschlossen wird, nicht zu beurteilen haben unter dem Gesichtspunkt der bestmöglichen Leistung, sondern des in der deutschen Volks- und Staatengemeinschaft heute **politisch Möglichen**. Ob die Staatstheoretiker und Staatsrechtler mit uns zufrieden sind, das wird uns einmal interessieren, wenn sie die Kommentare schreiben; aber es wird uns nicht zu stark beeindrucken können. Denn sie sind die Perfektionisten auf dem Papier, während wir in die **Wirklichkeiten** der **deutschen Geschichte** gestellt waren und gestellt sind, bei unserer Arbeit gelähmt eben durch diese deutsche Geschichte und durch unsere äußere Machtlosigkeit.

Der Vorwurf lastet auf uns, daß diese Arbeit zu lange gedauert habe. Es scheint ein psychisches Gesetz zu sein, daß, wenn die **Solone** zusammenkommen, sie in ihrem Ehrgeiz wachsen, möglichst große Verfassungen zu machen. Wir sind bereit, diesen Vorwurf von unserem Volk anzunehmen, aber nicht von den Besatzungsmächten, die im Laufe dieses Jahres sich selber als Spezialisten und Perfektionisten des Vertagens von Schwierigkeiten erwiesen haben. Wir sind lange genug vor der Problematik etwa des Besatzungsstatuts gestanden — kommt es, wann kommt es, in 14 Tagen, in 3 Tagen, es ist schon da, sind es ein paar Paragraphen, sind es ein paar hundert Seiten? Bis in den Schluß unserer Arbeiten hinein ging diese Geschichte.

Nun aber habe ich nicht die Absicht, den Rückblick so zu machen: was ist alles geschehen? Wir haben von den beiden Vorrednern ein bißchen in dem Sinne Berichterstattung bekommen. Ich möchte nur ein paar politische Dinge festhalten. Ich glaube, in unserer Arbeit war eigentlich zunächst fast der interessanteste Vorgang das Legende gewordene **Frühstück** des Herrn Abgeordneten **Menzel** mit dem Herrn **Ministerpräsidenten Ehard** aus **München**;

(Heiterkeit.)

denn bei diesem Gespräch oder Frühstück ist der **Bundesrat** entstanden. Wir haben, als wir im September zusammenkamen, davon geredet, ein demokratischer Bundesstaat habe ein Zweikammersystem. Herr Dr. Lehr hat von den Dingen vorher auch gesprochen. Er hat noch so ein bißchen die Fiktion aufrechterhalten, der Bundesrat sei so etwas wie eine Zweite Kammer. Das ist er nämlich nicht. Für den Historiker wird es eine sehr reizvolle Anekdote sein, einmal festzustellen, daß der **rheinische Sozialist** und der **weißblaue Staatsmann** sich bei **Bismarck** gefunden haben,

(Heiterkeit.)

und zwar über Weimar zurück noch bismärckischer geworden sind. Diese beiden **neuen Bismärcker** haben nur eines vergessen,

(Erneute Heiterkeit.)

daß nämlich die Bismarcksche Konstruktion und Wesenheit des deutschen Bundesstaates den Hintergrund von **Preußen** besaß. Ohne den ist dieses ganze Geschichtswerk gar nicht zu begreifen.

Und nun entsteht an Stelle dieses Bismarckschen Föderalismus eine andere Sache. Wir stehen vor einem sehr großen Experiment unserer Geschichte. In dem Bismarckschen war nämlich immerhin noch die Monarchie vorhanden. Das war ein sehr wesenhaftes Element. Jetzt stehen wir vor der großen Wahrscheinlichkeit, einen **Föderalismus der Bürokratie** zu bekommen, und vor der Sorge, daß dadurch das Einheitsleben der Gesamtheit gestört wird. Wir hat-

ten — davon ist auch schon von Herrn Dr. Lehr, mit dem ich in diesen Dingen übereinstimmte, etwas gesagt worden — davon gesprochen, daß es fruchtbarer und richtiger und demokratischer gewesen wäre, einen **Senat** oder doch die von mir vorgeschlagene Kombination zu machen. Denn das jetzige Gebilde hat gerade das nicht, was eine junge Demokratie braucht, eine Integrationskraft ins Volksgefühl hinein. Die soll also beim **Bundestag**, beim Volksparlament liegen. Ich gestehe, daß ich lieber das Wort „Volkstag" gehabt hätte, um der akustischen Gegenwirkung willen, auch um das Elementare der Volkssouveränität, das schließlich doch hinter diesem Vorgang stehen soll, zum Ausdruck zu bringen, und weil ich auch gewünscht hätte, daß dieses Wort „Bundestag", an dem die Staatenbundgeschichte von Deutschland hängt, mit der Geschichte untergehen würde.
(Sehr richtig! bei den Sozialdemokraten.)
Es ist anders beschlossen worden; wir nehmen es hin.

Das **Problem** des **Föderalismus** wird uns allen eine neue, sehr eigentümliche Aufgabe geben, nämlich jetzt wächst an die Parteien eine neue Verantwortung. Warum denn? Die Länderregierungen, ob sie nun sozialdemokratisch oder von der CDU oder anderwärts geführt werden, haben in sich ein sonderliches Machtgefühl gerade für ihren Staat, für ihr Land, gleichviel wie es parteipolitisch aussieht. Die Regierungen und ihre Beamtungen haben die **Tendenzen zur Sonderung**, und es liegt die Verantwortung bei den sie tragenden Parteien, die über die Ländergrenzen hinausgehen, diesen **Sonderungskomplex** der Länderregierungen in den Breiten der gemeinen Verantwortung abzufangen und aufzuheben. Hier kommt eine große staatspolitische Aufgabe an die Parteien, die soviel Geduld als Elastizität als auch gesammelte Kraft verlangt.

Für den Gang unserer Geschichte hier ist nun dies charakteristisch gewesen, daß wir fast immer in Auseinandersetzung mit Kräften außerhalb dieses Hauses standen. Es ist in Bonn zwar nicht das neue Schlagwort von der „**Optik**" im politischen Leben erfunden worden: aber der Begriff ist nun, wie mir scheint, in Deutschland gefestigt. Es darf vielleicht einen Augenblick erlaubt sein, zu sehen, welcherlei Optik in diese Arbeit hineingewirkt hat. Optik auf die **Besatzungsmächte**! Davon ist einiges schon gesagt.
(Renner (KPD): Seid Ihr nicht eher von denen beobachtet worden?)
— Verzeihung, Herr Renner, einen Augenblick! — Die Situation ist so, daß wir in sehr vielen Auseinandersetzungen die Ungewißheit auf der anderen Seite vor uns hatten. In den Zimmern der Verbindungsstäbe standen wohl die Dreifuße, und eine Pythia war auch mit dabei. Wenn eine Pythia spricht, ist es immer ein Risiko, ihre Worte zu interpretieren. Aber wenn da und da und da eine andere Pythia redet, so wird das um so schwerer. Das hat sehr lähmend in unsere Arbeit mit hineingewirkt. Immerhin, das war auch im Austausch der Auffassungen, der Zielsetzungen manchmal eine Befruchtung der Arbeit, was wir ruhig aussprechen können. Ich möchte nur dessen gesichert sein, daß das, was jetzt in Deutschland beschlossen werden wird und soll und was doch auch in sachlichen und moralischen Bindungen mit den Vertretern der Besatzungsmächte seine Form gefunden hat, in seiner Verbindlichkeit auch von den Kontrahenten gesehen wird. Es war schwer — eine Optik in **Washington**, eine in **London** und eine in **Paris** —, sich da durchzufinden und dann doch zu spüren: also hier werden wir die deutschen Möglichkeiten sichern und im weltgeschichtlichen Spiel unsere Aufgabe vollenden können.

Es gibt eine Optik, die nach **München** weist. Manchmal konnte man das Gefühl haben, daß der Mann, der gar nicht in unserem Raum ist, als Machtfaktor —
(Renner (KPD): Der vierte Gouverneur!)
— durch die Säle wandere, der **Dr. Baumgartner**, daß diese Figur der **Bayernpartei** irgendwie in den Kalkulationen, Überlegungen, Sorgen mit vorhanden war. Ich spreche ungern von den

Dingen. Für mich ist die Auseinandersetzung, in die wir wegen des bayerischen Problems hineingekommen sind, sehr, sehr schmerzlich. Denn es war von Anbeginn über alle psychologischen Schwierigkeiten hinweg, die es auch gerade bei uns da unten gibt — Nachbarn lieben Nachbarn, reiben sich auch —, undenkbar für meine Phantasie, daß ein deutsches Grundgesetz nicht mit den Stimmen der Bayern angenommen werden könnte.
(Sehr richtig! — Renner (KPD): Ohne Dr. Ehard gehts ja nicht!)
Die Herren von **Bayern** haben zum Teil die Auffassung, daß ihren Erfordernissen nicht genügend Rechnung getragen würde. Es ist nicht die Stunde, um bitter zu sprechen. Aber wieviel Zeit haben wir verloren,
(Zustimmung.)
erstens bis innerhalb der CDU/CSU die Sachgegensätze ausgeräumt wurden! Bitte, das ist kein Vorwurf, es ist eine Selbstverständlichkeit, daß dies nicht von heute auf morgen geht. Aber wie haben wir uns alle doch redlich bemüht, den Bayern entgegenzukommen! Das Quälende für uns ist dies, zu spüren, daß die hier anwesenden Bayern in ihrer großen Mehrheit bereit waren oder bereit sind, da sie an der Arbeit teilgenommen haben, mitzugehen und daß nun von außen her — von außen her in dem Sinne: ohne die unmittelbare Verantwortung des Mitbeteiligtseins — Schwierigkeiten gemacht werden. Ich habe mit den bayerischen Freunden gesprochen: Bringt doch nicht dieses Stück in die bayerische Geschichte wieder mit hinein, wie es im Jahre 1871 gewesen ist, daß hinterhergehinkt wird! Habt ihr kein Gefühl der relativen **Unwürde** des **Vorganges**,
(Sehr richtig!)
daß man sich überstimmen läßt, statt daß man die Dinge mitnimmt, um sie mitgestalten zu können? Es ist doch nicht so, daß die bayerische Geschichte allein von den Herren bestimmt wird, die gerade heute das bayerische Kabinett bilden.
(Sehr wahr!)
Das **bayerische Volk** oder doch die Bevölkerung in Bayern, wo so viele Flüchtlinge noch nicht die Stimme ihres politischen Willens gefunden haben, denkt, dessen bin ich schier gewiß, über diese Dinge ganz anders.
(Sehr richtig! bei der SPD und in der Mitte.)
Ich kann mir nicht vorstellen, daß die bayerische Jugend irgendwie davon gefaßt wird, vielleicht Leute in Oberbayern, aber nicht im Fränkischen und Schwäbischen. Aber der bayerisch, typisch zentralistische, von Montgelas gemachte Staat, für dessen Aufrechterhaltung ich immer gewesen bin — ich will gar kein Experiment mit ihm gemacht haben —, wird in seiner seelischen Struktur nicht so von München bestimmt.

Es hat etwas Schmerzliches und zugleich etwas leicht komisch Rührendes, daß nun, ich weiß nicht was, nach einer Legende von Heinrich dem Löwen her die Welfen hier Heinrich dem Löwen, der auch einmal in Bayern gewesen ist, als Münchener auf diesem Weg zu folgen bereit erscheinen.
(Heiterkeit.)

Nun gibt es aber auch eine Optik, die **Hannover** heißt. Sie richtig zu gewinnen, das war für die Sozialdemokratie eine manchmal quälende Aufgabe. Wir, der Parlamentarische Rat in seiner Gesamtheit, mußten bieder mithelfen: Wie sag ich es also nun meinem Kinde, auch meinem Führer?
(Große Heiterkeit.)
Wir haben schließlich erreicht, daß der Akt der „Komprimierung", dem wir in Frankfurt zugestimmt haben, vollzogen wurde, ich glaube mit Erfolg. Die Philologen und Rechthaber im Hause unterhalten sich wohl, ob bei der Komprimierung des Grundgesetzes dieses wirklich

kleiner geworden ist oder ob es eigentlich so geblieben ist, wie es war? Ich möchte vorschlagen, daß Hannover irgendeinem Bösen — ich will nicht grad sagen Löwenthal —
(Heiterkeit.)
die Strafarbeit aufgibt, einmal die Buchstabenzahl im Grundgesetz Fassung 3 und im Grundgesetz Fassung 4 zu zählen. Dann läßt sich nämlich der „Sieg" der Sozialdemokratie buchstabenmäßig, zentimetermäßig darstellen.
(Heiterkeit und Zuruf.)

Aber es gibt auch — und nun werde ich sehr ernst reden — eine Optik, die heißt **Köln** oder Pützchen. Ich hatte mich mit dem Kollegen Süsterhenn darüber besprochen, daß ich diesen ganzen Komplex: **Kirche, Staat, Partei** und **Schule**, hier behandeln wolle, und zwar in den Motiven, nicht aggressiv. Ich glaube eine irenische Natur zu sein, sozusagen; aber hier stehe ich in der Verteidigung, und diese führt man fechtend. Ich kann diese Auseinandersetzung mit dem Kollegen Süsterhenn nicht führen, sondern ich kann nur dies tun: ihm meine und Ihrer aller Wünsche für eine baldige Genesung von seinem schweren Unfall zu wünschen.
(Bravo!)
Aber die Sachlage als solche bleibt für uns gegenwärtig.

Darf ich persönlich werden: Es ist zum ersten Mal in meinem Leben, daß ich längere Zeit in der Atmosphäre des rheinischen Katholizismus geweilt habe. Sehr nett, sehr liebenswürdig! Ich habe dann auch den „Rheinischen Merkur" zu lesen begonnen, der übrigens nichts mit dem jungen Görres zu tun hat, vielleicht mit dem alten Görres, dem Münchener. Der Koblenzer Feuergeist verflog. Dieser „**Rheinische Merkur**" ist ein Organ, über das ich mich nicht beklagen dürfte; denn er hat mich persönlich von Anfang an sehr nett und gut behandelt und gesagt, ich sei wer. Aber es ist nun so, daß in dem „Rheinischen Merkur" für unsere innere Situation eine schlechte Atmosphäre geschaffen wurde. Ich möchte den Herren von der CDU die Anregung geben, aus ihrer Fraktionskasse ein Neues Testament für die Redaktionsbibliothek des „Rheinischen Merkur" zu stiften
(Heiterkeit.)
und in diesem Neuen Testament durch den Buchbinder ein Dauerlesezeichen bei Matthäus 23 anbringen zu lassen, wo nämlich die Rede Jesu über die Pharisäer steht.
(Große Heiterkeit. — Renner (KPD): Da müßten Sie für jede CDU-Redaktion ein Neues Testament bestellen. Mit einem kommen Sie nicht aus.)
In diesem Blatt ist zum ersten Mal der Begriff der „christlichen Parteien" erschienen.
(Renner (KPD): Christliche Partei, deren Führer lauter Pharisäer sind!)
— Renner, halten Sie mal eine Zeit Ihr Maul und seien Sie ruhig!
(Große Heiterkeit und Beifall. — Glocke des Präsidenten.)
PRÄSIDENT Dr. ADENAUER: Herr Heuss, ich nehme an, Herr Renner hat Ihnen das nicht übelgenommen.
Dr. HEUSS (FDP): — Er hat sich darüber gefreut.
(Renner (KPD): Das wollte ich sogar hören.)
— Verzeihung, aber ich bitte Sie, seien Sie mal eine Zeitlang ruhig! Es geht jetzt um sehr ernsthafte Dinge, die auf Ihren Beifall nicht den geringsten Wert legen. Ihr Beifall kann für diese Art der Auseinandersetzung nur unangenehm sein.

Dort also entstand der Begriff der „christlichen Parteien". Und dann schreibt auf einmal ein Herr Roegele, oder wie der Mann heißt, von den „nichtchristlichen Parteien". Ich finde das sehr unchristlich.
(Sehr richtig!)
Jesus Christus ist nicht auf die Welt gekommen, um mit seinem Namen Bezeichnungen für

politische Gruppen abzugeben, sondern um die Menschen, alle Menschen zu erlösen. Es sieht so aus, daß nun wir gegen diese Art von Angriffen um der Redlichkeit und Sauberkeit der Atmosphäre willen einfach gezwungen sind, über diese Dinge heute deutlich zu sprechen.

Ich kann in der knappen Zeit, die mir gegeben ist, keine geistesgeschichtliche Betrachtung über das geben, was man „**Elternrecht**" nennt. Wir haben davon etwas im Hauptausschuß gesprochen. Ich bin alt genug, um zu wissen, daß in die deutsche Schulgeschichte die Auseinandersetzung über das sogenannte Elternrecht erst nach 1918/19 gekommen ist. Im Jahre 1906 und 1907 waren in Preußen die großen Streite bei dem sogenannten Schulunterhaltungsgesetz über den konfessionellen oder nichtkonfessionellen Charakter der Volksschule. Kein Wort von Elternrecht! Es wird mir widersprochen, wenn ich sage, daß es eigentlich erst in der Revolution 1918/19 als Begriff sich gefestigt hat. Theoretisch mag es älter sein; die konkrete Schulpolitik wurde erst damals damit befaßt, als der „unabhängige" preußische Kultusminister Adolf **Hoffmann** den Erlaß losließ, daß die Kinder, wenn ihre Eltern das beantragen, nicht mehr in den Religionsunterricht gehen müssen. Da hat die Kirche gegen dieses „Elternrecht" protestiert. Warum? Weil sie den Anspruch auf das getaufte Kind hat. Dies ist eine alte und tiefe Problematik.

Wir haben nun in der Debatte erfahren, daß es wesenhaft ein Stück des **Naturrechts** sei, den Eltern dieses spezifische Recht, den Charakter der Schule zu bestimmen, zu geben. Da liegt eine Lücke im Denken. Die **Schule** ist eine **Veranstaltung** der **Gemeinschaft**. Wir selber sind nicht für ein Staatsmonopol. Der Antrag über die Schule trägt ja meinen Namen. Darin ist auch das Recht auf die Privatschulen neben dem Religionsunterricht als ordentliches Lehrfach für alle öffentlichen Schulen genannt. Wir sehen aber nun, daß heute der Staat in seiner Verpflichtung und in seinem Anspruch, die Schule zu erstellen und zu leiten, bekämpft, befehdet, begrenzt erscheint. Es gibt auch evangelische Bischöfe — nicht viele, aber einige —, die, wie mir scheint, jene Schrift des **Martin Luther** vergessen haben, die vorhin schon von Menzel zitiert wurde, sein Sendschreiben an die Bürgermeister und so fort. Diese war nicht bloß eine deutsche schulpolitische Sache jener Zeit, sondern wurde mit der größte Beitrag für die Bildungsgeschichte der ganzen Welt, der von Deutschland ausging, weil damit der Anspruch, das Recht und die Pflicht der weltlichen Gewalt auch für die christliche Unterweisung, die Luther verlangt, ausgegeben war.

Ich habe im Hauptausschuß, als ich von den Dingen zu reden hatte, und auch bei unserer ersten Zusammenkunft im September hier davon gesprochen, daß die Frage des sogenannten Elternrechts ein **Problem nationalpolitischer Tragik** geworden ist, weil mit der unerhörten Binnenwanderung, mit der Überschwemmung des cuius regio eius religio ein **konfessioneller Mischprozeß** in die kleinen Städte, in die Dörfer getragen wurde. Wir dürfen die Kinder nicht durch Isolierung gefährden, weil sie etwa in evangelischem Umland Katholiken sind. Denn dann bleiben sie Schlesier oder Sudetenleute: die Kinder wachsen nicht nationalpolitisch in ihrer Heimat zusammen. Ich will auch nicht davon sprechen, daß uns der Vorschlag gemacht worden ist, aus der **Charta** der **UN** jenen Satz herauszunehmen, nach dem die Eltern das Recht haben, die Art der Erziehung zu bestimmen. Das bedeutet doch, ob private oder öffentliche Schule, ob Realschule oder Gymnasium zu besuchen seien, und nicht innere Gestaltung des Schulwesens.

Als wir vor Monaten über diese Dinge diskutierten, habe ich zum Ausdruck gebracht, wir wollen nicht irgendwelche unverbindlichen Formen finden, bei denen sich jeder etwas anderes denken kann. Denn solches Kompromiß schafft dann nur Verunklarung.

Das Wort Elternrecht hat in der deutschen Geschichte eine spezifische Bedeutung bekommen und ist in das **Weimarer Schulkompromiß** mit durch die Sozialdemokraten hinein-

gekommen. Warum dies? Weil damals innerhalb der Sozialdemokratischen Partei noch traditionelle Freidenkerpropaganda vorhanden gewesen ist. Manchmal habe ich die Sorge, daß von rechts her nach links gesehen wird: Wo ist denn der Adolf Hoffmann hingekommen, der uns die Pointen für die Agitation liefert? Es ist nur Greve da — das „nur" ist vielleicht untertrieben —, ein Mann von Gewicht, nicht übersehbar, nicht überhörbar. Aber Greve reicht als Propagandamodell nicht aus; er hat ja wohl auch keine Missionsabsicht, soweit ich ihn kenne.
(Heiterkeit.)
Begreifen Sie dieses, daß es geistesgeschichtlich ein außerordentlicher Fortschritt ist, daß die Sozialdemokratische Partei sich gelöst hat oder sich löst von dem mechanistischen, materialistischen Grundtenor ihrer früheren Tradition in den religiösen Fragen? Sie sollten sich auf der Rechten darüber freuen.

Von dieser Seite her nun aber ein Weiteres. Die Sache hat auch ihre kirchlichen Aspekte. Die **Parteien** mögen sich für ihren Bedarf so ihre Phantome bilden; die **Kirchen** sollen und dürfen das nicht. Ich will einen Satz vorlesen—ich tue das nicht gern, aber es ist notwendig—, der vor ein paar Monaten an einen sozialdemokratischen Zeitungslizenzträger hinausging, der sich darüber beschwert hatte, daß gegen seine Zeitung von seiten der Pfarrer Propaganda gemacht werde; ein, wie mir gesagt wird, praktizierender Katholik. Am 11. März 1949 wird vom Erzbischöflichen Generalvikariat in Paderborn diesem Mann geschrieben:

„Es ist schon eine ernste Gewissensfrage, ob ein Katholik jetzt noch der SPD oder der FDP angehören darf."

(Hört! Hört!)
Wegen unserer Auseinandersetzung über das Elternrecht „angehören darf"! Der Mann , der dies schrieb, hat vermutlich keine Kenntnis von dem Inhalt des **Konkordats**, in welchem den Priestern politische Zurückhaltung auferlegt ist. Er hat kein rechtes Gefühl von dem, was **Gewissensfreiheit** heißt. Aber das müssen wir um der Klarheit willen sagen: so geht es nicht.

Die **Stellung** der **Kirche** im öffentlichen Leben wird von mir sehr groß und bedeutend und wichtig gesehen. Ich denke nicht etwa daran, die Kirche in den Raum der Kirche einsperren zu wollen: Wortverkündigung, Seelsorge, Sakramentsverwaltung. Die Kirche hat schon mehr. Adolf **Kolping** und der Freiherr **von Ketteler** waren vielleicht mäßige Theologen, aber große christliche Erscheinungen. Und für uns Ältere ist der Name **Hitze** noch eine deutliche Erinnerung. Wir wissen, was dieser Mann bedeutet hat in seiner aus dem Raum der Kirche in die soziale Arbeit hinauswirkenden Bedeutung. Und in der evangelischen Kirche gibt es wohl von dem **Schleiermacher** über den **Tholuk, Frank, Ritschl** und **Harnack** bis zu dem **Barth** bedeutende Theologen. Aber die großen Erscheinungen sind Johann Heinrich **Wichern** und Friedrich **von Bodelschwingh**, die Männer, die, nur von der Christlichkeit ihres Wesens bestimmt, in das breite und böse Leben gegangen sind; sie haben hineingewirkt in die Seelen, aber nicht Parteipolitik gemacht.

Lassen Sie mich ein sehr ernstes Wort sagen: **Kirchen** sollen sich nicht auf **Parteien** stützen wollen.
(Sehr gut! bei der SPD.)
Das ist ihrer nicht würdig; denn sie haben ihren Auftrag aus dem Ewigen. Aber auch die **Parteien** sollen sich nicht auf **Kirchen** stützen wollen. Die Parteien sind weiß Gott sehr diesseitige Gebilde mit allerhand Schlauheit, Taktik und kleinem Machtsinn, mit dem sie nicht die Kirchen belasten sollen und belasten dürfen. Wenn ich gefragt werde, ob so etwas in eine Schlußrede zu dem Grundgesetz der Deutschen gehört, habe ich zu antworten: Ja, weil wir in diesen Dingen eine reinliche Luft haben müssen, gerade auch um der Kirchen willen, und weil wir unserem politischen Leben in seinen säkularisierten Bedingtheiten sein eigenes Recht und seinen

Raum zu lassen und zu sichern haben.

Wir haben hier redlich zusammengearbeitet. Das Schicksal hat es gefügt, daß die Gruppe, für die zu sprechen ich den Auftrag habe, in eine **Mittleraufgabe** gekommen ist. Ich möchte für uns den Anspruch erheben, daß Sie zugestehen, daß wir dieser Aufgabe gut gedient haben. In welche Situation wären wir so oft gekommen — verzeihen Sie! —, wenn nicht ein Mann wie Höpker-Aschoff zur Verfügung gestellt gewesen wäre! Wir haben die große Mehrheit, von der wir hoffen, daß sie kommt, mit um deswillen zu bilden gesucht, weil nur mit einer großen Mehrheit das, war wir jetzt gemacht haben, im breiten Volk aufgenommen werden wird; das wird nicht überall der Fall sein. Die formalistischen, die Literaten-Demokraten wissen und werden beweisen, daß wir hier wesentlich Dummheiten gemacht haben. Sie belehren uns, daß eine Entscheidung der Demokratie in ihrer Natur auf Mehrheit und Minderheit, also auf Sieg und Niederlage abgestellt ist. Es darf hier in diesem Hause keiner besiegt worden sein. Und wenn jemand aus Eigenem dagegen stimmt, dann vielleicht aus Gründen, die nun draußen liegen, oder aus einer romantischen Rechthaberei in der Betrachtung der deutschen Dinge oder weil er sich davon eine Wahlpointe verspricht. Fast möchte mir auch scheinen, daß der Verlauf und das Ergebnis etwa ein Gegenbeweis gegen das ist, was uns jene Formaldemokraten immer erzählen, daß mit der ,,festen" Mehrheit und Minderheit, mit der Nr. 1 und Nr. 2, mit dem **Zweiparteiensystem** die deutschen Dinge zu meistern wären. Sie wären nicht zu meistern. Wir haben es gesehen.

Lassen Sie mich wenige Schlußbemerkungen machen. Menzel hat damit begonnen, an den Tag zu erinnern, an dem wir heute mit vier Jahren Abstand hier zusammentreten. Ich weiß nicht, ob man das Symbol greifen soll, das in solchem Tag liegen kann. Im Grunde genommen bleibt dieser **8. Mai 1945** die **tragischste** und **fragwürdigste Paradoxie** der **Geschichte** für jeden von uns. Warum denn? Weil wir **erlöst und vernichtet in einem** gewesen sind.

(Sehr gut!)

Darf ich ein persönliches Wort sagen: In die verwirrte Seele trat damals plötzlich die Erinnerung an den **9. Mai**, in den wir hineingingen. Das war der 140. Todestag von Friedrich **Schiller**, und es ging mir durch das Gehirn und ließ mich nicht los ein kleiner Vers des Dichters, den Sie in Ihren Schiller-Ausgaben nicht finden werden, weil er erst später von Bernhard Suphan entdeckt wurde, 1803/04 entworfen:

Stürzte auch in Kriegesflammen
Deutsches Kaiserreich zusammen,
Deutsche Größe bleibt bestehn!

Schiller, der nicht nur ein Dichter, sondern auch ein großer Geschichtsdenker war, wollte irgendwie den Sinn des Vorgangs deuten, daß das alte Heilige Römische Reich Deutscher Nation zerbröselte. Der alte Kaisertraum in Sinn und Wirklichkeit ging unter.

Vor unserer eigenen Aufgabe ist es fast eine **schreckhafte Verpflichtung,** an dieses Wort ,,Deutsche Größe bleibt bestehn" noch zu glauben. Wir können hier ,,Deutsche Größe" nicht beschließen und nicht beschließen wollen. Für Schiller war dieses Wort damals die Flucht in das Geistige, in das Unverlierbare, in das, was vom Tagesgeschehen unabhängig ist. Wir aber wollen wieder Ansätze machen, nicht zur politischen ,,Macht" — ach Gott! —, ganz nüchtern und bescheiden zum bloßen politisch einheitlich **Lebenkönnen**. Dahinter aber steht dann doch dies Wort — was ich eine schreckhafte Verpflichtung nannte — von der deutschen Größe. Wir spüren dies, daß in der Auseinandersetzung mit den Völkern und Nationen das **Zu-sich-selber-gefunden-haben** der **Deutschen** erst Wirklichkeit geworden sein muß und daß unsere politische Arbeit, die noch durch viel Turbulenz, durch viele Enttäuschungen und durch viele Rückschläge hindurchgehen wird, eben in dem Ergebnis dieses Tages ein ganz kleines

Stück festen Bodens für das deutsche Schicksal geschaffen haben wird.
(Lebhafte Bravorufe und Händeklatschen.)

3. *Erklärungen zum Abschluß der Beratung*

3.1. **Dr. von Brentano (CDU)**

Dr. von BRENTANO (CDU): Meine Damen und Herren! Es ist nicht leicht, nach der Fülle des Gesagten und zu vorgerückter Stunde zu dem Gesetz, das wir heute in dritter Lesung verabschieden wollen, noch Grundsätzliches zu sagen, wenn man obendrein weiß, daß man in der Zeit beschränkt ist. Aber ich glaube, wir können den Tag nicht vorübergehen lassen, ohne uns über die politische Bedeutung des Beschlusses klarzuwerden, den wir zu fassen haben. Es ist heute der **8. Mai**. Es sind also heute **vier Jahre** her, seitdem der **totale Krieg** mit einer **totalen Niederlage** endigte. Und heute, vier Jahre später sind wir hier in Bonn, um die Grundlagen eines neuen, eines besseren Staates zu beraten und zu beschließen. Im Jahre 1945 stand unser deutsches Volk unter der Schockwirkung des Zusammenbruchs. Ich glaube auch sagen zu können, daß eine neue politische Konzeption damals um so weniger vorhanden war, als es vielleicht zu den schwerwiegendsten Unterlassungen gehört, daß es aus mancherlei Gründen nicht möglich war, die **geistige Auseinandersetzung** mit der **jüngsten Vergangenheit** zu führen. In den folgenden Jahren, in denen sich das Volk schrittweise von der unmittelbaren Wirkung des Schocks des Zusammenbruchs befreite, trat mancher Rückschlag ein. Wir haben manche Enttäuschung erlebt. In diesen Jahren war das Problem zu lösen, ob es unter der Regierung einer Besatzungsmacht überhaupt möglich ist, eine **organisch gewachsene Demokratie** zu errichten. Ich glaube, die Zweifel an dieser Möglichkeit sind berechtigt, sie bestehen auch heute noch. Wir müssen uns über diese Zweifel und über die Grenzen, die diese Tatsache uns setzt, schlüssig und klar werden, damit wir die rechte Beziehung zu dem gewinnen, was wir hier zu tun haben.

Gewiß, es ist schon festgestellt worden und es muß wiederholt werden: Die **Souveränität** des **deutschen Volkes** ist zu keiner Zeit und zu keiner Stunde untergegangen. Das ist nicht nur unsere politische Überzeugung, es ist auch Rechtsauffassung, die sich mittlerweile durchgesetzt hat und auch in einem Urteil des Obersten Bundesgerichts der Vereinigten Staaten im Juni 1947 zum Ausdruck kam. Ebensowenig war untergegangen und konnte untergehen unser Recht als Deutsche, unseren Staat neu zu ordnen. Deswegen muß man auch mit dem Irrtum aufräumen, als sei das, war wir jetzt tun, uns durch das Recht irgendeines Dritten zuerkannt oder verliehen. Die Berechtigung des Deutschen, sein deutsches Vaterland wieder selbst zu ordnen und neu zu formen, konnte niemals untergehen; denn sie beruht unmittelbar auf der Pflicht des Deutschen gegenüber seinem Volk. Wohl aber konnte die Ermächtigung, von diesem Recht Gebrauch zu machen, von dem Sieger suspendiert werden. Diese Ermächtigung ist im Sommer vergangenen Jahres ausgesprochen worden. Wenn wir uns auch, wie ich schon sagte, über die Grenzen unserer Befugnisse klar sein müssen, so haben wir doch, gerade wenn wir an die Jahre denken, die hinter uns liegen, Grund, mit Befriedigung festzustellen, daß innerhalb vier Jahren eine politische Entwicklung in den Zonen der deutschen westlichen Länder möglich war, die wohl auch ein Optimist im Mai 1945 schlechthin für unmöglich gehalten hätte.

Allerdings hat sich — das kam schon in der ersten Sitzung, die wir in diesem Saale hielten, zum Ausdruck — in das Gefühl einer gewissen Befriedigung, an eine eigene deutsche Aufgabe in wenn auch beschränkter Selbständigkeit unter eigener Verantwortung herangehen zu können, das **Gefühl** der **tiefen Trauer** gemischt, das uns auch zu keiner Stunde bei unserer Arbeit verlassen konnte, daß **nur ein Teil** des **deutschen Volkes** hier vertreten sein kann, daß nur ein Teil des deutschen Volkes in die Möglichkeit versetzt worden ist, hier die Grundlagen seines neuen Staates zu formen. Ich habe dem, was zu dieser Frage heute morgen von meinem Freunde Jakob Kaiser und Herrn Kollegen Professor Schmid ausgeführt wurde, nichts hinzuzusetzen. Ich habe nur zu sagen: Wir alle sind uns klar — und das kommt im letzten Artikel unseres Verfassungsentwurfs zum Ausdruck —, daß das, was wir hier beschließen, zeitlich begrenzt sein soll und muß. Und wir hoffen und wünschen, daß der Tag bald kommen möge, an dem unsere ganze Arbeit sich als überholt erweisen wird, der Tag, an dem das deutsche Volk, das **ganze deutsche Volk** in wahrhaft freier Willensentfaltung seine eigene Staatsform und sein eigenes Staatsgrundgesetz frei und unabhängig wird beschließen können.

Wir sind heute im Begriff, den ersten Schritt dieses Aktes einer Staatswerdung zu tun, das Grundgesetz in der dritten Lesung hier anzunehmen. Wir wissen, daß ein Teil der Mitglieder dieses Hohen Hauses diesem Grundgesetz die Zustimmung versagen wird. Ich stelle schon hier fest, auch nahe und nächste Freunde meiner Fraktion werden sich zu dieser Haltung entschließen. Wir wollen nicht mit ihnen rechten, weil wir wissen, daß es sich bei ihnen um eine **echte Gewissensentscheidung** handelt, und wir wissen uns mit ihnen in der gemeinsamen Arbeit an der gemeinsamen Aufgabe um unser deutsches Vaterland auch nach dieser Entscheidung unwandelbar verbunden.

(Bravo! bei der CDU.)

Wir wissen, daß, wenn sie im Augenblick den Weg nicht mitgehen zu können glauben, den wir zu gehen entschlossen sind, uns das im gemeinsamen Ziel zu keiner Stunde trennen wird.

(Dr. Pfeiffer (CSU): Sehr richtig!)

Was zum **Grundgesetz** selbst zu sagen ist, ist von den Vorrednern ausgeführt worden. Es ist gesagt worden, daß wohl niemand in diesem Hohen Hause mit vollem Herzen diesem Grundgesetz seine Zustimmung erteilen wird. Das pflegt bei Gesetzen von so grundsätzlicher Bedeutung so zu sein. Es gehört zum politischen Leben, daß man **Kompromisse** schließt, Kompromisse, die nur in einer schlechten Übersetzung, vielleicht in der Terminologie derer, die den Kompromiß ablehnen, weil sie die Demokratie ablehnen, als Kuhhandel bezeichnet zu werden pflegen. Allerdings können und dürfen Kompromisse niemals die Grenze dessen überschreiten, wo das Grundsätzliche beginnt. Ich glaube, daß es uns gelungen ist, diese Grenze einzuhalten. Ich bin insbesondere der Überzeugung, daß es uns in unserer Partei gelungen ist, über diese Grenze nicht hinauszugehen.

Was über die Fragen zu sagen war, die nicht so gelöst wurden, wie wir dies hofften, das haben meine Vorredner, die Freunde aus meiner Fraktion bereits gesagt. Ich kann nur wiederholen, daß wir selbstverständlich — und dieses Recht wird uns auch niemand ernstlich bestreiten können — den Kampf um die Durchsetzung dieser unserer Überzeugung auf dem verfassungsmäßigen Wege nicht aufgeben und nicht einstellen werden. Ich glaube allerdings noch eines sagen zu sollen: man darf diese Dinge doch nicht leicht nehmen. Und mein verehrter Kollege Heuss wird es mir nicht verübeln, wenn ich ihm sage, daß er doch vielleicht in der Behandlung gerade der Dinge, die uns Gewissensfragen sind, etwas zu leicht war.

(Dr. Heuss (FDP): Verzeihen Sie, ich habe ausführlich gesprochen, weil sie mir eine Gewissensfrage sind und weil ich mich in der Verteidigung befand; und wenn ich nicht langweilig gesprochen habe, sollten Sie dankbar sein.)

— Herr Kollege Heuss, ich glaube nicht, daß ich Ihnen Anlaß gegeben habe, unfreundlich zu sein.

(Dr. Heuss (FDP): Weil Sie sagen, ich hätte zu leicht von den Dingen gesprochen!)

Auf jeden Fall glaube ich, nachdem Sie Kritik an dem Namen unserer Partei üben zu müssen glauben, sagen zu müssen: Ihre Rede hat mir bewiesen — und das ist keine Kritik, sondern eine Feststellung —, wie sehr notwendig es ist, daß es neben den **freien Demokraten** auch **christliche Demokraten** gibt.

(Beifall bei der CDU.)

Meine Damen und Herren! Der zweite Schritt wird die **Ratifizierung** sein. Sie haben sich vorhin mit Mehrheit entschlossen, die Ratifizierung den **Landtagen** zu übertragen. Ich will über diese Entscheidung, nachdem sie gefallen ist, nicht mehr urteilen. Allerdings bedaure ich sie. Herr Kollege Heuss hat in einer sehr guten Weise von der Frage gesprochen, wie wir zu der Verfassung Stellung nehmen sollen und welche Stellungnahme etwa einen Integrationseffekt auslösen könnte. Ich glaube, den besten Integrationseffekt hätten wir ausgelöst, wenn wir das **Volk** hätten entscheiden lassen.

Es werden dann die Wahlen folgen. Dann wird es die **Aufgabe der Gewählten** und sämtlicher Organe des neuen Bundes — Bundespräsident, Bundesregierung, Bundesrat, Bundestag — bis hinunter zum Wähler selbst sein, das Gesetz, das wir hier geschaffen haben, mit **lebendigem Geist** zu erfüllen und aus dem toten Buchstaben etwas Lebendiges zu schaffen. Das wird unter den Umständen, unter denen wir leben, nicht leicht sein. Ich habe hier das besondere Anliegen auch an die Besatzungsmächte zu richten, daß das **Besatzungsstatut,** dessen Entwurf uns bekannt ist und unter dem wir ja wohl noch eine beschränkte Zeit leben müssen — solange es nicht von einem Frieden abgelöst wird, auf den wir meiner Überzeugung nach Anspruch haben —, im **Geiste** der **Präambel** und insbesondere im Geiste des **Begleitschreibens** gehandhabt werden möge. Dann wird auch dieses Besatzungsstatut, dessen Inhalt sicherlich für niemand, für keinen Deutschen erfreulich sein kann, uns die Arbeit am Aufbau einer echten, auch im Volke verstandenen und vom Volke getragenen Demokratie nicht erschweren.

Es wird uns dann der Weg offen sein, zu den Zielen zu kommen, die uns — und das begrüße ich als eine grundsätzliche Wandlung in der Auffassung der Alliierten — zur **Mitarbeit** in einem **wirklichen vereinten Europa** führen werden, zu einer gleichberechtigten Mitarbeit, von der erstmals in dem Schreiben der Außenminister vom 22. April die Rede war. Das wird uns dann auch ermöglichen, den **großen Beitrag** zur **Entwicklung der Welt** zu leisten, den der amerikanische Außenminister Acheson selbst von uns erhofft, wie aus seiner Rede am 28. April hervorging.

Allerdings auch hier ein Wort der Einschränkung: auch hier die Feststellung, daß wir hoffen und wünschen, daß die **Besatzungsmächte** sich auch der **Pflichten** bewußt sein möchten, die sich aus der Tatsache ergeben, daß sie **Rechte** über uns übernommen haben.

Meine Damen und Herren! Meine Zeit scheint abgelaufen zu sein, lassen Sie mich zum Schluß kommen. Ich las im Kriege in einem Buch, das wenige Zeit darauf beschlagnahmt wurde, den Satz: „Das menschliche Leben bedarf der Rechtfertigung vor Gott, das politische Leben bedarf der Rechtfertigung vor dem Geist.“ Wir wollen hoffen, daß die Menschen, die vom deutschen Volk berufen sein werden, auf diesem neuen Grundgesetz einen **neuen,** einen **freien,** einen **demokratischen Staat** zu errichten, in dem Bewußtsein und in dem Gefühl der **Demut vor Gott,** in dem Bewußtsein und in dem Gefühl der **Ehrfurcht vor dem Geist,** in dem Gefühl der **Verantwortung** vor dem **deutschen Volk** und in dem Gefühl der Verantwortung vor der **Menschheit** handeln werden. Wenn sie danach handeln werden, dann wird auch unser unvollkommenes Werk genügen, und wir werden dann vor uns selbst gerechtfertigt sein. Wir werden dann mit Hoffnung und mit Glauben in die Zukunft unseres deutschen Vaterlandes

blicken können.
(Lebhafter Beifall bei der CDU.)

3.2. **Dr. Dehler (FDP)**

Dr. DEHLER (FDP): Meine Damen und Herren! Es ist heute kein Tag des Feierns. Die Blumenzier, die festlichen Gewänder passen nicht zu dem, worum es geht: aus dem jammervollen Zusammenbruch unseres deutschen Staates ein dürftiges Restchen wieder aufzuklauben und den ersten Versuch zu machen, wieder einen Staat zu gestalten. Das ist auch kein Tag billiger Deklamationen. Wenn der Tag einen Sinn haben soll, dann muß es ein **Tag** des **politischen Handelns** sein, dann muß von diesem Tag etwas in die Zukunft ausgehen, dann muß dieser Tag eine klare Auseinandersetzung über das sein, was wir wollen.

Bei unserer Auseinandersetzung über das Wesen dessen, was wir wollen, haben Sie die Spannung gemerkt zwischen dem, was ich vertrete, und dem, was der Herr Kollege Schmid vertritt. Es ist Ihnen vielleicht auch heute im Laufe des Tages klar geworden. Der Herr Kollege Schmid sprach von einem Schuppen, den wir bauen, gegenüber dem kompletten Gebäude, das ich mir vorstelle. Aber diese Bilder führen irre. Der heutige Tag hat einen Sinn, wenn wir etwas **Klares** wollen. Es kommt nicht auf die **äußere Form** an. Es kommt darauf an, was heute als **Wirklichkeit** entsteht. Denken wir daran, daß vor 100 Jahren unser Volk in der gleichen Diskussion war wie wir heute. Am 27. März 1849 war die deutsche Reichsverfassung in der Paulskirche beschlossen worden, am 28. März 1849 war sie verkündet und dem deutschen Volke vorgelegt worden. Es sollte sich entscheiden. Und sie wurde auseinandergeredet und sie zerfloß in nichts. Das ist die Frage, was unser Volk will, was wir daraus machen. Der Herr Kollege Menzel hat heute früh gesagt: Das wird nicht die wahre Verfassung sein, die Verfassungswirklichkeit wird ganz anders aussehen; Ruhrstatut und Besatzungsstatut werden die wahren Verfassungen sein. Die können es sein. Sie werden es nicht sein, wenn wir es wollen. Wir schreiben eine Verfassung, in der steht, daß der Bundespräsident, daß der Bundeskanzler, daß die Bundesminister einen **Eid** auf diese Verfassung schwören. Sie schwören, die Verfassung, das Grundgesetz zu wahren und zu verteidigen. Ich habe das schon einmal im bayerischen Landtag dem Herrn Ministerpräsidenten gesagt, als er gegenüber der Militärregierung schwach war: Sie haben einen Eid geleistet, und keine Macht der Erde kann Sie von diesem Eid entbinden, auch nicht die Besatzungsmacht! Das wird auch für die **künftigen Politiker** Deutschlands gelten, daß sie einen **Willen** haben müssen und nicht mit Kleinmütigkeit, Ängstlichkeit und Zweifeln an ihre Aufgaben herangehen, sondern mit dem **Glauben** an das, was wir schaffen wollen.

Da komme ich auf die Frage, die heute politisch zu entscheiden ist. Herr Kollege Brentano, Sie sagen, Sie gestehen den Herren Ihres Kreises, die zu dieser Verfassung nein sagen, zu, daß sie aus einem echten **Gewissenskonflikt** handeln. Ich sage: Nein!
(Hört, hört!)
Wer zu diesem Grundgesetz nein sagt, verletzt seine Aufgaben und seine Pflichten in dieser Stunde. Gott, jeder von uns hat zu mäkeln an dem, was in diesem Grundgesetz steht. Als ob es sich darum handeln würde! Als ob es sich um Artikel handeln würde. Als ob es sich nicht um den Versuch handeln würde, unser Volk aus seinem Sturz wieder heraufzuführen. Verantwortungslos ist der, der zu diesem Grundgesetz nein sagt!
(Lebhafte Rufe: Hört, hört! — Brockmann (Zentrum): Das ist ja unglaublich! Das sind

„Liberaldemokraten"!)
— Ich haben Ihnen gesagt: der Tag hat einen Sinn, wenn wir uns politisch stellen. Ich weiche nicht aus, und ich bitte Sie, weichen auch Sie nicht aus! Mit einem Mal geht aus diesem Raum der, der zu diesem Grundgesetz nein sagt, der sich an der Aufgabe dieses Tages versündigt!
(Hört, hört! — Brockmann (Zentrum): Unglaublich! — Weitere Zurufe.)
— Ja, Herr Kollege Seibold, ich weiß, was vor hundert Jahren in Bayern gespielt hat, und Sie sind der Enkel der gleichen Leute, die damals die Aufgabe verkannt haben. Herr Kollege Seibold, die damals das, was die geschichtliche Stunde gebot, nicht erfüllt haben. Vielleicht kennen Sie die Kette, die über Königgrätz und über Sedan am Ende nach Stalingrad führte.
(Zuruf: Vor Hitler gab es noch den freien Willen!)
— Gegenüber der **deutschen Aufgabe** gibt es keine Freiheit, sondern eine **Verpflichtung.** Und das sage ich Ihnen: Ich habe das verdammte Gefühl, daß die Herren, die sich darauf vorbereiten, nein zu sagen, sich dahinter verstecken, daß die anderen ja wohl die Sache machen werden.
(Sehr richtig! links und Händeklatschen.)
Meine Damen und Herren! Wer so handelt, der verletzt die Pflicht dieser Stunde. Die Erklärungen, die hier abgegeben werden — Herr Kollege Seebohm hat sie schon abgegeben, andere werden vorbereitet, und Herr Kollege Pfeiffer wird sie abgeben —, sind Unwahrheiten vom Anfang bis zum Ende.
(Zuruf rechts: Gewissen!)
— Nein! Es ist ja nicht wahr, was Sie hier konstruieren, Herr Kollege Seibold. Sie und Ihresgleichen haben unsere Arbeit von Anfang an sabotiert, und wenn die Dinge belastet sind, —
(Zurufe. — Glocke des Präsidenten.)
PRÄSIDENT Dr. ADENAUER: Herr Dehler, ich bitte, lassen Sie mich Ihnen in aller Ruhe sagen, daß die Entscheidung auch noch in Landtagen fällt und daß wir doch bestrebt sein sollten, nicht von hier aus in die Abstimmung der Landtage hinein in negativem Sinne zu wirken, sondern in positivem Sinne.
Dr. DEHLER (FDP): Das ist mein Bestreben, Herr Präsident, und das erreicht man nur, wenn man den Finger in die Wunde legt. Mit schönen Phrasen über die Probleme hinwegreden heißt sich versagen, heißt: nicht erkennen, worum es geht. Hier werden doch schon die Positionen bezogen. Der Herr Kollege Finck tritt auf und erklärt: Wir werden den Kampf um das Elternrecht fortsetzen.
(Zuruf rechts: Jawohl!)
Und der Herr Kollege Brentano sagt: selbstverständlich werden diese Herren den Kampf um die Änderung der Verfassung fortsetzen. Man stelle sich vor: es geht darum, Deutschland wieder zu gestalten, es aus einem Sturz sondergleichen herauszukehren, und da denkt man nur an den Kampf um irgendwelche fixen Ideen!
(Beifall links. — Seibold (CSU): Na, na!)

Meine Damen und Herren, die Sie zu dieser Verfassung nein sagen wollen, haben Sie keine Scheu, sich neben die Partei hier auf der äußersten Linken zu stellen? Ist das kein fragwürdiges Konnubium, das Sie bestürzen müßte? Meine Damen und Herren, ich spreche als bayerischer Abgeordneter. Ich spreche aus der Spannung, die bei mir zu Hause entstanden ist und die nicht tragbar ist. Es ist nicht tragbar, daß eine verantwortungsbewußte Regierung zwar mit schönen Worten sagt: Wir bekennen uns zur Einheit unseres Volkes, wir sind selbstverständlich überzeugt, daß ein kraftvoller Bund entstehen muß, dann aber nichts anderes zu tun hat, als nein zu sagen aus Gründen, die nicht stichhaltig sind. Das Volk soll die Wahrheit wissen!

Wir haben Monat um Monat darum gerungen, den **Wünschen** der **Bayern** entgegenzukommen. Wir haben uns Monat um Monat bemüht, den **Wünschen** der **Kirchen** zu entsprechen. Der Dank war, daß sie immer wieder nein sagen.

(Sehr richtig! links.)

Es ist nicht wahr, daß dieser Bund nicht bündisch genug sei, daß er den **föderalen Erfordernissen** nicht Rechnung trage. Im Gegenteil, wir sind gegenüber den Wünschen extremer Föderalisten bis zum Übermaß des Entgegenkommens gegangen. Wir haben den Bundesrat zugestanden, wir haben den Bundesrat mit weitgehenden Vollmachten ausgestattet. Die gesamte Verwaltung liegt bei den Ländern. Es ist kein Grund vorhanden, Klage zu erheben. Es ist unerhört, zu sagen, diese Verfassung sei nicht christlich genug, und diesen bösen Kampf hier hereinzutragen. Die Verfassung beginnt mit der Anrufung Gottes und gibt den Kirchen alle Rechte, die sie nur haben wollen. Wie können Sie also behaupten, diese Verfassung sei nicht christlich genug!

(Zurufe rechts.)

Es gibt kluge Leute — darunter einen Mann, auf den Sie auch hören können: Romano Guardini —, die sagen, daß es nicht darauf ankommt, vom Christentum zu sprechen, sondern darauf, daß die christliche Mächtigkeit in unseren Herzen ist. Die Dinge werden entstellt. Das müssen wir unserem Volke sagen, wenn es erfahren soll, was hier vorgeht. Das muß besonders an dieser Stelle gesagt werden, damit die Bevölkerung in Bayern weiß, was sie von dem Nein ihrer Regierung und von dem Nein ihrer Regierungspartei zu halten hat.

Ich will auf einzelne Dinge nicht eingehen. Man hat ja heute schon gesehen, wie die Parteien bereits den Wahlkampf vorbereiten.

(Brockmann (Zentrum): Das tun Sie jetzt. Sie bereiten ihn vor. Das haben Sie schon gestern getan!)

PRÄSIDENT Dr. ADENAUER: Ich bitte, den Redner nicht zu unterbrechen; er hat nur noch zwei Minuten.

(Heiterkeit.)

Dr. DEHLER (FDP): Ich glaube, ich darf für meine Freunde in Anspruch nehmen, daß wir bis zur Selbstverleugnung mitgetan haben. Wir wußten auch, daß es trotz unserer kleinen Zahl am Ende auf uns ankam. Wir haben das nicht als Zufall und nicht als Unrecht empfunden — wenn Sie schon von Parteitaktik sprechen —, sondern als eine **schicksalhafte geschichtliche Aufgabe,** weil wir nie nach den Wünschen einer Gruppe, nach den Wünschen eines Landes schauten, weil es uns immer nur um die Sache an sich ging, und diese Sache war die Sache Deutschlands. — Soviel zu diesen Dingen.

Aber ich halte es für notwendig, in dieser Stunde noch ein anderes Wort zu sagen, noch eine andere Blickrichtung aufzuzeigen. Wir beginnen, so wollen wir hoffen, heute eine **neue Stufe** der **Geschichte** des **deutschen Volkes.** Wir glauben, daß es ein Stück besseren Weges der deutschen Geschichte bedeuten wird. Ich glaube, es ist die Stunde, in die Welt hinauszuschauen und den Willen und die Bereitschaft zu erklären, mit dieser Welt in Einvernehmen zu leben, mit ihr im Einklang zu sein. Wir wissen, wir können nicht losgelöst von der **Gemeinschaft** der **europäischen Völker** bestehen. Mir ist es dabei ein Bedürfnis, in dieser Stunde den Blick nach dem **Westen** zu richten. Es gibt keine europäische Befriedigung, wenn nicht zwischen uns und dem **französischen Volk** die **Brücke** geschlagen wird.

(Dr. Heuss (FDP): Sehr richtig!)

Ich möchte in dieser Stunde an diese europäische Gemeinschaft mahnen, möchte das deutsche Volk mahnen, das nun wieder zu politischer Handlungsfähigkeit kommen soll. Es glaubt an diese Gemeinschaft. Es wartet auf die ausgestreckte Hand Frankreichs. Es ist bereit, in die

Hand einzuschlagen und Europa aus diesen Jahrhunderten der fürchterlichsten Verwüstung herauszuführen.

Eines meiner schaurigsten Erlebnisse ist das Beinhaus bei Verdun; viele von Ihnen werden es kennen. Dort liegen viele Hunderttausende von Menschen der verschiedenen Nationen nebeneinander.

PRÄSIDENT Dr. ADENAUER: Herr Dehler, Ihre Redezeit ist zu Ende. Ich bitte Sie, zum Schluß zu kommen.

Dr. DEHLER (FDP): Der Wunsch, den ich äußere, ist der, daß die Menschen Europas, das Leben bejahend, gläubig nebeneinander zu wirken versuchen, damit diese grausame Zeit der Vernichtung und Zerstörung, all das, was hinter uns liegt, nicht nur überwunden wird, sondern **Anlaß** und **Impuls** ist zu einer **Besserung,** zu einer **Umkehr vom Bösen** in das **Gute.** So möge die deutsche Demokratie, die wir nicht in Paragraphen und Artikel fassen wollen, sondern die wir gestalten müssen und gestalten wollen, zusammenklingen mit der größeren Gemeinschaft der europäischen Völker in Frieden und in Freiheit!

(Beifall.)

PRÄSIDENT Dr. ADENAUER: Meine Damen und Herren! Die Arbeit in einem Parlament ist nicht möglich, wenn der Vorwurf erhoben wird, der Andersdenkende habe bewußt sabotiert, habe bewußt gegen seine Überzeugung gehandelt.

(Sehr richtig! rechts.)

Bis zum Beweis des Gegenteils ist jeder, der es auch mit der innerdeutschen Gemeinschaft ernst meint, verpflichtet, vom anderen anzunehmen, daß er guten Willens ist, und vor dem anderen Respekt zu haben.

Ich bedauere, Herr Dr. Dehler, daß Sie Mitgliedern dieses Hauses bewußt Sabotage und Unwahrhaftigkeit vorgeworfen haben. Ich halte das parlamentarisch nicht für zulässig und rufe Sie deswegen zur Ordnung.

(Bravorufe rechts.)

Ich bitte aber diejenigen, die angesprochen worden sind, auf das dringendste, nun nicht in den gleichen Ton zu verfallen, damit nicht das, was wir im großen und ganzen doch gemeinsam zu einem guten Ende bringen wollen, zum Schluß noch durch einen Streit zerredet wird.

(Zurufe: Sehr richtig!)

3.3. **Dr. Schmid (SPD)**

Dr. SCHMID (SPD): Meine Damen und Herren! Durch die Abstimmung, die wir in wenigen Minuten vornehmen werden, wird ein Gesetz beschlossen, durch das zum ersten Mal seit dem Zusammenbruch sich die Deutschen über das Gebiet einzelner Länder hinaus eine Ordnung ihres staatlichen Lebens geben werden. Diese Ordnung wird der **Baurіß** für einen **Notbau** sein. Diese Ordnung wird nicht die Verfassung Deutschlands sein. Die Verfassung Deutschlands besteht vorderhand in nichts als in dem „Plebiszit eines jeden Tages", das nach den Worten Ernest Renans die Nation vergegenwärtigt. Diese Verfassung besteht vorderhand in nichts denn in dem **Bewußtsein** eines **gemeinsamen Schicksals,** das die Deutschen bejahen, auch in dieser Zeit der Not und der Passion, in die unser Volk nicht ohne seine Schuld gekommen ist. Diese Verfassung besteht vorderhand in nichts anderem als in dem unerschütterlichen Willen aller Deutschen, trotz aller Schranken, die man zwischen ihnen aufgerichtet hat, sich als ein einziges Volk, als e i n Staatsvolk zu fühlen.

(Bravorufe.)
Und diese Verfassung besteht vorderhand in nichts, als in der Entschlossenheit der Deutschen, diese Phase der Nachkriegsgeschichte erst mit dem Tage als abgeschlossen anzuerkennen, an dem die Einheit des deutschen Volkes ihren konstitutionellen Ausdruck in einer Verfassung gefunden hat, die aus dem freien Willen aller Deutschen hervorgegangen ist.

Dieser Notbau schafft kein politisch und im geschichtlichen Sinne selbständiges staatliches Gebilde. Um im Bilde zu sprechen: Es ist so, als ob man in einem zerstörten Hause drei der vier Zimmer, aus denen dieses Haus besteht, einigermaßen bewohnbar gemacht habe; nur drei, weil höhere Gewalt es noch unmöglich macht, das vierte Zimmer anzurühren, und weil sie seine Bewohner zwingt, noch im Trümmerschutt zu hausen.
(Renner (KPD): Falsches Bild!)
Genau so wenig, wie dadurch das alte Haus gespalten wird, genau so wenig haben wir einen neuen Staat geschaffen. Wir haben nur einen Teil des Raumes unseres zerstörten Staatsgebäudes umgebaut; das ist alles. Hier im Westen wird unter der Ordnung des Grundgesetzes **Gesamtdeutschland** gegenwärtig sein, wie es das im Osten auch in der Brust der dortigen Bevölkerung ist und immer sein wird, auch wenn man diese Menschen daran hindert, ihr Wollen zu verwirklichen.

Wir sind bei der Errichtung dieses Notbaues nur zum Teil Herren unserer Entschlüsse gewesen. Die **Besatzungsmächte** haben uns **Auflagen** erteilt. Sie wollten, daß wir unser Gemeinwesen nach Gesichtspunkten ordnen sollten, denen sie den Vorzug vor anderen gaben. Das ist nicht gut gewesen. Man sollte in einem Zeitalter der Demokratie die Vorstellungen der Völker von dem, was ihnen am besten frommt, respektieren.

Aber wir können die Motive, die zu diesem Verhalten geführt haben, verstehen, und wir dürfen nicht vergessen, daß wir Europa Grund gegeben haben, uns zu mißtrauen. Wir verstehen daher — wir müssen es verstehen —, daß unsere Nachbarn auf ihre Sicherheit bedacht sein wollen. Wir meinen aber, daß **Sicherheit** nicht durch **staatsrechtliche Kunststücke** geschaffen werden kann,
(Sehr richtig!)
sondern nur dadurch, daß man die **Voraussetzungen** der **Unsicherheit** beseitigt. Diese Voraussetzungen liegen aber ganz woanders als in den Formen der staatsrechtlichen Organisation der deutschen Demokratie, sie liegen in dem Aberglauben, daß der Nationalstaat in hemmungsloser Verwirklichung seiner Macht den Sinn der Geschichte darstelle und ihr legitimer Beweger sei.

Die Besatzungsmächte haben uns im Laufe dieser Monate zu wiederholten Malen wissen lassen, daß sie mit gewissen Lösungen, die wir in Bonn gefunden hatten, nicht einverstanden seien und daß wir Gefahr liefen, bei Verharren auf ein **Veto** zu stoßen. Wir haben diese Vorstellungen jeweils genau geprüft und wir sind bereit gewesen, in ihrer Beachtung so weit zu gehen, als irgend möglich erschien. Wir wollten nicht auf Prestige hin wirken; dazu ist heute nicht die Zeit und dazu sollte im Leben ernsthafter Völker überhaupt nie die Zeit sein!
(Dr. Menzel (SPD): Sehr richtig!)

Aber es hat für uns von Anfang an eine Grenze gegeben. Wir waren nicht bereit, unseren Namen unter ein Grundgesetz zu setzen, das uns ein **funktionsunfähiges Gemeinwesen** beschert hätte. Man spricht gern von der Politik des kleineren Übels, und man hat uns von verschiedenen Seiten in guten Treuen dazu geraten, diese Politik zu treiben. Gewiß, es ist wahr: zu Zeiten kann Politik in nichts anderem bestehen als darin, ein großes Übel, das auf einem Volke lastet, kleiner zu machen.
(Dr. Heuss (FDP): Sehr richtig!)

Aber hier hätten wir durch allzu bereitwilligen Verzicht auf unsere besseren Überlegungen nicht ein großes Übel kleiner gemacht, sondern wir wären Gefahr gelaufen, dadurch die **Idee der Demokratie selbst** und damit das Fundament, auf das wir unsere Zukunft bauen wollen, zu diskreditieren. Man kann die Demokratie durch nichts wirksamer diskreditieren als dadurch, daß man sich zwingen läßt, etwas als **eigenen Willen** auszugeben, was in Wirklichkeit **fremder Wille** ist; denn damit raubt man ihr ihr eigentliches Fundament, die Selbstachtung des Bürgers. Demokratie ist ja letzten Endes nichts anderes als die politische Form, in die sich die Achtung eines Volkes vor sich selber kleidet. Und man kann die Demokratie nicht wirksamer zerstören als dadurch, daß man in ihrem Namen Institutionen schafft, die nicht imstande sind, die Aufgaben zu meistern, die einem Volke vom Leben gestellt werden.

Weil zu einem gewissen Zeitpunkt die Gefahr bestand, daß dieser Zustand eintrat, haben wir im letzten Monat ein deutliches Nein gesprochen, kein Nein schlechthin, sondern ein Nein zu Methoden, die uns verhängnisvoll erschienen. Wir haben diesem Nein ein konditioniertes Ja beigefügt, indem wir erklärten, daß wir einem Grundgesetz zustimmen wollten, das gewisse Voraussetzungen erfülle. Das Grundgesetz, das wir nun schaffen konnten, erfüllt diese Voraussetzungen. Darum stimmen wir ihm zu, obwohl vieles darin steht, dem wir nur schweren Herzens zustimmen können. Vieles von dem, was in diesem Grundgesetz steht, lastet auf uns so schwer, wie auf jenen, die heute nein sagen wollen, lasten mag, was nicht darin steht. Wir haben um Deutschlands willen unsere Bedenken zurückgestellt. Tun auch Sie es, meine Herren!

(Lebhafte Bravorufe und Händeklatschen.)

Aber dieses Grundgesetz wird nicht das einzige Gesetz sein, nach dem wir werden leben müssen. Über ihm steht durch die Macht der Waffen der **Wille** der **Besatzungsmächte.** Dieser Wille konnte bisher unbeschränkt ausgeübt werden. Wir haben seit Jahren gefordert, daß die Besatzungsmächte diesen ihren Willen selbst beschränken möchten, und haben darum das Besatzungsstatut gefordert, das die Zeit bis zum Friedensschluß überbrücken soll. Wir haben es gefordert, weil es uns besser erscheint, daß die **Gewalt** über uns in der **Ordnung** ausgeübt wird als in der **Willkür.**

(Sehr gut! bei der SPD.)

Dieses **Besatzungsstatut** ist nunmehr erlassen. Es ist ein Dokument, das alle Möglichkeiten eröffnet. Je nach seiner Handhabung wird es ein Instrument sein, das sich selber überflüssig machen wird, oder es wird im bösen Falle zu einem Fetisch werden, der schließlich zum Selbstzweck wird. Wir wollen hoffen, daß die Besatzungsmächte es weise handhaben werden. Weise, das bedeutet klug und gerecht. Es würde nicht nur zu unserem Vorteil sein! Eine solche weise Handhabung ist die Voraussetzung dafür, daß ein wahrhaftiges Europa werden kann.

Dasselbe gilt vom **Ruhrstatut,** das auch ein Stück unserer Verfassungswirklichkeit ist. Wir haben es seinerzeit scharf kritisiert, nicht aus nationalistischer Borniertheit, sondern weil viele seiner Bestimmungen in uns die Befürchtung geweckt haben, daß durch ihre Allgemeinheit der **Mißbrauch** der **Macht** zu leicht gemacht werden könnte. Wir haben vor allen Dingen darum Kritik daran geübt, weil wir fürchteten, daß die durch dieses Statut geschaffene Möglichkeit, die **Bodenschätze** Deutschlands ohne eigene Gegenleistung sich nutzbar zu machen, unseren Nachbarn den Anreiz nehmen möchte, die eigenen in den **Gemeinbesitz Europas** einzubringen. Nur dann wird aber Europa wirklich das Europa sein, das die Europäer wünschen; offene und versteckte Annektionen sind sein größter Feind!

(Beifall.)

Dieses Europa zu schaffen, muß das Ziel aller unserer Bemühungen sein. Dieses Ziel gibt allem, was wir in den einzelnen Staaten tun, in die der Kontinent zerfällt, seinen rechten Sinn.

Die **Außenminister,** die bald über Deutschland zu Rate sitzen werden, sollten bei ihren Beratungen nicht vergessen, daß auch das Gemeinwesen, das wir durch das Grundgesetz schaffen, seinen letzten Sinn darin hat, daß es helfen soll, **Deutschland** wieder in die **Gemeinschaft** der **freien Völker** einzugliedern. Und sie sollten nicht vergessen, daß sie es waren, die diesen Satz in dem Manifest an uns niedergeschrieben haben. Wehe, wenn sie dieses Versprechen vergessen sollten und dem **Opportunismus** den Vorrang vor dem gegebenen Wort einräumen! Wer einen totalen Sieg voll in Anspruch nimmt, muß sich klar sein, daß er damit ein allgemeines Risiko auf sich genommen hat, ein **Risiko,** das ihm nur der Besiegte abnehmen kann, der in den Stand gesetzt wird, allein zu bestehen, indem er selbst für sich sorgen kann. **Demokratie** fordert die **Solidarität** der **Demokraten,** und wer gegen das Gesetz dieser Solidarität verstößt, verrät mehr als den anderen: er verrät die Idee der Demokratie selbst, und die verratene Demokratie hat noch immer ihr Gegenbild heraufgerufen! Diese Solidarität, unter deren Gebot wir alle stehen, gebietet die Rücksicht auf die Lebensgesetze und die Nöte in dem jeweils anderen. Demokratie ist immer das, was den anderen betrifft, um ein Wort Rosa Luxemburgs zu variieren. So gebietet auch die Demokratie, daß jeder jedem das Warnungszeichen gibt, wenn die Gefahr besteht, daß ein Handeln oder Unterlassen das große Ziel gefährdet.

Wir Deutsche wissen, daß wir allen Grund haben, uns dabei nicht vorzudrängen. Aber vielleicht sehen wir gewisse Dinge schärfer als andere. Es gibt insoweit eine **Überlegenheit** des **Besiegten** über den **Sieger,** und dazuhin haben wir von **Diktatur** zuviel erfahren, sind nur zu sehr und zu eng in ihre Netze geworfen worden, als daß wir nicht besser und nicht früher als die anderen sähen, wo die neuen Gefahren lauern.

(Sehr gut!)

Darum fühlen wir uns verpflichtet, den Besatzungsmächten zuzurufen: Macht von eurer Macht einen weisen Gebrauch! Übt sie so, daß jene, die in Deutschland um die Anerkennung der Demokratie als der einzigen politischen Methode ringen, die auf die Dauer ein Volk glücklich machen kann, nicht dauernd Nackenschläge erhalten! Übt sie so, daß diese Menschen ermutigt werden! Macht es ihnen nicht unmöglich, in Deutschland Zustände zu schaffen, die das Volk der Arbeiter bejahen kann, weil sie seine seelischen und seine materiellen Nöte lindern! Vor allem aber übt eure Macht nicht so, daß dieses Volk diese Zeit nur bejahen kann, indem es auf Selbstachtung verzichtet!

Wenn wir auf beiden Seiten nach dem Gesetz der Solidarität handeln, dann wird man einmal sagen können, daß an dem vierten Jahrestage des 8. Mai 1945, an dem das **blutige Siegel** unter den Zusammenbruch einer **Herrschaft** des **Verderbens** gedrückt worden ist, hier in Bonn etwas geschaffen wurde, das die **Tore** zu einer **besseren Zukunft** Deutschlands, einer Zukunft Europas, aller Völker Europas weit aufgestoßen hat.

(Lebhafter Beifall, besonders bei der SPD.)

3.4. **Dr. Schwalber (CSU)**

Dr. SCHWALBER (CSU): Meine Damen und Herren! Ich hätte lediglich eine Erklärung abzugeben gehabt, aber die **maßlosen Angriffe,** die Herr Dr. Dehler gegen meine politischen Freunde und gegen die bayerische Regierung gerichtet hat, würden mich zwingen und gäben mir das Recht, in eben solcher Weise ihm zu erwidern. Es liegt mir aber ferne, an diesem Tag meine Kollegen im Parlament mit beleidigenden Ausdrücken zu bedenken. Ich sehe davon ab, in derselben Weise zu erwidern, weil mir der heutige Tag zu ehrwürdig ist und weil ich die junge deutsche Demokratie an ihrem Geburtstag nicht in ähnlicher Weise in Mißkredit bringen möchte.

(Bravo! bei der CSU.)

Ich bitte Sie, meine Damen und Herren, dann zu entscheiden, wer der deutschen Demokratie einen größeren Dienst erweist. Und nun bitte ich Sie, meine **Erklärung,** die ich im Namen meiner politischen Freunde abzugeben habe, zur Kenntnis zu nehmen.

Die **Abgeordneten** der **CSU** sind einmütig in dem Willen, das gesamte deutsche Volk zu einer **kraftvollen Einheit** zusammenzuschließen, und sehen in der Bundesrepublik Deutschland einen Weg zur Erreichung dieses Zieles. Sie erstreben einen **Bundesstaat,** dessen Gliedern die **Entfaltung** eines **echten staatlichen Lebens** im Rahmen der deutschen Einheit durch das Grundgesetz gewährleistet wird. Sie sind nach Bonn gekommen mit dem festen Entschluß, zur Verwirklichung dieses Zieles an der Schaffung des Grundgesetzes mitzuwirken, und haben uneingeschränkte Mitarbeit geleistet. Sie haben dem Bund alle Befugnisse zugewiesen, die zur Durchführung seiner gesamtdeutschen Aufgaben notwendig sind. Aus diesem Grunde haben sie in weitem Maße in eine Beschränkung der Rechte der Länder unter der Voraussetzung eingewilligt, daß auf der anderen Seite die Länder bei der Bildung des Gesamtwillens in angemessenem Verhältnis beteiligt würden. Eine Beteiligung ist den Ländern zwar durch den **Bundesrat** eingeräumt. Seine bereits festgelegten Befugnisse wurden aber in den letzten Wochen Stück für Stück wesentlich geschmälert. Bestimmungen zur Sicherung des staatlichen Aufbaus, die in keiner Weise der Bundesgewalt Abbruch getan hätten, wurden gestrichen. Das **Finanzwesen** des Bundes und der Länder wurde in einer Form geregelt, die eine eigene gesunde Finanzwirtschaft der Länder wohl nicht mehr ermöglicht. Die neu hinzugefügten Bestimmungen über die **Dotationen** des Bundes an die Länder geben Raum für einen unübersehbaren **Einbruch** in die durch das Grundgesetz gewährleisteten **Hoheitsrechte** der **Länder,** namentlich auf kulturellem Gebiet. Damit ist das Grundverhältnis zwischen Bund und Ländern entscheidend gestört.

Weiter bietet das Grundgesetz keinen Schutz gegen eine **unheilvolle Entwicklung** des **Parteiwesens** durch eine Wiederholung der **Parteienzersplitterung.**

Endlich war es nicht möglich, zu erreichen, daß das Grundgesetz sich eindeutig und entschieden zu den Gedanken unserer **christlichen Staatsauffassung** bekennt.

Wir, die Abgeordneten Dr. Kleindienst, Dr. Kroll, Dr. Laforet, Dr. Pfeiffer, Dr. Seibold und Dr. Schwalber, sind deshalb nicht in der Lage, dem Grundgesetz in der vorliegenden Fassung zuzustimmen. Wir erklären aber auch in dieser Stunde mit allem Nachdruck, daß wir uns trotz unserer Einwendungen gegen das Grundgesetz dem neuen Staat und Gesamtdeutschland aus tiefstem Empfinden verpflichtet fühlen.

(Beifall bei der CSU.)

4. *Schlußabstimmung*

PRÄSIDENT Dr. ADENAUER: Wir kommen zur Schlußabstimmung. Ich bitte die Abgeordneten, sich bei Stimmabgabe zu erheben.

Schriftführer **STOCK (SPD):** Dr. Adenauer (Ja!), Bauer (Ja!), Dr. Becker (Ja!), Dr. Bergstraesser (Ja!), Dr. Binder (Ja!), Blomeyer (Ja!), Dr. von Brentano (Ja!), Brockmann (Nein!), Dr. de Chapeaurouge (Ja!), Dr. Dehler (Ja!), Dr. Diederichs (Ja!), Dr. Eberhard (Ja!), Ehlers (Ja!), Dr. Finck (Ja!), Gayk (Ja!), Dr. Greve (Ja!), Heiland (Ja!), Heile (Nein!), Hermans

Der Parlamentarische Rat bei der Schlußabstimmung zum Grundgesetz. In der ersten Reihe von links: Max Reimann (KPD), Walter Menzel (SPD), Carlo Schmid (SPD) und Theodor Heuss (FDP).

(Ja!), Dr. Heuss (Ja!), Hilbert (Ja!), Dr. Hoch (Ja!), Dr. Höpker-Aschoff (Ja!), Dr. Hoffmeister (Ja!), Dr. Katz (Ja!), Kaufmann (Ja!), Dr. Kleindienst (Nein!), Dr. Kroll (Nein!), Kuhn (Ja!), Kühn (Ja!), Dr. Laforet (Nein!), Dr. Lehr (Ja!), Lensing (Ja!), Dr. Löwenthal (Ja!), Maier Friedrich (Ja!), Dr. von Mangoldt (Ja!), Mayr Karl-Sigmund (Ja!), Dr. Menzel (Ja!), Dr. Mücke (Ja!), Nadig (Ja!), Dr. Pfeiffer (Nein!), Reimann (Nein!), Renner (Nein!), Roßhaupter (Ja!), Runge (Ja!), Dr. Schäfer (Ja!), Schlör (Ja!), Dr. Schmid (Ja!), Schönfelder (Ja!), Schrage (Ja!), Schröter (Ja!), Dr. Schwalber (Nein!), Dr. Seebohm (Nein!), Dr. Seibold (Nein!), Dr. Selbert (Ja!), Stock (Ja!), Dr. Strauss (Ja!), Wagner (Ja!), Dr. Weber (Ja!), Wessel (Nein!), Wirmer (Ja!), Dr. Wolff (Ja!), Wunderlich (Ja!), Zimmermann (Ja!), Zinn (Ja!).
PRÄSIDENT Dr. ADENAUER: Meine Damen und Herren! Das Grundgesetz ist mit 53 Ja-Stimmen gegen 12 Nein-Stimmen angenommen worden.
(Lebhafter Beifall.)

5. *Schlußworte des* **Präsidenten Dr. Adenauer**

PRÄSIDENT Dr. ADENAUER: Meine Damen und Herren! Ich bitte Sie, im Hinblick auf die Bedeutung des Werkes, das wir soeben vollendet haben, nach den Minuten der Erregung jetzt noch einige Augenblicke zusammenzubleiben, damit wir uns klar darüber werden, was geschehen ist und in welcher Lage wir sind.

Ich bitte zunächst feststellen zu dürfen, damit die Öffentlichkeit draußen kein falsches Bild bekommt, daß von den 13 Vertretern **Bayerns** im Parlamentarischen Rat 7 die Verfassung bejaht haben — also die Mehrzahl —, und ich glaube, man kann doch die Hoffnung haben, daß auch im bayerischen Landtag sich eine Mehrheit findet, wenn dieses Grundgesetz demnächst den Landtagen vorgelegt werden wird.

Meine Damen und Herren! Es ist wohl in Wahrheit — und ich glaube auch keiner von denen, die ihre Nein-Stimme begründet haben, wird das bestreiten — für uns Deutsche der erste frohe Tag seit dem Jahre 1933. Wir wollen von da an rechnen und nicht erst von dem Zusammenbruch an, so schwer die Jahre des Zusammenbruchs auch waren. Die Jahre von 1933 bis 1945, die uns in einer **fürchterlichen Knechtschaft** sahen, dürfen nicht aus unserem Gedächtnis gewischt werden. Die Zeit, die hinter uns liegt, war schwer, und wir beginnen erst langsam einen Blick und einen Schritt in eine bessere Zukunft zu tun.

Lassen Sie mich zunächst auch den **Außenministern** der **drei Weltmächte** danken, die — ich rufe es nochmals in Ihr Gedächtnis zurück — von Washington aus sich unsere Sache haben angelegen sein lassen. Lassen Sie mich in dieser Stunde auch den **Militärgouverneuren** danken, die unseren Interessen doch mit großer Achtsamkeit und nicht nur der Form, sondern auch der inneren Überzeugung nach mit Wohlwollen gegenübergestanden haben. Lassen Sie mich auch den **Mitgliedern** der **Verbindungsstäbe** in Bonn danken, die uns jederzeit in vornehmer und, fast kann man sagen, freundschaftlicher Weise mit ihrem Rat zur Verfügung gestanden haben.

Meine Damen und Herren! In den **drei Westzonen** sind wir nun, nachdem die wirtschaftliche Konsolidierung eingesetzt hat, auch in der **politischen Konsolidierung** ein gutes Stück weitergekommen. Man sollte meines Erachtens nicht immer und ausschließlich auf das Ziel sehen, das noch nicht erreicht ist. Man sollte meines Erachtens auch auf die Wegstrecke sehen, die man auf dem Wege zum Ziel zurückgelegt hat. Ich glaube, wenn wir das tun, dann werden wir — auch wenn wir uns darüber klar sind, daß wir unser endgültiges Ziel noch keineswegs

Konrad Adenauer (CDU) auf seinem Platz im Plenum des Parlamentarischen Rates. Links neben ihm Dr. Anton Pfeiffer (CSU).

erreicht haben — doch mit Genugtuung feststellen können, daß wir auf dem mühevollen Weg, der vor uns gelegen hat, ein sehr gutes Stück weitergekommen sind.

Berlin hat schwere Zeiten hinter sich. Aber diese schweren Zeiten scheinen doch jetzt zu Ende zu gehen. Wir freuen uns von ganzem Herzen darüber. Sie haben soeben in so eindrucksvoller Weise aus den Worten unseres verehrten Kollegen Löbe gehört, welches Leid und welche Trübsal, welche Unfreiheit und welcher Zwang auf den Menschen in der **Ostzone** liegt. Wir glauben aber doch, daß unsere politische Neuorganisation auch nicht ohne Rückwirkung auf das Geschick der Ostzone bleiben wird.

(Renner (KPD): Vor allen Dingen eure Hetzkampagne!)

Ich glaube, das macht man sich am besten klar, wenn man sich vorstellt, welche politischen Folgen es gehabt haben würde, wenn wir im Parlamentarischen Rat nicht zu einer Einigung gekommen wären.

(Renner (KPD): SA-Minister hätten wir allerdings keine!)

Wir haben ein Kompromiß geschlossen. Über das Kompromiß ist manches gesagt worden. Jedes Kompromiß hat Fehler und Mängel. Aber ein Kompromiß hat auch einen großen Vorteil. Es lehrt die Parteien, die so gezwungen waren, miteinander zu arbeiten, auch im politischen Gegner den überzeugten, den ehrlichen Gegner zu schätzen.

Darum darf ich den Wunsch aussprechen, die maßgebenden politischen Parteien möchten bei dem **Wahlkampf,** der nun entbrennen wird, mit dafür sorgen, daß man ehrlich und in vornehmer Weise miteinander kämpft unter Zurückstellung alles dessen, was jetzt nicht gelöst werden konnte und was trennen könnte, damit wir, wenn dieser Wahlkampf vorüber ist, zu dem kommen, was einem Volke, das in so bitterer Not ist wie das deutsche Volk, allein nottut: Zusammenarbeit aller Parteien!

Meine Damen und Herren! Wir haben die dringende Bitte an die drei Militärgouverneure, ihrerseits dafür Sorge zu tragen, daß dieses Grundgesetz schnellstens genehmigt wird, und wir haben die Bitte an die Herren Ministerpräsidenten, sich mit dafür einzusetzen, daß die Landtage dieses Grundgesetz **schnellstens ratifizieren.** Noch ist das Grundgesetz nicht in Kraft getreten, meine verehrten Kollegen, noch haben wir keinen Bundestag, noch haben wir keine Bundesregierung, noch haben die 45 Millionen Deutschen in den Westzonen niemanden, der sie nach außen hin vertritt, in einem Augenblick, in dem auf der **Pariser Konferenz** vielleicht endgültig über unser Geschick entschieden wird! Geben wir uns keiner Täuschung hin, daß diese Pariser Konferenz vielleicht sehr ernste Folgen für uns haben kann.

Diese Außenministerkonferenz aber, meine Damen und Herren, wird auch dann, wenn wir noch keine Bundesregierung haben, nicht achtlos an der Tatsache vorübergehen können, die wir heute durch unseren Beschluß hier in Bonn geschaffen haben.

(Renner (KPD): Also doch!)

Wir wünschen die **Einheit Deutschlands,** wir wünschen sie von ganzem Herzen und von ganzer Seele. Wir wünschen ein freies Deutschland, in dem der deutsche Mensch ein menschenwürdiges Dasein führen kann wie jeder andere europäische Mensch.

Wir in der Westzone sind auf dem Wege zur politischen Freiheit. Wie die Zustände in der **Ostzone** sind, haben Sie eben gehört. Das, was bei uns und das, was in der Ostzone geschieht, ist ebensowenig zu vergleichen, wie **Feuer** und **Wasser** zu vergleichen sind. Feuer und Wasser kann man nicht miteinander mischen. Deswegen möchte ich in dieser bedeutungsvollen Stunde den alliierten Mächten zurufen: Wir wollen nicht, daß durch die Verhandlungen in Paris etwa eine Annäherung der Zustände in den Westzonen an die in der Ostzone erreicht wird.

(Renner (KPD): Keine Bodenreform!)

Wir wollen keine solche Vermischung, sondern wir möchten, daß die Ostzone zu den gleichen

Zuständen gelangt, in denen wir leben,
(Lebhafte Zustimmung.)
damit wir dann die Einheit und die Freiheit Deutschlands als gesichert ansehen können.

Lassen Sie mich zum Schluß noch zwei Sätze verlesen, die in den letzten Wochen an unser Ohr geklungen sind. Der eine Satz stand in der Botschaft der **drei Außenminister:**

> ,,Weiterhin stellen die Außenminister fest, daß es ein Hauptanliegen der drei alliierten Regierungen ist, die engste Einbeziehung des deutschen Volkes innerhalb eines demokratischen Bundesstaats in den Rahmen einer europäischen Vereinigung auf einer für beide Seiten günstigen Grundlage zu fördern und zu erleichtern.''

Der zweite Satz ist enthalten in einer Rede des amerikanischen Außenministers **Acheson.** Er hat erklärt:

> ,,Das westdeutsche Volk mag versichert sein, daß die USA-Regierung mit keiner generellen Lösung für Deutschland einverstanden sein wird, in welcher die grundlegenden Schutzmaßnahmen und Vorteile der vorhandenen westdeutschen Regelungen nicht aufgenommen sind. Es kann versichert sein, daß die USA-Regierung bis zur Erreichung einer solchen Lösung fortfahren wird, der Entwicklung des westdeutschen Programms starke Unterstützung zu gewähren.''

Wir vertrauen auf diese Worte, und ich glaube, dieses Vertrauen darf nicht getäuscht werden, wenn man wirklich den Bestand Europas sichern will.

Wir haben noch weitere Wünsche: wir wünschen auch, es möge auf dieser Pariser Konferenz endgültig dafür gesorgt werden, daß unsere **Kriegsgefangenen** zurückkehren.
(Bravo!)
Wir wünschen auch die Rückkehr der **Verschleppten,** die Rückkehr der **Ausgetriebenen,** und wir wünschen schließlich auch, daß man dort über die **Grenzziehung im Osten** spricht und über die **Oder-Neiße-Linie,** so wie wir es nach göttlichem und menschlichem Recht verlangen können.
(Bravorufe und Händeklatschen rechts und bei der SPD.)

Wir haben den größten Teil der Arbeit an den Aufgaben, die dem Parlamentarischen Rat gestellt worden waren, vollendet, auch wenn hier und da ein Mißklang dazwischentönte, doch getragen von dem **Gefühl der Liebe** und der **Verpflichtung** gegenüber dem **deutschen Volke.**

Meine Damen und Herren! Wir wünschen, daß Gott dieses Volk und dieses Werk segnen möge, zum Segen Europas und zum Segen des Friedens in der Welt!
(Erneute lebhafte Bravorufe und Händeklätschen.)

X. Aus der 11. Sitzung des Parlamentarischen Rates vom 10. Mai 1949

1. *Entwurf eines Wahlgesetzes zum ersten Bundestag. Zweite Lesung*

1.1. **Dr. Diederichs (SPD),** Berichterstatter

Berichterstatter **Dr. DIEDERICHS (SPD):** Herr Präsident, meine Damen und Herren! Wie Sie aus der Mitteilung des Herrn Präsidenten entnommen haben, treten wir heute in die zweite Lesung des Wahlgesetzes ein. Das bedeutet, daß wir, nachdem die Wahlfragen sowohl bei der Eröffnung des Parlamentarischen Rates als auch bei der erstmaligen Beratung eingehend behandelt worden sind, heute eine Generaldebatte vor der Einzelbehandlung der Artikel nicht brauchen. Demgemäß werde auch ich bei meinem Bericht weder Einzelheiten behandeln, noch auf generelle Fragen der Wahlsysteme eingehen, um nicht auf diese Weise eine Diskussion herauszufordern, die der Sachlage wegen nicht angebracht wäre. Die Beratung der einzelnen Paragraphen des Gesetzes bietet Gelegenheit genug, grundsätzliche Fragen zu behandeln.

Der Artikel 137 des hier unter dem 8. Mai verabschiedeten Grundgesetzes lautet:

> Für die Wahl des ersten Bundestages, der ersten Bundesversammlung und des ersten Bundespräsidenten der Bundesrepublik gilt das ... Wahlgesetz.

Dieses Wahlgesetz hat der Parlamentarische Rat heute zu beschließen, Artikel 137 wurde erst möglich, nachdem die Alliierten ihre Bedenken, die sie gegen die Zuständigkeit dieses Hauses für den Erlaß eines Wahlgesetzes zuerst hatten, fallengelassen haben. Das hier zunächst beschlossene Gesetz war nicht seines sachlichen Inhalts wegen, sondern aus diesen formalen Gründen von den Alliierten nicht bestätigt worden. Nachdem nunmehr die Kompetenz dieses Hauses anerkannt ist, sind die Fachausschüsse nochmals zusammengetreten und haben im Rahmen dieser Kompetenz einen neuen, gekürzten Vorschlag des Wahlgesetzes ausgearbeitet, der vorgestern in der Sitzung des Hauptausschusses Annahme gefunden hat. Mit dieser Vorlage wird sich das Haus in Einzelberatungen zu befassen haben. Wie gesagt, ich will auf Einzelheiten nicht eingehen, wollte nur vorausschicken, daß dies die Vorgeschichte dessen ist, was wir heute im Wahlgesetz zu behandeln haben.

Dieses Wahlgesetz — das möchte ich aber vorweg bemerken — ist entsprechend dem Charakter des Grundgesetzes ein **Provisorium** und ist angesichts der Tatsache, daß es nur für einmalige Wahlen zum e r s t e n Bundestag im Rahmen dieses provisorischen Grundgesetzes gilt, eine einmalige Entscheidung und keine Bindung auf lange Sicht. Das bedeutet, daß es nur die Voraussetzungen schaffen soll, um die Organe, die wir nach dem Grundgesetz beschlossen haben, bilden zu können. Wir haben ein Interesse daran, so schnell wie möglich eine Volksvertretung zu wählen. Daher bedarf dieses Gesetz nur weniger Paragraphen, um eine einheitliche Regelung in den Ländern sicherzustellen. Auf Grund dieses Gesetzes wird es den Ländern möglich sein, auf dem Verordnungswege schnellstens die Durchführungsbestimmungen zu erlassen und so dem Volke die Möglichkeit zu geben, die Volksvertretung zu wählen und damit die Bildung einer Regierung zu ermöglichen. Ich brauche deshalb weitere Ausführungen über das Gesetz nicht zu machen und bitte, in die Verhandlungen einzutreten.

1.2. **Schröter (CDU)**

SCHRÖTER (CDU): Herr Präsident, meine sehr verehrten Damen und Herren! Ich habe ebenfalls wie der Herr Berichterstatter nicht die Absicht, in eine nochmalige grundsätzliche

Erörterung des Problems des Wahlrechts einzutreten. Ich glaube, das ist zur Genüge geschehen. Die Fraktion der CDU/CSU hat ihren Standpunkt im Hauptausschuß, im Plenum und in der Presse genügend zum Ausdruck gebracht. Ich glaube auch, es würde in diesem Fall keinen Zweck haben, da es uns heute wohl nicht mehr gelingen würde, uns gegenseitig zu überzeugen. Aber meine Fraktion hat mich doch beauftragt, einige wenige Feststellungen zu treffen.

Ich möchte zunächst einmal die Feststellung treffen, daß wir in den Ausschüsssen, wo immer es möglich war, aufs intensivste ehrlich und aufrichtig mitgearbeitet haben. Wir haben das getan angesichts der Aufgabe, die der jetzt lebenden deutschen Generation gestellt ist, nämlich eine **arbeitsfähige,** eine **funktionierende Demokratie** aufzubauen. Wir wissen, daß wir schon einmal diesen Versuch gemacht haben. Damals ist er gescheitert. Dieses Mal muß er gelingen. Wir wissen, daß das Wahlrecht, das **Wahlsystem** für den Aufbau dieser arbeitsfähigen Demokratie von entscheidender Bedeutung ist. Nur dieses Ziel, zu einer arbeitsfähigen Demokratie zu kommen, hat uns geleitet. Wir sind von der Überzeugung durchdrungen, daß dieses Ziel, eine arbeitsfähige Demokratie in Deutschland zu schaffen, nur durch das **Mehrheitswahlrecht** erreicht werden kann. Deswegen haben wir uns von Anfang an für das Mehrheitswahlsystem eingesetzt. Wir haben uns im Laufe der Verhandlungen in den Ausschüssen und im Plenum davon überzeugen müssen, daß die Erreichung dieses Zieles nicht möglich ist.

So haben wir nach einer **Kompromißlösung** gesucht. Wir sind zu einer Kompromißlösung bereit gewesen: aber dieses Kompromiß hätte ein echtes Kompromiß zwischen Mehrheitswahl und Verhältniswahl sein müssen. Wir haben auch dieses Ziel nicht erreichen können. Wir haben geglaubt, es auf Grund der Tatsache erreichen zu können, daß **in allen Fraktionen Vertreter des Mehrheitswahlrechts** vorhanden sind. Weil wir dieses Ziel nicht erreichen konnten und weil schließlich im Wahlrechtsausschuß ein System gefunden worden ist, das ein **reines Verhältniswahlrecht** ist, ja, das in den Folgen nach unserer Auffassung vielleicht noch schlimmer ist als das Verhältniswahlrecht, das zur Arbeitsunfähigkeit des Weimarer Parlaments geführt hat, deswegen haben wir uns entschlossen, diese Wahlrechtsvorlage abzulehnen.

Meine Damen und Herren! Wir sind überzeugt, daß das Wahlrecht, das nunmehr gefunden ist, nicht zu einer arbeitsfähigen Demokratie in Deutschland führen kann.
(Zuruf rechts: Sehr richtig!)
Wir haben diese Beweise bereits bekommen. Soll ich reden von unseren ganzen Verhandlungen, die wir in den acht, neun Monaten hier geführt haben? Sie haben doch durch das Vorhandensein der **zahlreichen Parteien** den Beweis erbracht, daß auch die Arbeit im Parlamentarischen Rat **kein Ruhmesblatt** für die **Demokratie,** für ihre Popularisierung ist.
(Widerspruch und Zurufe links und in der Mitte. — Dr. Heuss (FDP): Wenn wir gefehlt hätten, wäre doch nichts zustande gekommen!)
Ich glaube, die Verhandlungen, die wir am letzten Sonntag erlebt haben, sind ebenfalls ein Beweis dafür gewesen, daß es nicht gelungen ist, für die neue deutsche Demokratie zu werben.
(Zurufe.)
— Wir haben es erleben müssen, daß ein Vertreter der Kommunistischen Partei sich hingestellt und versucht hat, den ehrwürdigen Präsidenten des Parlamentarischen Rates zu diffamieren.
(Unruhe und Zurufe links.)
Meine Damen und Herren! Glauben Sie, daß es im englischen Unterhaus möglich gewesen wäre, den Mr. Speaker zu diffamieren? Die deutsche Demokratie in diesem Parlament hat es ertragen, daß Herr Reimann diese Rede halten konnte. Im englischen Unterhaus wäre dieser Mann nicht 24 Stunden länger Mitglied des Hauses geblieben.
(Reimann (KPD): Was wahr ist, bleibt wahr!)

Wir haben es dann erlebt, daß man sich über die harten seelischen Kämpfe, die sechs meiner bayerischen Freunde schließlich zu dem sicher auch für sie bitteren Nein geführt haben, hinweggesetzt und geglaubt hat, diese meine Parteifreunde mit Angriffen belegen zu sollen, die nach unserer Auffassung mit Recht von dem Herrn Präsidenten dieses Hauses mit einem Ordnungsruf geahndet worden sind.
(Dr. Greve (SPD): Sprechen Sie zum Thema, Herr Schröter!)
— Ich spreche dazu.
(Dr. Greve (SPD): Nein, Sie tun es nicht!)
— Ich habe gesagt, daß ich im Auftrage meiner Fraktion einige Feststellungen zu treffen habe, und davon werde ich mich auch durch ihre Zwischenrufe, Herr Greve, nicht abbringen lassen.

Wenn wir an die Vorgänge des letzten Sonntags denken, dann steigen in uns gewisse Erinnerungen — und das waren nicht die besten Erinnerungen — an die Weimarer Zeit auf.
(Unruhe und Zurufe.)
Wir haben in den Verhandlungen des Wahlrechtsausschusses gesagt, daß nach unserer Auffassung eine der Hauptursachen für das Versagen der Weimarer Demokratie das Vorhandensein der **vielen kleinen Parteien** gewesen ist.
(Wiederholte Zurufe links.)
Daran sind wir erinnert worden, wenn wir an die Vorgänge denken, die wir am letzten Sonntag in einer Stunde erlebten, die eine Schicksalsstunde unseres Volkes hätte sein sollen, einer Stunde, die eine große Stunde, die zum mindesten eine weihevolle Stunde für unser Volk hätte sein sollen. Die Tatsache, daß diese Angriffe gestartet werden konnten, beweist die Richtigkeit unserer These, daß, je zahlreicher und je kleiner die Parteien sind, um so leidenschaftlicher und hemmungsloser und vielleicht auch häßlicher die Kämpfe der Parteien unter sich sind.

Auch aus einem anderen Grunde hat sich unsere These, glaube ich, als richtig erwiesen. Es hat hier einmal ein Mitglied unseres Hauses die Feststellung getroffen, daß, wenn die kleinen Parteien verschwinden müßten, Millionen von Deutschen politisch heimatlos werden würden. Meine Damen und Herren, ich will Ihnen gestehen, daß dieses Argument auf mich einen gewissen Eindruck gemacht hat, weil es von einem Manne stammte, der Jahrzehnte für freisinniges, liberales und demokratisches Gedankengut gekämpft hat. Aber wenn ich auch menschliches Verständnis für diese Auffassung habe, so bin ich doch der Überzeugung, daß es angesichts der realpolitischen Notwendigkeit, eine neue, eine arbeitsfähige Demokratie zu schaffen, in diesem Augenblick nicht um Sentiments gehen kann. Das ist mit ein Grund gewesen, warum wir uns von Anfang an für das Mehrheitswahlrecht eingesetzt haben.

Meine Damen und Herren! Ich will nicht — wir haben das bereits getan — von all den Folgen sprechen, die das **Verhältniswahlrecht** neben dem Vielparteiensystem nach sich ziehen muß. Ich will nicht von dem Zwang zur Bildung von **Koalitionsregierungen** sprechen, von dem Zwang zur Schaffung von **Kompromissen,** von der Tatsache, daß innerhalb dieser Koalitionsregierungen, die jederzeit zu einer **Koalitionskrise** führen können, die Parteien sich verbrauchen, sich abnutzen und daß schließlich in der Bevölkerung alle Parteien als unzulänglich abgelehnt werden und eine **Sehnsucht nach dem starken Mann** aufkommt. Ich will auch davon nicht sprechen, daß man das Verhältniswahlrecht als das gerechteste Wahlrecht ansieht. Wir persönlich stehen auf dem Standpunkt, daß es kein gerechteres Wahlrecht geben kann als das Mehrheitswahlrecht; denn das Verhältniswahlrecht — —
(Zuruf links.)
— Herr Dr. Greve, Sie wissen ja noch gar nicht, was ich sagen will.
(Zuruf des Abg. Dr. Greve (SPD).)
— Ich glaubte, Sie machten einen Zwischenruf.

(Dr. Greve (SPD): Diesmal nicht!)

Der Grund liegt darin, daß im Zeichen des Verhältniswahlrechts die vielen kleinen Parteien zum Zuge kommen; und das bedeutet nichts anderes als eine **Überschätzung** der **kleinen Parteien.** Das sind einige der Gründe, auf die ich mich vorläufig beschränken will.

Wir haben es ganz besonders bedauert, daß alle Fraktionen außer der CDU/CSU und der DP, die sich enthalten hat, nicht geglaubt haben, unserem Antrag auf Einrichtung der **Sonderwahlkreise für Heimatvertriebene** zustimmen zu können.

Mit Genugtuung haben wir es andererseits begrüßt, daß, abgesehen von einer Entgleisung, keine Partei im Hauptausschuß an der Lauterkeit und Ehrlichkeit unserer Absichten gezweifelt hat.

(Renner (KPD): Wer war die Entgleisung?)

— Herr Renner, Sie waren doch selbst dabei.

(Renner (KPD): Ich zweifle heute noch an der Ehrlichkeit.)

— Herr Renner, haben Sie ein schlechtes Gewissen?

(Renner (KPD): Gar nicht!)

Ich möchte aber, um jeder Legendenbildung von vornherein vorzugreifen, das eine sagen: Wir stehen nicht auf dem Standpunkt, daß eine deutsche Partei allein imstande ist, das Schicksal der Flüchtlinge zu wandeln, sondern nur durch das Zusammenstehen a l l e r deutschen Parteien ist es vielleicht möglich — vielleicht möglich! —, das zu Herzen gehende Schicksal der Flüchtlinge zum mindesten in etwas zu mildern. Wie erbärmlich wäre es von einer Partei, wollte sie vielleicht parteipolitische Vorteile aus der Not der Heimatvertriebenen ziehen!

Wir stehen auf dem Standpunkt, daß das **Problem** der **Heimatvertriebenen** nicht das Problem eines einzigen Landes, vielleicht meiner schleswig-holsteinischen Heimat, ist. Es ist auch kein ausschließlich deutsches Problem. Es ist ein **europäisches Problem,** ja, es ist vielleicht ein Problem, das die **ganze Welt** angeht, ein Problem, das infolgedessen auch nur mit **internationaler Hilfe** gelöst werden kann. Aber diese internationale Hilfe wird uns nur zuteil werden, wenn zunächst unser Volk selbst eine gewaltige Kraftanstrengung gemacht hat. Ich bin der Überzeugung, daß eine künftige — —

(Renner (KPD): Die Anstrengung muß Geld kosten!)

— Herr Renner, angesichts des Ernstes des Gegenstandes — —

(Renner (KPD): Ach, bei Ihnen kann man nicht ernst bleiben!)

— Herr Renner, Sie sind doch ein schlechter Demokrat, daß Sie mir nicht einmal die Aufrichtigkeit meiner Ansichten zugestehen.

(Weiterer Zuruf des Abgeordneten Renner.)

— Ich wiederhole, wir sind der Auffassung, daß keine Partei das Schicksal wandeln kann, daß wir das nur durch internationale Hilfe erreichen können, daß wir aber diese internationale Hilfe nur dann bekommen, wenn wir selbst zunächst eine kraftvolle Anstrengung gemacht haben. Eine künftige Geschichtsschreibung wird die jetzt lebende deutsche Generation vielleicht einmal danach beurteilen, wie unser Volk mit diesem Problem der Heimatvertriebenen fertig geworden ist.

Vor der Aufgabe, dieses Problem zu meistern, steht der künftige deutsche Bundestag. Wir wissen, daß nach den vier Jahren grausamer Enttäuschungen die Heimatvertriebenen ihre letzte Hoffnung auf diesen deutschen Bundestag setzen. Wehe, wenn sie wieder genarrt werden! Aus dieser Situation, aus dieser Sorge, aus dieser Befürchtung haben wir unseren Antrag formuliert. Denn wir brauchen nicht nur eine Vertretung, sondern eine ausreichende Vertretung der Heimatvertriebenen in dem kommenden deutschen Bundestag.

(Dr. Greve (SPD): Darum Mehrheitswahlrecht!)
— Jawohl, aus diesem Grunde unser Antrag auch im Zeichen des Mehrheitswahlrechts, Herr Dr. Greve; ich glaube, vielleicht gerade im Zeichen des Mehrheitswahlrechts.

Wie sehr wir der Beratung durch Heimatvertriebene bedürfen, das beweist ein Problem, das unseres Erachtens der kommende deutsche Bundestag als eines der ersten angreifen muß, nämlich die **gerechte Verteilung** der **Heimatvertriebenen** auf das **gesamte deutsche Vaterland,** die notwendig ist, um den Heimatvertriebenen wieder eine menschenwürdige Wohnstätte zu geben, die aber auch notwendig ist als Voraussetzung für die Wiedereinschaltung der Heimatvertriebenen in das Wirtschaftsleben.

Aus dieser Sorge wurde unser Antrag geboren. Wir haben ja schon wiederholte Male Versuche gemacht. Soll ich an die Ministerpräsidentenkonferenzen erinnern, soll ich an die Ministerkonferenzen erinnern? Alle haben sich mit der Flüchtlingsfrage beschäftigt, und erreicht ist bisher doch so gut wie gar nichts.
(Wagner (SPD): Was hat das mit dem Wahlrecht zu tun?)
— Das werden ich ihnen sofort sagen, Herr Wagner. Ich sage das in Zusammenhang mit unserem Antrag, besondere Heimatvertriebenenwahlkreise zu schaffen, weil eben die Ministerpräsidenten und die Minister sich nicht haben einigen können. Denn sind sie nicht bis zu einem gewissen Grade Interessentenvertreter? Der eine will die Heimatvertriebenen loswerden, und der andere will sie nicht haben.
(Dr. Schmid (SPD): Das ist Föderalismus!)
— Lassen wir doch die Kirche im Dorf! — Deswegen bin ich der Überzeugung, daß von den Ministern, von den Ministerpräsidenten, von den Ländern aus diese Frage überhaupt nicht gelöst werden kann, sondern es wird die Aufgabe des Bundestags sein, als eine der ersten Maßnahmen ein Bundesgesetz zu schaffen,
(Zuruf von der SPD: Dazu Bundesregierung!)
das zu einer gerechten Verteilung der Heimatvertriebenen auf alle deutschen Zonen führt und für ihre Wiedereinschaltung in die deutsche Wirtschaft sorgt.

Meine Damen und Herren! Lassen Sie mich mich ganz kurz mit einigen **Einwänden** beschäftigen, die von seiten der gegnerischen Parteien — gegnerisch in dem Sinn, daß sie gegen diesen Antrag gestimmt haben — erhoben worden sind. Da ist zum Beispiel gesagt worden, daß diese Sache verfassungsrechtlich nicht zulässig sei. Ich habe mir am heutigen Vormittag von einigen Rechtsgelehrten einige Gutachten verschafft. Diese Rechtsgelehrten haben erklärt, daß die Sache — anders, als Herr Professor Dr. Schmid gestern in der Hauptausschußsitzung sagte — verfassungsrechtlich mit unserem Grundgesetz vereinbar ist. Ich will nicht sagen, Herr Kollege Dr. Schmid, daß vielleicht diese Rechtsgutachten richtig sind.
(Zuruf von der SPD: „Rechts"-Gelehrte!)
Aber ich will doch das eine sagen, daß man zum mindesten zweierlei Meinung darüber sein kann. Sie sehen also, daß es auch Rechtsgelehrte gibt, die im Gegensatz zu Ihrer Auffassung der Meinung sind, daß die Sache mit dem Artikel 38 unseres neuen Grundgesetzes durchaus vereinbar ist. Es war vor allen Dingen das Argument, das gestern, glaube ich, der Kollege Dr. Becker vorgebracht hat, daß die Sache nicht anginge, daß dieser Antrag zu dem Artikel 38 unseres Grundgesetzes in Widerspruch stände, wonach die Abgeordneten Abgeordnete des ganzen Volkes sein müßten. Die Rechtsgelehrten sind der Meinung, daß dieser Artikel ganz bestimmt nicht zutrifft. Wäre nämlich diese These richtig, Herr Kollege Becker, dürften wir nicht Bauern aufstellen, dürften wir nicht Handwerker aufstellen.
(Zurufe: Na, na! — Unruhe.)
Dann könnte man zu der Auffassung kommen, daß diese genau so Interessentenvertreter

und nicht Abgeordnete des gesamten Volkes sind.
(Erneute Unruhe.)

Dann hat ein anderer Kollege — und ich muß auch sagen, daß ich bereit bin, auf dessen Stimme besonders zu hören, weil er ein Kollege mit einer großen politischen und parlamentarischen Tradition ist — in den gestrigen Verhandlungen des Hauptausschusses gesagt, daß dieser Antrag nicht gestellt werden dürfe. Wir hätten nicht die Aufgabe, die Forderungen der Heimatvertriebenen deswegen zu erfüllen, weil von ihnen die Forderungen und die Anträge vorliegen, sondern wir hätten leidenschaftslos zu prüfen, ob diese Anträge im Interesse der Sache liegen. Der Herr Kollege, der diese Äußerung gemacht hat, hat dann noch hinzugefügt, es bestehe doch die Gefahr, daß diese Vertreter der Heimatvertriebenen in erster Linie alles unter dem Gesichtswinkel des Heimatvertriebenen sähen. Ich möchte doch dem betreffenden Kollegen erwidern, daß wir seit mehreren Jahren bereits Länderparlamente haben, daß in diesen Parlamenten in allen Fraktionen vielleicht Vertreter der Heimatvertriebenen sitzen und daß diese Heimatvertriebenen doch wohl den Beweis ihrer sachlichen und erfolgreichen Arbeit erbracht haben.
(Dr. Greve (SPD): Normal, ohne Flüchtlingskreise!)
— Das wird außerdem geschehen, Herr Kollege Greve. Wir werden in dem Wahlrecht, das Sie jetzt schaffen, dafür sorgen, daß jedenfalls von meiner Partei ausreichend Flüchtlingsvertreter hineinkommen.
(Lebhafte Zurufe von der SPD.)
— Bitte sehr, weil wir keinen anderen Weg haben. Aber wir werden uns vielleicht im neuen deutschen Bundestag wieder sprechen und sehen, ob dann wirklich eine ausreichende Vertretung entsprechend den Wünschen der Heimatvertriebenen im deutschen Bundestag vorhanden sein wird.

Wir haben aber kein Verständnis dafür, wenn beispielsweise gegen unseren Antrag gesagt worden ist, daß organisatorische und **technische Schwierigkeiten** der Durchführung dieses unseres Antrages entgegenstünden. Angesichts der sich von Tag zu Tag verschlimmernden Not der Heimatvertriebenen sollten wir nicht von organisatorischen und technischen Schwierigkeiten sprechen. Organisatorische und technische Schwierigkeiten lassen sich überwinden. Sie werden sich überwinden lassen, wenn nur ein Wille vorhanden ist. Bekennen wir uns doch zu diesem Willen!

Es ist dann noch gesagt worden, daß die Heimatvertriebenen keine Sonderbehandlung verdienten oder keine Sonderbehandlung wünschten. Ich darf doch auf die **zahllosen Telegramme** hinweisen, die man gestern mit leichter Hand als **bestellte Arbeit** hingestellt hat.
(Zurufe von der SPD.)
Ich weiß nicht, von wem diese Arbeit bestellt ist; von uns bestimmt nicht. Ich möchte doch auf jene **gewaltige Kundgebung** hinweisen, die in **Köln** stattgefunden hat, wo 20000 Heimatvertriebene versammelt gewesen sind, die nach Referaten auch des Geistlichen Rates Göbel und anderer Männer die Forderungen aufgestellt haben, die wir zu einem Antrag verdichtet haben. Das ist ein Beweis, daß diese Forderungen auch von den Heimatvertriebenen vertreten werden. Ich glaube, wir können nur mit Bewunderung feststellen, daß diese gewaltige Kundgebung der 20000 angesichts der fürchterlichen Not, in der die Heimatvertriebenen sich befinden, mit einer derartig vorbildlichen Disziplin durchgeführt wurde.

Meine Damen und Herren! Wir wissen, daß wir angesichts der Mehrheitsverhältnisse in diesem Hause mit unserem Antrag unterliegen werden. Wir werden diesen Kampf fortsetzen. Ich hoffe, daß Herr Renner heute nicht das Wort wiederholen wird, das er gestern im Hauptausschuß ausgesprochen hat, wo er die Erklärung meines Freundes Finck, daß wir den Kampf um die Elternrechte in der Öffentlichkeit fortsetzen würden, bereits als Absicht einer Reaktion hingestellt hat. Wir werden, weil wir hier unterliegen, den Kampf in der Öffentlichkeit weiterführen.

(Zurufe des Abgeordneten Renner (KPD).)

— Das haben Sie schon vergessen, Herr Renner. — Wir werden diesen **Kampf** in der **Öffentlichkeit** fortsetzen. Wir wissen, wenn wir das Mehrheitswahlrecht fordern, daß wir uns in Übereinstimmung mit einer erdrückenden Mehrheit des deutschen Volkes befinden, aber ganz besonders in Übereinstimmung mit dem Teil unseres Volkes, um den wir kämpfen und für den wir kämpfen, in Übereinstimmung mit der deutschen Jugend.

(Beifall bei der CDU.)

1.3. Dr. Becker (FDP)

Dr. BECKER (FDP): Meine Damen und Herren! Der Herr Vorredner hat damit begonnen, hervorzuheben, daß die Arbeit im Wahlrechtsausschuß von allen Parteien mit Fleiß und Eifer durchgeführt worden und sehr fruchtbringend gewesen sei. Ich bin Vorsitzender dieses Ausschusses gewesen — ich muß heute sagen, leider — und kann nur sagen, daß der Wahlrechtsausschuß, wenn man schon das Parlament eine Halle der Wiederholungen genannt hat, diese Bezeichnung in der zweiten und dritten Potenz verdient. Wiederholungen waren es, immer wieder dieselben Erzählungen.

Und Ergebnis? Irgendeine Einigung auf ein bestimmtes System muß ja nun wohl getroffen werden. Man kann nicht so verhandeln, daß man immer sagt: Ich bestehe hierauf, ich bestehe darauf, und dann in den Dingen nicht weiterkommt. Herr Kollege Schröter hat insbesondere hervorgehoben, diese Verhandlungen im Parlamentarischen Rat bewiesen, daß das Mehrheitswahlrecht — ich nenne es das Minderheitswahlrecht und werde auch ausführen, warum — allein zu einer Verbesserung und Beschleunigung der Verhandlungen hätte führen können. Der Herr Kollege übersieht zweierlei. Erstens: Wir mußten hier sowohl ein außenpolitisches Kompromiß, ein Kompromiß nach außen hin, wie ein innenpolitisches **Kompromiß** schaffen. Dieses innenpolitische Kompromiß mußte so geschaffen werden, daß es die Zustimmung in zwei Dritteln aller deutschen Länder erfährt. Das war eine besondere Ursache dafür, daß die Dinge sich in die Länge gezogen haben. Der zweite Grund war der, daß wir hier zwei große Parteien hatten, die beide gleich stark waren. Wenn nach dem Wunsche meines Herrn Vorredners die kleinen Parteien nicht vorhanden gewesen wären, ob wir dann wohl am vergangenen Sonntag schon die Bundesverfassung hätten verabschieden können? Ich nehme für meine Freunde in Anspruch, daß sie sich in einer Weise, die die Öffentlichkeit vielleicht einmal mehr mit Dank bedenken sollte, abgemüht haben, vermittelnd und ausgleichend zu wirken und zu einem Kompromiß zu führen, das weiß Gott nicht unanfechtbar ist, das aber doch wenigstens die Grundlage dazu gegeben hat, daß hier überhaupt etwas zustande gekommen ist.

Zweite Frage: **Mehrheitswahlrecht.** Sie haben aus den vorliegenden Drucksachen gesehen, daß ein Abänderungsantrag der Fraktion der CDU/CSU hierzu vorliegt. Wir haben über die Frage lange debattiert; ich will nicht auf alle Einzelheiten wieder eingehen. Eins möchte ich Ihnen nur sagen: zu dem Material, das wir bei der ersten Lesung hier vorliegen hatten, ist inzwischen noch ein ganz gewichtiges zweites Material gekommen. Es hat sich nämlich die Wählergesellschaft gemeldet und hat uns Material gegen das relative Wahlrecht geliefert. Diese Wählergesellschaft hat darauf hingeweisen, daß in England zum Beispiel für die Wahl eines

Labour-Abgeordneten bei der letzten Wahl 30000 Stimmen notwendig waren, daß ein konservativer Abgeordneter im Durchschnitt 47000 und ein liberaler Abgeordneter sage und schreibe 187000 Stimmen gebraucht hat. Die Wählergesellschaft, die uns das geschickt hat, war freilich nicht die deutsche, sondern die englische. Diese **englische Wählergesellschaft** hat dem Sinne nach hinzugefügt, daß sie nur vor einem solchen Wahlrecht warnen könne, und hat die Warnung auf Grund ihrer Erfahrungen ausgesprochen.

(Dr. von Brentano (CDU): Welcher Partei gehört die an?)

— Es sind Vertreter aller Parteien darin. Ich bitte, die Akten des Wahlrechtsausschusses nachzusehen. Sie werden in den Briefköpfen die Adressen der Direktion sehen, also wer dazu gehört. Es gehören Mitglieder der Liberalen Partei, es gehören Mitglieder der Konservativen Partei — Lord Amery — dazu, und es gehören auch Mitglieder der Labour-Partei dazu.

(Dr. Kroll (CSU): Was sagt die deutsche Wählergesellschaft? — Dr. Greve (SPD): Das ist völlig uninteressant.)

— Das wissen Sie alle, was die sagt. Aber wichtig ist, daß die Wählergesellschaft eines Landes uns warnt, die am eigenen Leibe dieses Wahlrecht erfahren hat und die auf dem Standpunkt zu stehen scheint, daß ein solches Wahlrecht **niemals mehr zu ändern** ist. Warum nicht? Die herrschende Partei tut es nicht, weil niemand den Ast absägt, auf dem er sitzt. Und die Opposition wird es niemals tun, weil sie es in der Opposition nicht kann und, wenn sie zur Regierung gekommen ist, nicht will.

(Zuruf von der CDU: Dann können sie doch alle zufrieden sein!)

Die Folge dieses **Mehrheitswahlrechts** ist, daß es kein Mehrheitswahlrecht ist, sondern praktisch in vielen Fällen ein **Minderheitswahlrecht.** Wenn die Minderheit einer Bevölkerung die Mehrheit der Parlamentsmandate stellt und wenn die Mehrheit der Parlamentsmandate dann die Regierung aus ihrer Mitte stellt, wenn mit anderen Worten die Parlamentsmehrheit, also die Gesetzgebung, und ein Ausschuß dieser Regierung, das heißt die Exekutive, in der gleichen Hand sind, glauben Sie, daß das ein ersprießlicher Zustand ist? Man spricht so oft davon, daß die **Parteidiktatur** mit dem Wahlrecht verbunden ist. Ich darf Sie auf folgendes aufmerksam machen. In England — das haben wir im Wahlrechtsausschuß von dem Sachverständigen, dem Staatsrechtslehrer Dr. Thoma gehört — muß jeder frisch gewählte Abgeordnete seiner Parteileitung ein Schriftstück übergeben, in dem steht, daß er sein Amt niederlegt. Ausgefüllt ist nur nicht das Datum.

(Zuruf: Das gibt es bei deutschen Parteien auch!)

Wo ist da die Beseitigung der Parteidiktatur durch dieses Wahlrecht?

Eine weitere Frage: In welchem Lande hat der Fraktionsführer oder das Mitglied der Fraktion, das beauftragt ist, die Abgeordneten zusammenzuhalten, den Namen: Einpeitscher? Im Lande des relativen Wahlrechts.

(Zuruf von der CDU: Das stammt aus dem 18. Jahrhundert; wir leben im 20.)

— Das ist heute noch so. — Aber dieser Wahlgesetzentwurf, meine Damen und Herren, der Ihnen vorliegt, sieht vor, das sowohl die **Abgeordneten** in den Wahlkreisen wie auch die, die auf Ergänzungslisten stehen, in **geheimer Abstimmung** der einzelnen Parteien aufgestellt werden. Das ist die Beseitigung der Parteidiktatur, soweit sie überhaupt möglich ist. Aufgestellt werden die Kandidaten überall durch die Parteien, in England, Deutschland und anderwärts; das ist kein Unterschied.

Es würde zu weit führen, alle sonstigen Gründe und Argumente aufzuführen. Die Frage, ob das deutsche Volk das Mehrheitswahlrecht, also in Wahrheit das Minderheitswahlrecht, oder unsere Kombination eines gerechten Verhältniswahlrechts mit kleinen Wahlkreisen wünscht, diese Frage läßt sich durchaus lösen, indem man sie zur Abstimmung stellt,

(Zuruf: Zur Volksabstimmung!)
— vollkommen einverstanden, zur Volksabstimmung. Die Volksabstimmung ist die Wahl! Wenn nämlich das deutsche Volk die kleinen Parteien nicht will, braucht es sie bloß nicht zu wählen.
(Sehr gut!)

Ein weiterer Gesichtspunkt, den mein Vorredner angeschnitten hat, betrifft den Antrag auf Schaffung von **Flüchtlingswahlkreisen.** Ich muß gestehen: Als ich diesen Antrag zum ersten Mal las, wirkte er bestechend auf mich, und ich habe mich bemüht, die technischen Einzelheiten durchzudenken und mit anderen zu erörtern. Je mehr man sich aber mit dieser Frage befaßt, um so mehr muß man sagen, daß beträchtliche **staatsrechtliche Schwierigkeiten** dem Antrag im Wege stehen. Wir haben gestern eine Verfassung angenommen, in der es heißt, daß die **Abgeordneten** nicht nur aus allgemeinen Wahlen hervorgehen, sondern daß sie auch **Vertreter des ganzen Volkes** sind. Mir scheint, daß mit diesem Satz eine Ablehnung des Zustandes verbunden ist, der früher im preußischen Herrenhaus herrschte, wo kurienweise gewählt wurde, wo die Städte ihre Oberbürgermeister und der Großgrundbesitz seine Vertreter abordneten usw., wo also die Wähler in Wahlkörper aufgegliedert waren. Unsere Verfassung will das verhindern. Nach demokratischem Grundsatz hat die Mehrheit aller Wähler zu entscheiden, und die Abgeordneten werden durch die Wähler des ganzen Volkes gewählt.

Nun hat der Herr Vorredner gemeint, wir stellten auch Bauern und Handwerker als Kandidaten auf und dürften dies nach der Logik dieses Satzes nicht tun. Ja, wenn wir das Volk nach Bauernschaft, Handwerkerschaft usw. aufgliedern würden, wenn dann in diesen Gremien Vertreter der Wahlkreise ernannt würden, dann würden wir den gleichen Fehler machen, den wir vom staatsrechtlichen Gesichtspunkt aus gesehen diesem Antrag zum Vorwurf machen.

Ich will auf die Schwierigkeiten, die bei einer solchen Wahl in Sonderwahlkreisen auftreten würden, im einzelnen nicht eingehen, sondern nur zwei Punkte herausgreifen. Wir können nicht einen Bundestag wählen, der in Kürze ganz vordringliche Aufgaben zu lösen haben wird — Aufgaben von solcher Dringlichkeit, daß dieses Hohe Haus einstimmig beschlossen hat, zur Vorbereitung dieser Aufgaben einen Überleitungsausschuß einzusetzen — um dann hinterher Gefahr zu laufen, daß etwa der **Verfassungsgerichtshof** erklärt: Zwei Tage, Hoher Parlamentarischer Rat, nachdem ihr das Grundgesetz beschlossen habt, habt ihr schon gegen Buchstabe und Geist dieser Verfassung verstoßen. Diese Gefahr, meine Damen und Herren, können und dürfen wir nicht laufen.

Und zum zweiten: Es handelt sich ja gar nicht darum, ob das Los der Flüchtlinge durch diesen Antrag gebessert wird. Die **Lösung** des **Flüchtlingsproblems** ist eine materiellrechtliche Frage und keine formelle Frage des Wahlsystems. Hier und jetzt handelt es sich nur um eine Diskussion über das Thema: Wie schaffen wir die beste Vertretung, so daß auch die Flüchtlinge zu ihrem Recht kommen, und wie schaffen wir sie, ohne daß staatsrechtliche Bedenken dagegen entstehen? Also ist das beste Wahlrecht dasjenige, das die Flüchtlinge zum Zuge kommen läßt. Die Flüchtlinge können aber nur auf dem Umweg über die **Ergänzungslisten** zum Zuge kommen. Flüchtlinge, Frauen und Experten können im Wahlkreis im allgemeinen nicht durchkommen; sie werden im Wahlkreis meist nicht gewählt. Wohl aber können sie auf dem Weg über die Ergänzungslisten gewählt werden. Ich bin überzeugt, daß jede Partei es sich angelegen sein lassen wird, Frauen wie Flüchlinge in ausreichender Zahl auf die Ergänzungslisten zu bringen, damit auch sie in den Bundestag gewählt werden.

Damit habe ich alles Wichtige zu dem System des Wahlrechts gesagt, das Ihnen, meine Damen und Herren, zur Abstimmung vorliegt. Ich bitte Sie, dieser Vorlage zuzustimmen, die in langen Monaten der Beratung erarbeitet worden ist. Ich meine, auch die Fraktion der

CDU/CSU sollte sich ihr bisheriges schroffes Nein noch einmal überlegen. Es ist keine zwei Wochen her, daß wir in kleinem Kreise versucht haben, eine Formulierung zu finden, und Paragraph für Paragraph zu Papier gebracht haben, eine Fassung, die bis auf unbedeutende Änderungen mit der jetzt vorliegenden übereinstimmte. Der Kollege, der als Vertreter der CDU/CSU an dieser Aufgabe in loyalster, vornehmster und nettester Weise mitgewirkt hat, war mein Herr Vorredner.

(Hört! Hört!)

Leider hat die Fraktion der CDU/CSU dieser so erarbeiteten gemeinsamen Vorlage hinterher ihre Zustimmung versagt.

(Beifall.)

XI. Die 12. und letzte Sitzung des Parlamentarischen Rates vom 23. Mai 1949

(Die Sitzung wird um 16 Uhr 7 Minuten durch den Präsidenten Dr. Adenauer eröffnet.)

PRÄSIDENT Dr. ADENAUER: Ich eröffne die Sitzung.

Entschuldigt haben sich die Herren Kaufmann und Wirmer.

Sein Mandat hat niedergelegt Herr Dr. Greve. An seiner Stelle ist vom Niedersächsischen Landtag Herr Ollenhauer gewählt worden. Ich heiße Herrn Ollenhauer in unserer Mitte willkommen.

Wir treten nun in die Tagesordnung ein.

Der einzige Punkt der Tagesordnung ist:

Feststellung der Annahme des Grundgesetzes für die Bundesrepublik Deutschland, Ausfertigung und Verkündung.

Meine Kollegen vom Parlamentarischen Rat! Heute, am 23. Mai 1949, beginnt ein **neuer Abschnitt** in der wechselvollen Geschichte unseres Volkes. Heute wird nach der Unterzeichnung und Verkündung des Grundgesetzes die **Bundesrepublik Deutschland** in die Geschichte eintreten. Wir alle sind uns klar darüber, was das bedeutet. Wer die Jahre seit 1933 bewußt erlebt, wer den völligen Zusammenbruch im Jahre 1945 mitgemacht, wer miterlebt hat, wie die ganze staatliche Gewalt seit 1945 von den Alliierten übernommen worden ist, der denkt bewegten Herzens daran, daß heute, mit dem Ablauf dieses Tages, das **neue Deutschland** ersteht.

Am Beginn dieses Abschnitts der deutschen Geschichte stand die **Londoner Konferenz** des Jahres 1948. Durch ihre Beschlüsse waren wir nach mancher Richtung hin gebunden. Durch Kräfte, die stärker sind als der Wille des deutschen Volkes, ist es auch heute unmöglich gemacht, daß **ganz Deutschland** zu einem Staate wird. Aber trotz aller dieser Beschränkungen stellen wir fest: Das Grundgesetz, das wir beschlossen haben, beruht auf dem **freien Willen,** auf der **freien Entscheidung** des **deutschen Volkes.**

(Laute Zustimmung.)

Darum soll es uns, und zwar erst recht nach all dem, was wir erlebt haben, ein heiliger Besitz sein, den wir wahren, den wir pflegen, den wir ausbauen wollen. Obgleich die obersten Organe der Bundesrepublik Deutschland noch nicht geschaffen worden sind, wird das Grundgesetz heute Rechtskraft erlangen. In Zukunft wird das Verhältnis zwischen uns und den Besatzungsmächten auf einer festeren Grundlage beruhen als bisher. Ich danke den **Vertretern** der **Besatzungsmächte,** daß sie dessen zum Zeugnis hier erschienen sind.

Es haben sich zu dieser feierlichen Stunde eingefunden die **Ministerpräsidenten** und die **Landtagspräsidenten** der **elf Länder,** aus denen die drei westlichen Zonen bestehen. Ihr Erscheinen erhärtet die Tatsache, daß von diesen elf Ländern mehr als zwei Drittel, nämlich zehn diesem Grundgesetz zugestimmt haben. Diese Herren bekunden aber durch ihre Anwesenheit noch etwas Weiteres: Sie bekunden damit, daß die **Länder** in **Liebe** und **Treue** sich dem **Bunde,** der auch ihr Dasein schützt und verbürgt, widmen werden.

Der **Zweizonen-Wirtschaftsrat** und die **Wirtschaftsverwaltung** sind durch ihre Repräsentanten hier vertreten. Auf wirtschaftlichem Gebiet haben der Wirtschaftsrat und die Wirtschaftsverwaltung große und wertvolle Aufbauarbeit geleistet, und in der Bundesrepublik Deutschland wird ihre Arbeit nicht vergessen werden.

Aber lassen Sie mich in dieser ernsten und feierlichen Stunde auch einer **schweren Besorgnis** Ausdruck geben. Wenn die **Demontage-Politik** fortgesetzt wird, wie sie jetzt beschlossen ist, dann scheint uns im Parlamentarischen Rat dadurch auch die **politische Aufbauarbeit,** die **deutsche Demokratie** wesentlich gefährdet zu werden.

(Lebhafte Zustimmung.)

Wir bitten daher die alliierten Stellen, die für diese Demontage-Politik verantwortlich sind, diese ganze Frage nicht nur unter wirtschaftlichen, sondern vor allem auch unter **politischen Gesichtspunkten** zu betrachten.

Nun wollen wir zu dem feierlichen Akt der **Unterzeichnung** und der **Verkündung des Grundgesetzes** schreiten.

Ich bitte zunächst die Mitglieder des Parlamentarischen Rates in der Reihenfolge des Alphabets heranzutreten und durch ihre Unterschrift zu bezeugen, daß das Grundgesetz in der öffentlichen Sitzung des Parlamentarischen Rates vom 8. Mai dieses Jahres mit einer Mehrheit von **53** gegen **12** Stimmen angenommen worden ist. Ich werde alsdann die Herren Ministerpräsidenten und die Herren Landtagspräsidenten der elf Länder bitten, durch ihre Unterschrift zu bezeugen, daß das Grundgesetz in dieser Fassung in mehr als zwei Dritteln der elf Länder der drei Zonen angenommen worden ist.

Der Schriftführer Abgeordneter Stock wird nun die Namen aufrufen.

Schriftführer **STOCK:** Präsident Dr. Konrad **Adenauer.** — Vizepräsident Adolf **Schönfelder.** — Vizepräsident Dr. Hermann **Schäfer.** — Hans Heinz **Bauer.** — Dr. Max **Becker.** — Dr. Ludwig **Bergstraesser.** — Dr. Paul **Binder.** — Adolf **Blomeyer.** — Dr. Heinrich **von Brentano.** — Johannes **Brockmann.** — Dr. Paul **de Chapeaurouge.** — Dr. Thomas **Dehler.** — Dr. Georg **Diederichs.** — Dr. Fritz **Eberhard.** — Adolf **Ehlers.** — Dr. Albert **Finck.** — Andreas **Gayk.** — Rudolf **Heiland.** — Wilhelm **Heile.** — Hubert **Hermans.** — Dr. Theodor **Heuss.** — Anton **Hilbert.** — Dr. Fritz **Hoch.** — Dr. Hermann **Höpker-Aschoff.** — Dr. Werner **Hofmeister.** — Dr. Rudolf **Katz.** — Dr. Ferdinand **Kleindienst.** — Dr. Gerhard **Kroll.** — Karl **Kuhn.** — Adolf **Kühn.** — Dr. Wilhelm **Laforet.** — Dr. Dr. Robert **Lehr.** — Lambert **Lensing.** — Dr. Fritz **Löwenthal.** — Friedrich **Maier.** — Dr. Hermann **von Mangoldt.** — Karl-Sigmund **Mayr.** — Dr. Walter **Menzel.** — Dr. Willibald **Mücke.** — Friederike **Nadig.** — Erich **Ollenhauer.** — Dr. Anton **Pfeiffer.** — Heinz **Renner.** —

RENNER (KPD): Ich unterschreibe nicht die Spaltung Deutschlands.

Schriftführer **STOCK:** Max **Reimann.** —

REIMANN (KPD): Ich unterschreibe nicht.

Schriftführer **STOCK:** Albert **Roßhaupter.** — Hermann **Runge.** — Kaspar Gottfried **Schlör.** — Dr. Carlo **Schmid.** — Josef **Schrage.** — Carl **Schröter.** — Dr. Josef **Schwalber.** — Dr. Hans-Christoph **Seebohm.** — Dr. Kaspar **Seibold.** — Dr. Elisabeth **Selbert.** — Dr. Walter **Strauss.** — Friedrich Wilhelm **Wagner.** — Dr. Helene **Weber.** — Helene **Wessel.** — Dr. Friedrich **Wolff.** — Hans **Wunderlich.** — Gustav **Zimmermann.** — August **Zinn.** — Jean **Stock.**

PRÄSIDENT Dr. ADENAUER: Ich bitte nunmehr die Abgeordneten von Groß-Berlin um ihre Unterschrift. —

Schriftführer **STOCK:** Jakob **Kaiser.** — Paul **Löbe.** — Ernst **Reuter** *(mit Beifall begrüßt).* — Dr. Hans **Reif.** — Dr. Otto **Suhr.**

PRÄSIDENT Dr. ADENAUER: Auf Grund der Beschlüsse der Londoner Konferenz von 1948 ist das Grundgesetz den **Militärgouverneuren** der drei westlichen Besatzungszonen vorgelegt und von diesen am 12. Mai des Jahres 1949 zur Ratifizierung durch die Landtage genehmigt worden.

Der Landtag des Landes **Baden** hat mit Beschluß vom 18. Mai das Grundgesetz angenommen.

Der Landtag des Landes **Bayern** hat mit Beschluß vom 20. Mai das Grundgesetz abgelehnt.

Die Bürgerschaft des Landes **Bremen** hat mit Beschluß vom 20. Mai,

die Bürgerschaft des Landes **Hamburg** mit Beschluß vom 18. Mai,

der Landtag des Landes **Hessen** mit Beschluß vom 20. Mai,

der Landtag des Landes **Niedersachsen** mit Beschluß vom 20. Mai,

der Landtag des Landes **Nordrhein-Westfalen** mit Beschluß vom 20. Mai,
der Landtag des Landes **Rheinland-Pfalz** mit Beschluß vom 18. Mai,
der Landtag des Landes **Schleswig-Holstein** mit Beschluß vom 20. Mai,
der Landtag des Landes **Württemberg-Baden** mit Beschluß vom 18. Mai,
der Landtag des Landes **Württemberg-Hohenzollern** mit Beschluß vom 21. Mai das Grundgesetz angenommen.

Ich bitte nunmehr die Herren Ministerpräsidenten und die Herren Landtagspräsidenten um ihre Unterschrift.

Schriftführer **STOCK:**

Der Herr Staatspräsident des Landes **Baden;**
der Herr Ministerpräsident des Landes **Bayern;**
der Herr Senatspräsident der Hansestadt **Bremen;**
der Herr 1. Bürgermeister der Hansestadt **Hamburg;**
der Herr Ministerpräsident des Landes **Hessen;**
der Herr Ministerpräsident des Landes **Niedersachsen;**
der Herr Ministerpräsident des Landes **Nordrhein-Westfalen;**
der Herr Ministerpräsident des Landes **Rheinland-Pfalz;**
der Herr Ministerpräsident des Landes **Schleswig-Holstein;**
der Herr Ministerpräsident des Landes **Württemberg-Baden;**
der Herr Ministerpräsident des Landes **Württemberg-Hohenzollern;**
der Herr Präsident des **Badischen Landtags;**
der Herr Präsident des **Bayerischen Landtags;**
der Herr Präsident der **Bremischen Bürgerschaft;**
der Herr Präsident der **Hamburger Bürgerschaft;**
der Herr Präsident des **Hessischen Landtags;**
der Herr Präsident des **Niedersächsischen Landtags;**
der Herr Präsident des **Landtags Nordrhein-Westfalen;**
der Herr Präsident des **Landtags von Rheinland-Pfalz;**
der Herr Präsident des **Schleswig-Holsteinischen Landtags;**
der Herr Präsident des **Württemberg-Badischen Landtags;**
der Herr Präsident des **Württemberg-Hohenzollerschen Landtags.**

PRÄSIDENT Dr. ADENAUER: Die Stadtverordnetenversammlung von **Groß-Berlin** hat in ihrer 14. außerordentlichen Sitzung am 19. Mai 1949 folgenden **Beschluß** einstimmig gefaßt:

Die Stadtverordnetenversammlung von Groß-Berlin bekennt sich zu den Prinzipien und Zielen des vom Parlamentarischen Rat in Bonn am 8. Mai 1949 beschlossenen Grundgesetzes für die Bundesrepublik Deutschland.

Ich bitte den Herrn Stadtverordneten-Vorsteher von Groß-Berlin und den Herrn Oberbürgermeister von Groß-Berlin dies durch ihre Unterschrift zu bezeugen.

(Oberbürgermeister Prof. Reuter und Stadtverordnetenvorsteher Dr. Suhr vollziehen die Unterschrift.)

Das Wort hat das Mitglied des Parlamentarischen Rates, Herr Löbe.

LÖBE (SPD): Meine Damen und Herren! Nachdem wir diesen historischen Akt vollzogen haben, nachdem wir in neunmonatigem gemeinsamen Wirken für das Werk arbeiteten, wollen wir dem Präsidenten des Parlamentarischen Rates, Herrn Dr. Konrad Adenauer, den Vizepräsidenten und dem Leiter der schwierigen Verhandlungen des Hauptausschusses, Herrn Carlo Schmid, unseren **Dank** sagen für die Tatkraft, für die Energie und Gewandtheit, mit der sie uns die Erfüllung unserer Aufgabe möglich gemacht haben.

(Beifall und Händeklatschen.)
Es war nicht immer leicht, nicht bei den Abstimmungen, nicht bei den Verhandlungen. Bei der Fülle von Anträgen, die auf einzelne Artikel einstürmten — Zusatz-, Abänderungs-, Haupt- und Nebenanträge —, gehörte schon eine Meisterhand dazu, die Knoten zu lösen, die Fäden klarzulegen und jedes einzelne Problem seiner formgerechten Erledigung zuzuführen.

Aber auch unsere Verhandlungen sind nicht immer so ruhig vorbeigeflossen wie der Rhein an warmen Sommertagen. Es hat Strudel und Schäume gegeben, und wir alle waren Zeuge, daß ein wenig Nachsicht und ein wenig Humor auch diese Wogen glätteten. Ich glaube, ich darf sogar Herrn Kollegen Renner darin einschließen.
(Heiterkeit. — Renner (KPD): Schaumschlägerei habe ich Ihnen überlassen.)
— Verehrter Kollege, im privaten Verkehr waren Sie immer so nett und menschlich.
(Heiterkeit.)
Deshalb hat der Herr Präsident es auch nicht tragisch genommen, wenn Sie einmal laut, sehr laut, drohend wurden oder gar böse Worte für unsere Verhandlungen fanden. Ich habe dabei manchmal an die Sentenz gedacht:

„Sehet, wir hassen und streiten;
es trennen uns Neigung und Meinung.
Aber indessen bleicht dir sich die Locke wie mir."

Und wenn das falsche Gleichnis mit dem Hecht im Karpfenteich herangezogen werden sollte: es trifft nicht zu; aber immerhin hat unser Kollege Heuss erst vor einigen Tagen bewiesen, daß selbst ein so friedfertiger, gemächlich gewordener Karpfen manchmal scharf zuschnappt und dadurch den Hecht veranlaßt, einen weiten Bogen um ihn zu schlagen.
(Heiterkeit.)

Werte Versammlung! Wir schließen in den Dank ein alle, die an diesem Werke mitgeholfen haben,
(Beifall.)
den Leiter des Büros mit seinem Stab, all die Damen und Herren, die manche Stunde ihrer Nachtruhe opferten, um unsere Niederschriften und Vervielfältigungen rechtzeitig vorlegen zu können, bis zu den Frauen und Mädchen, die dieses schöne Haus täglich für uns sauber und freundlich machten, und bis zu den Gastronomen unten und oben, die für unser Wohl gesorgt haben. Das alles sei in unseren Dank eingeschlossen, Herr Präsident, ausgesprochen auch von den gelegentlichen Opponenten, die manchmal sich mit Ihnen gerauft haben und die heute am Schlußtage Ihnen den aufrichtigen Dank aussprechen.
(Beifall und Händeklatschen.)
PRÄSIDENT Dr. ADENAUER: Meine Damen und Herren vom Parlamentarischen Rat! Ich glaube, ich darf im Namen aller, die von Ihnen, verehrter Kollege, angesprochen sind, Ihnen herzlichst für die freundlichen und anerkennenden Worte danken, die Sie für uns alle gefunden haben. Wir sind bei unseren Beratungen, so deucht mir, alle **Gebende** und **Empfangende** gewesen. Keiner hat nur gegeben, jeder hat vom anderen empfangen. Mir scheint, daß ein ganz wesentlicher Gewinn der Arbeit dieser vergangenen neun Monate der gewesen ist, daß wir hier im Parlamentarischen Rat **Achtung** vor der **ehrlichen Meinung** des **Andersdenkenden** bekommen haben. Unser aller — ich glaube, das darf ich sagen — herzlichster Wunsch ist, daß dieser Gewinn nicht nur in diesen Mauern bleiben möge, sondern daß er hinausgetragen werde in den Kampf der Parteien und daß der Wahlkampf, der nun bald beginnen wird, in vornehmer und sachlicher Weise geführt wird
(Beifall.)
und — das möchte ich nochmals betonen — in Anerkennung der ehrlichen Meinung Anders-

denkender.
(Bravo!)

Meine Damen und Herren! Gemäß Artikel 145 verkünde ich im Namen und im Auftrage des Parlamentarischen Rates
(Die Anwesenden erheben sich von den Sitzen.)
unter Mitwirkung der Abgeordneten Groß-Berlins das Grundgesetz. Es tritt mit Ablauf des heutigen Tages in Kraft. Es wird in Nummer 1 des Bundesgesetzblattes von heute veröffentlicht.

Meine Damen und Herren! Wir sind der festen Überzeugung, daß wir durch unsere Abeit einen wesentlichen **Beitrag** zur **Wiedervereinigung des g a n z e n deutschen Volkes** und auch zur **Rückkehr** unserer **Kriegsgefangenen** und **Verschleppten** leisten.
(Beifall.)
Wir wünschen und hoffen, daß bald der Tag kommen möge, an dem das ganze deutsche Volk unter dieser Fahne wieder vereint sein wird.
(Beifall und Händeklatschen.)

Uns alle leitete bei unserer Arbeit der Gedanke und das **Ziel,** das die **Präambel** des Grundgesetzes in so vortrefflicher Weise in folgenden Worten zusammenfaßt:

> Im Bewußtsein seiner Verantwortung vor Gott und den Menschen,
> von dem Willen beseelt, seine nationale und staatliche Einheit zu wahren und als gleichberechtigtes Glied in einem vereinten Europa dem Frieden der Welt zu dienen, hat das deutsche Volk... dieses Grundgesetz beschlossen.

Möge allezeit der Geist und der Wille, der aus diesen Sätzen spricht, im deutschen Volk lebendig sein.
(Lebhafter Beifall. — Gemeinsamer Gesang des Liedes „Ich hab mich ergeben".)

Ich schließe die Sitzung.

(Schluß der Sitzung 17 Uhr 3 Minuten.)

Verzeichnis weiterführender Literatur (Auswahl)

Backer, John H.: Die deutschen Jahre des General Clay. Der Weg zur Bundesrepbulik 1945—1949, München 1983.

Bäumlin, Richard; Azzola, Axel (Hrsg.): Kommentar zum Grundgesetz für die Bundesrepublik Deutschland. 2 Bde. (Reihe Alternativkommentare), Neuwied 1984.

Becker, Josef; Stammen, Theo; Waldmann, Peter (Hrsg.): Vorgeschichte der Bundesrepublik Deutschland. Zwischen Kapitulation und Grundgesetz, München 1979.

Benz, Wolfgang (Hrsg.): Die Bundesrepublik Deutschland. Geschichte in drei Bänden. Politik. Gesellschaft. Kultur, Frankfurt am Main 1983.

Benz, Wolfgang: Von der Besatzungsherrschaft zur Bundesrepublik. Stationen einer Staatsgründung 1946—1949, Frankfurt am Main 1984.

von Doemming, Klaus-Berto; Füßlein, Rudolf Werner; Matz, Werner: Entstehungsgeschichte der Artikel des Grundgesetzes, Tübingen 1951 (Jahrbuch des öffentlichen Rechts der Gegenwart, Neue Folge Band 1).

Fromme, Friedrich Karl: Von der Weimarer Verfassung zum Bonner Grundgesetz. Die verfassungspolitischen Folgerungen des Parlamentarischen Rates aus Weimarer Republik und nationalsozialistischer Diktatur, Tübingen 1960.

Grabbe, Hans-Jürgen: Die deutsch-alliierte Kontroverse um den Grundgesetzentwurf im Frühjahr 1949, in: Vierteljahrshefte für Zeitgeschichte 26 (1978), S. 393—418.

Graml, Hermann: Die Alliierten und die Teilung Deutschlands. Konflikte und Entscheidungen 1941—1948, Frankfurt 1985.

Grosser, Alfred: Geschichte Deutschlands seit 1945. Eine Bilanz, München 1979[7].

Hesselberger, Dieter: Das Grundgesetz. Kommentar für die politische Bildung, Neuwied und Darmstadt 1983[4].

Leibholz, Gerhard; Rinck, H. J. (Hrsg.): Grundgesetz. Kommentar an Hand der Rechtsprechung des Bundesverfassungsgerichts, Köln 1978[6].

Loth, Wilfried: Die Teilung der Welt. Geschichte des Kalten Krieges 1941—1955, München 1980.

Marienfeld, Wolfgang: Konferenzen über Deutschland. Die alliierte Deutschlandplanung und -politik 1941—1949, Hannover 1962.

Mayer, Udo; Stuby, Gerhard: Das lädierte Grundgesetz. Beiträge und Dokumente zur Verfassungsgeschichte 1949—1976, Köln 1977.

Merkel, Peter H.: Die Entstehung der Bundesrepublik Deutschland, Stuttgart 1965.

Narr, Wolf-Dieter; Thränhardt, Dietrich (Hrsg.): Die Bundesrepublik Deutschland. Entstehung. Entwicklung. Struktur, Königstein/Ts. 1979.

Niclauß, Karlheinz: Demokratiegründung in Westdeutschland. Die Entstehung der Bundesrepublik von 1945-1949, München 1974.

Otto, Volker: Das Staatsverständnis des Parlamentarischen Rates. Ein Beitrag zur Entstehungsgeschichte des Grundgesetzes für die Bundesrepublik Deutschland, Düsseldorf 1971.

Pirker, Theo: Die verordnete Demokratie. Grundlagen und Erscheinungen der ,,Restauration'', Berlin 1977.

Schwarz, Hans-Peter: Vom Reich zur Bundesrepublik. Deutschland im Widerstreit der außenpolitischen Konzeptionen in den Jahren der Besatzungsherrschaft 1945—1949, Stuttgart 1980[2].

Seifert, Jürgen: Grundgesetz und Restauration. Verfassungsrechtliche Analyse und dokumentarische Darstellung des Textes des Grundgesetzes mit sämtlichen Änderungen, Neuwied und Darmstadt 1977[3].

Vogelsang, Thilo: Das geteilte Deutschland, München 1980[10].